son

© communications voir inc. dépôt légal: bibliothèque nationale du québec. bibliothèque nationale du canada
355, rue sainte-catherine ouest, 7e étage, montréal (qc) h3b 1a5, tél.: 514 848-0805 sans frais: 1 877 631-8647

à table

UN PALMARÈS DES MEILLEURES NOUVELLES TABLES DU QUÉBEC

Toujours à l'affût de nouvelles adresses, nos critiques ont sillonné le Québec pour partager avec vous coups de cœur, déceptions et découvertes. Pour la première fois, nous publions un palmarès des meilleures nouvelles tables de la province, choisies parmi nos adresses préférées (pour plus de détails, voir p. 10). Aussitôt ouverts, ces restos nous ont stupéfiés par leur dynamisme, leur originalité, la finesse de leur cuisine et leur sens du service exemplaire.

À Montréal, nous avons eu le coup de foudre pour le **Garde-manger** (critique p. 47) et l'audace un peu canaille de Charles-Antoine Hughes, son chef-propriétaire (entrevue p. 25).

À Québec, nous sommes tombés en amour avec le **Toast!** (critique p. 257) et la cuisine du chef Christian Lemelin, qui continue de nous étonner (entrevue p. 223).

En Outaouais, le renouveau du **Panaché**, dans le secteur Hull (critique p. 298), a rallumé notre flamme depuis que le chef Jonathan Russell a racheté son établissement où il peut désormais laisser libre cours à son inventivité (entrevue p. 279).

En région, nous sommes tombés sous le charme du **Bouchon** à Sherbrooke (critique p. 332) et de la cuisine fine et délicate de la jeune chef Geneviève Filion (entrevue p. 314).

HOMMAGE AUX CHEFS!

Dans ce *Guide Restos Voir 2008*, nous avons tenu à rendre un hommage particulier aux chefs de notre province, qu'ils soient nés ici ou à l'autre bout du monde, et nous avons demandé à 22 d'entre eux de nous livrer les petits secrets de leur cuisine et de leurs inspirations dans les pages d'introduction des différentes sections.

Merci de mettre chaque jour un peu plus de bonheur dans nos assiettes en nous faisant découvrir des produits d'exception cueillis dans le champ voisin ou sélectionnés spécialement pour nous dans les pays les plus lointains!

BIEN MANGER AUTOUR D'UN VERRE

Boire un p'tit coup, c'est doux, mais il ne faut pas rouler sous la table! Avis aux fins gourmets: cette année, nous vous proposons aussi une liste de restaurants coups de cœur que nous avons appréciés à la fois pour leur offre gastronomique alléchante et leur carte de vins au verre réjouissante (p. 14). Au Saguenay, en Estrie, en Mauricie, dans les régions de Québec et de Montréal ou en Outaouais, réservez une table dans l'un de ces sympathiques établissements.

INDÉPENDANCE, RIGUEUR ET PASSION

Aujourd'hui comme au premier jour, nos critiques travaillent en toute indépendance pour vous livrer le plus fidèlement possible le récit de leurs expériences gastronomiques. Année après année, nous avons élaboré une méthode de plus en plus rigoureuse afin de faire de ce guide un outil fiable et agréable pour planifier vos sorties au restaurant.

Nos collaborateurs ne signalent leur passage aux restaurateurs qu'après avoir payé la totalité de leur addition et aucun resto n'a été sollicité d'aucune manière pour la réalisation de cet ouvrage. Vous constaterez que par souci d'intégrité, il n'y a aucune publicité émanant d'un restaurant dans le guide.

Cette année encore, nous vous invitons à partager notre passion pour les bonnes tables, d'un bout à l'autre de la province, en espérant que vous aurez autant de plaisir à les découvrir que nous en avons eu à les tester! Bon appétit!

LA DÉGUSTATION A BIEN MEILLEUR GOÛT.

LA GRANDE MAJORITÉ DES QUÉBÉCOIS CONSOMME
DE MANIÈRE ÉQUILIBRÉE ET RESPONSABLE.

Éduc'alcool

La modération a bien meilleur goût.

CAFÉ UNION 1910 MC

S'initier au café, c'est plonger dans un monde aux mille et une nuances, aussi complexe que celui du vin.

Certains l'aiment robuste et corsé alors que d'autres le préfèrent plus doux et velouté. On l'apprécie bien noir, on le sucre ou on y ajoute un léger nuage de crème ou de lait. Il se déguste à tout moment et se présente aussi bien dans un bol que dans une tasse. Fumant, il procure chaleur et réconfort. Glacé, il devient un formidable allié par temps de canicule.

Les propriétaires et le personnel de Café Union se font un point d'honneur d'offrir un service personnalisé aux clients qui viennent faire provision de café fraîchement torréfié sur place, moulu ou en grains, ou tout simplement pour boire un espresso ou un cappuccino au comptoir.

Sur place, on prend le temps de discuter avec chaque personne pour comprendre le mélange, parmi ceux de la maison, qui lui conviendra le mieux ou pour lui en concocter un sur mesure.

Café Union existe depuis 1910… c'est-à-dire depuis près d'un siècle! Située non loin du marché Jean-Talon, cette maison s'inscrit dans le paysage montréalais comme un véritable pionnier dans le domaine. Avec passion et savoir-faire, la famille Kouri dirige l'établissement depuis trois générations.

Café Union garantit tant aux restaurateurs qu'au grand public des produits de grande qualité:

- cafés, dont une sélection biologique/équitable;
- comptoir de dégustation sur place;
- grand choix de cafetières et accessoires utiles à la confection et au service du café;
- service de réparation et d'entretien des machines.

148, rue Jean-Talon Ouest, Montréal Tél.: 514 273-5555

Recette
Café Union

INGRÉDIENTS

1 1/2 oz Minuit Café Crème (disponible à la SAQ)
1/2 oz sirop Oscar's Coco (disponible sur place)
1/2 oz de crème 10 %
1 oz Espresso Bar Union froid (mélange maison)

PRÉSENTATION

Verre à martini préalablement refroidi,
garni de noix de coco rapée

PRÉPARATION

Verser tous les ingrédients dans la partie métallique de votre shaker.
Recouvrir de glace et agiter vigoureusement de 8 à 10 secondes.
À l'aide d'une passoire, verser le mélange dans un verre à martini.

Information et plus de recettes **www.cafe-union.com**

Quincaillerie

DANTE

6851, Saint-Dominique
Montréal (QC) H2S 3B3
Tél: 514.271.2057 / 5880
dante.inc@bellnet.ca

$\mathcal{P}$lace au soleil dans votre cuisine

Pour les grandes occasions, pour le quotidien ou pour une touche de raffinement, Dante s'impose par le choix des accessoires de cuisine importés. Une visite chez Dante vous garantira le soleil d'Italie dans votre cuisine toute l'année. C'est un rendez-vous!

École de cuisine italienne traditionnelle par **Elena et Stefano Faïta** et de cuisine du monde par les chefs **Martin Picard** (Restaurant Le Pied de Cochon) et **Mostafa Rougaibi** (Restaurant La Colombe)

$\mathcal{M}$ezza $\mathcal{L}$una

Informations : 514.272.5299
mezzaluna@chezdante.com

CONCOURS
GUIDE RESTOS VOIR
LES VINS D'ALSACE

Courez la chance de gagner
un voyage pour découvrir

LES VINS D'ALSACE

Vol au départ de Montréal pour 2 personnes, hébergement, visites de vignobles, location d'une voiture et 1 000 $ d'argent de poche.

Une valeur totale approximative de 5 000 $.

Prénom . . . . .Nom . . . .

Âge . . . . . Adresse . . . .

. . . .

Ville . . . . Code postal . . . .

Région . . . . Tél.: (   ) . . . .

Courriel . . . .

Réponse obligatoire à la question suivante:

(consulter le lexique - page 367 - pour trouver l'information demandée)

«Quel est le cépage d'Alsace qui produit des vins particulièrement puissants et aromatiques et dont le nom signifie "Traminer épicé"?»

. . . .

Envoyez votre bulletin de participation par la poste à:

Communications Voir inc.
Concours Guide Restos Voir 2008
355, rue Sainte-Catherine Ouest, 7ᵉ étage
Montréal (Québec) H3B 1A5

Le concours se termine le
22 mai 2008 à 23 h 59 (HE).
Aucun fac-similé ou
photocopie accepté.
Le concours est ouvert aux
résidents légaux d'une province
canadienne âgés de 18 ans et +.
Règlements complets disponibles
sur demande et sur
www.guiderestos.com

VINS
D'ALSACE

9

meilleures

NOUVELLES TABLES DU QUÉBEC /

Le *Guide Restos Voir* publie un palmarès des meilleurs nouveaux restos du Québec, établi par son équipe de rédaction en toute indépendance.

Sélectionnés parmi les tables visitées par nos critiques cette année, les restos lauréats font partie des établissements qui ont reçu une cote d'au moins quatre étoiles à la fois pour la grande qualité de leur cuisine, leur service professionnel et leur décor particulièrement soigné.

Dans chacun de leurs secteurs (Montréal, Québec, Outaouais et Régions), les quatre restos gagnants nous ont stupéfiés par leur dynamisme, leur originalité, la finesse de leur cuisine et leur sens du service exemplaire, et nous tenions à saluer l'excellence du travail de leurs chefs et propriétaires.

Pour l'année 2008, il s'agit à Montréal du **Garde-manger** (p. 25), à Québec du **Toast!** (p. 223), en Outaouais du **Panaché** (dans le secteur Hull, p. 279) et en région du **Bouchon** (à Sherbrooke, p. 314).

Retrouvez au début de chaque section régionale une courte entrevue avec les chefs des établissements gagnants!

COLLABORATEURS

critiques alix renaud à québec, christine moisan en outaouais et christophe bergeron, benoît champroux, sylvie chaumette, mariève desjardins, sophie dufour, marie-claude gélinas, alexis de gheldere, élise giguère, normand grondin, andrée harvey, isabelle lafontaine, gildas meneu, sandra o'connor, anne pélouas, clémence risler, claude rousseau, mathilde singer, gil thériault, emilie villeneuve

collaborations spéciales nick hamilton (chroniqueur vin) et clémence risler (journaliste)

COMMUNICATIONS VOIR INC.

président-éditeur pierre paquet
vice-président exécutif michel fortin
vice-présidente services administratifs nathalie bastien
directrice marketing & communications sylvie chaumette
adjointe de direction annie roy
chef de section gastronomie mathilde singer
coordonnatrice de la rédaction chantal forman
directrice des ventes katrina besner
directeur ventes nationales paul king cassar
directeur artistique luc deschambeault
directeur de production normand bergeron
infographes rené despars, christian gravel, tommy desrosiers
photographes marianne larochelle et jose guzman colon (couverture), dominic gauthier (montréal), larry rochefort et renaud philippe (québec), étienne ranger (outaouais), jocelyn riendeau (régions)
internet mathieu st-laurent, mathieu poirier, dominique cabana
correctrice constance havard

questions et commentaires guiderestos@voir.ca

légende

coup de cœur cuisine et vins au verre

N nouveauté

↑ terrasse

🍶 carte des vins recherchée

🍾 apportez votre vin

CUISINE

grande table	★★★★★
très bonne table, constante	★★★★
bonne table	★★★
petite table sympathique	★★
correcte mais inégale	★

SERVICE

traitement royal	★★★★★
professionnel	★★★★
vif et efficace	★★★
décontracté	★★
quel service?	★

DÉCOR

exceptionnel	★★★★★
très beau décor	★★★★
soigné	★★★
confortable	★★
presque inexistant	★

ET L'ADDITION, S'IL VOUS PLAÎT

Les prix indiqués — midi ou soir — sont pour deux personnes, excluant taxes, service et boissons. Il s'agit, bien évidemment, d'un prix moyen que le lecteur devra ajuster en fonction de son appétit, de sa soif et de sa générosité à l'endroit du personnel en salle. Dans tous les cas, les prix apparaissant ici sont le reflet de ce qu'ils étaient lors de notre visite.

Quant aux établissements ouverts ou fermés à midi ou en soirée, compte tenu du fait que nombre d'entre eux modifient leurs heures d'ouverture sans préavis, il nous est impossible de fournir cette information avec certitude. Les ouvertures, midi et soir, indiquées ici le sont donc au meilleur de notre connaissance au moment d'aller sous presse. Il est toujours préférable de téléphoner pour s'assurer des heures d'ouverture réelles.

20 coups de cœur cuisine et vin au verre

VOICI LA LISTE DES RESTAURANTS QUE NOUS AVONS APPRÉCIÉS À LA FOIS POUR LEUR OFFRE GASTRONOMIQUE ALLÉCHANTE ET LEUR CARTE DE VINS AU VERRE.

Pour les amateurs à la recherche de diversité, le vin au verre s'avère la solution idéale. Dans un monde parfait, le vin ne serait servi que de cette façon. Tous les services, de l'apéro au dessert, gagnent à être rehaussés d'un compagnon précis et différent, judicieusement choisi.

Ainsi, de plus en plus de restaurateurs élargissent leur sélection de vins au verre pour satisfaire leur clientèle curieuse de nouvelles découvertes. Pour le sommelier, le vin au verre devient l'outil absolu avec lequel il pourra illustrer tout son savoir… en choisissant le vin convenant le mieux à chaque plat.

Au restaurant, finie l'interminable discussion quant au choix de LA bouteille, car chacun peut opter pour LE verre de vin qu'il désire, celui qui pourra créer l'harmonie recherchée avec le plat choisi.

N'hésitez surtout pas à demander des suggestions de vins au verre, car plusieurs restaurateurs ouvrent fréquemment quelques bouteilles supplémentaires pour compléter leur sélection en fonction du menu du jour. Autre avantage et non le moindre, le grand cru tant convoité mais trop onéreux devient abordable au verre.

Montréal

LES 3 PETITS BOUCHONS
T 514 285 4444

CÔTÉ CUISINE

«La tartine de champignons sauvages, les charcuteries, les viandes, les poissons, avec ce petit quelque chose de plus dans l'art de faire une assiette remarquable...» (p.60)

CÔTÉ VINS AU VERRE

Nous sommes bien dans un bar à vin. Le choix de raretés et curiosités, souvent d'importation privée et en quantité limitée, fait en sorte que la carte est régulièrement renouvelée. Les proprios sont bien informés et adorent partager leurs connaissances, alors n'hésitez surtout pas à poser des questions.

LE CLUB CHASSE ET PÊCHE
T 514 861 1112

CÔTÉ CUISINE

«Viandes, poissons et fruits de mer se présentent à travers des jeux de parfums et de textures aussi raffinés que saisissants.» (p.57)

CÔTÉ VINS AU VERRE

La sélection d'une vingtaine de vins au verre sur une carte de haut niveau est rehaussée de quelques ajouts journaliers, selon les besoins du menu. Beaucoup d'importations privées et de curiosités complètent les classiques. L'équipe du service (sommeliers, serveuses et serveurs) travaille en harmonie avec le client afin de créer des alliances vins-mets originales et performantes. Une belle expérience.

ASZÚ
T 514 845 5436

CÔTÉ CUISINE

«...une courte carte mais néanmoins très inventive, d'une belle exécution, avec une dominance des fruits de mer.» (p.37)

CÔTÉ VINS AU VERRE

Quelle sélection! Une cinquantaine de vins au verre, auxquels s'ajoutent dix trios thématiques en verres de 2 onces. Domination de la France (plus de la moitié), les autres pays se partageant le reste des honneurs. À noter: quatre vins effervescents à la flûte dont deux champagnes, trois vins rosés, une vingtaine de blancs et autant de rouges. Une belle diversité rehaussée d'un excellent choix en importation privée.

CUISINE & DÉPENDANCE
T 514 842 1500

CÔTÉ CUISINE

«Le chef marie les saveurs avec doigté et propose une cuisine du marché attrayante et gourmande.» (p.45)

CÔTÉ VINS AU VERRE

Le choix de vins au verre change tous les jours. Les blancs et les rouges proviennent d'un peu partout sur la planète vin. À notre dernière visite, l'Alsace, l'Australie, le Rhône, le Languedoc et l'Italie étaient au menu. À noter que les sommeliers de la maison n'hésitent pas à ouvrir des crus supplémentaires si les plats l'exigent ou pour faire plaisir aux clients.

Montréal

BISTRO JUSTINE
T 514 277 2728

CÔTÉ CUISINE
«Le chef nous concocte de grands classiques réconfortants qu'il personnalise astucieusement, tels cette cassolette d'escargots mijotés à l'anis ou ce mijoté de veau à la sauge.» (p.124)

CÔTÉ VINS AU VERRE
Une sélection d'une vingtaine de vins au verre d'importation privée. Un bel assortiment original et abordable: tous les produits sont offerts à un seul et même prix raisonnable.
Les crus du nouveau monde viticole sont bien représentés (Australie, Afrique du Sud, Nouvelle-Zélande, etc.) et s'ajoutent aux traditionnels italiens et français pour assurer une belle diversité. Une offre qu'on retrouve également chez sa petite sœur de la rue Saint-Denis, Justine, Bistro à vin (p.131).

RAZA
T 514 227 8712

CÔTÉ CUISINE
«Minutieux et créatif, le jeune chef d'origine péruvienne s'appuie sur les traditions culinaires sud-américaines pour élever son art dans la haute sphère de la fine gastronomie.» (p.81)

CÔTÉ VINS AU VERRE
Tous les produits de la carte proviennent d'Amérique du Sud (Chili, Argentine et Pérou) et d'Espagne, dont plusieurs en importation privée. Un menu dégustation de cinq ou sept services est offert avec ses vins d'accompagnement. À noter, le bel éventail, toujours au verre, de vins doux qui permet de créer des mariages harmonieux

LALOUX
T 514 227 8712

CÔTÉ CUISINE
«Les assiettes débordent de créativité et les textures, saveurs et couleurs rivalisent d'originalité et d'harmonie. Et que dire des desserts? Il n'y a pas de mots pour décrire ces irrésistibles œuvres d'art!» (p.135)

CÔTÉ VINS AU VERRE
La sélection offre plus de 20 produits dominés par la France, dont la plupart sont en importation privée. Quelques curiosités de la Savoie, de la Loire et du Roussillon rehaussent la variété. La carte change régulièrement car les produits d'importation privée, achetés en quantité limitées, s'écoulent rapidement.

Laval

DERRIÈRE LES FAGOTS
T 450 622 2522

CÔTÉ CUISINE
«Un souci de l'esthétisme irréprochable, des présentations sculptées et de savants jeux de textures.» (p.345)

CÔTÉ VINS AU VERRE
Le menu dégustation change fréquemment et il en va de même pour l'assortiment des vins d'accompagnement suggérés. Une offre d'une vingtaine de produits dont deux vins effervescents, six blancs six rouges et une excellente sélection de huit vins de dessert, incluant quelques portos. Les changements se font régulièrement en fonction

Québec

CAFÉ DU CLOCHER PENCHÉ
T 418 640 0597

CÔTÉ CUISINE

«Des alliances heureuses de produits locaux, souvent bios, choisis amoureusement et apprêtés avec finesse.» (p.244)

CÔTÉ VINS AU VERRE

Ce resto, qui manifestement sait promouvoir le vin au verre, mise davantage sur les produits européens, particulièrement ceux de Grèce, d'Italie, du Portugal et de France, sans oublier d'ajouter un brin de nationalisme en offrant de bons vins québécois. Les vins bios et d'importation privée rehaussent la sélection d'une quinzaine de produits au verre.

LE SAINT-AMOUR
T 418 694 0667

CÔTÉ CUISINE

«Foie gras en terrine maison à l'armagnac, carpaccio de cerf, thon rouge, pétoncles, ris de veau, agneau de lait, pigeonneau, pintade: "le plaisir de l'instant et l'éternité du souvenir".» (p.251)

CÔTÉ VINS AU VERRE

Réputé pour son excellente carte des vins, ce resto présente une superbe sélection de 40 vins au verre. Un bel assortiment de dix vins doux facilite la tâche pour se sucrer le bec lors du dessert. Cette table française offre un choix au verre diversifié qui passe par toutes les régions connues et moins connues de l'Hexagone. Une excellente sélection de portos au verre permet de compléter en beauté cette expérience gastronomique.

LE MOINE ÉCHANSON
T 418 524 7832

CÔTÉ CUISINE

«Salade de gésiers, garbure du Sud-Ouest, canard confit aux noix et à l'armagnac, pruneaux d'Agen drapés de magret de canard séché, gâteau basque et autres vous sont proposés.» (p.250)

CÔTÉ VINS AU VERRE

Le menu et la carte des vins au verre partagent l'ardoise. Chaque plat est accompagné de sa suggestion de pinard. Les vins proviennent surtout de la vieille Europe: l'Espagne, le Portugal, la Grèce, l'Italie et, bien sûr, la France. Dans l'ensemble, un beau mariage de cuisine chaleureuse et de vins traditionnels européens.

L'UTOPIE
T 418 523 7878

CÔTÉ CUISINE

«Produits frais et de première qualité, équilibre parfait des saveurs, accompagnements choisis et présentation élégante des assiettes…» (p.254)

CÔTÉ VINS AU VERRE

Une philosophie simple et logique: mettre en évidence les superbes plats en proposant des menus dégustation avec des vins servis au verre. Le vin au verre représente 90% des ventes de vin de cet établissement. Les vins de France dominent avec une excellente sélection de plus de 20 produits au verre, dont un bon nombre en importation privée. Un travail sérieux de recherche permet de proposer des vins distinctifs de haut niveau.

Outaouais

LES FOUGÈRES
T 819 827 8942

CÔTÉ CUISINE

«Une cuisine régionale tout en finesse et en fraîcheur, à laquelle un nouveau sous-chef d'origine asiatique vient ajouter une note d'exotisme.» (p.290)

CÔTÉ VINS AU VERRE

La sélection de produits offerts au verre est à l'image du haut niveau de la carte des vins. Un assortiment impressionnant de plus d'une trentaine de produits, incluant d'excellents xérès, et d'une douzaine de vins doux. Les blancs et rouges secs, plutôt classiques, représentent des valeurs sûres. Une belle variété offrant des vins du Canada, des États-Unis, d'Australie, d'Espagne et de France. À noter, l'excellent choix de bières.

PIZ'ZA-ZA
T 819 771 0565

CÔTÉ CUISINE

«Un incontournable des amoureux de fines pizzas. Merguez, olives et confit de fenouil, crevettes, mangue et graines de sésame, escargots forestiers ou quatre fromages mariant provolone, chèvre, brie et parmesan: les combinaisons sont à tous coups gagnantes.» (p.309)

CÔTÉ VINS AU VERRE

Un conseiller réputé de l'Outaouais prépare la carte des vins et sélectionne ceux qui seront vendus au verre. Ses connaissances portent fruit, la carte des vins au verre (8 à 10 options) proposant une belle brochette de nectars solides et fiables. Les vins sont offerts en versions de 2 onces (en trio) ou 5 onces. Un bon nombre de produits d'importation privée complètent ce bel assortiment de crus magnifiquement choisis.

Mauricie

LA POINTE À BERNARD
T 819 537 5553

CÔTÉ CUISINE

«L'incontournable bavette nous a encore conquis. Le steak de thon rarement disponible dans la région vaut qu'on se déplace.» (p.348)

CÔTÉ VINS AU VERRE

La sélection de vins au verre est présentée sur une ardoise plutôt que sur la carte. Lors de notre dernière visite, le choix, limité (de 5 à 7 propositions) mais original offrait des produits de Sicile d'Espagne, du Portugal et du Chili. Bravo pour cette audace! Le personnel et l'administration se concertent pour une nouvelle sélection de vins aux deux semaines.

LE CASTEL DES PRÉS
T 819 375 4921

CÔTÉ CUISINE

«...on y propose fruits de mer, carré d'agneau, pâtes, abats, steak poissons et autres, en plus de deux tables d'hôte: on choisit finalement en se disant qu'il faudra revenir.» (p.348)

CÔTÉ VINS AU VERRE

Une belle sélection d'une quinzaine de vins au verre. En plus de la diversité, la maison propose plusieurs formats de vin au verre ainsi que des demi-bouteilles, ce qui permet de découvrir vin de glace, champagne vin de dessert, mousseux et blancs secs. La planète viticole est bien représentée, les bons crus des États-Unis, d'Australie et d'Espagne s'ajoutant aux incontournables produits français et italiens.

Saguenay–Lac-Saint-Jean

AUBERGE VILLA PACHON
T 418 542 3568

CÔTÉ CUISINE
«Exquis foie gras poêlé et poire pochée au vin rouge, filet de doré en sauce parfumée au piment d'Espelette, célèbre cassoulet de Carcassonne, tartare de bœuf et frites maison cuites en graisse d'oie et autres délicatesses…» (p.364)

CÔTÉ VINS AU VERRE
Logiquement, une sélection de vins au verre dominée par l'Hexagone. Sur la carte, chaque plat du menu gastronomique affiche une suggestion de vin au verre judicieusement choisie. Un assortiment de six à huit produits supplémentaires complète l'offre au verre. À noter, le beau choix de portos au verre, dont un blanc.

TEMAKI SUSHI BAR
T 418 543 4853

CÔTÉ CUISINE
«La fraîcheur irréprochable du poisson, le délicat parfum du riz cuit à la perfection et une présentation impeccable sont les ingrédients de cette recette gagnante.» (p.365)

CÔTÉ VINS AU VERRE
L'ensemble des vins est audacieusement proposé au verre. Une vingtaine de produits provenant de tous les coins de la planète vin (France, Autriche, Allemagne, Italie, Chili, etc.) dont les trois quarts en importation privée. La sélection originale, diversifiée et évidemment changeante est affichée sur un miroir en salle.

Estrie

LE BOUCHON
T 819 566 0876

CÔTÉ CUISINE
«La jeune chef nous régale, harmonisant produits régionaux et recettes classiques de la cuisine française dans des assiettes colorées.» (p.332)

CÔTÉ VINS AU VERRE
Une quinzaine de produits au verre provenant principalement d'Australie, d'Italie, de la péninsule ibérique et de France assurent équilibre et diversité. Plusieurs choix en importation privée complètent les classiques et incontournables. La sélection est renouvelée régulièrement pour accompagner et rehausser l'excellente cuisine du marché.

CAFÉ MASSAWIPPI
T 819 842 4528

CÔTÉ CUISINE
«Le chef a atteint un niveau de création et d'accueil qui l'élève parmi les incontournables de la région.» (p.327)

CÔTÉ VINS AU VERRE
À quelques exceptions près, les vins au verre sont d'importation privée. Malgré la grande diversité de la carte des vins, la sélection de quelque vingt produits au verre est dominée par l'Hexagone et change mensuellement. La maison n'hésite pas à ouvrir quelques flacons supplémentaires lorsque le menu l'exige. Un bel assortiment de neuf vins doux, incluant portos et cidres de glace, servira à rehausser les excellents desserts.

Merci au restaurant *Les 3 Petits Bouchons* à Montréal pour les photos qui illustrent ces pages.

Invitation au plaisir

Prenez un décor sympa, une belle table, une carte qui fait vibrer... Ajoutez des convives animés pour rire ou rêver... et couronnez le tout avec une explosion d'arômes – des fruits, des fleurs et des épices pour rehausser chaque bouchée. Les vins d'Alsace, complices de toutes vos sorties.

VINS D'ALSACE

La suggestion du chef!

Programme saisonnier pour la santé de votre foie, vos reins et vos intestins

Informez-vous en magasin auprès de votre conseiller(ère).

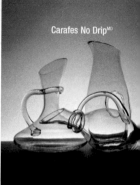

Phénomène naturel

À la frontière du rationnel et de l'irrationnel, la Crème de Pommes combine l'onctuosité de la crème fraîche à la saveur raffinée du cidre de glace. Domaine Pinnacle vous offre ce produit unique et authentique. À découvrir en SAQ.

DOMAINE Pinnacle

Frelighsburg (Québec)

La modération a bien meilleur goût. Éduc'alcool

www.domainepinnacle.com

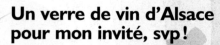

Un verre de vin d'Alsace pour mon invité, svp!

Présentez la carte ci-dessous au serveur de l'un des restaurants participants et découvrez toute la richesse aromatique des vins d'Alsace.

UN MONDE D'ARÔMES À VOTRE PORTÉE

Café Holt, 1300, rue Sherbrooke O., Montréal, 514 282-3750

Côté Soleil, 3979, rue Saint-Denis, Montréal, 514 282-8037

Cuisine et Dépendance, 4902, boul. Saint-Laurent, Montréal, 514 842-1500

Derrière les Fagots, 166, boul. Sainte-Rose, Laval, 450 622-2522

Kimono Sushi, 1034, av. Cartier, Québec, 418 648-8821

L'Atelier, 5308, boul. Saint-Laurent, Montréal, 514 273-7442

Le Bourlingueur, 363, rue Saint-François-Xavier, Montréal, 514 845-3646

Le Paris, 1812, rue Sainte-Catherine O., Montréal, 514 937-4898

Oh! Pino, 1019, av. Cartier, Québec, 418 525-3535

VINS D'ALSACE

MONTRÉAL /

Meilleure nouvelle table à Montréal

Garde-manger

«Chez nous, c'est le bordel, mais le service est là! Je suis là pour rendre les gens heureux, pas pour réinventer la cuisine! Au Garde-manger, il y a de la bonne bouffe, de la bonne musique, on vient pour la *vibe*, pour l'expérience, pour se lâcher lousse… Et puis moi, ça me rend heureux, parce que j'en rêve depuis l'enfance, de mon resto!» prévient Charles Hughes – Chuck pour les habitués –, le jeune et charismatique chef aux bras tatoués de homards. Ouvert en 2006, ce resto à forte personnalité est désormais le repaire privilégié de nos nuits blanches. Dans cette bâtisse du Vieux-Port, meublée d'antiquités retapées dénichées au sous-sol, on aime s'asseoir au bar pour déguster un plateau de fruits de mer préparé avec soin et amour par Chuck, qui en a fait sa spécialité, s'égayer autour d'un cocktail fantaisiste de la maison (dans une autre vie, le patron a notamment été barman), danser sur les tables jusque tard dans la nuit, mais surtout pour déguster une cuisine inventive inspirée des spécialités de la Côte-Est américaine: crab cakes, salade César, huîtres frites… «J'aime la poutine, les hot-dogs, le homard qu'on déchiquette avec les doigts, les trucs *trashs*! Ma cuisine n'est pas compliquée, je laisse les produits parler d'eux-mêmes. Ce qui compte pour moi, c'est la générosité.»

Garde-manger
408, rue Saint-François-Xavier
Montréal
T 514 678-5044
Voir notre critique p. 47

Les vins d'Alsace **complices** de l'**Afrique**

Afrique

Cette section, dominée par la cuisine nord-africaine (Maroc, Algérie et Tunisie) à la fois robuste et délicate de même qu'aromatique et épicée, demande des vins d'accompagnement offrant richesse et maturité. L'acidité étant rarement au rendez-vous dans cette cuisine africaine, les vins gorgés de soleil et débordant de saveurs mûres et richement parfumées feront parfaitement l'affaire. Immanquablement, le pinot noir d'Alsace, avec sa légèreté et sa fraîcheur typiques, est de mise pour les plats de volaille et de viande. Quant aux blancs, les aromatiques alsaciens aux saveurs bien présentes tels que les muscats, gewurztraminers et pinots gris émerveilleront les papilles.

Couscous
Pinot gris, gewurztraminer ou pinot noir

Poulet aux olives
Pinot gris, muscat ou gentil

Tajine d'agneau
Pinot gris et pinot noir

Ojja (ragoût relevé de Tunisie)
Pinot gris, pinot noir ou gewurztraminer

Baklavas au miel et à l'eau de rose
Muscat et gewurztraminer de vendanges tardives.

Pour en connaître davantage sur les vins d'Alsace, consultez notre lexique.

VINS
D'ALSACE

SAVEURS
DE L'AFRIQUE

Avec le chef Atigh Ould du restaurant *La Khaïma*
142, avenue Fairmount Ouest
Montréal
T 514 948-9993
Voir notre critique p. 31

**Personnage chaleureux et haut en couleur, Atigh Ould a ouvert
La Khaïma il y a plus de trois ans afin de transmettre aux Montréalais
sa passion pour sa Mauritanie natale.**

Quelles sont vos principales inspirations en cuisine?
«Cuisiner est la première chose que j'ai apprise dans ma vie. Quand j'étais
petit, je voyageais dans le désert avec d'autres hommes pour aller chercher
les troupeaux et, comme j'étais le plus jeune, ma tâche consistait à préparer
les repas. Ça fait environ 11 ans que je suis au Canada, mais je continue à
faire de la cuisine traditionnelle de Mauritanie, qui est un point de rencontre
entre la cuisine de l'Afrique du Nord et de l'Afrique de l'Ouest.»

Avec quels ingrédients aimez-vous travailler?
«J'utilise beaucoup le gingembre, l'huile d'olive, le cumin, la sauce harissa,
mais mon ingrédient favori est le sel du désert. Celui-ci provient de rivières
asséchées depuis plus de mille ans et il est très typique des mets
mauritaniens. Son goût légèrement épicé est très différent du sel qu'on
connaît.»

Où vous procurez-vous vos ingrédients?
«Je retourne en Afrique plusieurs fois par année, alors j'en profite pour me
rendre dans le Nord de la Mauritanie me procurer le sel du désert et je vais
chercher la plupart de mes épices à Marrakech, au Maroc. Sinon, à Montréal,
je vais chez Cananut (1415, rue Mazurette, 514 388-8003) où l'on peut
trouver les épices les plus fraîches et les plus traditionnelles.»

ABIATA

★★★ Cuisine
★★ Service
★★★ Décor

Plateau Mont-Royal
3435, rue Saint-Denis
514 281-0111

 M — S**55$**

Les plus aventuriers seront ravis de découvrir ce petit coin d'Éthiopie fort chaleureux en pleine rue Saint-Denis! Conformément à la tradition de ce pays (trop méconnu), les mets, mijotés dans des sauces relevées, à base de légumineuses, de bœuf, d'agneau, de poulet ou de poisson, sont servis dans de grandes assiettes dans lesquelles on grappille sans ustensiles. Oui, oui! On utilise plutôt des morceaux de crêpes de millet bien moelleuses, ou simplement les doigts, pour saisir la nourriture. À ce geste déjà exotique, s'ajoutent les touches de curcuma, de gingembre ou de piment de Cayenne qui dépaysent sans se faire trop imposants dans les assiettes. Un café ou un thé éthiopien, infusion de cardamome et de clous de girofle, conclura en beauté ce périple des sens. (2007-01-09)

AU COIN BERBÈRE

★★★ Cuisine
★★★ Service
★★ Décor

Plateau Mont-Royal
73, avenue Duluth Est
514 844-7405

M — S**50$**

Au Coin berbère, le patron est fier de sa cuisine, et avec raison. Les saveurs tranchées et la puissance des arômes de ses couscous bien mijotés, accompagnés d'une semoule digne de ce nom, roulée par des mains expertes et savamment relevée par un bouillon corsé et quelques merguez dangereusement épicées, font manifestement les délices de sa clientèle d'habitués. On appréciera également le service sympathique, bon enfant, les préparations présentées séparément dans des plats en terre cuite et l'addition très raisonnable. Une curiosité: le couscous au lapin, qui vaut certainement le détour. (2006-05-04)

AU TAROT

★★★ Cuisine
★★★ Service
★★★ Décor

Plateau Mont-Royal
500, rue Marie-Anne Est
514 849-6860

M — S**70$**

Deux choses frappent particulièrement chez monsieur Nourédine Kara: la générosité presque indécente des assiettes et la parfaite cuisson des viandes... et des autres ingrédients d'ailleurs. Pour 8 $ d'extra, on divisera le plat entre les convives et, croyez-moi, ça vaut le coût car seuls les ogres viendront à bout des portions. Cet excès s'est d'ailleurs répercuté sur la vinaigrette noyant l'autrement excellente salade Tarot. Le maître ès couscous et tajines glisse également un peu lorsqu'il emprunte la voie du calmar, au goût fade. Au final, malgré la qualité individuelle des aliments, accompagnements, sauces et épices, une vague impression de mariage non consommé hante tout de même le palais. Ces détails n'empêchent pas de passer un excellent moment dans cette ambiance à la fois chic, décontractée et qui respire l'authentique plaisir de recevoir. (2007-02-04)

EL MOROCCO

Centre-ville
3450, rue Drummond
514 844-6888

★★★ Cuisine
★★★ Service
★★★ Décor

M**50**$ S**70**$

El Morocco propose de la cuisine juive marocaine, kascher il va sans dire, ce qui est en soi une rareté. Au menu, on trouve évidemment les salades marocaines, justement réputées, et quelques incontournables, comme la pastilla, les tajines et les couscous. La maison se spécialise par ailleurs dans les grillades, dont elle propose un alléchant éventail. Simplicité et savoir-faire sont au rendez-vous. À noter, les présentations soignées et le service attentif. Décor épuré, fondé en grande partie sur de jolis objets décoratifs, notamment de sympathiques dromadaires (pas des vrais, qu'on se rassure). Gardez-vous de la place pour les délicieuses pâtisseries marocaines, complément du thé à la menthe. De quoi finir sur une note très sucrée. (2006-03-12)

ÉTOILE DE TUNIS

Rosemont—Petite-Patrie
6701, avenue de Châteaubriand
514 276-5518

★★★ Cuisine
★★★ Service
★★★ Décor

M**25**$ S**60**$

L'accueil chaleureux et convivial des propriétaires, combiné à une cuisine généreuse et ensoleillée, fait de ce petit resto de quartier un havre où, depuis maintenant 20 ans, il fait bon s'évader. Si le décor dans les tons de bleu et de blanc affiche son âge, la famille Zrida, pour sa part, est toujours habitée du feu des cœurs jeunes et heureux, et cela se voit en salle et en cuisine. La soupe traditionnelle parfumée au cumin, les bricks (feuilletés frits à base d'œufs), les couscous variés et l'ojja (un mijoté plutôt savoureux aux tomates) constituent un agréable voyage gustatif en Tunisie. Les douceurs sucrées aux amandes, aux dattes ou à la rose se laissent quant à elles savourer en fin de repas, accompagnées d'un thé à la menthe bien fumant. (2007-08-17)

KEUR FATOU

Mile-End
66, rue Saint-Viateur Ouest
514 277-2221

★★★ Cuisine
★★★ Service
★★ Décor

M **—**   S**30**$

Fabuleux antidote au rythme effréné du quotidien, ce resto sénégalais est une thérapie économique pour les stressés chroniques, à condition de se laisser porter par la douce indolence qui règne dans la maison. Aussitôt qu'on se retrouve entre ces quatre murs orangés, on baigne dans un confort tamisé et nos préoccupations se dissolvent comme par magie. Tout ce que Keur Fatou n'a pas en décoration stylisée, il l'offre en âme et en quiétude. Quoique méconnues, les spécialités sénégalaises ne déboussoleront pas trop les papilles plus frileuses devant l'exotisme. On pige donc avec confiance parmi les quelques bons plats, proposés de vive voix: poulet sauce à l'arachide, poisson et bœuf mijotés. À la fin du repas, clos avec des fruits frais et un thé à la menthe, on se dit qu'il existe encore des endroits où apprécier les vertus de la lenteur et de la simplicité. Du jeudi au samedi, le proprio sympa se met au djembé et sert à ses convives des contes de son pays. (2007-08-10)

LA KHAÏMA

Mile-End
142, avenue Fairmount Ouest
514 948-9993

★★★★ Cuisine
★★★ Service
★★★ Décor

 M20$ S40$

À la fois propriétaire, chef et serveur, Atigh se dévoue corps et âme afin d'insuffler aux Montréalais sa passion pour les trésors culinaires de sa Mauritanie natale. Toujours prêt à nous livrer ses pittoresques récits du désert, le personnage est volubile et c'est en chantonnant et avec une bonne humeur contagieuse qu'il nous présente ses généreuses assiettes aux parfums exotiques alliant sucré et piquant. Sur l'ardoise du jour, environ trois entrées et autant de plats principaux s'offrent à nous, et ce, à des prix dérisoires, compte tenu de la qualité exceptionnelle de ces couscous, de ces riz et de ces viandes tendres et juteuses cuites en tajine durant de longues heures. Un thé à la menthe fumant ou un jus d'hibiscus concocté sur place accompagneront ce doux dépaysement. (2007-07-11)

LE KERKENNAH

Ahuntsic
1021, rue Fleury Est
514 387-1089

★★ Cuisine
★★★ Service
★★ Décor

 M20$ S40$

Le Kerkennah a atteint l'âge du Christ en 2007. L'heure de la résurrection devrait effectivement sonner pour la déco surannée, où la fresque maghrébine rencontre le mobilier nord-américain des années 70 et 80, de façon pas toujours heureuse mais assurément nostalgique. Enfin... Puisque l'ambiance y est tout de même, grâce à l'immense gentillesse de la famille qui tient l'établissement, on revient ici déguster les multiples délices de la Tunisie sans s'encombrer de vaines préoccupations esthétiques... Évitez le sempiternel couscous et laissez-vous plutôt tenter par l'ojja, un ragoût à la sauce tomates-poivrons; le brick, savoureux feuilleté à l'œuf, au thon ou au fromage; ou encore le tajine, excellente «quiche» tunisienne épicée à ne pas confondre avec son homonyme en terre cuite! Que du bon. (2007-06-14)

LE NIL BLEU

Plateau Mont-Royal
3706, rue Saint-Denis
514 285-4628

★★★ Cuisine
★★ Service
★★★ Décor

M — S45$

Avec toutes les images télévisées des divers désastres humanitaires en Éthiopie au fil des ans, on a peine à croire que ce pays d'Afrique ait des spécialités culinaires... C'est pourtant le cas, comme en témoigne Le Nil bleu. Pour franchir la porte de ce resto unique à Montréal, il faut cependant laisser ses préjugés sur le palier. Ici, par exemple, on mange avec les doigts. Au centre de la table, on dépose devant vous une grande assiette dont le fond est recouvert d'une crêpe de millet. Sur cette crêpe, pointent de petits monticules de savoureux cubes de viande mijotés – bœuf, agneau et poulet – dans des sauces bien épicées. On se sert de la crêpe, qu'on découpe en morceaux, pour porter la nourriture à sa bouche. L'expérience se vit au cœur d'un décor de style jungle. Dépaysement garanti. (2006-01-12)

LE PITON DE LA FOURNAISE

Plateau Mont-Royal
835, avenue Duluth Est
514 526-3936

★★★ Cuisine
★★★ Service
★★★ Décor

M— S80$

Le type de resto «Apportez votre vin» où vous voudrez apporter une bouteille vraiment différente. Et bonne aussi puisque la cuisine du Piton de la fournaise l'est. La cuisine de l'île de la Réunion (pieuvre, requin et autres poissons relevés d'épices créoles et accompagnés de rougails, préparations typiques à base de lime, de tomate, de piment et de gingembre) préparée par le chef Maurice permet de voyager avec le sourire. Et si vous voulez dépasser le stade du sourire et rire franchement, embarquez dans la douce folie de Jean-Pierre, le patron, sympathique verbomoteur qui mène son affaire avec clairvoyance et beaucoup de sérieux tout en rigolant. (2006-05-02)

LES RITES BERBÈRES

Plateau Mont-Royal
4697, rue de Bullion
514 844-7863

★★★ Cuisine
★★★ Service
★★★ Décor

M— S80$

Il faut vraiment connaître l'adresse pour savoir qu'il y a ici un restaurant. Les «pipoles» croisés à cette table très discrète la connaissent bien et savent aussi qu'il s'agit sans doute du meilleur couscous en ville. En plus de ses splendides variétés de couscous – semoule aérienne, parfumée, quasi irréelle –, Mohand Yahiaoui, le chef-propriétaire, propose chorbas, salades berbères, poulets aux olives et autres méchouis occasionnels. Malgré les ans, il a toujours cet œil presque lubrique devant la bouteille de Vosne-Romanée apportée par le client pour arroser son plat avec dignité, et acceptera, si son épouse Sylvie est absente, d'en prendre un petit verre avec le client généreux. En été, la terrasse sous la vigne vierge est une oasis sur le Plateau. (2006-06-19)

Courez la chance de gagner
un voyage pour découvrir

LES VINS D'ALSACE

Vol au départ de Montréal pour 2 personnes, hébergement, visites de vignobles, location d'une voiture et 1 000 $ d'argent de poche.

Une valeur totale approximative de 5 000 $.

VINS D'ALSACE

Participez au concours page 9

Règlements complets disponibles sur demande et sur www.guiderestos.com

Les vins d'Alsace **complices** de l'**Amérique du Nord**

Amérique du Nord

Difficile de cerner un style de cuisine nord-américain.
Une fusion de toutes les cuisines du monde (asiatique,
française, cajun, québécoise, etc.) où tout est possible. La
grande diversité des vins d'Alsace permet de nombreuses
alliances favorables à cet amalgame de cuisines. De la fine
gastronomie jusqu'à la cuisine de maman, en passant par
les grillades et le poulet frit, voici tout un défi en matière
de mariages vins-mets. Il s'agit, évidemment, d'y aller
cas par cas. Parfois ce sera la fraîcheur du sylvaner, tantôt
la minéralité du riesling, sans oublier la rondeur du
pinot blanc et les parfums intenses du muscat et du
gewurztraminer qui combleront. Les rouges élaborés
avec le pinot noir, de même que le pinot gris,
accompagneront davantage vos plats de viande.

Homard aux agrumes
Riesling, sylvaner ou gentil

Tourtière du Lac-Saint-Jean
Pinot gris et pinot noir

Saumon fumé
Pinot gris, pinot blanc ou riesling

Steak de thon
Pinot noir, pinot gris ou riesling, selon la préparation

Tarte au citron vert (Key lime pie)
Riesling ou muscat de vendanges tardives

*Pour en connaître davantage sur les vins d'Alsace,
consultez notre lexique.*

VINS
D'ALSACE

SAVEURS DE L'AMÉRIQUE DU NORD

Avec le chef Laurent Godbout des restaurants
Chez l'épicier, 295, rue Saint-Paul Est
T 514 871-9135 et
Version Laurent Godbout, 311, rue Saint-Paul Est
T 514 878-2232

Voir nos critiques p. 67 et 72

Avec sa cuisine qui fait le pont entre ses racines québécoises et des emprunts internationaux, Laurent Godbout s'est distingué dès l'ouverture de son premier établissement, en 2000, comme l'un des chefs les plus créatifs en ville.

Quelles sont vos principales inspirations en cuisine?

«Tout en faisant la promotion des produits régionaux et de la gastronomie québécoise, j'aime incorporer à mon travail autant des techniques d'Espagne que des façons de faire du Japon. J'ai commencé à m'ouvrir aux différentes traditions quand la cuisine asiatique s'est mise à être un peu plus à la mode. Ensuite, en voyageant, j'ai rencontré des chefs d'un peu partout dans le monde et ceux-ci m'ont apporté beaucoup.»

Avec quels ingrédients aimez-vous travailler?

«En fait, je suis assez saisonnier et je cherche à utiliser les ingrédients les plus frais. Sinon, j'accorde beaucoup d'importance à l'huile d'olive et aux épices, sans quoi les plats ne goûteraient pas grand-chose. J'avoue aussi avoir un faible pour le foie gras. Bien poêlé, avec l'extérieur croustillant et l'intérieur bien moelleux… il n'y a rien de meilleur!»

Avez-vous le temps de visiter d'autres restos?

«À Montréal, j'aime bien me rendre au Pullman (3424, avenue du Parc, 514 288-7779) pour les bouchées de type tapas ainsi qu'au Olive et Gourmando (351, rue Saint-Paul Ouest, 514 350-1083) pour les sandwichs originaux.»

55°

★★★ Cuisine
★★★ Service
★★★★ Décor

Plateau Mont-Royal
4448, boulevard Saint-Laurent
514 904-0277

 M — S**90**$

55° Fahrenheit, c'est la température parfaite pour entreposer le vin. C'est également un des meilleurs endroits en ville pour déguster de grands crus à petits prix. En effet, le vin y est offert au prix payé par l'établissement plus 3 $ de frais de bouchon. La cuisine, résolument internationale, incorpore des touches du Moyen-Orient à des classiques, un succès mitigé. Le won ton se retrouve farci de saucisse italienne et le poulet de Cornouailles, de figues et chèvre. La carte des desserts internationalise des classiques comme la crème brûlée en y ajoutant un chouïa de cardamome. L'expérience se déroule dans un décor boisé et chaleureux profitant d'une large fenestration le jour et d'un éclairage intime le soir. Superbe terrasse en plein cœur de l'action. (2007-04-15)

ASZÚ

★★★ Cuisine
★★★★ Service
★★★★ Décor

Vieux-Montréal
212, rue Notre-Dame Ouest
514 845-5436

 M**50**$ S**100**$

Son nom est tiré d'une appellation vinicole hongroise et cette adresse se veut une œnothèque. Les bouteilles foisonnent et la carte propose un choix de 49 vins au verre et des accords vins et mets exceptionnels. Le tout pour un prix abordable, une vraie prouesse! Le décor alliant matériaux modernes et vieilles pierres sied parfaitement à la dégustation. Côté menu, une courte carte mais néanmoins très inventive, d'une belle exécution, avec une dominance des fruits de mer. Le plateau de bouchées à partager, notamment, a fait l'unanimité. Le service très plaisant et connaisseur est un exemple à suivre pour bien des établissements. La terrasse (chauffée au besoin) est à retenir pour faire une pause lors d'une balade dans le Vieux-Montréal. (2007-06-27)

AU PIED DE COCHON

★★★★ Cuisine
★★★★ Service
★★★★ Décor

Plateau Mont-Royal
536, avenue Duluth Est
514 281-1114

 M — S**90**$

En établissant des ponts entre la tradition populaire québécoise telle que transmise par nos grands-mères et une approche culinaire inventive, le chef Martin Picard a réussi à faire de son convivial Pied de cochon un des restaurants les plus prisés à Montréal. Il a bien compris qu'une cuisine qui ne lésinait pas sur le gras avait un effet réconfortant sans pareil, alors il nous concocte des plats tels que du ragoût de pattes et du pâté chinois, ou sa réputée poutine au foie gras qui, malgré nos légitimes craintes, a de quoi nous réconcilier avec ce mets habituellement réservé aux casse-croûte. L'été, ces plats copieux et viandeux font place à de gigantesques plateaux de poissons et fruits de mer. Foies et estomacs fragiles, s'abstenir! Pareillement pour les végétariens. (2007-03-21)

AUX DERNIERS HUMAINS

Rosemont—Petite-Patrie
6950, rue Saint-Denis
514 272-8521

★★ Cuisine
★★★ Service
★★★ Décor

M**25**$ S**35**$

Il est rassurant de voir que certains endroits ne changent pas d'un iota. C'est le cas de ce café-resto, repaire d'altermondialistes et d'adeptes de la simplicité volontaire, qui permet de se tenir momentanément à l'abri de la jungle urbaine et des sonneries des cellulaires. Les lève-tard du quartier se retrouvent gaiement dans cette atmosphère vaguement grano pour savourer d'excellents petits-déjeuners affublés de noms rigolos comme l'«accoté patient» ou le «bon ben j'prends tout». En d'autres temps, des assiettes bien garnies présentent croque-monsieur, burgers dodus, sandwichs, crêpes-repas, quelques classiques de bistro et une petite table d'hôte. L'esprit très mollo du lieu rachète les hésitations en cuisine. En guise de protestation contre les banques qui se graissent la patte avec les frais de toutes sortes, on refuse les cartes bancaires. Voilà un resto engagé qui a de la suite dans les idées! (2007-08-29)

AUX DEUX MARIE

Plateau Mont-Royal
4329, rue Saint-Denis
514 844-7246

★★ Cuisine
★★ Service
★★★ Décor

 M**35**$ S**35**$

Si les maisons de torréfaction se multiplient comme les petits pains et les poissons du Christ ces jours-ci, les Montréalais demeurent fidèles à leurs classiques, comme celui-ci, qui entretient l'obsession des caféphiles depuis 1994. On propose ici un riche éventail de cafés, préparés par des baristas allumés et fiers de leurs œuvres d'art. Grains torréfiés à la perfection et moulus à la minute; dosage parfait; mousse onctueuse: c'est la jouissance en tasse! Curieusement, on n'a pas daigné conférer la même force de frappe aux casse-croûte. Sandwichs, pizzas et salades ont beau n'évoquer aucun exotisme, d'autres établissements ont prouvé qu'ils pouvaient transcender le banal par une composition inventive et colorée. On se rattrape avec les desserts, qui laisseront un souvenir agréable en bouche. (2006-04-21)

AUX VIVRES

Plateau Mont-Royal
4631, boulevard Saint-Laurent
514 842-3479

★★★ Cuisine
★★ Service
★★ Décor

N M**20**$ S**20**$

Faut-il absolument suivre à la lettre les diktats du végétalisme pour prendre son pied Aux Vivres? Loin de là, puisque outre le fait que les mets servis ici ne comportent aucune trace de produits d'origine animale, ils se révèlent inventifs et savoureux. Et en cette époque de conscientisation écolo, l'utilisation de produits locaux et biologiques a de quoi nous séduire. Salades, bols de légumes servis sur riz brun, sandwichs, burgers et pizzas sont accompagnés d'une multitude de petits à-côtés: des tartinades maison comme le beurre végé, la purée houmous (beaucoup plus goûteuse que les versions vendues en supermarché) ou le végélox, un mélange de légumes dont la couleur et le côté fumé rappellent le saumon. Le décor lumineux, le bar à jus et la sélection de desserts finiront sans doute de convaincre les plus réticents devant l'expérience végétalienne. (2007-02-20)

BAZAAR ANISE

Plateau Mont-Royal
104, avenue Laurier Ouest
514 276-6999

★★★★ Cuisine
★★★★ Service
★★★★ Décor

 M — S**80$**

Un fouillis de textures et de saveurs, ce Bazaar. À la grande joie de tous les gastronomes, Racha Bassoul a rouvert Anise, version simplifiée. Falafels, samosas, saucisses et sardines grillées. Une partition complète de notes orientales, du Maghreb au Liban, de la Turquie au Pakistan. Décor sobre, presque monacal, petit lounge d'initiés et salle discrète pour les groupes. La chef a le talent de remettre au goût du jour des classiques de la Méditerranée, et de créer des assiettes allumées, vivaces et convaincantes. Impressionnisme dans la présentation, expressionnisme à la livraison: Bazaar se hisse déjà dans le haut de la liste des incontournables de la Métropole. À ne pas manquer. (2007-08-16)

BISTRO BIENVILLE

Plateau Mont-Royal
4650, rue de Mentana
514 509-1269

★★★★ Cuisine
★★★ Service
★★★ Décor

M**40$** S**65$**

Ouvert fin 2006, ce bistro tout mimi et tout mini a vite récolté les fruits d'un travail impeccable et du téléphone arabe, redoutablement efficace chez les «Plateausards» friands de bonnes adresses. Les proprios, un couple charmant dont le savoir-faire est indéniable – elle est sommelière, lui cuisine en aire ouverte –, ont opté pour la formule de la «tapa musclée», compromis entre l'entrée et le plat principal. Concept gagnant qui traduit le côté convivial de l'endroit. Cette simplicité savamment orchestrée donne lieu, dans l'assiette, à une inventivité qui fait resplendir l'ingrédient-vedette. Le menu est court; le confit de canard, la pièce de bœuf, les braisés et le poisson reçoivent donc tous des attentions dont nous sommes, ultimement, les heureux bénéficiaires. (2007-01-05)

BISTRO ON THE AVENUE

Westmount
1362, avenue Greene
514 939-6451

★★ Cuisine
★★★ Service
★★★ Décor

M**50$** S**70$**

On a beau se trouver au cœur de Westmount, confortablement installé sur une banquette du Bistro on the Avenue, on se croirait presque dans une brasserie parisienne tant le décor de ce resto est réussi. Bien sûr, sur la carte, les plats de bistro à la française sont rares et la cuisine, qui se plaît à marier sucré et salé, épices exotiques et recettes du monde entier, est très nord-américaine. On aime l'originalité et la variété des plats offerts en entrée, mais les plats principaux – viandes, poissons, volailles ou fruits de mer – sont moins réussis et les légumes d'accompagnement s'avèrent bien fades. On passe tout de même un agréable moment grâce au service attentionné, à l'ambiance animée par une clientèle de quartier (donc chic) loin d'être guindée et à la sympathique carte des vins de l'établissement. (2007-08-21)

BRUNO BISTRO

Mile-End
108, avenue Laurier Ouest
514 277-8777

★★★ Cuisine
★★★ Service
★★★★ Décor

N 🔆 M**40** $ S**75** $

La mode est aux bistros: ils germent aux quatre coins de la ville, remplaçant ces tables gastronomiques d'où l'on sort avec une facture peu démocratique. Le Bruno Bistro privilégie la simplicité, mais il n'en est pas moins enrobé d'une aura de luxe, en partie grâce à cette salle à manger tout en miroirs, qui s'ouvre à nous comme un bel écrin de velours noir. L'atmosphère feutrée et la chaleur du service encouragent très vite à prendre ses aises. Côté cuisine, les classiques sont habillés d'une petite touche de modernité. Qu'on opte pour le rouleau de saumon en pâte tempura en entrée ou pour la joue de veau braisée à la bière noire comme pièce de résistance, on voit que la maison mise sur de savoureuses concoctions fondantes sous la dent. Point à améliorer: la carte des vins, convenue et trop succincte. (2007-04-27)

BRUNOISE

Plateau Mont-Royal
3807, rue Saint-André
514 523-3885

★★★★ Cuisine
★★★★ Service
★★★★ Décor

🔵 M — S**80** $

Ouverte en 2003, cette maison s'est immédiatement classée parmi les bonnes tables de Montréal. Et s'y maintient. En fait, côté cuisine, on n'est plus très loin d'une cinquième étoile, ce qui, pour un établissement de cette taille, constituerait tout un exploit. Quoi qu'il en soit, la cuisine de Michel Ross est toujours aussi réussie. Plats originaux, belles textures, maîtrise technique, cette cuisine contemporaine fait la part belle aux meilleurs produits disponibles sur nos marchés. Beaucoup de travail aussi afin de mettre en valeur la qualité des produits et le talent des cuisiniers. Service élégant, même dans ses occasionnels trébuchements. Une rareté. Les clients apprécient sans aucun doute, l'endroit est plein en permanence. Adresse chaudement recommandée. (2006-01-18)

BU

Mile-End
5245, boulevard Saint-Laurent
514 276-0249

★★★★ Cuisine
★★★★ Service
★★★★ Décor

🔵 M — S**80** $

Que BU se soit vite imposé comme un incontournable de la Métropole, rien de surprenant: ce bar à vin parvient si bien à conjuguer classe et simplicité. Classe dans le décor à la fois épuré et chaleureux, et classe dans la carte comprenant plus de 500 choix de vins disponibles au verre, en trio de dégustation ou à la bouteille. La simplicité, elle, on la retrouve dans le service assuré par une équipe de sommeliers dynamiques et allumés ainsi qu'en cuisine où l'on mitonne des bouchées d'inspiration italienne qui accompagnent à merveille les délices viticoles: olives farcies et frites, bruschetta, légumes grillés, fromages et charcuteries. Chaque soir, on y propose aussi un plat de pâtes et un plat de viande. (2007-01-05)

CAF & BOUFFE

Villeray
171, rue Villeray
514 277-7455

★★ Cuisine
★★ Service
★★★ Décor

 M — S**50$**

C'est minuscule, c'est mignon comme tout, le service est souriant et la cuisine, parfois hésitante mais jamais prétentieuse, balance entre le Sud et le Nord, les pâtes et les viandes, la France et l'Italie. Mais c'est surtout l'ambiance presque familiale qui plaît, avec la patronne aux fourneaux dans sa cuisine lilliputienne et les grandes fenêtres ouvertes sur ce quartier métissé, où les francophones de souche sont de moins en moins dominants et les rues de plus en plus colorées. Sympathique petite table; et étape extrêmement reposante. P.-S.: argent comptant seulement. (2006-05-02)

CAFÉ BICICLETTA

Plateau Mont-Royal
1251, rue Rachel Est
514 521-8356

★★ Cuisine
★★ Service
★★ Décor

M**20$** S**20$**

À Montréal, toutes les pistes cyclables mènent à ce lumineux café de la rue Rachel, situé en face du parc Lafontaine. Cette petite façade au coin de la rue abrite en fait une halte cycliste multifonction: en plus de proposer de quoi sustenter les petites fringales, on y offre une foule d'informations sur le cyclotourisme, une boutique et même un bureau Éco-quartier. Bref, de bonnes raisons justifient qu'on y gare sa «monture» quelques instants. Tous les plats et en-cas qu'on y sert sont cuisinés sur place, le café est bio et équitable, les jus sont naturels. Les affamés croquent dans des salades et des sandwichs sains, ou se tournent vers le menu du jour, qui se décline en deux options. D'autres cyclistes se félicitent d'une expédition avec une bière en fût bien froide. Dans une ambiance animée, on croise une clientèle pétante de santé, moulée dans des cuissards et casque sous le bras. Après un arrêt dans ce lieu, on reprend le guidon, guilleret. (2007-07-13)

CAFÉ DAYLIGHT FACTORY

Centre-ville
1030, rue Saint-Alexandre
514 871-4774

★★★ Cuisine
★★★★ Service
★★★★ Décor

M**30$** S —

Ce Café Daylight Factory constitue une étape privilégiée dans le Vieux-Montréal pour qui aime la table et apprécie arroser un repas simple de crus de qualité. Simple ne voulant pas dire sans intérêt, loin de là. Car la simplicité des assiettes de cette maison laisse voir des qualités appréciables. Les meilleurs produits du marché travaillés avec beaucoup de talent, des plats d'une joyeuse inventivité, et un service d'une délicatesse exquise. Quand on met le tout dans un local lumineux, installé au rez-de-chaussée de la toute première tour comptant dix étages à Montréal, bâtie au début du vingtième siècle, on obtient une adresse. Et quand on sait que les promoteurs de cette maison sont les propriétaires du toujours impeccable BU, on est sûr que le passage ici sera inoubliable. (2006-02-06)

CAFÉ HOLT

Centre-ville
1300, rue Sherbrooke Ouest
514 282-3750

★★★★ Cuisine
★★★★ Service
★★★★ Décor

● M**60 $** S —

Dans ce café, un peu caché au niveau inférieur du chic magasin Holt Renfrew, tout est très beau, très bon et très bien fait. La maison fait venir de Paris en exclusivité le pain de la maison Poilâne et sert des tartines magnifiques. Et quelques salades tout aussi alléchantes. Et aussi quelques desserts irrésistibles. Côté cuisine, tout est impeccable et l'on se surprend à redécouvrir combien on aime les tartines quand elles sont préparées avec autant de goût. Décor lumineux et service on ne peut plus distingué. Apportez quand même votre belle tirelire rebondie pour déjeuner ici, tout coûte si cher de nos jours. Au moins, vous êtes assurés d'en avoir pour votre argent. (2006-01-28)

CAFÉ LÉZARD

Rosemont—Petite-Patrie
3119, rue Masson
514 729-3777

★★ Cuisine
★★ Service
★★ Décor

M**25 $** S**25 $**

Le Café Lézard est la version «rue Masson» du défunt et combien apprécié Porté Disparu de l'avenue du Mont-Royal. Amalgame de chaises droites et de fauteuils dispersés dans un profond local bordé d'un mur de brique auquel s'accrochent un piano droit et de longues étagères garnies de livres, le lieu donne envie de s'y immobiliser (tel un lézard) quelques heures autour d'un café. Les plats du jour, abordables, changent quotidiennement au gré des explorations du chef. Mentionnons les paninis, variés et aux surprenantes combinaisons d'ingrédients (pistaches, fromage à la crème, etc.), concoctés avec savoir-faire. (2007-04-30)

CAFÉ MÉLIÈS

Plateau Mont-Royal
3530, boulevard Saint-Laurent
514 847-9218

★★★★ Cuisine
★★★ Service
★★★★ Décor

 M**40 $** S**85 $**

On peut y déjeuner, dîner, prendre un verre ou bien souper. Le terme «café» est cependant beaucoup trop réducteur pour désigner la cuisine qui est servie dans ce bel endroit attenant au complexe cinématographique Ex-Centris. Beaucoup de créativité, des assiettes élégantes à la présentation impeccable. Le contenu de l'assiette n'est pas négligé et c'est là l'essentiel finalement. Autant les poissons que les volailles, par exemple, sont traités avec soin et bénéficient de touches originales dans la confection des sauces et des accompagnements. Côté desserts, la tarte au citron vaut le détour. On aime aussi le trio dégustation vin au verre blanc, rouge ou rosé à moins de 20 $ (trois verres de 50 ml, donc suffisamment mais sans excès). (2007-05-24)

CAFÉ SANTROPOL

Plateau Mont-Royal
3990, rue Saint-Urbain
514 842-3110

★★ Cuisine
★★ Service
★★★ Décor

M**20**$ S**25**$

La stabilité est parfois une vertu. C'est en tout cas vrai lorsque, comme ici, elle garantit une qualité de produit égale au fil des ans. Ces immenses sandwichs et ces pantagruéliques salades n'ont en effet pas pris une ride malgré les années. Le style de restauration demeure strictement le même et lorsque s'ajoutent quelques nouveautés à la carte des classiques plats granos de la maison, on s'assure qu'elles s'inscrivent bien dans la tendance baba cool privilégiée ici. On ne s'en plaindra pas puisque le Café Santropol constitue toujours un lieu de détente et de grignotage reposant. Et les foules se pressent pour communier à l'autel du ginseng, du gingembre et de la bergamote. Aux beaux jours, quelques effluves de patchouli flottent aussi sur la belle terrasse. *Peace, man!* (2006-04-30)

CAFÉ TITANIC

Vieux-Montréal
445, rue Saint-Pierre
514 849-0894

★★★ Cuisine
★★★ Service
★★★ Décor

M**30**$ S —

On est ici au royaume du *comfort food* de qualité. L'endroit est suffisamment branché pour que l'on retrouve tout ce que le Vieux-Montréal compte de belle jeunesse gourmande. Les moins jeunes y viennent aussi depuis plus de 20 ans déguster une cuisine simple en apparence et d'une inventivité remarquable. Bien sûr, il y a les classiques qui ont fait la réputation de la maison, assortiment de légumes grillés, ragoûts généreux et goûteux, quiches rustiques et sandwichs savoureux. Ou ces desserts un peu excessifs, irrésistibles gâteaux au chocolat ou aux carottes. Mais il règne surtout ici une belle atmosphère de convivialité qui donne de l'appétit à tout le monde. Étape à privilégier lorsque l'on cherche une table sans complications dans le quartier. Argent comptant ou chèques seulement. (2006-02-16)

CHEZ CLO

Hochelaga-Maisonneuve
3199, rue Ontario Est
514 522-5348

★★ Cuisine
★★ Service
★★ Décor

M**15**$ S —

Vénérable institution de quartier, le *diner* Chez Clo a ouvert ses portes dans un ancien dépanneur il y a plus de 20 ans, avant de multiplier sa superficie par trois en avalant un salon de coiffure et une animalerie. Le résultat est un labyrinthe d'antichambres hétéroclites prolongé par une grande terrasse ombragée. Outre de gras déjeuners servis de bonne heure, on y propose une sélection de plats typiquement québécois préparés avec soin, comme par exemple une tourtière du Saguenay, épaisse, feuilletée, débordante de morceaux de viande. Les pâté chinois, pouding chômeur, macaronis à la viande et autres ragoûts de boulettes y ont aussi la cote. (2007-06-14)

CHEZ JOSÉ CAFÉ

Plateau Mont-Royal
173, avenue Duluth Est
514 845-0693

★★ Cuisine
★★ Service
★ Décor

M**25**$ S**25**$

Nulle part ailleurs qu'à l'intersection exacte des mondes francophone et anglophone on ne peut trouver ce genre d'établissement... Un peu granola, un peu militant, 100 % altermondialiste, 200 % montréalais pure laine, Chez José Café propose une cuisine simple et généreuse et surtout entièrement faite maison. Le menu est court mais satisfaisant: omelettes, empañadas, sandwichs, crêpes, tartelettes, viennoiseries et un choix étourdissant de smoothies aux fruits. Mobilier bancal, décor approximatif et ambiance relaxante. Le resto ouvre tôt – autour de 7 h – et ferme tôt – vers 18 h. Argent comptant seulement. (2006-03-09)

CHRISTOPHE

Outremont
1187, avenue Van Horne
514 270-0850

★★★ Cuisine
★★★ Service
★★ Décor

🏃 M — S**110**$

À cheval entre la tradition et les nouveaux territoires gustatifs, faisant autant dans la retenue que dans l'exubérance, l'art de Christophe Geffray puise à même les sources de la franchise et de la générosité. Son attachement pour le foie gras (une spécialité avouée de la maison) ne se dément pas, et l'homme connaît sa viande! Ris de veau, jarret d'agneau et gibier sont à point et imprégnés d'arômes jamais déroutants, toujours équilibrés. On ne s'éloigne pas des sentiers battus côté accompagnements et desserts, mais on reste dans la contrée du plaisir. Une bonne petite table, à la fois sage et coquine, qui distribue clins d'œil et embrassades chaleureuses comme ces amis qu'on retrouve toujours avec joie. (2007-01-13)

CLUNY ARTBAR

Vieux-Montréal
257, rue Prince
514 866-1213

★★★ Cuisine
★★★ Service
★★★★ Décor

M**35**$ S —

En franchissant la porte du Cluny Artbar, on a immédiatement l'impression d'être ailleurs. À New York peut-être, ou à San Francisco, dans un atelier d'artiste plus grand que nature, inondé de lumière et métamorphosé en cafétéria moderne pour clientèle branchée. Cette œuvre – pardon, cet établissement – tout droit sortie de l'imagination de Rob et Patrick, les deux sympathiques proprios, nous offre en plus une excellente cuisine *comfort food* faite d'antipasti, de sandwichs relevés et souvent épicés (mangue/poulet, porc/poivrons/avocat), de quelques plats chauds, de desserts politiquement incorrects et d'une courte mais généreuse carte des vins. Une expérience rafraîchissante, joyeuse, presque festive. Service souriant, atmosphère conviviale, et en prime, la découverte d'un coin encore mal connu du Vieux-Montréal. Le bonheur. (2007-05-31)

COCAGNE

★★★★ Cuisine
★★★★ Service
★★★★ Décor

Plateau Mont-Royal
3842, rue Saint-Denis
514 286-0700

🌑 M — S70$

Dans ce décor moderne et invitant, le chef Alexandre Loiseau nous fait voyager en première classe. S'appuyant sur les arrivages du marché, ses plats se transforment au fil des saisons et se déclinent tout en finesse et en fraîcheur, qu'il s'agisse de tartare de saumon, de foie gras poêlé ou de canard braisé. On décèle ici un amour des choses bien faites et une discrète propension pour l'originalité et l'audace. Offertes à 25 $, 30 $, 35 $ et 40 $, les tables d'hôte ont été conçues afin de satisfaire tout type de budget, tout comme la carte des vins. Les néophytes en matière gastronomique pourront ainsi y vivre une chouette initiation. Apte à répondre aux questions les plus pointues sur les mets et les vins, le personnel a la délicatesse de demeurer discret. (2007-07-26)

CONFUSION TAPAS DU MONDE

★★ Cuisine
★★★ Service
★★★★ Décor

Centre-Sud
1635, rue Saint-Denis
514 288-2225

🌑 M30$ S60$

À la fois chic et invitant avec ses banquettes et ses drapés d'un rouge profond, ses murs de briques, ses moulures et son éclairage tamisé, ce lieu se prête aussi bien aux rencontres romantiques qu'aux rassemblements de plus grande envergure. Au menu: quelques plats uniques, mais surtout de nombreuses tapas vers lesquelles notre choix penche. Pourtant, des cinq assiettes posées devant nous, aucune ne parvient à nous épater, même que certaines déçoivent franchement. (2007-08-24)

CUISINE & DÉPENDANCE

★★★★ Cuisine
★★★★ Service
★★★★ Décor

Plateau Mont-Royal
4902, boulevard Saint-Laurent
514 842-1500

🌑 M40$ S80$

De l'entrée au dessert, un repas chez Cuisine & Dépendance est un émerveillement. Aux fourneaux, le chef Jean-Paul Giroux marie les saveurs avec doigté et propose une cuisine du marché attrayante et gourmande. En salle, la patronne dorlote les clients, conseillant un accord vin et mets, suggérant le choix d'un plat ou racontant la petite histoire d'un produit, les yeux pétillant de gourmandise et de bonne humeur. Ajoutez à cela une situation géographique parfaite, à deux pas du Théâtre Espace Go, à l'angle des boulevards Saint-Joseph et Saint-Laurent, nouveau lieu de prédilection de la jeunesse intellectuelle et branchée du Plateau et du Mile-End, un décor verdoyant et épuré, une offre de vins au verre exceptionnelle et vous obtiendrez une des meilleures nouvelles adresses de Montréal. (2007-08-30)

DECCA77

Centre-ville
1077, rue Drummond
514 934-1077

★★★★ Cuisine
★★★★ Service
★★★★ Décor

M**50$** S**120$**

Un vrai bon chef, c'est bien. Deux, c'est très bien. Decca77 vous en donne trois pour le prix de deux. Le client appréciera. Ce ménage à trois fonctionne parfaitement et le trio de toques a réussi à trouver une belle harmonie qui se reflète dans les assiettes. Cuisine inventive, produits impeccables, interprétations lumineuses et distrayantes. La salle est bien sûr un peu pompeuse, genre hall de gare très chic, et le service va de très précis à flou intense, mais un passage à cette table figure en tête de liste des escapades recherchées par les gastronomes d'ici ou d'ailleurs. À ce joyeux équipage en cuisine, se joint un quatrième mousquetaire qui, avec ses créations allumées et parfois hilarantes, prolonge au moment du dessert le plaisir éprouvé pendant le reste du repas. (2006-04-20)

DELI LESTERS

Outremont
1057, avenue Bernard Ouest
514 276-6095

★★★ Cuisine
★★ Service
★★★ Décor

M**25$** S**25$**

Ce delicatessen tout droit sorti des années 40 nous convie à un fascinant voyage dans le temps. Tables en Arborite, banquettes de cuirette, murs en préfini, collection de boîtes de métal, caisse enregistreuse à «pitons», comptoir en *stainless steel*: tous les ingrédients sont réunis pour constituer un véritable décor de cinéma. Un peu plus et on verrait Woody Allen se pointer. Le sympathique Billy, propriétaire issu de la troisième génération, a su préserver la tradition en servant les mêmes smoked meats à l'ancienne que préparait son grand-père. Mais il a su également se renouveler en vendant ces mêmes smoked meats sous vide, par Internet! Sur le menu de ce royaume des carnivores, on offre également des club rolls (sandwichs de viandes variées sur pain au sésame) et la fameuse root beer Stewart's. (2006-03-31)

FONDUEMENTALE

Plateau Mont-Royal
4325, rue Saint-Denis
514 499-1446

★★★ Cuisine
★★★ Service
★★★ Décor

M **—** S**85$**

Au palmarès des choix gastronomiques rassembleurs, la fondue arrive sans doute en tête de liste. Des éternels romantiques qui s'échangent des regards de braise au-dessus du caquelon aux touristes affamés peu enclins aux explorations, tous semblent trouver leur bonheur à cette adresse. Le cadre élégant, rendu chaleureux par les boiseries et les murs couleur passion, stimule les ardeurs de la clientèle et met un baume sur l'âme lors des froids de janvier. Au menu, les fondues se déclinent en plusieurs variantes, de l'entrée au dessert. Les classiques – chinoise, bourguignonne, suisse et chocolatée – tiennent le haut du pavé, mais on retrouve également des propositions plus audacieuses comme des dés de poulet cuits dans une pâte à frire au miel, un bouillon japonais au miso et au saké ainsi qu'une fondue de gibier. Amateurs de fondues, unissez-vous! (2007-05-23)

GARDE-MANGER

Vieux-Montréal
408, rue Saint-François-Xavier

514 678-5044

★★★★ Cuisine
★★★★ Service
★★★★ Décor

🍴 M — S**100$**

Avec sa formule éclatée, qui tient à la fois du bar et du resto, le Garde-manger dépoussière l'image traditionnelle du Vieux-Montréal. Aux fourneaux, le chef inspiré Charles Hughes, crâne rasé et bras tatoués, mise sur les contrastes et le mélange des genres. Cet éclectisme se reflète dans la salle, où se côtoient gens d'âge mûr, couples *fashion* et groupes business. Dans les assiettes, surprises et coups de génie sont au rendez-vous: produits frais et pas banals, amalgames de saveurs inédits. Les amoureux de poissons et fruits de mer y trouvent leur compte, car l'offre est généreuse, et les amateurs de viande ne sont pas en reste. Attention, oreilles sensibles: plus la soirée avance, plus le volume de la musique monte... On sent que le party peut lever à tout moment! (2007-07-13)

GLOBE

Centre-ville
3455, boulevard Saint-Laurent

514 284-3823

★★★★ Cuisine
★★★★ Service
★★★★ Décor

🍴 M — S**110$**

Le Globe, le Buena Notte et le Rosalie – gérés par d'ambitieux copropriétaires – forment un triumvirat de restos *trendy-classy* destinés aux gros portefeuilles et aux vedettes locales et internationales. Des filles si belles qu'elles semblent tombées du ciel; un comptoir vitré à l'entrée où «scintillent» les produits de la mer; une déco super léchée; une musique de fond qui rappelle qu'on est sur la portion branchée de Saint-Laurent – tout cela a de quoi rendre gaga ou vaguement inconfortable, c'est selon. Ce qui fait l'unanimité, toutefois, c'est la qualité des produits utilisés en cuisine, savamment agencés selon les tendances du moment. Rarement a-t-on mangé meilleur steak sauce foie gras, et les entrées, comme les savoureux crab cakes, illustrent le sérieux et la coquinerie du chef. Les prix sont gonflés, tout comme l'ego de certains convives, mais on peut bien se la jouer un peu parfois, non? Du jeudi au samedi, des D.J. envahissent l'endroit en fin de soirée, pour le bonheur des affamés qui viennent y grignoter quelques en-cas avant de s'élancer dans les bars du boulevard. Glamour! (2007-05-30)

HALTE URBAINE

Outremont
1248, avenue Bernard Ouest

514 278-3637

★★★ Cuisine
★★★ Service
★★ Décor

N 🌱 M**30$** S**60$**

Ce resto accolé au Théâtre Outremont n'est pas vraiment une nouvelle adresse puisqu'il occupe l'emplacement de feu La Tartine et qu'on y retrouve aussi, côté conception du menu, le réputé chef Ian Perreault. La salle de style bistro sympathique et la lecture de la courte carte ne rendent pas vraiment hommage aux délices qui y sont présentés. Le bar à risotto, les «grilled cheese» façon gastronomique, le coquelet rôti et le parmentier à l'agneau sont, notamment, autant de réussites tout en délicatesse. Les desserts sont riches, comme il se doit, en saveurs et méritent vraiment de ne pas y renoncer. L'endroit se prête à une bouchée rapide ou un repas plus substantiel. Aux beaux jours, la terrasse permet, en prime, d'être aux premières loges de ce charmant coin de rue. (2007-06-16)

HOLDER

Vieux-Montréal
407, rue McGill
514 849-0333

★★★ Cuisine
★★★ Service
★★★★ Décor

⬤ M 50 $ S 80 $

D'aucuns trouvent bruyante cette belle grande brasserie élégante, propriété des frères Holder, où la faune des «com» de Montréal aime se retrouver pour palabrer. Est-ce dû aux décibels qu'émet la clientèle bavarde, ou aux hauts plafonds qui réverbèrent le son? Peu importe, car les plats nous font vite oublier l'acoustique. La cuisine qu'on y pratique est inventive, et les préparations sont traitées avec savoir-faire, créativité et esthétisme. Les classiques bistro y sont réactualisés avec brio: steak frites, confit de canard, foie de veau, jarret d'agneau. Le tartare de saumon est un must et la crème caramel est déclinée en trois saveurs: vanille, chocolat et orange. Le service est d'une efficacité redoutable, parfait pour les lunchs d'affaires. (2007-08-30)

JARDIN DE L'ÎLE

Ile-des-Sœurs
301, chemin du Golf
514 765-9626

★★★★ Cuisine
★★★ Service
★★★★ Décor

Ⓝ Ⓔ ⬆ M 50 $ S 100 $

Pour être à la hauteur des maisons cossues de son entourage, le Jardin de l'île a soigné sa déco: grands carreaux de céramique au sol, chaises jupées, foyer central et bar bon chic, bon genre. En 2007, l'établissement s'est adjoint les services du chef Charles Dufresne, qui officiait auparavant à l'Auberge Ripplecove, dans les Cantons-de-l'Est. Sans être inédite, la cuisine du marché qu'on y sert présente un degré de raffinement indéniable. Dans la salle à manger, les têtes blanches sont bien représentées, et le stationnement s'apparente à un concessionnaire de voitures de luxe. L'été, la belle terrasse verdoyante est une véritable oasis. (2007-07-13)

JOE BEEF

Petite-Bourgogne
2491, rue Notre-Dame Ouest
514 935-6504

★★★★ Cuisine
★★★ Service
★★★★ Décor

Ⓔ M — S 115 $

En baptisant son rejeton Joe Beef, le trio McMillan-Morin-Cunningham a voulu rendre hommage à Charles McKiernan (1835-1889), tenancier de taverne autrefois célèbre dans le quartier pour sa marginalité et sa générosité. Marginal, ce croisement inusité et réussi entre le chalet de chasseur et la galerie d'art l'est certainement. La générosité, elle, s'affiche sur l'ardoise, qui regorge de propositions allant des lieux communs (rognons moutarde, onglet...) aux plats signature tels le «spaghatte» au homard et le parfait de foie gras de McMillan. Soyez avisés toutefois: comme dans plusieurs lieux branchés, l'addition rappelle qu'une ambiance du tonnerre et une carte des vins béton, ça se paie. Réservations recommandées. (2007-05-18)

JOLI MOULIN

★★★ Cuisine
★★★★ Service
★★★★ Décor

Outremont
1201, avenue Van Horne
514 276-5654

N ⬆ M**30**$ S**60**$

Renaissance à Outremont d'un resto venu de l'Est de la ville. Et qui a gardé une cuisine simple et un service affable! Les anciens lieux, Les Chèvres, n'ont pas changé d'un poil: le Joli Moulin, lui, a débarqué avec ses viandes et poissons grillés venus d'une autre époque. Au menu: filet mignon de bœuf de l'Alberta AAA et plateau de fruits de mer généreux. Salade panachée, légumes frais ou pommes de terre au choix. On retrouve ici une carte simplissime, de terre et de mer, mais aux éléments soigneusement sélectionnés. Résultat: des plats aux saveurs rassurantes. La clientèle de l'ancien resto, à l'angle de Sherbrooke et Lacordaire, semble revenir, fidèle. Et les têtes grises du quartier l'ont aussi adopté. (2007-08-02)

LA BINERIE MONT-ROYAL

★ Cuisine
★★ Service
★★ Décor

Plateau Mont-Royal
367, avenue du Mont-Royal Est
514 285-9078

M**20**$ S**25**$

Véritable institution, La Binerie n'a plus besoin de présentation. On la fréquente donc par nostalgie, curiosité ou habitude. Popularisée par le film *Le Matou*, elle permet de renouer avec les spécialités québécoises traditionnelles, tourtière, ragoût de boulettes, sauce aux œufs, fèves au lard, macaroni à la viande, galettes de sarrasin et pouding chômeur. Rien de très léger. Le décor a été refait au milieu du siècle dernier et le long comptoir-lunch est toujours bordé par un chapelet de tabourets en cuirette. Dominant le tout, un crucifix bienveillant protège également les cuisines... Les recettes n'ont pas changé non plus; depuis 1938, selon la légende. Le seul petit problème, c'est que les bûcherons se font rares à Montréal. (2006-03-10)

LA BRASSERIE BRUNOISE

★★★ Cuisine
★★★ Service
★★★ Décor

Centre-ville
1012, rue de la Montagne
514 933-3885

N ⊖ M**50**$ S**70**$

Petite sœur du Brunoise de la rue Saint-André et voisine immédiate du Centre Bell, cette brasserie nouveau genre a remplacé les grosses bouteilles de bière par un menu typiquement bistro et une alléchante carte des vins conçue pour tous les budgets. N'ayant pas du tout la prétention d'être une aussi grande table que la première adresse, l'endroit sert des plats (pâtes, viandes et poissons) sans extravagance, mais fort satisfaisants. Son ambiance animée porte à la convivialité et la rapidité du service plaira à ceux qui désirent assister aux matchs de hockey sans une minute de retard. (2007-02-28)

LA CHRONIQUE

Mile-End

99, avenue Laurier Ouest

514 271-3095

★★★★★ Cuisine
★★★★★ Service
★★★★ Décor

 M**60**$ S**125**$

Les chefs-propriétaires Marc De Canck et Olivier de Montigny semblent avoir voulu revoir et corriger l'acronyme «PPP». Car il est bien question ici d'un véritable «partenariat plaisir passion». Passion comme ces murs rouge ardent qui égaient les humeurs et annoncent le feu d'artifice à venir. Passion comme celle démontrée par l'ensemble d'une brigade qui redonne ses lettres de noblesse au mot «service». Plaisir comme celui éprouvé de la première à la toute dernière bouchée, devant toute la finesse et la générosité qui s'incarnent dans chacun des plats. Plaisir aussi de savoir que cette jouissance est accessible au déjeuner pour seulement quelques dollars. Mais attention! Ce premier contact ne vous donnera qu'une envie: vous offrir le coûteux (mais merveilleux) cadeau d'une soirée complète dans cette admirable maison. (2007-04-18)

LA CROISSANTERIE FIGARO

Mile-End

5200, rue Hutchison

514 278-6567

★★★ Cuisine
★★★ Service
★★★ Décor

 M**25**$ S**40**$

Un coin de rue dans ce quartier vaut son pesant d'or. On se trouve en effet dans ce que les agents immobiliers appellent «Outremont-adjacent», c'est vous dire... Pourtant, la cuisine ici garde une certaine légèreté et suscite la bonne humeur des clients. Il faut dire que ce qui est proposé dans cette croissanterie améliorée est sans prétention et préparé avec goût et application. À défaut de génie créatif. Sandwichs, salades, assiettes brunchs et autres babioles sont complétés en soirée par une honnête table d'hôte. Midi et soir, les foules se pressent et, dès que le temps le permet, la vibrante terrasse du Figaro est un haut lieu particulièrement prisé par notre belle jeunesse. Et par les moins jeunes tout autant. (2006-03-29)

LA GRAND-MÈRE POULE

Plateau Mont-Royal

1361, avenue du Mont-Royal Est

514 521-4419

★★★ Cuisine
★★★ Service
★★★ Décor

M**20**$ S**25**$

Avec ses murs lambrissés, ses petits paniers d'osier suspendus au plafond et ses multiples représentations de poulettes, le décor champêtre, tout à fait charmant et un peu suranné, vous propulse hors du temps et de la ville. La Grand-mère Poule a bâti sa réputation sur ses déjeuners et ses brunchs du week-end, où la thématique de l'œuf est chantée sur tous les tons: œufs tournés, BLT ou bénédictine, omelettes, pain doré, etc. qu'accompagnent des produits maison comme les cretons, les fèves au lard et le jambon cuit. Les plats ne sont pas particulièrement originaux, mais ils sont exécutés avec honnêteté. Ouvert dès 6 heures pour les lève-tôt, ainsi que le midi et le soir. Enfants bienvenus. D'autres restaurants Grand-mère Poule existent à Montréal, mais nous ne les avons pas visités. (2007-05-03)

LA LOÏE

★★★ Cuisine
★★★ Service
★★★★ Décor

Village
1353, boulevard René-Lévesque Est
514 527-1016

 M**50**$ S**80**$

L'omniprésence de Radio-Canada et de ses solides fourchettes continue d'attirer les jeunes restaurateurs dans le quartier. Personne ne s'en plaindra; surtout lorsqu'ils travaillent bien, comme c'est le cas ici. Le produit proposé est en effet très au-dessus de ce qui constitue le gros du paysage gastronomique des environs. Ici, une belle cuisine vient soutenir les attentes élevées créées chez le client par un décor allumé et une façon très sympathique de servir. Des plats très soignés, cuisine d'inspiration française américanisée ou québécisée avec beaucoup de goût. Reste à voir si l'on tiendra la distance, ce qui est aussi rare dans le coin. Pour l'instant en tout cas, cette Loïe fait une très belle impression. (2006-02-02)

LA MONTÉE DE LAIT

★★★★ Cuisine
★★★★ Service
★★★★ Décor

Plateau Mont-Royal
371, rue Villeneuve Est
514 289-9921

 M**40**$ S**100**$

À son ouverture, La Montée de lait était un bar à vins et à fromages. Il a ensuite évolué vers un concept original: un menu qui offre des plats dont les portions s'apparentent à des entrées. On vous propose donc de composer votre repas avec quatre plats issus de cinq catégories: salé, végé, carné, fromages et desserts. Ou encore de laisser le chef vous concocter, selon son inspiration, un menu dégustation de sept services où chaque mets est une surprise. Le service y est professionnel sans être guindé, la carte des vins, superbe, et les plats, sublimes et esthétiques, se laissent savourer les yeux fermés (une fois qu'on les a admirés!). Petit, mais se situant dans la cour des grands, La Montée de lait est un restaurant unique qu'on affectionne et auquel on souhaite longue vie. (2007-08-22)

LA PARYSE

★★★ Cuisine
★★★ Service
★★★ Décor

Centre-Sud
302, rue Ontario Est
514 842-2040

M**20**$ S**30**$

Dans ce quartier où les bonnes tables se comptent sur les doigts d'une main, La Paryse fait figure de havre. Depuis plus d'un quart de siècle, un exploit. On cultive ici l'art de bien faire les petites choses afin de hausser de plusieurs crans ce fast-food tant décrié. Classiques hamburgers donc, frites impeccables et moelleux végé-burgers constituent le gros de la carte. Et assurent, très justement, le succès de la maison. On cultive également ici l'art de servir avec le sourire, ce qui constitue toujours un gros plus. En 25 ans, cette maison a pris suffisamment d'assurance pour devenir chaleureuse et la patronne, en voie de béatification, va même aujourd'hui jusqu'à proposer plusieurs petits crus d'importation privée, à des prix d'ami. Patience dans la file d'attente qui rime avec succès. (2006-06-10)

LA PETITE MARCHE

Plateau Mont-Royal
5035, rue Saint-Denis
514 842-1994

★★ Cuisine
★★★ Service
★★ Décor

 M**30$** S**35$**

Voici un café-bistro qui vise de toute évidence à combler un grand nombre de convives. D'abord parce que sa salle à manger, que la dominance des boiseries rend fort accueillante, peut en recevoir plusieurs; et autant les couples que les petits groupes y trouveront leur aise. Puis par son menu d'inspiration française et italienne qui ne dépasse pas les limites du conventionnel, mais qui est si vaste qu'on a du mal à arrêter son choix entre ces crêpes-repas, ces pizzas ou tous ces plats de la table d'hôte (près de 25 propositions) composés de viandes, poissons ou fruits de mer. À moins d'avoir un appétit féroce, on déplorera le débordement de générosité des portions. Le personnel dévoué et sympathique et les petits prix excusent les diverses lacunes relevées ici et là, en ce qui concerne la cuisson ou les assaisonnements. (2006-01-07)

LA QUEUE DE CHEVAL

Centre-ville
1221, boulevard René-Lévesque Ouest
514 390-0090

★★★★ Cuisine
★★★★ Service
★★★★ Décor

 M **100$** S**180$**

Les maisons qui ont du caractère ne laissent personne indifférent. La Queue de cheval a beaucoup de caractère et est donc soit louangée, soit cordialement détestée. Si vous aimez les gros steaks, les grosses portions, les grosses tables et les gros restaurants, vous louangerez car le travail ici est accompli de façon irréprochable et vous trouverez les meilleurs steaks en ville, excellents choix de pièces de viande, coupes judicieuses et impeccables grillages. Si la frime vous insupporte, vous nous en voudrez de ne pas vous avoir avertis. Sous ces hauts plafonds, il faut en effet jouer le jeu et soutenir le regard d'acier des gros bras venus ici pour un moment de plaisir à table. Ils ont souvent aussi un gros cœur; souriez, ça marche. Dans tous les cas, apportez votre tirelire des 10 dernières années. (2006-08-22)

LA TAVERNE MONKLAND

Notre-Dame-de-Grâce
5555, avenue Monkland
514 486-5768

★★★ Cuisine
★★★ Service
★★ Décor

 M**40$** S**90$**

Prenez votre mal en patience les soirs d'affluence! Les places sont chères dans ce restaurant «sans réservation» ayant pignon sur la bouillante avenue Monkland. La terrasse est prise d'assaut les soirs d'été et la salle à manger résonne d'une assourdissante musique. Toute la faune anglophone et colorée de NDG semble se donner rendez-vous dans cette fausse «taverne» aux forts accents italo-californiens. Le service est rapide et sympathique. Le menu, éclectique, offre de très belles salades, avec agrumes et vinaigrette légèrement acidulée, assez copieuses pour en faire un repas. Les fruits de mer (calmars ou crevettes) sont un bon choix, surtout servis sur salade. On vante six plats de pâtes mais celles-ci ne laissent pas un souvenir impérissable. (2007-06-14)

LA TAVERNE SUR LE SQUARE

Westmount
1, Westmount Square

514 932-0211

★★★ Cuisine
★★★ Service
★★★ Décor

 M**65$** S**100$**

Établie au carré Westmount, cette taverne affiche tout le chic que son emplacement commande. L'immense et lumineux local accueillera en effet, dans une ambiance cosy mais très BCBG, autant les attachés-cases et les *power suits* sur l'heure du midi que les réunions de famille en soirée. On s'étonne même que le calme arrive à régner malgré tout avec toute cette affluence... Côté menu, La Taverne affiche plutôt son petit penchant bistro, passant du steak frites aux pâtes, en faisant un détour obligé par le burger de luxe (celui au thon, épicé et juteux, est digne d'intérêt). Des plats du jour, où le chef laisse aller son inventivité, complètent l'offre de belle façon, tout comme les desserts qui, s'ils sont chers, ont toutefois l'avantage de pouvoir être partagés tellement ils sont copieux. (2007-08-25)

LAÏKA

Plateau Mont-Royal
4040, boulevard Saint-Laurent

514 842-8088

★★ Cuisine
★★★ Service
★★★ Décor

M**30$** S**40$**

Bien sûr, la cuisine reste encore ici à la traîne de l'ambiance sonore exceptionnelle créée par la maison. Mais l'on mange mieux qu'hier au Laïka (et moins bien que demain, espérons-le). De petits plats pas compliqués, midi ou soir et les fins de semaine, des brunchs d'une générosité exemplaire. Toutefois, le mélomane gourmand regrettera sans aucun doute que la qualité remarquable de la trame musicale ne soit pas soutenue par une prestation équivalente dans les assiettes. Ça viendra sûrement un jour, tous les autres éléments ayant été améliorés au fil des ans. (2006-03-06)

L'ANECDOTE

Plateau Mont-Royal
801, rue Rachel Est

514 526-7967

★★★ Cuisine
★★★ Service
★★★ Décor

M**30$** S**40$**

La carte est longue et propose des plats distrayants et souvent réussis. Pourtant, on vient ici, encore et encore, pour mordre à pleines dents dans un hamburger juteux. On picore des frites croustillantes et on noie le tout dans le machin rouge qui ne veut jamais sortir de la bouteille. Et on est heureux. Surtout si l'on a eu la bonne idée d'inviter les enfants, petits ou grands, qui, eux, trempent méticuleusement chaque frite dans le ketchup et couvrent la table de miettes et de sauce. Le service est d'une touchante gentillesse et le décor conserve cet aspect suranné qui donne à l'endroit tout son charme. (2006-03-08)

:::

L'APPARTEMENT

Vieux-Montréal
600, rue Williams
514 866-6606

★★ Cuisine
★★ Service
★★★★ Décor

 M**40**$ S**100**$

Si on vient à L'Appartement pour faire bombance, on ne risque pas d'être estomaqué. La cuisine grappille au gré des tendances – formule tapas, touche zen, ingrédients à la mode – et accuse un manque d'identité. Quant à l'addition, elle apparaît élevée. Par contre, si le but de la soirée est de s'amuser sur des rythmes enlevés et de tester ses aptitudes pour la drague, voilà un endroit fort agréable. Cet Appartement à la déco design, avec vue imprenable sur la ville, se situe à la croisée du bar branché et du resto chic. Après le repas, un lounge au sous-sol accueille ceux qui veulent prolonger la soirée jusqu'aux petites heures. Oreilles sensibles, s'abstenir. (2007-03-29)

L'ASSOMMOIR

Mile-End
112, avenue Bernard Ouest
514 272-0777

★★ Cuisine
★★★ Service
★★★ Décor

M — S**80**$

Resto-bar ou bar-resto? L'Assommoir, malgré son nom, a quelque chose d'électrique: la faune est bigarrée, la dynamique cuisine œuvre en aire ouverte et les «mixologues» de service ont du bagout à revendre. Mais à force de vouloir tout offrir, de l'animation musicale au menu «international», en passant par plus de 350 boissons alcoolisées, l'équipe semble avoir perdu son fil d'Ariane, celui qui lui aurait permis d'accomplir en cuisine ce qu'elle propose au bar: la magie. Éclectique à l'extrême, la carte propose des ceviches, des grillades et des plats bistro. On ira y déguster quelques entrées (très correctes) et des martinis fort réussis. (2007-01-13)

L'ATELIER

Mile-End
5308, boulevard Saint-Laurent
514 273-7442

★★★★ Cuisine
★★★ Service
★★★★ Décor

M**40**$ S**80**$

Un petit local très joliment décoré; aux murs, de magnifiques photos noir et blanc des fournisseurs que l'on reconnaît et qui rassurent puisqu'ils travaillent très bien; un fond sonore très contemporain et, détail déterminant, des assiettes aussi éclairées que tout le reste. Les propriétaires de cet atelier nouvelle vague ont l'habitude de bien faire les choses, comme ils le montrent dans leurs autres maisons, À l'os, O'thym, etc. Ici, deux jeunes chefs travaillent avec les meilleurs produits locaux. Midi et soir, l'ambiance s'installe à cette nouvelle adresse. Comme la cuisine y est vraiment réussie, on ne doute pas que l'endroit devienne rapidement un lieu très prisé des gastronomes. (2006-07-11)

LE 8ᴱ CIEL

Centre-Sud
1256, rue Ontario Est
514 525-2213

★★★★ Cuisine
★★★★ Service
★★★ Décor

😋 M**30$** S**65$**

De bien belles assiettes se passent ici. On sert déjà de très bons plats au 7ᵉ ciel, alors au 8ᵉ, vous pouvez imaginer. Dans un tout petit local, joliment aménagé, des jeunes gens amateurs de bonnes choses préparent des petits plats soignés et pas compliqués. De belles omelettes et de souples risottos à midi pour quelques piécettes et des plats plus élaborés mais tout en fraîcheur et en spontanéité le soir. La simplicité voulue de la maison se retrouve dans l'ambiance générale autant que sur les tables. Et le soir, il est vivement recommandé de réserver si l'on veut pouvoir participer à la fête tant l'endroit a de partisans qui en ont fait leur lieu de retrouvailles gastronomiques; un concept qui n'est quand même pas fréquent dans le quartier. (2006-05-25)

LE BLEU RAISIN

Plateau Mont-Royal
5237, rue Saint-Denis
514 271-2333

★★★ Cuisine
★★★ Service
★★★ Décor

🍴 🌱 M — S**95$**

Si les établissements de type bistro à la française courent les rues, celui-ci nous comble avec une sympathique proposition qui se démarque par une mise en valeur particulièrement importante des produits locaux. L'immense ardoise installée dans la coquette salle à manger nous informe avec moult détails des propositions du jour. Fromages, alcools, légumes de saison et gibiers d'ici y sont à l'honneur. En cuisine, le personnel s'applique avec doigté et délicatesse à rendre justice à ces produits issus du terroir québécois en créant de surprenantes combinaisons de textures et de saveurs. On sent une tendance à l'innovation qui se conjugue toutefois à un souci de ne pas trop déstabiliser pour autant. (2007-03-29)

LE BOUCHON DE LIÈGE

Villeray
8497, rue Saint-Dominique
514 807-0033

★★★★ Cuisine
★★★★ Service
★★★ Décor

😋 M**35$** S**80$**

Cette jeune adresse – à peine trois ans – franchit les années sans perdre de son lustre. La cuisine est toujours aussi précise, généreuse et fraîche, inspirée des humeurs du chef et des meilleurs produits du marché. Ce soir-là, le marlin se détachait délicatement sous la fourchette, la bavette était juteuse, les frites allumettes parfaitement craquantes et le dessert onctueusement chocolaté. Le chef, Steve Lemieux, en plus de maîtriser les saveurs, sait comment plaire à l'œil avec des plats équilibrés, colorés et délicieusement complexes. Service chaleureux, fait sans esbroufe mais avec doigté, belle carte des vins, qui peut contenter la plupart des bourses, et addition tout à fait correcte. Bref, à inscrire tout en haut de la courte liste des excellents restos de quartier. (2007-02-22)

LE BUNGALOW

Plateau Mont-Royal
4165, rue Saint-Hubert
514 523-9006

★★★ Cuisine
★★★★ Service
★★★★ Décor

 M — S**80**$

Un resto jeune et branché qui a le mérite d'offrir une cuisine bistro mais sophistiquée. Ambiance *diner*, avec sa cuisine ouverte en inox et son comptoir aux chaises chromées. Bien peu de places, à peine 40, pour une atmosphère conviviale et très musicale. Un peu bar aussi, avec ces décibels dans les oreilles. Tout ça pour (re)découvrir des classiques à l'italo-franco-méditerranéenne bien réussis. Tartare de saumon ou de bœuf, crevettes grillées et filet mignon aux champignons. Chouette: on a rajeuni le très *British* fish & chips, léger, croustillant et fondant. Une rareté à l'est du boulevard Saint-Laurent! Belles côtes levées aussi, pour estomacs généreux. Desserts classiques: crème brûlée et fondant au chocolat. Détendu. (2007-08-28)

LE CAFÉ DES BEAUX-ARTS

Centre-ville
1384, rue Sherbrooke Ouest
514 843-3233

★★★★ Cuisine
★★★ Service
★★★ Décor

M**60**$ S**80**$

Presque aussi précieux que les œuvres que l'on peut observer dans les salles adjacentes, le Café des beaux-arts enchante. En toile de fond, les murs vitrés nous donnent l'impression de prendre part à l'exposition. Entreprenants, les serveurs s'empressent de nous dresser un portrait coloré du menu. Ajoutons à cela une carte des vins soignée, avec une jolie sélection au verre. Les plats simples, mariant poissons et coupes de viande irréprochables à de petits légumes frais apprêtés sans chichi, relèvent du grand art. Les portions parfaitement équilibrées laissent suffisamment de place à l'une des interprétations sucrées qui complètent le tableau. Ouvert le midi et le mercredi soir. (2007-08-15)

LE CAFÉ DU NOUVEAU MONDE

Centre-ville
84, rue Sainte-Catherine Ouest
514 866-8669

★★★ Cuisine
★★★ Service
★★★★ Décor

M**40**$ S**80**$

Ce sympathique café a l'avantage d'être très bien situé et se présente comme un excellent préambule à une belle soirée de théâtre au TNM. On y mange de petites choses simples et rassasiantes issues du répertoire des plats classiques de la cuisine bistro: bavette, confit, foie de veau, pétoncles, salade de chèvre chaud, le tout présenté sans fioriture. Le décor agréable incite à la bonne humeur ambiante qui règne tant le midi que le soir. La maison offre dorénavant pratiquement la même carte à l'étage qu'en bas. Choix de vins équilibré, entre crus français et nectars du Nouveau Monde. (2007-02-01)

LE CARTET

Vieux-Montréal
106, rue McGill

514 871-8887

★★★ Cuisine
★★★ Service
★★★ Décor

M**30$** S**40$**

Restaurant-boutique, Le Cartet propose une immersion totale dans l'univers de l'alimentation. Entouré de tablettes remplies de produits culinaires (huiles, vinaigres, chocolats, pâtes, vaisselle, etc.), on a le choix de partager son repas en tête à tête sur une petite table bistro, ou avec des inconnus à l'une des trois grandes tables de réfectoire. Pour couronner le tout, des magazines de bouffe sont mis gratuitement à notre disposition. Le menu offre chaque jour des pâtes, un poisson et une viande. Préparés à l'avance le matin, les plats sont présentés dans des ramequins de plastique, prêts à être servis rapidement ou emportés. Les classiques: le tartare de saumon, délicieux, et comme dessert, la tarte au citron. Brunch original et gargantuesque le dimanche. (2007-03-01)

LE CLUB CHASSE ET PÊCHE

Vieux-Montréal
423, rue Saint-Claude

514 861-1112

★★★★★ Cuisine
★★★★ Service
★★★★ Décor

 M**60$** S**120$**

Puisque ce restaurant logé dans un demi-sous-sol n'est annoncé que très discrètement à l'extérieur, c'est avec une excitante impression de pénétrer dans un repaire clandestin qu'on y fait notre entrée. Comme le nom le laisse clairement deviner, le concept de la chasse et de la pêche prévaut dans l'approche culinaire avec la mise en valeur peu banale de produits de la terre et de la mer. Viandes, poissons et fruits de mer se présentent à travers des jeux de parfums et de textures aussi raffinés que saisissants. La présence d'un chef d'exception, la carte des vins de haute voltige, le design des lieux qui allie confort et modernité et le service éclairé en font l'un des établissements les plus réputés de la ville. Un plaisir que l'on s'offre lors des grandes occasions! (2007-05-04)

LE COIN G

Villeray
8297, rue Saint-Dominique

514 388-1914

★★★ Cuisine
★★★ Service
★★★ Décor

 M**30$** S**60$**

À midi, les travailleuses et travailleurs du coin y viennent prendre un petit repas rapide, alors qu'en soirée, la clientèle est plutôt constituée de gens habitant le quartier. Midi et soir, on retrouve au Coin G les mêmes attributs qui en font une adresse recommandable, le sérieux figurant en tête de liste de ces belles qualités. Accueil et service se font dans la bonne humeur et l'on trouve dans les assiettes de belles petites choses réconfortantes. À midi, pour une somme dérisoire; le soir, pour quelques dollars de plus si l'on arrose un peu de jus de raisin fermenté. Une maison qui vieillit bien. (2006-04-18)

LE DÎNER

Plateau Mont-Royal
4710, rue de Lanaudière
514 510-4710

★★★ Cuisine
★★★ Service
★★★ Décor

 M — S**60**$

Avec ses banquettes de cuir rouge, son mobilier chromé, ses portraits noir et blanc accrochés aux murs et son bar donnant sur la cuisine, on se croirait, dans cette minuscule salle à manger, dans un snack-bar des années 50. En accord avec ce décor des plus sympas, le menu propose de surprenantes relectures des grands classiques du fast-food. Les hot-dogs, burgers, pizzas, frites, hot chicken et compagnie sont ici servis avec grande classe. Lors de notre visite, des ailes de canard avec sauce au bleu remplaçaient par exemple les ailes de poulet, une boulette de steak tartare saisie à vif garnissait un burger et le poulet faisait place à de la pintade confite dans un plat de style hot chicken. Pour arroser le tout, une carte des vins présentant un surprenant raffinement est proposée. (2007-04-28)

LE JOLIFOU

Rosemont—Petite-Patrie
1840, rue Beaubien Est
514 722-2175

★★★★ Cuisine
★★★ Service
★★★ Décor

M — S**75**$

Puisqu'il se niche dans un quartier paisible, bien à l'écart des circuits branchés, parce qu'on y est accueilli en toute simplicité et parce que les généreuses tables d'hôte sont loin de coûter les yeux de la tête, Le Jolifou est sans doute la grande table la plus discrète en ville. Après tout, nul besoin de verser dans le clinquant quand les propositions culinaires font dans la haute voltige et nous envoient au septième ciel à chaque bouchée. Pouvait-on s'attendre à moins d'un chef-propriétaire ayant fait ses classes chez Toqué! et Au Pied de cochon? Avec un redoutable sens du raffinement, ce dernier a développé une cuisine colorée et nuancée qui établit des ponts entre la tradition française et des parfums provenant d'Amérique latine. (2007-06-25)

LE M SUR MASSON

Rosemont—Petite-Patrie
2876, rue Masson
514 678-2999

★★★★ Cuisine
★★★★ Service
★★★★ Décor

M**40**$ S**80**$

Assistera-t-on à une renaissance de la rue Masson, longtemps restée en désuétude après avoir été une artère bourdonnante pendant des années? C'est le pari qu'ont fait trois jeunes gens à la mi-2006 en ouvrant ce très joli petit resto de quartier entre la 5e et la 6e Avenue. Le pari risque fort d'être gagné car la cuisine servie ici constitue une des très belles surprises de l'année que les gourmets du coin apprécieront, alors que ceux d'ailleurs en ville accepteront sans doute de se déplacer. De très belles assiettes donc, représentatives de cette nouvelle cuisine québécoise, enlevée et enlevante, mettant de l'avant les produits de chez nous, traités avec beaucoup d'ingéniosité et de talent. L'impeccable service en salle ajoute encore au plaisir de venir ici, midi ou soir. (2006-06-30)

LE QUARTIER

Centre-ville
1001, square Victoria
514 875-9669

 M**50$** S**90$**

★★★ Cuisine
★★★ Service
★★★★ Décor

La salle est immense, agréable et le concept de cet endroit se conjugue à toute heure. Des 5 à 7 en musique, des événements spéciaux orchestrés par toute une brigade sympathique qui suit le rythme. Mais parlons cuisine, après tout, on est là pour ça! La carte est adaptée au concept et propose un menu de type bistro, des plats plus travaillés, des poissons et fruits de mer, burgers, côtes levées. La surprise, c'est que, même avec autant de variété, on a droit à des assiettes montées avec élégance et aux heureuses combinaisons de produits d'un chef inspiré. Le midi, Le Quartier est surtout fréquenté par une clientèle d'affaires des bureaux avoisinants; en soirée, par une clientèle plus cosmopolite et parfois plus festive. (2007-06-15)

LE STEAK FRITES ST-PAUL

Outremont
1014, avenue Laurier Ouest
514 270-1666

 M**50$** S**50$**

★★★ Cuisine
★★★ Service
★★★ Décor

Eduardo n'est plus. Il a laissé sa place à un steakhouse, version chic d'Outremont-ma-chère. La décoration a été entièrement refaite. On s'attable maintenant dans un décor sobre et élégant où dominent le bois marron et les tissus grèges. Sur les grandes ardoises, s'affichent les spécialités de steak de bœuf Angus, mais aussi de veau; de filet mignon en steak ou en brochette. Quelques mets de poissons et de fruits de mer sauront contenter les anti-viande. Chaque plat est accompagné d'une petite salade de laitue Boston et de frites... à volonté!, que l'on peut compléter avec des légumes à la carte. Heureusement, comme le nouveau propriétaire a conservé la formule «apportez votre vin», on s'en tire à très bon compte avec l'addition. (2007-01-12)

LE VALLIER

Centre-ville
425, rue McGill
514 842-5132

 M**40$** S**60$**

★★★ Cuisine
★★★ Service
★★★ Décor

Qu'est-ce qui nous plaît le plus dans ce nouvel établissement du Vieux-Montréal où se mêlent touristes et travailleurs du centre-ville? Le côté «*vintage* chic» du décor qui nous fait penser à une version modernisée du salon de notre grand-mère? Serait-ce plutôt ce service impeccable et sans prétention? Ou alors l'approche inventive du menu qui se conjugue à une carte des vins de qualité? Sans doute un peu de tout cela. Mention d'honneur toutefois au *comfort food* recherché qui prend sa source d'inspiration du côté des grands classiques des cuisines populaires d'ici et d'ailleurs. La cuisine bistro française flirte avec le fast-food nord-américain avec des propositions comme les ris de veau du général Tao, le fish & chips de homard ou le BLT de colin. (2007-06-26)

L'ENCHANTEUR

Villeray
7331, rue Henri-Julien
514 273-4766

★★ Cuisine
★★ Service
★★★ Décor

 M**25**$ S**40**$

Il a effectivement plus d'un tour dans son sac, ce petit bistro de quartier! Avec ses murs vivement colorés et ses parures dorées, le local semble avoir été imaginé par quelque fou du roi à l'humeur pimpante. Aux murs, les tableaux d'artistes locaux ajoutent au zeste de folie ambiant. C'est donc l'œil guilleret et le sourire détendu qu'on s'attable devant un burger-frites, une omelette, un sandwich ou autre plat bistro. Pas d'excès d'originalité ici. En fait, le terme «cuisine prosaïque» serait approprié. L'addition se fait discrète; et la clientèle est en accord avec le service, c'est-à-dire trrrrrès relax. L'été venu, la petite terrasse semi-couverte offre une ombre et une intimité bienvenues. Pour s'éloigner du tape-à-l'œil et casser la croûte à l'américaine. (2007-03-16)

LES 3 PETITS BOUCHONS

Plateau Mont-Royal
4669, rue Saint-Denis
514 285-4444

★★★★ Cuisine
★★★★ Service
★★★ Décor

 M**—** S**70**$

Les proprios sont si ingénieux qu'ils ont réussi à faire une salle claire à partir d'un demi-sous-sol. Côté cuisine, une courte carte de type bistro met en valeur le concept de bar à vin et étonne dans le bon (très bon) sens du terme. La tartine de champignons sauvages, les charcuteries, les viandes et poissons témoignent tous de cet art de faire une assiette remarquable là où d'autres auraient échoué par trop de simplicité. Les vins proposés sortent tous des sentiers battus et les flacons biologiques sont privilégiés. Le plaisir de donner détails et conseils aux clients est sincère et palpable. Beau choix de vins au verre. Cette adresse a résolument sa place dans le carnet des étoiles montantes montréalaises. (2007-08-09)

LES BELLES SŒURS

Plateau Mont-Royal
2251, rue Marie-Anne Est
514 526-1574

★★★ Cuisine
★★★ Service
★★★ Décor

M**25**$ S**30**$

Cela n'arrive peut-être pas très souvent, mais quand l'irrépressible envie d'un burger et d'une montagne de frites nous assaille, mieux vaut savoir où se diriger immédiatement. Ce petit snack-bar de quartier charmant comme tout a donc droit à une place d'honneur dans notre carnet de bonnes adresses. On y concocte des plats sans prétention avec un souci de qualité dans le choix des ingrédients. Avec sa boulette d'agneau, ses épinards et son fromage feta, le burger Belles Sœurs ne déçoit pas. Sandwichs, salades, croques et plats de pâtes figurent aussi sur la carte. Vous avez des doutes quant aux moules proposées au menu? Détrompez-vous. Les moules au cari et Pernod se révèlent bien plus réussies que dans certains établissements qui font de ce mollusque leur spécialité. (2007-08-07)

LES DEUX SINGES DE MONTARVIE

Outremont
176, rue Saint-Viateur Ouest
514 278-6854

★★★★ Cuisine
★★★★ Service
★★★★ Décor

M**40$** S**80$**

Il règne dans cette maison une belle ambiance. Celle des endroits tenus par des gens talentueux et passionnés. Carte du midi courte et claire. Carte du soir plus longue et tout aussi articulée. Le menu bistro du midi permet un ravitaillement de qualité pour une poignée de piécettes. Le soir, comme partout, si vous laissez le vigneron en vous prendre le contrôle, redoutez le pire côté addition, la carte des vins étant plutôt sexy. Ici, comme dans plusieurs de ces nouveaux établissements, on a accordé beaucoup d'attention au décor. Qui est très réussi, il faut bien le dire. La cuisine est plus sage. Le client y trouve son compte. (2006-02-08)

LES GOURMETS PRESSÉS

Saint-Henri
3911, rue Saint-Jacques
514 937-6555

★★★ Cuisine
★★★ Service
★★★ Décor

M**25$** S**40$**

Cette petite maison reste au fil des ans une oasis dans un quartier qui a de la difficulté à reprendre son souffle. Oasis de fraîcheur puisque les produits utilisés ici semblent sortis du marché la minute même. Oasis de qualité aussi car le soin apporté à la préparation de tous les plats, des plus simples aux plus techniques, est toujours irréprochable. Dans un décor amusant, simple et plutôt joli, les clients manifestent un plaisir évident à se retrouver à cette adresse. Et le service, élément non négligeable, est toujours d'une touchante amabilité et d'une grande délicatesse. Une de ces tables que le Guide Restos vient visiter autant pour le plaisir que par obligation professionnelle. C'est vous dire. (2006-05-12)

LES INFIDÈLES

Plateau Mont-Royal
771, rue Rachel Est
514 528-8555

★★★★ Cuisine
★★★ Service
★★★ Décor

 M — S**120$**

Si ce n'est déjà fait, voici un établissement à ajouter à la courte liste montréalaise des restaurants haut de gamme «apportez votre vin». En cuisine, s'active un chef particulièrement doué pour la fusion de la tradition bistro et d'une cuisine québécoise allumée et innovatrice. Il nous propose un large éventail d'entrées de foie gras ainsi que des mets raffinés qui mettent en valeur les produits d'ici, qu'ils proviennent de la terre ou de la mer. Et que dire des irrésistibles desserts! On apprécie l'approche amicale du personnel dont on ne regrettera pas les judicieux conseils quant aux directions à adopter par rapport à la carte proposée. (2007-04-24)

MAAMM BOLDUC

Plateau Mont-Royal
4351, avenue De Lorimier
514 527-3884

★★ Cuisine
★★ Service
★★ Décor

 M**20$** S**20$**

Que serait le Plateau sans le Maamm Bolduc? Certainement en mal d'un des meilleurs «spots» à poutine en ville! C'est prolo mais c'est toujours assez jojo ici, en partie grâce aux sourires que jettent les serveuses à la volée; aux jeunes couples bohémiens et animés qui refont le monde au-dessus d'un Bolduc Burger; aux bambins qui courent entre les tables entre deux bouchées de grilled cheese; et à l'allure sereine des habitués qui finissent lentement leur café en décryptant les nouvelles du jour. Au département de la poutine, la Sainte-Perpétue et la Bourguignonne valent le détour – on dirait même qu'elles rivalisent avec les préférées de La Banquise! Parmi les plats préparés, le chili est l'un des plus réussis. Les fans de *greasy spoons* seront servis... (2007-03-30)

MAESTRO S.V.P.

Plateau Mont-Royal
3615, boulevard Saint-Laurent
514 842-6447

★★★ Cuisine
★★★ Service
★★★ Décor

M**50$** S**90$**

On y déguste des huîtres toute l'année, même à l'unité, et on est certain d'en savoir davantage sur ce mollusque en quittant la table. Les fruits de mer sont bien sûr au tableau d'honneur et présentés de façons variées, souvent originales et raffinées dans tous les cas. La formule tapas le midi et certains soirs permet d'apprécier de manière très agréable la créativité et le soin apportés à la présentation de chaque bouchée. Un régal pour les amateurs de calmars, pétoncles, crabe, crevettes, moules, tartare de saumon, etc. Et pour terminer en beauté, les desserts n'ont pas été négligés et méritent un petit extra. (2007-08-08)

MBCO

Centre-ville
1447, rue Stanley
514 284-0404

★★★ Cuisine
★★★ Service
★★★★ Décor

 M**30$** S**40$**

Sur l'heure du midi, la fébrilité est à son apogée dans cette somptueuse boulangerie située au cœur du centre-ville avec tous les travailleurs qui s'y pressent par dizaines. Derrière un grand comptoir vitré, les différents sandwichs semblent tous plus délicieux les uns que les autres. Si l'on paie ici un peu plus cher qu'ailleurs pour ces classiques du midi, c'est toutefois sans déception, et ce, en raison du raffinement des garnitures. Que diriez-vous par exemple de sandwichs à la dinde bio à la provençale, aux champignons sauvages et fromage de chèvre ou au homard et crevettes? Salades, pizzas, viennoiseries, bagels et petits-déjeuners font également partie du menu et présentent un même niveau de recherche. L'endroit tendance par excellence pour casser la croûte! (2007-06-06)

MEATMARKET

Mile-End
4415, boulevard Saint-Laurent
514 223-2292

★★ Cuisine
★★★ Service
★★★ Décor

M**30$** S**60$**

Le nom du restaurant intrigue d'emblée: en plus de marquer un penchant culinaire carné, il décoche un clin d'œil à la culture de la drague qui sévit sur la *Main*. Si on salue l'audace un brin politiquement incorrecte, la visite se déroule toutefois sous l'égide du flou identitaire. D'abord, le décor looké s'illumine de touches toniques de rouge, celui de la chair saignante, mais le chic est terni par un écran géant, vers lequel les regards des amateurs de sport convergent dangereusement. Les viandes marinées servies en brochettes voient leur manque de caractère pallié par des mayonnaises. Une expérience tout de même plaisante pour une soirée à la bonne franquette. (2007-03-30)

MÉCHANT BŒUF

Vieux-Montréal
124, rue Saint-Paul Ouest
514 788-4020

★★★ Cuisine
★★★ Service
★★★★ Décor

Ⓝ M— S**75$**

Mélange de brasserie chic et de lounge, c'est le nouveau-né de l'hôtel Nelligan, petit frère du très chic Verses en version, disons, plus «populaire». Dans un décor hautement design mais rigolo, où le rouge prédomine, on y sert une cuisine de pub réactualisée et réalisée avec des produits du terroir. Ça donne, entre autres, une poutine au Migneron de Charlevoix, un «méchant burger» au fromage bleu et bacon fumé, des martinis aux fruits et des plats surf & turf. L'été, l'endroit est fréquenté par les touristes à la recherche d'originalité et d'une bouffe pas trop cher. Les portions sont costaudes, pensées pour des cow-boys et cow-girls dandys. (2007-08-24)

MESQUITE

Notre-Dame-de-Grâce
3857, boulevard Décarie
514 487-5066

★★ Cuisine
★★ Service
★★★ Décor

 M**40$** S**60$**

On vient ici pour découvrir les spécialités du Sud des États-Unis: pâté de crabe créole, viande BBQ fumée au bois de mesquite, crevettes tigrées à la vanille, Key lime pie, pouding au pain de La Nouvelle-Orléans, pour ne nommer que quelques plats. L'établissement est divisé en deux sections: la salle à manger et le bar, tous deux unis par des haut-parleurs qui diffusent la même musique. Certains soirs, on se demande si on est dans une brasserie ou dans un resto, plusieurs ingrédients réunis devenant des incitatifs à boire de la bière: le «deux pour un», la bouffe épicée, les sauces sucrées, la panure, les côtes levées (pas les meilleures) et l'atmosphère. (2006-01-05)

MESS HALL

Westmount
4858, rue Sherbrooke Ouest
514 482-2167

  M**60$** S**90$**

★★★★ Cuisine
★★★ Service
★★★ Décor

Campé dans Westmount, ce resto branché affiche un grain de folie qui surprend, particulièrement dans ce coin plutôt conservateur de la ville. La clientèle, trentenaire en moyenne, y déguste une excellente cuisine débridée au léger accent italien. La généreuse assiette d'antipasti illustre une belle maîtrise du genre tapas végétariennes. Les raviolis sont farcis de canard et foie gras, le flétan en croûte de sel et de poivre est poêlé juste à point et les fettuccinis, optimisés à coups de truffes et homard. De l'entrée au dessert, le rapport expérimentation/réussite demeure très avantageux. La déco de briques, miroirs et lustre étoilé baigne dans une luminosité rougeâtre réchauffant l'atmosphère. Le service dynamique, l'ambiance musicale et la terrasse en saison finissent de mettre la table pour un agréable moment. (2007-06-29)

MOISHES

Plateau Mont-Royal
3961, boulevard Saint-Laurent
514 845-3509

 M**40$** S**140$**

★★★★ Cuisine
★★★★ Service
★★★★ Décor

Moishes fait partie du paysage montréalais depuis quelques décennies, depuis 1938 exactement. On y vient pour les énormes steaks qui ont fait la réputation de la maison. Réputation méritée, puisque l'on mange effectivement ici les meilleures grillades disponibles, bien choisies, bien vieillies, bien grillées. Moishes sert aussi d'autres plats amusants, mais c'est vraiment pour les viandes que l'on vient ici, filets mignons gigantesques, contre-filets pantagruéliques, surlonges gargantuesques. Le portier en habit à la porte laisse présumer que la visite pourra vous coûter une petite fortune. C'est tout à fait possible, mais au moins, ici, vous serez assuré de recevoir des plats de qualité en échange de vos économies. (2006-05-11)

NU ART CAFÉ

Verdun
3780, rue Wellington
514 762-1310

 M**20$** S**40$**

★★ Cuisine
★★ Service
★★ Décor

Le moins qu'on puisse dire de ce café, c'est qu'il ne succombe pas à la mode design qui prévaut dans les restos branchés du centre-ville. Ses murs peinturlurés et sculptés se métamorphosent au gré des expositions, lui donnant un air de café culturel régional. La petite carte, aux trois quarts végé, suggère des sandwichs aux noms évocateurs de Chagall et Renoir, Brel, Gainsbourg et Aznavour. On y sert aussi des salades et des petits-déjeuners. Le soir, l'ardoise exhibe une table d'hôte de cinq ou six plats – pâtes, pizza, couscous, etc. – à prix d'ami. Côté cuisine par contre, ce n'est pas ici qu'on épatera la galerie. La clientèle de quartier fréquente ce café d'abord et avant tout pour y savourer son atmosphère décontractée, à l'abri du tumulte de la ville. (2006-01-13)

NUEVO

★★★ Cuisine
★★★ Service
★★★ Décor

Plateau Mont-Royal
775, avenue du Mont-Royal Est
514 525-7000

 M25$ S40$

Ne vous laissez pas rebuter par la mention «supperclub»: on sert ici des tapas au fond plutôt classiques. Bien sûr, il y a des boules à facettes, des banquettes en demi-lune et des balançoires au bar, mais le décor est plutôt beau (presque malgré lui), l'ambiance agréable, le service avenant. À l'arrière, on trouve une terrasse couverte. La cuisine s'inspire plus ou moins librement de la tradition espagnole, et les prestations sont à la fois convaincantes et joliment présentées. Gardez-vous de la place pour les churros, exquis beignets généreusement saupoudrés de sucre que, pour quelques «pesetas du Plato», vous prenez plaisir à tremper dans le chocolat fondu... et à terminer à la petite cuillère. (2006-06-30)

Ô CHALET

★★★★ Cuisine
★★★★ Service
★★★ Décor

Village
1393, boulevard René-Lévesque Est
514 527-7070

M30$ S50$

Presque un vrai chalet que ce resto d'inspiration *sixties* du Village! Du bois rond, des couleurs brunes, blanches et orangées. Une déco ludique pour une cuisine tout aussi amusante. Après le passage remarqué d'Alexandre Gosselin (le cofondateur), François St-Aubin (ancien de Derrière les fagots à Sainte-Rose) revisite le genre chalet contemporain avec talent. Résultat: une cuisine rustique mais inventive, plutôt relax, dans une ambiance décontractée. Poissons fumés, viandes braisées et accompagnements sont toujours présentés dans leurs plus beaux atours. Les produits sont choisis avec soin; la réalisation est impeccable. Jolie petite terrasse à l'arrière, dans une ambiance boisée, ni vu ni connu. Comble de bonheur, le vin est proposé au prix de la SAQ, plus un petit 5 $ pour retirer le bouchon. (2007-06-29)

OLIVE ET GOURMANDO

★★★ Cuisine
★★★ Service
★★★ Décor

Vieux-Montréal
351, rue Saint-Paul Ouest
514 350-1083

M35$ S —

Voici une boulangerie maquillée en restaurant, au grand bonheur de ses clients qui profitent depuis presque dix ans du plaisir renouvelé de ses délices. Cette adresse attire quotidiennement des nuées d'amateurs de sandwichs, de bon pain frais, de soupes et de paninis. C'est simple mais savoureux et précis dans l'assiette, comme ce sandwich à la truite fumée ou encore au poulet et mangue, accompagné d'une jolie salade de pommes de terre délicatement aromatisée. Miam! Et puis en salle, c'est joyeux, parfois presque survolté et toujours délicieusement festif. (2007-06-08)

:::

ORIGINE

Vieux-Montréal

2, rue de la Commune Ouest (Quai King-Edward)

514 807-0162

★★★ Cuisine
★★ Service
★★★ Décor

 M**30$** S**55$**

Située au point d'origine historique de Montréal, à la croisée des deux Saint-Laurent (le fleuve et la *Main*), cette terrasse fait la joie des estivants qui affluent dans le Vieux-Port dès l'arrivée des beaux jours. Il fait bon se prélasser, un verre à la main, dans ce lieu agrémenté de lauriers fleuris et de romarin, et y observer les bateaux de plaisance et les touristes qui défilent à un rythme indolent. Dans ce décor, on se sent en vacances, et ce, malgré les dossiers qui s'accumulent sur le bureau! Qu'on se mette en bouche à l'heure de l'apéro ou qu'on se sustente plus sérieusement, les assiettes sont fraîches, bien présentées et abordables. De plus, pour les visiteurs qui manquent de temps pour explorer les délices de notre terroir, l'endroit offre une jolie vitrine sur les produits québécois, qui y sont mis en valeur. Petits bémols du côté de la musique trop forte et du service chaotique. Ouvert de mai à septembre, selon les caprices de Dame Nature. (2007-07-17)

PIER GABRIEL

Vieux-Montréal

39, rue de la Commune Est

514 396-4673

★★★ Cuisine
★★★ Service
★★★ Décor

M**40$** S**90$**

Au cours des dernières années, cette petite maison a abrité beaucoup de projets intéressants. Ce Pier Gabriel est le dernier en date. On souhaite qu'il reste en affaires plus longtemps que certains de ses prédécesseurs. Le décor a été refait de fond en comble, et la cuisine a des prétentions un peu plus élevées qu'au préalable. Elle réussit parfois à faire oublier que nous nous trouvons au cœur du Montréal touristique où tout ce qui brille n'est pas or. Le service est d'une grande amabilité. (2006-05-18)

PULLMAN

Centre-ville

3424, avenue du Parc

514 288-7779

★★★ Cuisine
★★★★ Service
★★★★ Décor

M**—** S**80$**

Une fois le seuil de cette discrète façade franchi, le travail architectural de l'intérieur saute aux yeux. Trois étages intelligemment exploités, un lustre composé de coupes à vin, un grand bar en bois, sièges et luminaires design, bref, du travail d'experts. L'espace permet une intimité étonnante dans ce repaire bondé de gens branchés. Ce bar à vin présente ses tapas avec le même souci du détail et de l'originalité qui surpasse d'ailleurs le goût d'ensemble. Quelques plats retiennent tout de même l'attention comme le grilled cheese de cheddar au porto, le ris de veau général Tao et le mini-burger de bison. Mais ici, l'assiette accompagne le vin et non l'inverse. Côté vinicole, pas de souci. Environ 200 tentations, dont plusieurs importations privées, bien présentées par un personnel compétent. (2007-05-16)

RÉSERVOIR

Plateau Mont-Royal
9, avenue Duluth Est
514 849-7779

★★★★ Cuisine
★★★ Service
★★★ Décor

M**40$** S**60$**

Les dynamiques jeunes gens qui ont ouvert cette maison n'ont reculé devant aucun effort pour plaire à leurs futurs clients. Y compris installer les grandes cuves intégrées au décor de cette microbrasserie où l'on prépare de splendides «blanches, pale ales, bitter ales, cream ales et noires». En cuisine, Samuel Pinard mitonne avec beaucoup d'aplomb de petites choses qui donnent de grands frissons. Créativité, bon goût et maîtrise technique. Des plats simples en apparence et d'une belle complexité quand on s'y arrête. On s'y arrête d'ailleurs de plus en plus nombreux, à midi autant que le soir. Rendez-vous préféré d'à peu près tout ce que la ville compte de jeunes cuisiniers talentueux tendance baveux, venus ici se détendre en mangeant intelligent. (2006-01-06)

RESTAURANT CHEZ L'ÉPICIER BAR À VIN

Vieux-Montréal
311, rue Saint-Paul Est
514 878-2232

★★★★ Cuisine
★★★★ Service
★★★★ Décor

M**40$** S**90$**

Ici, tout le plaisir est dans l'assiette. Ici, on surprend le client, on le charme et on livre la marchandise. Les plats sont savamment composés, souvent étonnants, délicieusement raffinés et toujours savoureux. Il y a une raison: le chef, Laurent Godbout, est non seulement audacieux mais son audace n'est pas simplement contemplative, elle fait son boulot: donner du plaisir! En salle, un personnel efficace, un brin frondeur mais toujours sympathique, et un décor élégant, lumineux et sans prétention, complètent l'expérience gastronomique. Et puisque vous êtes Chez l'épicier, vous avez le loisir de fureter et de repartir avec quelques produits fins ou le livre de cuisine du chef. Bref, on adore cet établissement et on lui souhaite une longue, longue vie remplie de clients heureux. (2007-02-08)

RESTAURANT GAULT

Vieux-Montréal
449, rue Sainte-Hélène
514 904-1616

★★★★ Cuisine
★★★★ Service
★★★★ Décor

M**50$** S**70$**

Sur le plan de l'esthétique, le rez-de-chaussée de l'Hôtel Gault est une réussite. Même le grand mur de béton armé est désarmant. Sur quelques tables dressées avec élégance, on sert midi et soir des choses tout aussi distinguées. À midi, de petits plats très sympathiques et en soirée, des plats plus élaborés. En tout temps, service attentionné et prévenant. Peu connue, cette adresse reste encore assez peu achalandée pour qu'il soit très agréable de venir y manger de temps à autre. Et puis, il y a quelque chose de magique à déguster des petits plats gastronomiques dans l'édifice qui abrita le premier YMCA en Amérique du Nord. Le souvenir de tous ces braves gens ahanant sous l'effort rend la gourmandise encore plus jouissive. (2006-02-03)

ROBIN DES BOIS

Plateau Mont-Royal
4403, boulevard Saint-Laurent

514 288-1010

★★★ Cuisine
★★★ Service
★★★★ Décor

M**30$** S**70$**

Rayon de soleil dans le monde très business de la restauration, Robin des bois s'annonce comme «resto bienfaiteur». Tout un programme. Les clients semblent adhérer à cette bonne cause puisque l'on se presse aux tables de ce nouveau restaurant très plateauesque par ailleurs. Il faut dire qu'en cuisine travaille une jeune chef passée par les meilleures classes – celles de Toqué! par exemple – et qui en a retiré beaucoup. Myriam Pelletier, puisque c'est son nom, a une conception très particulière de la cuisine; celle qu'elle offre est très généreuse, tendance végétarienne, très portée sur les produits locaux bios. Le personnel, composé en majorité de bénévoles, prend ses quarts avec bonne humeur et assure le service avec une gentillesse qui pallie les occasionnelles lacunes professionnelles. (2006-08-30)

ROSALIE

Centre-ville
1232, rue de la Montagne

514 392-1970

★★★★ Cuisine
★★★ Service
★★★★ Décor

 M**70$** S**120$**

Le Rosalie, L'Express du businessman? En tout cas, rien n'a été laissé au hasard pour procurer une expérience bistro *high class* aux vestons-cravates et aux demoiselles Dolce & Gabbana qui courent les bonnes tables. Imprégné d'histoire, ce lieu qui a abrité l'aristocratie avant d'accueillir des *dance clubs* est maintenant tout en hauteur, en bois et en miroirs. Les tables, faites à partir des vestiges de l'usine Angus, sont aussi belles que solides – à l'image de ce qui sort des cuisines, quoi. Soupe à l'oignon gratinée, bœuf braisé et légumes racines, foie de veau, tartare, pommes purée, desserts riches et coquins (essayez le sandwich à la crème glacée!): tout cela a le goût du réconfort. En été, un lunch sur la terrasse couverte s'impose. Et le bar vaut autant le coup d'œil que la superbe salle privée. (2007-06-08)

S LE RESTAURANT

Vieux-Montréal
125, rue Saint-Paul Ouest

514 350-1155

★★★ Cuisine
★★★★ Service
★★★★ Décor

🟠 M**40$** S**100$**

Bonne adresse mais qui connaît malheureusement des hauts et des bas. Un potage divin, une entrée décevante, une grillade parfaite, un dessert quelconque. Le chef, pourtant, y met beaucoup d'ardeur et certains de ses plats ne manquent pas de finesse ni de panache. Mais l'addition relativement corsée exige plus que de bonnes intentions et sûrement un peu plus de discipline en cuisine. Il faut quand même souligner qu'on fait ici preuve d'inventivité et qu'on ose marier les saveurs, ce qui est apprécié. Décor design et confortable, service professionnel et solide carte des vins. (2007-01-11)

SALOON BISTRO-BAR

Village
1333, rue Sainte-Catherine Est
514 522-1333

★★ Cuisine
★★ Service
★★ Décor

M**25$** S**50$**

C'est l'un des restos les plus fréquentés du Village: toujours bondé, toujours légèrement électrique, à l'image de ce quartier qui fait plus dans le cuir que dans la dentelle, dans la grande assiette bien garnie que dans le petit plat bien mitonné. Mais entre les demi-succès et les échecs notoires, on trouve plusieurs efforts dignes de mention et quelques plats vraiment savoureux. Bref, on ne s'ennuie pas, la faune est colorée et le service, agréable et rapide. À noter: la décoration a été intégralement refaite pour le 15e anniversaire du resto, en juin 2007. (2006-03-02)

SIMPLÉCHIC

Verdun
3610, rue Wellington
514 768-4224

★★★★ Cuisine
★★★ Service
★★★ Décor

🟢 M— S**70$**

Une belle et bonne adresse, que l'on envie aux gens du quartier de Verdun qui ont, eux, la possibilité de la fréquenter avec assiduité. Chapeau bas au jeune chef, Louis-François Marcotte, 24 ans, qui maîtrise les techniques, les saveurs et les présentations avec beaucoup de panache. Salade de pieuvre ou lait de panais, poisson grillé, joue de veau et lasagne au canard, les plats sont frais, originaux et savoureux tout en restant sobres. D'accord, la formule de l'établissement – plusieurs tables d'hôte, aucun menu à la carte – ne plaira pas à tous mais le rapport qualité-prix, le service professionnel et le décor simple... et chic vont faire bien des heureux. (2007-01-04)

SOUPESOUP

Plateau Mont-Royal
80, avenue Duluth Est
514 380-0880

★★★ Cuisine
★★★ Service
★★★ Décor

M**25$** S**25$**

Réconfort par excellence dont on ne se lasse pas, la soupe se décline ici (tout comme dans sa succursale sœur, rue Saint-Viateur) en de nombreuses variations, des plus légères aux plus consistantes. Avec un menu qui change chaque jour, il y a de quoi devenir accro à ce mets servi froid en été et fumant en hiver. Crèmes, potages, bouillons clairs, soupes aux légumes, à la viande, aux nouilles et même parfois aux fruits et au fromage... les options sont toutes plus inventives et savoureuses les unes que les autres. À cela, ajoutez des sandwichs originaux, des desserts craquants et du café de première qualité. Bref, dans ces lieux charmants, simplicité rime avec bonheur. Ayez quelques billets en poche, la maison n'accepte pas les cartes. (2007-07-20)

SUR BLEURY

Centre-ville
1067, rue de Bleury
514 866-6161

★★★ Cuisine
★★ Service
★★★ Décor

 M25$ S25$

Presque aussitôt ouvert (en 2006), ce restaurant simplement baptisé du nom de la rue où il loge est devenu le point de rendez-vous de dizaines de travailleurs du quartier des affaires qui y cassent la croûte le midi ou y traînent en 5 à 7 le soir venu en profitant d'un menu conçu pour accompagner l'apéro. Le midi, ce sympathique bistro qui fait aussi office de salle d'exposition offre une chouette solution de rechange aux traditionnels sandwichs avec des propositions sans cesse renouvelées qui dérogent gentiment aux conventions, tel ce sandwich au poisson et ananas ou encore celui au poulet grillé et canneberges. Des combinaisons tout aussi fantaisistes se retrouvent au rang des salades. Au dessert, on craque pour les petits pots de crème chocolat aromatisée à l'amaretto ou au Baileys. (2007-02-07)

TAZA FLORES

Mile-End
5375, avenue du Parc
514 274-5516

★★★ Cuisine
★★★ Service
★★★ Décor

M — S50$

Éminemment sympathique, ce bar à tapas où l'on navigue à l'envi. La décoration d'un chic faussement négligé, l'ambiance musicale branchée ainsi que l'authenticité des sourires mettent la table pour une délectable soirée. L'impressionnant choix de tapas invite au retour. Bien que la qualité générale reste excellente, les plats végétariens témoignent d'une plus grande maîtrise que ceux à base de produits marins. Grâce à un savant usage des huiles, épices et leur parfait mariage, l'artiste des casseroles sublime le goût des légumes, tapenades et autres houmous sans trahison aucune. Les carnivores trouveront également leur compte dans l'inventivité bien bridée du chef. Le bar déploie une liste de vins suffisamment étoffée pour accompagner l'étendue des saveurs et ses cocktails stimulent l'exploration spiritueuse. Des spectacles musicaux égayent certaines soirées. (2007-02-24)

TOQUÉ!

Vieux-Montréal
900, place Jean-Paul-Riopelle
514 499-2084

★★★★★ Cuisine
★★★★★ Service
★★★★★ Décor

M — S180$

Que dire sur Toqué! qui ne l'ait déjà été. Que le restaurant fait maintenant partie de la prestigieuse chaîne Relais & Châteaux; que Normand Laprise est constamment honoré par de nouveaux prix. Oui, bien sûr. Mais il faut surtout dire, haut et fort, que cette maison a atteint aujourd'hui un niveau de qualité remarquable. Technique et sensibilité dans les assiettes, professionnalisme digne en salle, tout concourt à faire de cette adresse un incontournable absolu. Les meilleurs produits, traités avec art par monsieur Laprise, son brillant second et une brigade allumée, prennent ici des airs de repas de rois. Le travail de madame Lamarche en salle commence lui aussi à porter fruit et l'on sent dans ce bel espace une chaleur nouvelle. (2006-04-29)

VASCO DA GAMA

★★★★ Cuisine
★★★★ Service
★★★★ Décor

Centre-ville
1472, rue Peel

514 286-2688

 M**25**$ S**40**$

Comme avec beaucoup de ses entreprises, Carlos Ferreira a réussi ici un joli coup: amener sa clientèle de chez Ferreira à venir de temps en temps déguster un petit sandwich ou une salade légère chez Vasco. Entendons-nous, on parle ici de sandwich de luxe, comme ce burger de thon habillé d'une légère sauce tartare à l'huile fumée, de quelques feuilles de roquette et d'éclats de tomate. Et salades et desserts sont soignés et préparés avec les produits les plus frais du marché. À midi, il règne ici une atmosphère qui rappelle celle des maisons chic des capitales européennes. La qualité de la cuisine y joue certainement un rôle aussi important que les élégants tailleurs des belles clientes. Service extrêmement courtois; efficacité portugaise. Ouvert jusqu'à 19 h. (2006-01-05)

VAUVERT

★★★★ Cuisine
★★★★ Service
★★★★ Décor

Centre-ville
355, rue McGill

514 876-2823

 M**60**$ S**120**$

Le Vauvert s'est installé sur les cendres du défunt Cube, avec pour mission d'offrir une cuisine presque aussi haut de gamme, cependant un peu plus accessible. Ambiance sombre, fantomatique, inspirée de la légende de la Chasse-galerie, et serveuses tout de rouge vêtues. La cuisine prend des accents très contemporains, flirtant avec les couleurs et les saveurs méditerranéennes. Le must: les fricots, réhabilitation d'un mot évoquant les ragoûts et festins des temps anciens et raccourci du verbe «fricoter», lorsqu'on prépare un mauvais coup... Bon coup, ici, que celui de servir ces sortes de tapas, qui permettent de multiplier les expériences gastronomiques préparées par le chef, Pascal Leblond, qui officiait déjà dans la cuisine des midis du Cube. Satisfaction garantie. (2007-09-06)

VERSES RESTAURANT (Hôtel Nelligan)

★★★ Cuisine
★★★★ Service
★★★★ Décor

Vieux-Montréal
100, rue Saint-Paul Ouest

514 788-4000

 M**65**$ S**100**$

Cette adresse est avant tout celle d'un restaurant d'hôtel et en compte tous les ingrédients, pourrait-on dire. Une salle plutôt luxueuse attenante à un bar non moins élégant, une ambiance de prestige dès qu'on franchit la porte. Les sièges et les banquettes sont de tout confort et le service, assuré par une brigade prompte et efficace. La carte se présente comme contemporaine mais offre des plats finalement classiques. Tartare, chèvre chaud, pétoncles, magret, osso buco et tarte Tatin, notamment. Sans doute pour plaire à une vaste clientèle de passage, on évite des saveurs trop marquées ou trop fantaisistes. Une mention particulière pour la simplicité et le raffinement de la présentation. La carte des vins est chic et chère. (2007-05-23)

VERSION LAURENT GODBOUT

Vieux-Montréal
295, rue Saint-Paul Est
514 871-9135

★★★★ Cuisine
★★★★ Service
★★★★ Décor

M**45$** S**100$**

Fort de son succès avec Chez l'épicier, Laurent Godbout a ouvert à quelques pas seulement de ce premier restaurant un autre repaire qui fait le bonheur de plusieurs gourmands depuis maintenant deux ans. Ce chef prouve donc doublement son talent à s'approprier des traditions culinaires existantes pour les réactualiser. Et s'il a ouvert cette nouvelle adresse, c'est pour y livrer ses propres versions des traditions gastronomiques méditerranéennes. Présentés en plats principaux ou en petites portions à partager entre convives, les mets sont préparés avec délicatesse et avec un évident souci du détail. Le plaisir des yeux devant ces jolies présentations est à la hauteur de celui des papilles gustatives. Le concept de restaurant-boutique permet de plus de se procurer les objets qui décorent l'endroit. (2007-02-24)

VERTIGE

Plateau Mont-Royal
540, avenue Duluth Est
514 842-4443

★★★★ Cuisine
★★★★ Service
★★★★ Décor

M **—** S**120$**

Nouvelle venue avenue Duluth, cette maison s'est glissée début 2006 entre deux bonnes adresses; ça en fait trois en trois pas de porte, un record en ville. Premier restaurant du chef Thierry Baron (ex-Jongleux Café, Chorus et Ferreira), Vertige propose ce que ce jeune chef fait de mieux. Une cuisine très soignée, méticuleuse au point d'être véritablement vertigineuse dans certains plats. Comme ce n'est pas tous les jours qu'on éprouve le vertige à table, on ne s'en plaint pas. Décor et service sont ici ce qu'ils devraient toujours être: un support discret à la cuisine. Et le service ajoute cette touche de gentillesse qui distingue les très bonnes maisons. (2006-01-26)

XO

Vieux-Montréal
355, rue Saint-Jacques
514 841-3111

★★★★★ Cuisine
★★★★★ Service
★★★★★ Décor

M**60$** S**130$**

Avec l'arrivée du réputé chef Éric Gonzalez en cuisine, l'expérience gastronomique que propose le XO s'accorde en parfaite harmonie avec le luxe et la splendeur de ces lieux qui revêtent des allures de palais royal. Assis dans cette salle à manger, nous sommes rois et reines. Du moins, c'est ce que nous laissent croire le dévouement et le professionnalisme du personnel. Bien que le cadre soit des plus classiques, la cuisine s'avère quant à elle résolument contemporaine. Foie gras, poissons, crustacés et viandes se combinent en délicatesse à un éventail de saveurs et de textures. Quand les assiettes apparaissent sur la table, nos yeux sont subjugués par ces présentations audacieuses et quand nous osons enfin entamer ces chefs-d'œuvre, alors là, ce sont nos papilles qui crient carrément au génie. Magique! (2007-08-29)

YOYO

Plateau Mont-Royal
4720, rue Marquette
514 524-4187

★★★ Cuisine
★★★ Service
★★★ Décor

 M — S**100$**

Certainement l'un des meilleurs restaurants «apportez votre vin» à Montréal. Le chef connaît ses classiques et les exécute avec soin, tout en se permettant quelques touches de folie douce et d'ingrédients recherchés. Un vrai chef, quoi. Les assiettes sont généreuses, tout en étant très esthétiques. Le menu ne propose pas de table d'hôte, uniquement des entrées, plats de résistance et desserts à la carte. La note, un peu salée, en est le reflet. Les serveurs «jouent» à être serveurs, ce qui peut devenir assez rapidement agaçant; un peu de simplicité et d'authenticité ne ferait pas de tort. Le restaurant étant souvent bondé, le chef doit offrir deux services les fins de semaine, l'un à 18 h et l'autre à 21 h, au risque de frustrer ceux qui aimeraient étirer leur soirée. (2006-04-05)

ZESTE DE FOLIE

Rosemont—Petite-Patrie
3017, rue Masson
514 727-0991

★★★★ Cuisine
★★★★ Service
★★★ Décor

 M — S**100$**

Ce petit restaurant vert lime avec enseigne sur la Promenade Masson renouvelle avec un zeste de folie le genre «apportez votre vin». On y sert une cuisine variée, pleine de fantaisie, mariant avec espièglerie produits locaux, trouvailles fraîches du marché, épices délicates, fruits de la mer et de la terre, salé et sucré, le tout présenté dans des assiettes, bols et petits pots aux formes et couleurs diverses, pour le plus grand plaisir de nos yeux et de nos papilles. Tout au long du repas, le chef nous réserve des surprises: amuse-gueule, petits sorbets frais entre les plats et petites touches ludiques dans les assiettes qui donnent aux convives facétieux une irrésistible envie de sourire. On aime aussi la carte des eaux en bouteille, avec ou sans bulles, qui change régulièrement, ainsi que les mignons petits desserts confectionnés par le chef pâtissier, dont on ne fait qu'une bouchée. (2007-08-14)

Les vins d'Alsace **complices** de l'**Amérique latine/Antilles**

Amérique latine / Antilles

Dualité évidente : les Latinos servent beaucoup de grillades dans une cuisine épicée (chili), élaborée avec des féculents et aux accents de fraîcheur, notamment la coriandre et la lime. La gastronomie antillaise offre des poissons et fruits de mer épicés, heureusement atténués par un brin de douceur typique des Îles. Ces deux cuisines souvent relevées s'harmoniseront parfaitement aux grands blancs d'Alsace. Les rouges légers issus du pinot noir et les blancs corsés élaborés avec le pinot gris se marieront aux saveurs intenses et parfois épicées de la cuisine d'Amérique latine, tandis que les blancs nerveux, voire vifs, tels les rieslings, pinots blancs et sylvaners, rafraîchiront nos palais stimulés par la chaleur des Antilles.

Acras de morue
Riesling, gewurztraminer ou Crémant d'Alsace

Empañadas au bœuf
Pinot noir ou pinot gris

Guacamole
Riesling, pinot blanc ou gentil

Poulet mole
Pinot gris, muscat ou gentil

Feijoada
Pinot gris et pinot noir

VINS
D'ALSACE

Pour en connaître davantage sur les vins d'Alsace, consultez notre lexique.

SAVEURS DE L'AMÉRIQUE LATINE/ANTILLES

Avec le chef Victor Lopez du restaurant *El Meson*
1678, boulevard Saint-Joseph
Lachine
T 514 634-0442
Voir notre critique p. 78

Originaire du Mexique, le chef et propriétaire Victor Lopez propose aux Montréalais l'une des cuisines mexicaines les plus authentiques en ville, et ce, depuis 14 ans.

Quelles sont vos principales inspirations en cuisine?

«Comme tous les Mexicains, je connaissais la cuisine de base de mon pays, mais c'est au Québec, à l'Institut d'hôtellerie, que j'ai vraiment appris mon métier. Ensuite, je suis retourné au Mexique afin de suivre un cours pour m'assurer de préparer des mets authentiques. Le Mexique est très grand, donc plusieurs cultures et plusieurs cuisines s'y rencontrent. J'essaie de toujours inclure au menu un plat ou deux de chaque région. Et comme je viens de l'Oaxaca, une région au bord de la mer, je travaille beaucoup les fruits de mer et les poissons.»

Avec quels ingrédients aimez-vous travailler?

«J'utilise beaucoup de fruits: des oranges, des mangues et des raisins, pour rehausser mes plats. Je travaille aussi avec des sauces traditionnelles comme la sauce mole à base de cacao et d'épices ou la sauce mole verte à base de graines de citrouille.»

De quel plat êtes-vous le plus fier?

«Je prépare un vivaneau d'environ une livre que je sers entier. Je l'accompagne de quelques épices et d'une sauce à l'orange. Bien que les Québécois n'aient pas tellement l'habitude de manger du poisson entier, ce plat est devenu très populaire auprès des grands amateurs de poisson. Je fais également cuire ce même vivaneau à la vapeur, dans une feuille de banane, comme on le fait dans le Yucatan.»

BURRITO VILLE

Notre-Dame-de-Grâce
5893, rue Sherbrooke Ouest
514 484-2777

★★ Cuisine
★ Service
★ Décor

M**20** $ S**20** $

C'est minuscule, c'est déglingué, mais ça déborde de couleur, de joie, de sourires et de bonne volonté. Ici, comme dans les vrais snack-bars de quartier, on se préoccupe moins du décor que de l'accueil, et c'est bien ainsi. Et puis on apprécie le désir du patron de contribuer à notre santé et à notre bonne conscience; car il n'offre, dans la mesure du possible, que du bio, de l'équitable et des produits du terroir local. Les options culinaires sont limitées, et toutes végétariennes. Après le traditionnel panier de tortillas et leur salsa pico de gallo, on passe à de généreux burritos et tacos fourrés de légumineuses et de patate douce, ou encore à la quesadilla, un hit auprès des marmots. La dent sucrée restera toutefois sur sa faim, les desserts étant absents lors de notre visite. L'endroit pour grignoter santé et placoter, simplement. (2007-02-03)

CABAÑAS

Villeray
1453, rue Bélanger Est
514 725-7208

★★ Cuisine
★★ Service
★ Décor

M**25** $ S**25** $

Ce boui-boui familial célébrait en mai 2007 ses 17 années d'existence. L'allure du local fait foi de la longévité de l'entreprise – modeste et suranné, le décor aurait besoin d'un renouveau en règle. Toutefois, peut-être se sentirait-on moins chez soi sans les tables bancales, le lino balafré et la télé qui crache de la nouvelle latino en continu. Enfin... On se concentre ici sur la cuisine de la maman aux fourneaux, pour qui la pupusa, le cassava (manioc), les tacos, les viandes grillées et le plantain frit n'ont plus de secret. Roboratifs, et surtout extrêmement abordables, ces plats simples, issus du quotidien, s'accompagnent d'une bière et du doux sourire de la fille-proprio Elizabeth Luna Avarca. Pour un en-cas sans tracas, *no hay problema*! (2007-05-04)

ECHE PA ECHARLE

Villeray
7216, rue Saint-Hubert
514 276-3243

★★★ Cuisine
★★★ Service
★ Décor

 M**35** $ S**65** $

On va s'amuser avec Eche: dans le Nord du Pérou, c'est ce qu'on comprendrait avant de passer la porte de ce resto où l'ambiance est effectivement à la fête. Le propriétaire – ce fameux M. Eche – mitonne des plats avec des produits importés de son pays natal, comme ces immenses grains de maïs grillés. Les rafraîchissants ceviches sont très recommandables et le lait de tigre, potion (aphrodisiaque, dit-on) parfumée à la coriandre et au citron vert, est un détour obligé! Grillades de tous types complètent le menu, accompagnées de sauces épicées et savoureuses. Et on ne peut passer sous silence l'orgueil national: le Pisco Sour, digestif fouetté à base d'eau-de-vie. On vous traite ici comme un dieu inca, mais attention à la facture, qui grimpe rapidement. (2006-04-18)

EL MESON

Lachine
1678, boulevard Saint-Joseph
514 634-0442

★★★ Cuisine
★★★★ Service
★★★ Décor

 M**20$** S**50$**

Attablé dans le jardin d'El Meson, on se souvient de cette belle soirée passée dans un *bodegon* typique des petites villes du Mexique. Cette jolie «auberge» est située sur l'une des plus belles rives de l'île de Montréal: Lachine, son vieux village, son canal, ses berges, sa piste cyclable... Un ailleurs, dans la Métropole. Rien de très contemporain dans cette vieille maison aux allures d'église mexicaine. Bois d'acajou, fresque au plafond, dorures... une ambiance cosy, très chaleureuse. Balcon en avant: on déguste au soleil couchant sur le lac Saint-Louis un savoureux guacamole ou un de ces queso fundidos au cactus inoubliables. Côté jardin: un bar, de la musique, et un incontournable: le poulet à la barbacoa, le BBQ local, aux accents d'orange épicée. Service souriant. (2007-06-16)

EL SOMBRERO

Villeray
550A, rue Bélanger Est
514 272-0888

★★ Cuisine
★★ Service
★★ Décor

M**20$** S**35$**

Petit resto de quartier sans prétention, au décor modeste, faisant preuve d'un grand dynamisme. L'accueil est chaleureux, on vous aide à déchiffrer une carte plus compliquée qu'elle n'y paraît à première vue, et l'on n'hésite pas à vous faire des recommandations judicieuses. Au menu, des classiques, genre quesadillas, des plats moins convenus, par exemple les costras, sorte de croûtes au fromage, et quelques spécialités bien apprêtées, loin, fort heureusement, des excès et des raccourcis de l'envahissante cuisine tex-mex. En plus de la *cerveza*, on sirotera d'agréables boissons maison, comme l'eau de Jamaïca, un thé glacé au parfum d'hibiscus, et l'eau d'Horchata, un «lait» sucré à base de riz, offertes au verre ou au pichet. (2006-01-15)

KALALU

Plateau Mont-Royal
4331, rue Saint-Denis
514 849-7787

★★ Cuisine
★★★ Service
★★★ Décor

 M**25$** S**60$**

Un cocktail coloré à la main, on profite doucement de la saison estivale, bien installé sur la terrasse de cet établissement offrant une vue en plongée sur les passants de la rue Saint-Denis. En hiver, le décor exotique du restaurant réchauffera les convives les plus frigorifiés. D'abord attiré par l'alléchante promesse de cette cuisine fusion des Caraïbes, c'est légèrement déçu qu'on reviendra de ce voyage qu'on aurait espéré plus haut en couleur quant au dépaysement. Avec ses influences provenant autant de l'Orient que de l'Afrique et de l'Europe, la cuisine des Îles se compose de grillades présentées avec des chutneys fruités, de poissons et fruits de mer relevés d'épices ensoleillées et d'accompagnements comme du riz aux pois collés et des morceaux de banane plantain frits. Pour multiplier les escales, la formule dégustation est vivement conseillée. (2007-07-25)

LA HACIENDA

Outremont
1148, avenue Van Horne
514 270-3043

★★★ Cuisine
★★★ Service
★★★ Décor

M — S60$

L'été passe si vite sous nos latitudes. Heureusement, cet authentique resto mexicain sans prétention nous propose deux options pour nous rendre cette réalité un peu plus agréable. Un: en nous accueillant sur sa coquette terrasse tandis que le mercure bat des records. Bière ou margarita à la main, on n'a qu'à se détendre en se délectant de nachos accompagnés d'un guacamole frais et crémeux et de salsa hautement pimentée. Et deux: en créant l'illusion que la saison estivale se poursuit, même quand la grisaille automnale se pointe. On prend alors place dans la salle à manger aussi haute en couleur que les mets figurant au menu, dont les classiques tacos et enchiladas ou ce fameux poulet nappé de sauce mole au cacao et au piment. (2007-06-13)

LE COIN DU MEXIQUE

Villeray
2489, rue Jean-Talon Est
514 374-7448

★★★ Cuisine
★★ Service
★★ Décor

M15$ S40$

Si l'habit ne fait pas le moine, au Mexique, la tortilla fait le plat! Tacos, enchiladas, quesadillas...: la galette de farine de maïs constitue la base de mets typiques que la standardisation a dénaturés. Heureusement pour nous, Le Coin du Mexique a misé sur l'authenticité. Les étudiants et familles hispanophones qui s'entassent dans ce demi-sous-sol étonnamment lumineux le disent: tout, des sopes (savoureuses tartelettes aux fèves noires garnies de crème sure et fromage) aux tacos al pastor (garnis de porc mariné, une spécialité rarement trouvée chez nous), goûte vrai! Et le comptoir-caisse, jonché de friandises exotiques, rappelle les dépanneurs de notre enfance. Nostalgie, bonne humeur et exotisme en un seul lieu! (2006-01-19)

LE LAMBI

Saint-Michel
2517, rue Jean-Talon Est
514 678-7042

★★ Cuisine
★★ Service
★★ Décor

Ⓝ M15$ S25$

Dans ce petit bistro haïtien, il est possible de déguster du lambi. Ce fruit de mer antillais, dont le goût s'apparente à celui du homard, est exquis et constitue en soi une expérience culinaire tout à fait exotique. Humble et petit, l'endroit se résume à un comptoir vitré et quelques tables de mélamine brune, où les clients, s'ils ne s'attablent pas, commandent un plat à emporter. Également au menu: des griots – cubes de porc cuits dans l'huile –, des acras de morue et légumes, et un pain patate – gâteau créole à base de patate sucrée. Disponibilité des plats selon les arrivages et l'inspiration de la cuisinière, maman de profession. (2007-05-24)

LE LIMON

Petite-Bourgogne
2472, rue Notre-Dame Ouest
514 509-1238

★★★ Cuisine
★★ Service
★★★ Décor

 M — S**80$**

Dans ce restaurant mexicain nouveau genre, les artefacts folkloriques ont été remplacés par un décor zen et design, la musique latine a été supplantée par le techno-house, et les plats habituellement rustiques se donnent des airs gastronomiques. En plus des classiques enchiladas et fajitas, le menu offre des plats plus sophistiqués, comme le poulet en sauce au cacao (mole) ou le saumon avec salsa aux graines de citrouille. Délicieuse margarita, carte offrant sept sortes de tequila, ambiance festive. *Cuidado*: les prix y sont beaucoup plus élevés que dans les autres établissements mexicains. (2007-01-26)

LES ÎLES DE CATHERINE

Saint-Henri
2519, rue Notre-Dame Ouest
514 807-3097

★★ Cuisine
★★ Service
★★ Décor

M**30$** S**40$**

Discrète comme un filet de lumière, la devanture de ce resto égaye la rue Notre-Dame. Plutôt qu'une cuisine très typée, on y trouve une ambiance maison, des sourires et un service à la bonne franquette qui font davantage penser aux Caraïbes que les plats eux-mêmes. Des soupes, salades et sandwichs se partagent la carte avec des tables d'hôte aux aspirations tropicalo-méditerranéennes. Le bœuf à la sauce antillaise y prend malheureusement un goût métissé qui, sans être déplaisant, laisse les amateurs d'exotisme sur leur appétit. Un comptoir à crème glacée estival occupe un large espace au beau milieu de ce décor vif à l'ambiance musicale inspirante et au mobilier modeste. Tout comme la facture, d'ailleurs. (2007-05-31)

LOS PLANES

Villeray
531, rue Bélanger Est
514 277-3678

★ Cuisine
★★ Service
★ Décor

 M**15$** S**20$**

Des murs peints de couleurs criardes, une orgie de néons, un gros téléviseur qui crache sa ritournelle... Si ce n'est pas le grand luxe, ce boui-boui typiquement salvadorien plaira à qui cherche le dépaysement et ne craint pas la simplicité volontaire – et extrême. Le menu décline à toutes les sauces les fameuses pupusas, galettes de farine de maïs fourrées de fromage ou de viande qu'on accompagne d'oignon ou de chou marinés. Les plats suggérés en accompagnement ne sont guère plus légers: tamales, yucca, banane plantain, purée de fèves. Seul baume pour la panse alourdie: d'onctueux «shakes» tropicaux maison qui concluent le voyage sur une note fruitée et rafraîchissante. Vous pratiquerez le roulement des «r» et le «*por favor*» avec les serveuses, tout aussi hispanophones que le menu et les habitués de l'endroit. (2006-01-18)

MAÑANA

Plateau Mont-Royal
3605, rue Saint-Denis
514 847-1050

★★ Cuisine
★★ Service
★★★ Décor

 M**20**$ S**35**$

Même en pleine semaine quand les soucis du quotidien nous assaillent, et même quand l'hiver nous impose ses rigueurs, c'est le cœur léger et empli d'une touche festive qu'on ressort de ce petit resto. Nos yeux auront fait le plein des couleurs vives qui ornent l'endroit avec éclat, nos oreilles se seront enivrées de ces airs aux accents du Sud et nos papilles se seront délectées d'une cuisine mexicaine authentique et sans prétention, sans parler de cette bière fraîche ou de la margarita sirotées sans empressement. Bien que cette cuisine soit relevée et pimentée comme il se doit, cet aspect ne prend pas le dessus et n'assomme pas le goût des autres aliments qui composent les plats; c'est donc avec un souci d'équilibre apprécié et avec simplicité que le chef nous concocte ses fajitas, enchiladas, tortillas ou quesadillas que l'on sert accompagnées de riz et de fèves. (2006-02-07)

MOCHICA

Plateau Mont-Royal
3863, rue Saint-Denis
514 284-4448

★★★ Cuisine
★★★ Service
★★★★ Décor

 M — S**75**$

Mochica est un digne ambassadeur de la cuisine péruvienne. Les plats traditionnels – ceviche, ragoût de lama (oui, oui!), poisson à l'étuvée et cœur de veau mariné – côtoient les recettes de nouvelle cuisine inspirées des ingrédients nationaux. Le chef s'approvisionne en produits rares à Lima, mais trouve à Compton son lama. Le passage obligé et euphorisant: les assiettes d'entrées à partager arrosées d'un Pisco Sour, cocktail à base de l'alcool national. Déjà, l'expérience est charmante, mais dans un si beau décor, c'est le Pérou! (2007-03-31)

RAZA

Mile-End
114, avenue Laurier Ouest
514 227-8712

★★★★ Cuisine
★★★★ Service
★★★★ Décor

  M — S**90**$

En prenant place dans ce restaurant apparu en 2005 dans la chic portion ouest de l'avenue Laurier, on ne se doute encore de rien. Car, à l'opposé du décor plutôt sobre où seules quelques discrètes projections ornent les murs, l'expérience culinaire que nous propose Mario Navarette se révélera un éblouissant périple sensoriel. Minutieux et créatif, le jeune chef d'origine péruvienne s'appuie sur les traditions culinaires sud-américaines pour élever son art dans la haute sphère de la fine gastronomie. En utilisant des ingrédients de base typiques tels que le maïs, les pommes de terre, les fèves, la coriandre, la lime, les piments, l'avocat et les fruits tropicaux, il crée des combinaisons aussi surprenantes que raffinées. (2007-05-25)

RESTAURANT MELCHORITA

Villeray
7901, rue Saint-Dominique
514 382-2129

★★ Cuisine
★★ Service
★★ Décor

M**25**$ S**35**$

Ce resto familial est fréquenté par la communauté sud-américaine de Montréal, marque d'authenticité culinaire. Le propriétaire péruvien propose ici une solide cuisine de son pays d'origine, avec une forte présence de fruits de mer au menu et des ragoûts de viande à base de poulet, de bœuf ou de chevreau. Le poulet grillé est aussi à l'honneur mais le plus typique est le «Jaela Especial», un plat ultra-copieux de poisson, calmars, crevettes et manioc légèrement panés et frits qu'on partage au milieu de la table en trempant les morceaux dans deux sauces, douce ou piquante. Ne poussant pas à la consommation, le patron vous suggère même le demi-plat pour deux! Commandez la bière du Pérou en accompagnement. (2007-06-19)

SENZALA

Mile-End
177, avenue Bernard Ouest
514 274-1464

★★★ Cuisine
★★ Service
★★★ Décor

⊕ M**25**$ S**60**$

Même si, le soir de notre visite, l'attente de nos assiettes fut interminable et que plusieurs mets figurant pourtant au menu n'étaient plus disponibles, le Senzala («lieu des esclaves» en portugais) est ce genre d'endroit où il fait bon se retrouver entre amis, été comme hiver, autour de plats gentiment dépaysants. Fusion des traditions portugaise et africaine, la cuisine brésilienne s'articule surtout autour de grillades, de poissons et de fruits de mer parfumés d'ail, de lait de coco ou de morceaux de mangue. À découvrir: le brunch du week-end avec ses variantes exotiques des bénédictines où les œufs pochés reposent sur des demi-mangues ou avocats. (2007-07-23)

ET L'ADDITION, S'IL VOUS PLAÎT

Les prix indiqués — midi ou soir — sont pour deux personnes, excluant taxes, service et boissons. Il s'agit, bien évidemment, d'un prix moyen que le lecteur devra ajuster en fonction de son appétit, de sa soif et de sa générosité à l'endroit du personnel en salle. Dans tous les cas, les prix apparaissant ici sont le reflet de ce qu'ils étaient lors de notre visite.

Quant aux établissements ouverts ou fermés à midi ou en soirée, compte tenu du fait que nombre d'entre eux modifient leurs heures d'ouverture sans préavis, il nous est impossible de fournir cette information avec certitude. Les ouvertures, midi et soir, indiquées ici le sont donc au meilleur de notre connaissance au moment d'aller sous presse. Il est toujours préférable de téléphoner pour s'assurer des heures d'ouverture réelles.

www.**guiderestos**.com

Mis à jour régulièrement, le *Guide Restos Voir* en ligne est un complément idéal à votre exemplaire papier.

TROIS BONNES RAISONS DE VOUS BRANCHER SUR WWW.GUIDERESTOS.COM /

/ Sélectionnez votre restaurant grâce à des moteurs de recherche ciblés: Nom, Quartier, Région, Origine, Qualité de la cuisine, Prix, Apportez votre vin.

/ Devenez à votre tour critique gastronomique et inscrivez votre propre évaluation des restaurants que vous visitez.

/ Bénéficiez d'une mise à jour continue et des dernières infos sur les nouvelles adresses ou les fermetures d'établissements.

RECEVEZ CHAQUE SEMAINE LE BULLETIN D'INFORMATION DU GUIDE RESTOS VOIR /

- Suivez l'actualité des restaurants au Québec.

- Prenez connaissance de nos plus récentes critiques.

- Posez vos questions concernant les restaurants ou la cuisine en général à notre équipe de critiques gastronomiques à l'adresse: **guiderestos@voir.ca**

Les vins d'Alsace **complices** de la **Chine**

Chine

Cuisine extrêmement variée et complexe, elle pose un casse-tête aux amateurs de vins. La véritable gastronomie chinoise ne se laisse pas apprivoiser facilement par le vin. Les blancs alsaciens, souvent plus appropriés, se marient mieux avec l'ail, le gingembre, le soya et le sésame. Certains plats de viande exigeront des rouges légers à moyennement corsés, mais rarement puissants et tanniques. L'intensité des saveurs, la chaleur des épices et la douceur de nombreux plats nous porteront vers le riesling, le muscat, le pinot gris et le gewurztraminer d'Alsace.

Dim sum
Étant donné la variété des bouchées dans ce style de repas, il vaudra mieux partager en groupe un Crémant d'Alsace, un blanc savoureux et frais (riesling ou muscat) et un rouge aromatique de pinot noir.

Canard laqué
Pinot gris ou gewurztraminer

Riz frit cantonais aux crevettes
Riesling, pinot blanc ou pinot gris

Poulet du général Tao
Riesling, pinot gris ou gewurztraminer

Chop suey
Pinot gris, muscat ou pinot noir

Pour en connaître davantage sur les vins d'Alsace, consultez notre lexique.

VINS
D'ALSACE

SAVEURS
DE LA CHINE

Avec le chef Wei Guo du restaurant *Mei le café chinois*
5309, boulevard Saint-Laurent
Montréal
T 514 271-5945
Voir notre critique p. 90

Depuis 12 ans, Mei le café chinois initie les résidants du Plateau et du Mile-End aux différentes gastronomies issues de la culture chinoise. Le chef Wei Guo y règne depuis quelques années.

Quelles sont vos principales inspirations en cuisine?
«En Chine, j'ai travaillé dans des restaurants pendant près de 20 ans avant de m'installer à Montréal. J'ai donc eu la chance d'aborder les quatre principales cuisines du pays (cuisine du Dongbei, cuisine shanghaienne, cuisine sichuanaise et cuisine cantonaise). Les plats que je prépare ici proviennent ainsi de toutes les régions de la Chine.»

Avec quels ingrédients aimez-vous travailler?
«J'aime surtout préparer les recettes à base de viande et plus particulièrement celles à base de poulet, comme le poulet frit accompagné de noix et d'une sauce au citron ainsi que le poulet frit avec une sauce au gingembre et au chili. Parmi tous ceux figurant au menu, ce sont les deux mets que je préfère préparer.»

Où trouvez-vous les aliments nécessaires à vos recettes?
«Qu'il s'agisse de viande, de légumes, d'épices ou de sauces spéciales, je trouve tout ce dont j'ai besoin dans les différents commerces du quartier chinois afin de préparer les mets de la manière la plus authentique possible.»

BON BLÉ RIZ

Centre-ville
1437, boulevard Saint-Laurent
514 844-1447

★★★ Cuisine
★★★ Service
★★ Décor

M**30$** S**50$**

Ne vous fiez pas à la façade peu reluisante de ce petit restaurant chinois perdu dans ce coin mal famé de la *Main* entre les rues Sainte-Catherine et Ontario. Vous trouverez de jolies petites tables nappées, un menu alléchant et un service souriant prêt à de beaux efforts pour répondre à vos moindres désirs en français. Les voyageurs au long cours y retrouveront les parfums authentiques de la cuisine sichuanaise ainsi que quelques spécialités des villes de Shanghai et Pékin. Raviolis à la vapeur, pétoncles épicés servis dans un poêlon, canard aux trois épices et pâtes savoureuses: sur la carte, les grands classiques de la cuisine chinoise côtoient certains plats moins connus, le tout pour un prix modique. (2007-07-19)

CHEZ CHINE (HÔTEL HOLIDAY INN)

Quartier chinois
99, avenue Viger Ouest, 2e étage
514 878-9888

★★★ Cuisine
★★★ Service
★★★ Décor

M**30$** S**60$**

Drôle de nom et drôle d'endroit. Derrière les jolis bassins sillonnés par les carpes, le resto est plutôt anonyme, genre grand hôtel, comme de juste. De quoi plaire à ceux qui craignent de s'encanailler dans les bouibouis sympas des environs. Bref, le Quartier chinois sans le Quartier chinois. À midi, on privilégie la formule du dim sum; le soir, on propose un menu relativement alléchant et sans doute un peu cher. Les prestations sont inégales, comme l'est le service, plus empressé qu'efficace. Attention aux appellations ronflantes qui cachent des plats nettement plus terre-à-terre, comme cet «éventail de porcelet à l'aubergine» qui, dans l'assiette, devient un sauté d'aubergine au... tofu! Plutôt bon, au demeurant. (2006-06-02)

HONG KONG

Quartier chinois
1023, boulevard Saint-Laurent
514 861-0251

★★ Cuisine
★★ Service
★★ Décor

M**40$** S**40$**

Comme bien des restaurants du Quartier chinois, celui-ci ne paie pas de mine, avec ses deux entrées sur le boulevard Saint-Laurent et sa grande salle à manger en fer à cheval. On passe sur la décoration. L'endroit est surtout plaisant à visiter en groupe, pour manger autour d'une grande table ronde, avec plateau tournant au milieu permettant de partager facilement les plats. Pas moins de 200 choix au total, chinois ou thaïlandais. On mange sur des nappes en plastique, en regardant défiler les canards laqués de l'arrière-cuisine au comptoir d'entrée. Les soupes-repas sont copieuses, tout comme les plats de crevettes ou de poulet et canard BBQ, l'une des spécialités. Le service est ultra-rapide et, vu les prix, on n'est pas trop exigeant sur la qualité. (2007-06-06)

JARDIN DU NORD

Quartier chinois
78, rue de La Gauchetière Ouest
514 395-8023

★★ Cuisine
★★★ Service
★★★ Décor

M**30$** S**50$**

Avec ses murs jaune beurre, son mobilier chocolat et ses tables nappées de blanc, ce restaurant propret détonne dans l'environnement un peu bric-à-brac du quartier chinois. Hormis les serveurs aux yeux bridés, on pourrait se croire dans un établissement français, ou même italien puisque les centres de table sont des bouteilles de San Pellegrino. Est-ce le décor qui attire une clientèle composée uniquement d'Occidentaux? Ou bien les spécialités sichuanaises et pékinoises aux sauces épaisses et sucrées, dans lesquelles baignent canard, crevettes, bœuf, porc et poulet? Peut-être les deux à la fois. Sans être exceptionnelle, la carte des vins offre des cépages issus des quatre coins de la planète. Un bon point: on fait l'effort de vous servir en français. (2007-05-23)

KAM SHING

Côte-des-Neiges
4771, avenue Van Horne
514 341-1628

★★ Cuisine
★★ Service
★ Décor

M**20$** S**35$**

Le premier coup d'œil au décor plutôt banal de cette immense salle à manger de type cafétéria et à son ambiance impersonnelle laisse d'abord perplexe. Mais à voir la quantité d'habitués de tous âges et de toutes provenances qui s'y entassent, on devine que c'est dans l'assiette que tout se joue. Et en effet, pour autant qu'on ne s'attende pas à vivre une grande expérience gastronomique, les sautés, les viandes braisées, le poulet du général Tao ou la soupe won ton ne déçoivent pas. Parcourir la liste des propositions (plus d'une centaine) et arrêter son choix sur l'une d'elles relève de l'exploit et nécessite de longues minutes. Heureusement, une fois commandés, les plats aux généreuses portions apparaissent en très peu de temps sur la table. (2007-07-15)

LA MAISON KAM FUNG

Quartier chinois
1111, rue Saint-Urbain
514 878-2888

★★★★ Cuisine
★★★ Service
★★ Décor

M**30$** S**50$**

Au fil des ans, défiant toutes les modes d'ici ou de là-bas, La Maison Kam Fung demeure un solide pilier de la cuisine chinoise en ville. Perdue au fond du dédale d'un centre commercial du quartier, la grande salle résonne de l'écho des festivités aux grandes tables. Le soir, cuisine chinoise standard avec plats soignés aux portions gargantuesques. À midi, célèbre dim sum chinois. Ces petites bouchées, porc, crevette, canard, poulet, crabe ou autres calmars, sont présentées dans de jolis paniers en bambou, transportés sur des chariots par des serveurs et serveuses hyperactifs, bilingues, trilingues et, à l'occasion, unilingues cantonais. En tout temps, on pourra partager une de ces immenses tables rondes avec quelque vieux Chinois souriant et affamé. Cette maison est encore l'endroit idéal pour découvrir des plats originaux qu'on ne mange pas à la maison. (2006-08-21)

LE CHRYSANTHÈME

Centre-ville
1208, rue Crescent
514 397-1408

★★★★ Cuisine
★★★★ Service
★★★ Décor

M**30 $** S**80 $**

Le Chrysanthème fait partie du très sélect peloton de tête des bons restaurants chinois de Montréal. Dans un décor contemporain, zen et élégant, la cuisine qu'on y sert est raffinée. Le menu présente des pages et des pages de plats mettant en vedette poulet, bœuf, poissons, fruits de mer et légumes de toutes sortes, issus des traditions sichuanaise et pékinoise. Devant tant de choix, on ne sait plus où donner de la tête. Délicieuses et réconfortantes, les soupes sont réalisées avec de vrais bouillons maison. Les mets, délicats, généreux et parfumés, sont apportés aux tables par des employés dont le service est empreint d'une discrétion tout orientale. En conclusion du repas, on n'échappe pas au traditionnel biscuit de fortune. (2007-08-29)

LE PIMENT ROUGE

Centre-ville
Le Windsor, 1170, rue Peel
514 866-7816

★★★ Cuisine
★★★ Service
★★★ Décor

M**50 $** S**90 $**

Le Piment rouge se donne des airs de très grand restaurant. Immeuble de prestige, décor soigné, service impeccable et carte des vins d'une variété impressionnante, avec une addition à l'avenant. Malheureusement, la cuisine, correcte sans plus, n'est pas toujours à la hauteur des attentes. Le canard, par exemple, n'a de croustillant que le nom et le poulet du général Tao ne renouvelle pas le genre. La salle ne manque pas d'allure et une bonne tenue est de rigueur (ne serait-ce que par l'inconfort des chaises aux dossiers droits), et l'endroit se remplit chaque jour d'une clientèle de gens d'affaires aux comptes de dépenses extensibles. (2007-07-08)

L'ORCHIDÉE DE CHINE

Centre-ville
2017, rue Peel
514 287-1878

★★★ Cuisine
★★★ Service
★★★ Décor

M**65 $** S**65 $**

Les grands amateurs de cuisine sichuanaise vous diront que la cuisine de L'Orchidée de Chine est impeccable, que ses préparations sont authentiques et savoureuses, que son poulet à l'orange est craquant, ses raviolis au canard, tendres et savoureux et que ses crevettes géantes explosent de fraîcheur dans la bouche. Ils vous diront aussi que la cuisine, à l'image de la clientèle d'affaires, est un peu sage et sort rarement des sentiers battus. Ils vous feront les deux commentaires car ce resto bien implanté mise sur la qualité autant que sur le conformisme. À noter: une carte des vins qui offre plus de choix que la moyenne des restos chinois. Si possible, réservez une table au premier étage, la salle du deuxième aurait vraiment besoin d'un coup de peinture... (2007-05-15)

LOTTÉ FURAMA

Quartier chinois
1115, rue Clark
514 393-3838

★★★ Cuisine
★★ Service
★★ Décor

M**30$** S**30$**

Ici, les amateurs de dim sum, ces petites bouchées savoureuses, parfois très exotiques, qui sentent bon la crevette fraîche, les épices et la viande cuite à la vapeur, seront servis. À l'heure du lunch, le ballet incessant des chariots couverts de plats est presque étourdissant et tout nouveau client est littéralement pris d'assaut par les serveurs qui lui proposent – parfois dans le langage des signes chinois mais toujours avec le sourire – un éventail impressionnant de préparations. Tout est bien fait, appétissant et la salle vaste et joliment aménagée, avec ses grandes tables rondes et ses plateaux tournants, ajoute au pittoresque de l'endroit. Le soir, on propose un menu plus élaboré qui décline au moins une centaine de plats classiques. À noter que l'endroit est surtout fréquenté par nos concitoyens chinois. Ce qui est habituellement un gage de qualité et d'authenticité. (2007-03-13)

MEI LE CAFÉ CHINOIS

Mile-End
5309, boulevard Saint-Laurent
514 271-5945

★★★ Cuisine
★★ Service
★★★ Décor

M**25$** S**45$**

Les années passent et malgré quelques revers de fortune, le Café Mei tient toujours le fort. Ceux qui le fréquentaient pour sa cuisine simple, classique et savoureuse ne seront pas déçus; les nouveaux venus, quant à eux, vont apprécier le service efficace et convivial, l'ambiance bon enfant, les prix raisonnables. La cuisine ouverte laisse filtrer dans la salle de généreuses odeurs et le son irrésistible des nouilles, des légumes et des viandes qui grésillent dans les woks du chef, ou encore les délicats effluves du dim sum, ces bouchées savamment parfumées. Clientèle bigarrée composée d'étudiants, d'artistes et de vétérans de l'établissement. (2007-01-06)

MR MA

Centre-ville
1, Place Ville-Marie, local 11209
514 866-8000

★★★ Cuisine
★★★ Service
★★★ Décor

M**50$** S**70$**

Mr Ma pourrait aussi bien être dans un aéroport international qu'un grand hôtel. Le décor élégant, les grands volets de bois acajou, l'éclairage tamisé et la *muzak* nous donnent l'impression d'être ailleurs qu'à Montréal, bien que les serveurs, discrets, puissent nous répondre en français. Cette atmosphère feutrée semble plaire particulièrement aux gens d'affaires qui s'y attablent midi et soir. Le menu joue la cuisine sichuanaise en majeur, celle de la Thaïlande en mineur. Parmi les spécialités, outre le traditionnel poulet du général Tao, on remarque un poulet fumé au thé, un plat jumelé de homard et de poulet, et des tranches d'agneau à la mode du Hunan. Du côté des entrées, la salade de pieuvre et celle au bœuf sashimi (toutes deux très épicées) valent le détour. (2007-01-25)

RESTAURANT SZECHUAN

Vieux-Montréal

400, rue Notre-Dame Ouest

514 844-4456

★★★ Cuisine
★★★ Service
★★★ Décor

M**35**$ S**60**$

À la cohue, au service brusque et au décor parfois inexistant de certains établissements (par ailleurs sympathiques) du Quartier chinois, le Restaurant Szechuan, pourtant situé à quelques minutes de marche, oppose une ambiance feutrée, un décor bon chic, bon genre et un service tout à fait professionnel. La nappe en coton plutôt que la nappe en plastique, si l'on veut... Tout dépend de ce dont on a envie. Au menu, les plats désormais familiers de la cuisine du Sichuan, exécutés correctement et servis en portions généreuses. Ce luxe relatif, conjugué à l'effet du Vieux-Montréal, se traduit par des prix légèrement plus élevés que ceux auxquels on est habitué, mais moins qu'on aurait pu le craindre. Autre bon point: on y accueille gentiment les enfants. (2006-04-07)

SOY

Mile-End

5258, boulevard Saint-Laurent

514 499-9399

★★★★ Cuisine
★★★ Service
★★★ Décor

M**30**$ S**55**$

Élégante, savoureuse, raffinée: année après année, on ne se lasse pas de la cuisine de Suzanne Liu. Ses dumplings sont merveilleusement parfumés, son canard, brillamment présenté, son poulet, juteux et croustillant à la fois. Tout est relevé, subtil et créatif, aussi bien dans le choix des présentations que dans l'équilibre des plats à la carte. Il y a aussi la gentillesse du personnel, le charme sans prétention des lieux, la clientèle hétéroclite et joyeuse, qui partage avec un bonheur évident les plaisirs de la table chinoise façon Soy. Et côté addition, c'est le pactole. Pour une cuisine de cette qualité, vous ne trouverez pas mieux. (2007-06-07)

ZEN

Centre-ville

1050, rue Sherbrooke Ouest

514 499-0801

★★★ Cuisine
★★★ Service
★★★★ Décor

M**40**$ S**70**$

Logé dans un grand hôtel du centre-ville, Zen a bâti sa réputation sur une cuisine créative et raffinée. Malheureusement, avec les années, la créativité du chef s'est étiolée et le raffinement des plats en a pris un peu pour son rhume. Mais attention! Si on le compare à bien d'autres établissements, Zen a encore du coffre: son dim sum propose des bouchées délicatement apprêtées, ses raviolis Hunan font honneur à la tradition, ses crêpes de canard croustillant fondent dans la bouche et, de façon générale, chaque plat est bien fait. La clientèle apprécie également les brunchs généreux et la formule «buffet à volonté» qui offre un excellent rapport prix/qualité. Mais on regrette un peu le lustre perdu de la maison, ce petit quelque chose d'étincelant auquel on nous avait habitués et qui, maintenant, brille moins souvent dans notre assiette. (2007-06-18)

Les vins d'Alsace **complices** de l'"Espagne/Portugal

Espagne / Portugal

La cuisine de la péninsule ibérique varie selon sa situation géographique. Influencés par l'Atlantique et la Méditerranée, les plats de poissons et fruits de mer simplement grillés abondent. Les blancs alsaciens particulièrement frais et légers tels que les rieslings, sylvaners et pinots blancs nous simplifient la tâche. Les nombreuses grillades de volaille, agneau, porc et saucisses permettront aux pinots noirs, pinots gris et même aux rieslings de créer l'harmonie recherchée. Quant aux tapas, elles justifient le principe du vin au verre.

Poulet au xérès
Riesling, sylvaner ou gentil

Calmars a la plancha
Pinot blanc, riesling ou gentil

Paella valenciana
Riesling, pinot gris ou pinot blanc

Poulet grillé à la portugaise
Pinot gris ou pinot noir

Crema catalana
Pinot gris ou muscat de vendanges tardives

Pour en connaître davantage sur les vins d'Alsace,
consultez notre lexique.

VINS
D'ALSACE

SAVEURS
DE L'ESPAGNE / PORTUGAL

Avec le chef Alonso Ortiz du restaurant *Pintxo*
256, rue Roy Est
Montréal
T 514 844-0222
Voir notre critique p. 99

Bien qu'originaire du Mexique, le chef Alonzo Ortiz a fait de la gastronomie espagnole sa spécialité. Il œuvre chez Pintxo depuis son ouverture, en 2005.

Quelles sont vos principales inspirations en cuisine?

«J'ai travaillé cinq ans en Espagne et c'est dans ce pays que j'ai entre autres appris à travailler les fruits de mer et le poisson afin de bien respecter leur goût si délicat. Je m'inspire surtout de la cuisine du Nord de l'Espagne, soit du Pays basque. Dans cette région, ce qui porte le nom de tapas dans le reste de l'Espagne se nomme pintxos. Les tapas sont toujours au centre de la table et se partagent entre plusieurs personnes alors que les pintxos se présentent en portions individuelles qui se mangent en deux ou trois bouchées. Un repas complet se compose donc de six ou sept différents pintxos.»

Avec quels ingrédients aimez-vous travailler?

«J'adore travailler les poissons et les fruits de mer frais, et mes grands favoris sont le crabe et le calmar. L'huile d'olive et l'ail sont aussi des aliments omniprésents dans la cuisine espagnole, donc j'en fais grand usage.»

Quel est votre restaurant favori à Montréal?

«Quand j'ai le temps, j'aime bien me rendre à L'Express pour manger un tartare de bœuf. Le personnel me connaît bien et me le prépare comme je l'aime, soit avec de l'huile d'olive et du citron.»

BISTRO LE PORTO

Centre-Sud
1365, rue Ontario Est
514 527-7067

★★ Cuisine
★★★ Service
★★★ Décor

M**30**$ S**70**$

C'est sans contredit La Mecque des amateurs de porto puisque la carte, abondante, offre toute la palette des couleurs et des saveurs de ce nectar portugais. Là où ça se gâte, c'est dans l'assiette. La cuisson des viandes et des poissons, pourtant aliments-vedettes si savoureux de la cuisine espagnole et portugaise, est ratée. Malgré tout, Le Porto demeure un endroit joli et agréable où règne une ambiance chaleureuse. C'est ce que les gens aiment, car l'endroit continue d'être abondamment fréquenté. (2006-04-12)

CASA MINHOTA

Plateau Mont-Royal
3959, boulevard Saint-Laurent
514 842-2661

★★★ Cuisine
★★★ Service
★★★ Décor

M**30**$ S**60**$

Une des meilleures adresses en ville pour goûter à tout ce que le Portugal a à offrir, tant dans les plaisirs de la table que dans l'expérience relationnelle... Car si l'enseigne rétro éclairée pourrait laisser présager un repas fort morne, on découvre bien vite, une fois entré dans ce local aux plafonds bas, que la soirée s'annonce fort joyeuse. En effet, on vous accueille ici avec un sourire qui évoque le soleil du Portugal, avec une avalanche de grillades, des spécialités régionales accordant une place de choix aux fruits de mer et à la morue, et une sélection de vins portugais qui donnent envie de chanter. Légèrement enivré par la bonne chère, les conversations enjouées, les chants d'anniversaire entamés par l'ensemble du personnel et de la clientèle, les plats fumants qui vont et viennent au-dessus des têtes, on se réjouit d'avoir à Montréal de ces restos qui confèrent à toute soirée un air de fête... (2007-08-09)

CASA TAPAS

Plateau Mont-Royal
266, rue Rachel Est
514 848-1063

★★★★ Cuisine
★★★★ Service
★★★★ Décor

🥨 M— S**70**$

On se croirait toujours dans une bonne petite maison de Barcelone tant le décor a été soigné dans les moindres détails. L'esprit de Gaudi est présent et l'on peut facilement imaginer qu'en sortant, on va se trouver Passeig de Gracia ou sur les Ramblas. L'énergie aussi est là et le ballet des serveurs et serveuses virevoltant de table en table évoque bien la *movida* catalane. Côté cuisine, on tourne parfois les coins ronds pour certaines tapas un peu brouillonnes, selon nous, et qui manquent de ce caractère très marqué qui faisait la force de la maison à une époque où il y avait moins de monde et moins de brouhaha. L'ambiance survoltée en tout temps et l'achalandage constant tendent toutefois à prouver que tout le monde est content, aujourd'hui comme hier. (2006-08-31)

CASA VINHO

Rosemont—Petite-Patrie

3750, rue Masson

514 721-8885

★★ Cuisine
★★★ Service
★★★ Décor

 M**30$** S**70$**

Il faut une certaine dose de courage et un investissement d'énergie considérable pour garder quoi que ce soit à flot sur cette portion un peu dégarnie de la rue Masson, surtout un resto, alors que la Promenade toute proche centralise de plus en plus l'activité gourmande du quartier. En prenant le parti de la générosité, de la gentillesse et des prix abordables, les proprios de la Casa Vinho réussissent à se gagner, lentement mais sûrement, les bons mots et l'affection des gens du coin, qui font maintenant le détour pour les sardines, le porc aux palourdes, le poulet rôti, le fameux bitoque et autres spécialités correctement exécutées. On essaie aussi de proposer chaque jour une création faisant dévier notre trajectoire vers l'Amérique, comme ce burger de gibier qui était à l'essai lors de notre visite. Souhaitons que tous ces efforts porteront fruit! (2007-08-08)

CENTRO SOCIAL ESPAÑOL

Mile-End

4848, boulevard Saint-Laurent

514 844-4227

★★★ Cuisine
★★★ Service
★★ Décor

M **—** S**60$**

Fascinant endroit que ce restaurant adopté comme quartier général par une clientèle éclectique. On y croise aussi bien des personnes âgées de la communauté espagnole qui s'y rencontrent pour quelques parties de cartes que de jeunes *hipsters* du Mile-End accoudés au bar qui monteront ensuite au deuxième étage pour assister à un concert rock. Dans cette salle à manger à la déco un peu désuète, mais combien charmante, on sert une cuisine espagnole authentique comme il s'en fait peu à Montréal. Le menu comporte une vaste section de tapas, un choix de gigantesques paellas à partager ou encore plusieurs bocadillos, des sandwichs généreusement garnis. Et pour vivre un dépaysement encore plus agréable, ne manquez pas, les jeudis soirs, les spectacles de flamenco. (2007-04-03)

CHEZ DOVAL

Plateau Mont-Royal

150, rue Marie-Anne Est

514 843-3390

★★★ Cuisine
★★★ Service
★★ Décor

M**20$** S**40$**

Véritable temple de la grillade, on entre Chez Doval (incidemment situé au coin de deux rues résidentielles) comme dans une fête de famille portugaise. Décor sans flafla, musicien qui promène sa guitare entre les tables d'une salle à manger pleine à craquer, télévision dans un coin du plafond qui montre un match de hockey ou de foot: Doval fait le bonheur de ceux qui cherchent l'ailleurs tout en demeurant à Montréal. De généreuses portions de viandes, de volailles, de fruits de mer et de poissons cuits sur charbon de bois sont servies par une équipe de serveurs au pas de course. Une section plus calme fait le bonheur des couples, tandis que les fêtes de groupes sont dirigées vers la section du fond. Mais attention aux vases communicants... (2007-03-14)

CHEZ LE PORTUGAIS

Plateau Mont-Royal
4134, boulevard Saint-Laurent
514 849-0550

★★★ Cuisine
★★★ Service
★★★★ Décor

 M**30$** S**45$**

Ce Portugais sait de toute évidence de quoi est fait le bonheur de ses invités. Offrant un service décontracté, à la fois sérieux et empreint d'humour, le personnel de l'endroit nous comble d'une multitude de petits extras et sait nous guider à travers le menu en nous pointant les incontournables. Ne cherchez pas les traditionnelles grillades accompagnées d'une montagne de frites, ici, ce sont plutôt les petiscos, version portugaise des tapas, qui sont à l'honneur. Calmars grillés, côtelette d'agneau, brandade de morue ou escargots au porto... tout est offert en petites portions, mais il est aussi possible d'obtenir ces mets en assiette principale. Suffit de demander! Une tartelette à la crème pâtissière et un verre de porto cloront de merveilleuse façon la visite dans cet oasis de paix. (2007-05-01)

FERREIRA CAFÉ

Centre-ville
1446, rue Peel
514 848-0988

★★★★ Cuisine
★★★★ Service
★★★★ Décor

 M**60$** S**120$**

Très réputée pour ses poissons et fruits de mer depuis plus de 10 ans, ainsi que pour son décor, cette adresse tient le haut du pavé au centre-ville. L'endroit est assidûment fréquenté par une clientèle corporative qui se délecte d'une cuisine de première classe à un prix conséquent. Les poissons (et quelques volailles) sont ce qu'ils doivent être: sélectionnés pour leur qualité, traités avec finesse, tout comme les légumes d'accompagnement, l'huile utilisée et les sauces. La présentation des plats est des plus léchées. Les figues, cèpes et autres délicatesses, au gré des saisons, sertissent les plats principaux et les desserts. La carte des vins est bien garnie de vins portugais et de portos, bien sûr. (2007-06-21)

JANO

Plateau Mont-Royal
3883, boulevard Saint-Laurent
514 849-0646

★★★ Cuisine
★★★ Service
★★ Décor

M**40$** S**40$**

Un endroit où règne un climat convivial sans prétention. Que fréquentent des figures du jet-set et monsieur et madame Tout-le-monde. Qui accueille aussi bien les amoureux en tête-à-tête que les familles avec de jeunes enfants ou les groupes d'amis. Et où les plats sont préparés avec une inébranlable constance depuis des années. Ainsi pourrait-on décrire Jano dont les proprios ont acquis la réputation de maîtres en matière de grillades portugaises. Les viandes, volailles et poissons et leur montagne de frites s'accompagnent aussi bien d'une coupe de vin que d'une bière bien froide. Malgré l'imposant format des portions, difficile de ne pas succomber, en finale, à une tartelette portugaise faite de pâte feuilletée et de crème pâtissière. (2007-02-03)

LE F, VASCO DA GAMA

Outremont
1257, avenue Bernard Ouest
514 272-2688

★★★★ Cuisine
★★★★ Service
★★★★ Décor

 M40$ S90$

Le restaurant Le F et le café Vasco da Gama se partagent cette adresse. Deux formules très différentes pour une même qualité. Au café, on se consacre aux sandwichs haut de gamme où l'agneau confit, le chorizo et le foie gras côtoient les oignons caramélisés, les figues et le pain de maïs ou aux olives. Le soir venu, au restaurant, le saucisson saute dans la salade rejoindre le chèvre frais, les parpadelles font la fête aux crevettes géantes et les chips de prosciutto, au veau braisé. Une bouchée de nata, pâtisserie typique du Portugal, vient clore cette symphonie gustative sur une parfaite note suave. Le service exemplaire se déroule dans des décors en harmonie avec la formule choisie. Côté café, on sert sur des tables rondes et tabourets dans une ambiance énergisante; de l'autre, le restaurant mise sur de grands miroirs et une déco évoquant la cuisine. Belle terrasse en été. La carte des vins met de l'avant un chauvinisme portugais de bon aloi. (2007-05-23)

LE GRILL BARROSO

Centre-Sud
1480, rue Ontario Est
514 521-2221

★★ Cuisine
★★ Service
★★★ Décor

M30$ S40$

Cette grilladerie portugaise, gérée par la famille Barroso, est un peu plus chic que les établissements du même type, qui versent habituellement dans le traditionnel. Le décor est plutôt joli et le choix de grillades, très varié: poulet, porc, foie, bien sûr, mais aussi cailles, sardines, calmars, tilapia et pieuvre. Une offre intéressante, que complètent une carte de tapas et quelques vins d'importation privée. Plats typiques à essayer: les pasteis bacalau, qui s'apparentent aux acras de morue créoles, et, pour dessert, les pasteis nata, de délicieuses petites tartelettes en version flambée ou nature. Une bonne note pour l'espresso, excellent. Bref, une petite adresse sympathique qui ne fait pas mal au porte-monnaie. (2007-05-02)

LE VINTAGE

Plateau Mont-Royal
4475, rue Saint-Denis
514 849-4264

★★ Cuisine
★★★ Service
★★★ Décor

 M35$ S60$

Le Vintage s'était fait une belle réputation de resto simple, authentique, qui misait sur une cuisine rustique mais savoureuse. Les années ont passé, l'établissement a doublé de superficie, augmenté sa clientèle et... perdu un peu de son lustre. Est-ce l'achalandage trop important pour qu'en salle, on accorde à chaque client l'attention qu'il mérite? Est-ce l'équipe de cuisiniers trop sollicitée pour respecter les critères de qualité auxquels on était habitué? Bien sûr, il y a encore quelques perles, des poissons parfaitement grillés, quelques tapas bien croustillantes et une côte d'agneau bien juteuse. Et puis un excellent choix de vins portugais et de portos de très bonne qualité. Mais on sent un peu trop la recette pour ne pas soupirer et regretter cette adresse qui nous rappelait, le temps d'un repas, le soleil cuisant et les embruns de l'Atlantique. (2007-05-04)

O CANTINHO

Saint-Michel
3204, rue Jarry Est
514 729-9494

★★ Cuisine
★★ Service
★★★ Décor

 M**25**$ S**45**$

Petit coin de soleil à quelques pirouettes de la TOHU, la Cité des arts du cirque, O Cantinho s'est attiré l'affection de la faune locale, toutes origines confondues. On a bien raison d'accourir ici pour s'offrir de l'authentique beau-bon-pas cher, version protéinée! Grillades de porc, de poulet, de poisson et de fruits de mer font le bonheur des troupes, car préparées avec rapidité et maestria. Et tant qu'à faire fi des calories (elles sont nombreuses dans l'assiette, soyez prévenus), offrez-vous une nata au dessert – une tartelette à la crème pâtissière en provenance de Bella Vista, une référence en la matière à Montréal. (2007-02-17)

PINTXO

Plateau Mont-Royal
256, rue Roy Est
514 844-0222

★★★★ Cuisine
★★★★ Service
★★★★ Décor

M**35**$ S**60**$

Tout pour plaire: l'atmosphère, le service, le décor et le cuisine, bien sûr. On salive rien qu'à la lecture du large choix de petits pintxos (tapas en basque), dont environ six constituent un bon repas, et on se régale du résultat. La combinaison de quatre pintxos et d'un plat principal est aussi gagnante et offre une remarquable palette de saveurs. Les poissons et fruits de mer sont à l'honneur et brillamment apprêtés. Les viandes ne sont pas en reste, la caille et le foie gras notamment sont superbes. Courte carte de vins espagnols uniquement. Côté desserts, le choix est mince mais néanmoins délicieux. Les prix sont plus que raisonnables vu la qualité, l'originalité et la fraîcheur de tous les produits. (2007-06-01)

PORTO MAR

Vieux-Montréal
201, place D'Youville
514 286-5223

★★ Cuisine
★★★ Service
★★★ Décor

M**30**$ S**60**$

Il est de ces restaurants qui doivent leur survie à leur emplacement stratégique. Le Porto Mar est de ceux-là. Situé en plein cœur du Vieux-Montréal, sur la très touristique place Youville, l'établissement propose une cuisine portugaise traditionnelle dans ce qu'elle a de plus convenu. Si les sardines, grillées comme il se doit, constituent une belle entrée en matière, les plats principaux de viandes et de poissons grillés se démarquent surtout par leur manque d'éclat. Et puis, quand on prétend faire dans le portugais, servir des légumes trop cuits tient pratiquement de l'hérésie... Un service courtois et attentionné charmera toutefois le touriste de passage qui pourrait s'y arrêter après une visite au Musée Pointe-à-Callière. (2007-08-22)

PORTUSCALLE

Plateau Mont-Royal
4281, boulevard Saint-Laurent

514 849-2070

★★★ Cuisine
★★★ Service
★★★★ Décor

M**35**$ S**80**$

Bar d'un côté, resto de l'autre, l'établissement ne joue pas au portugais, il l'est. Grâce à son souci des dernières tendances décoratives, son exotisme caméléon se fond à merveille dans la jungle de la Saint-Laurent, Plateau branché oblige. Même la superbe vaisselle souligne cette préoccupation. Le choix de tapas, froides et chaudes, invite à la découverte. Ici, un calmar frit bien saisi, là, un boudin au riz poêlé accompagné d'ananas. Un délice. Comme il se doit, la grillade est à l'honneur et très réussie. Pas d'inventivité débridée mais des produits originaux, frais, bien apprêtés et en quantité rassasiante. Un beau moment qui peut s'étirer très tard en soirée grâce à l'horaire de nuit. (2007-04-02)

RÔTISSERIE MARILOU

Plateau Mont-Royal
4675, boulevard Saint-Laurent

514 849-4447

★★★ Cuisine
★★★★ Service
★★ Décor

M**25**$ S**60**$

Par son décor, l'endroit a quelque chose de touristique. Des photos de paysages sont accrochées aux murs et une carte du Portugal sert de toile de fond au restaurant. Ce que l'on y propose n'a pourtant rien de la version désincarnée de la carte postale. Dès le pas de la porte, la chaleur de l'accueil donne l'impression de goûter une parcelle de l'âme portugaise, puis la désinvolture du service inspire confiance. On suit aveuglément le guide à travers la carte des vins, tous portugais. Dans l'assiette, de succulentes grillades: des poissons, des viandes cuites à point, des sardines arrosées d'un filet d'huile d'olive. Frites poivrées et salade croustillante complètent les généreuses platées. La *saudade*, sentiment de mélancolie qui habite soi-disant les Portugais, est tout de suite évacuée dans ce repaire où règne la bonne humeur. S'attabler chez Marilou, c'est recevoir de bons baisers du Portugal. (2007-01-05)

RÔTISSERIE PORTUGALIA

Plateau Mont-Royal
34, rue Rachel Ouest

514 282-1519

★★ Cuisine
★★ Service
★ Décor

M**20**$ S**25**$

Dans les guides pour touristes éclairés, on appelle ça «un lieu improbable». Lire ici: «boui-boui très bien caché que vous auriez tort de ne pas visiter». Cette petite maison portugaise est bourrée d'habitués et possède toute l'apparente rugosité ibérique qui fait le charme du pays. Dans l'entrée, quelques habitués discutent des dernières prouesses ou déconvenues du Benfica. Au bout du comptoir, la salle, petite et pleine de l'odeur des grillades – filets de porc, steaks, morue, côtes levées, sardines et poulet. Il faut commander ce dernier une heure ou deux à l'avance, mais quand il arrive sur la table, quel bonheur! Pas d'artifices, pas de faux-semblants. Du vrai poulet solide sous le couteau et goûteux sous la dent. Des frites en pluie épaisse et un verre de gros rouge du Douro. (2006-03-09)

TAPEO

Villeray
511, rue Villeray

514 495-1999

★★★ Cuisine
★★★ Service
★★★ Décor

M**45 $** S**60 $**

L'endroit et ses adorables propriétaires réussissent à recréer, même dans la froidure hivernale, l'émoustillante expérience du bar à tapas typiquement hispanique. Est-ce l'amabilité d'une brigade jeune et allumée? Est-ce le plaisir de jouer les pique-assiettes en plongeant dans les petites entrées chaudes et froides placées au centre de la table? Est-ce la qualité de ce qui s'offre au palais — des classiques gambas a la plancha et tortillas aux versions miniatures de plats d'inspiration française? Ou est-ce simplement la fabuleuse énergie que dégagent des salles comme celle-ci, exiguës et bondées, où l'on joue autant du coude que des cordes vocales? L'amalgame de tout cela a vite fait de faire fondre le cœur et la tristesse, surtout si l'on accompagne le repas d'un des crus de la carte, tous en provenance d'Espagne. (2006-02-08)

TASCA

Plateau Mont-Royal
172, avenue Duluth Est

514 987-1530

★★★ Cuisine
★★★★ Service
★★ Décor

M**30 $** S**60 $**

Le premier ingrédient utilisé chez Tasca, c'est la gentillesse. Dans toutes les recettes, c'est souvent l'élément qui départage les plats réussis des plats très réussis. Tasca appartient à cette deuxième catégorie. Cuisine sage du Portugal, classiques grillades et petits plats inspirés des tapas; copieuse carte des vins, très portugaise elle aussi; et service attentionné jusque dans sa virilité qui, comme chacun le sait, est une vertu éminemment portugaise. Sans faire dans le haut de gamme, la cuisine ne sert pas non plus des produits de pacotille: la cataplana aux fruits de mer (gargantuesque!), par exemple, peut constituer un honnête repas à partager. Les carnivores y trouveront toujours leur compte avec un menu qui propose autant de viandes que de poissons. Joyeuse sélection de portos. (2006-01-23

Les vins d'Alsace
complices de l'**Europe de l'Est**

Europe de l'Est

L'acidité confère de la fraîcheur aux vins et permet d'alléger une cuisine robuste et parfois lourde. Les vins alsaciens élaborés avec les cépages riesling, sylvaner et pinot blanc apaiseront, atténueront et amélioreront cette cuisine costaude et campagnarde. Pour les plats de viande et les nombreuses charcuteries, les très appropriés pinots noirs et pinots gris seront appréciés.

Goulasch aux pleurotes
Pinot gris ou pinot noir

Poivrons verts farcis au fromage blanc et paprika
Pinot blanc, riesling ou sylvaner

Pierogis
Riesling, sylvaner ou muscat

Viande fumée
Pinot noir ou pinot gris

Koulibiac
Riesling, pinot blanc ou sylvaner

Pour en connaître davantage sur les vins d'Alsace, consultez notre lexique.

VINS
D'ALSACE

SAVEURS
DE L'EUROPE DE L'EST

Avec le chef Jérôme Boully du restaurant *Troïka*
2171, rue Crescent, Montréal
T 514 849-9333

Voir notre critique p.107

Avec 45 ans d'expérience, ce restaurant russe est certainement l'une des tables les plus anciennes de la Métropole. Le Français Jérôme Boully occupe pour sa part la place de chef depuis 14 ans.

Quelles sont vos principales inspirations en cuisine?
«Évidemment, je m'inspire de la tradition russe, mais j'y apporte aussi une touche de cuisine française. Car si on n'offrait que de la cuisine purement russe, les plats seraient un peu trop riches et lourds. Mais il faut mentionner que l'intégration de la cuisine française à la tradition russe n'est pas une invention de notre part, car ceux qui cuisinaient pour les tsars étaient bien souvent des chefs français. Le bœuf Stroganoff et le poulet à la Kiev sont ainsi deux inventions de chefs français.»

Avec quels ingrédients aimez-vous travailler?
«Le caviar demeure un classique de la tradition russe que j'aime beaucoup inclure à mes menus. Il est toutefois beaucoup plus difficile qu'auparavant d'en obtenir de bonne qualité et c'est pourquoi ce produit est très dispendieux. Le foie gras est aussi l'un de mes classiques et s'il est de très bonne qualité, il sera toujours délicieux, à moins de rater sa cuisson. Plusieurs restaurants le mélangent à autre chose alors que pour moi, il s'agit du genre de produit qui doit rester naturel.»

Avez-vous des adresses gourmandes de prédilection?
«Que ce soit pour manger des mets français, italiens, thaïlandais ou japonais, je préconise toujours les restaurants qui respectent leurs traditions respectives sans suivre les tendances au goût du jour. J'aime, par exemple, l'authenticité à la française d'Europea (1227, rue de la Montagne, 514 398-9229) et du Bistingo (1199, avenue Van Horne, 514 270-6162).»

ALPENHAÜS

Centre-ville
1279, rue Saint-Marc

514 935-2285

★★ Cuisine
★★★ Service
★★★ Décor

M**30$** S**70$**

Alpenhaüs a vu le jour en 1967 («C'était l'année d'l'amour, c'était l'année d'l'Expo»), à une époque où la cuisine suisse faisait figure de nouveauté. Aujourd'hui, les plats riches qui la caractérisent (fromage à gogo, friture, sauce à la crème) semblent datés, au même titre que le décor rustique de l'établissement, si kitsch qu'il paraît presque «in» au deuxième degré. Deux salles tout en bois, l'une abritant un bar, l'autre mettant en vedette un pianiste, proposent des menus semblables, même s'il faut débourser un peu plus pour l'accompagnement musical. Les prestations, les spécialités comme la fondue au fromage incluses, ne sont guère convaincantes, mais les clients (en réaction aux modes diététiques?) en redemandent. Service correct. (2006-01-06)

CAFÉ ROCOCO

Centre-ville
1650, avenue Lincoln

514 938-2121

★★ Cuisine
★★ Service
★★ Décor

 M**20$** S**45$**

Un petit café de spécialités hongroises, où l'on vous reçoit avec beaucoup de fierté et de gentillesse. Dans un cadre très simple, une cuisine familiale et rassasiante avec ses nombreuses variantes de goulasch – y compris végétarienne – et divers plats mijotés, toujours servis avec des petites pâtes façon gnocchis. Les pâtisseries méritent une attention particulière, surtout si vous êtes du genre bienheureux, qui n'a que faire des quelques calories ajoutées en fin de repas. Le service est en anglais seulement mais avec de charmants efforts et un large sourire. Le vin maison, hongrois bien sûr, sans être un nectar, est fort acceptable autant pour le gousset que pour le gosier. (2006-01-28)

KALINKA

Centre-ville
1409, rue Saint-Marc

514 932-3403

★★ Cuisine
★★ Service
★★ Décor

 M**30$** S**45$**

Franchissez la porte d'entrée et plongez d'un seul coup dans l'univers russe. Celui de la soupe aux betteraves, des viandes mijotées au paprika, du poulet fourré au fromage, de l'omniprésente pomme de terre et, bien sûr, des effluves de vodka et de bière qui se dégustent ici aussi bien en qualité qu'en quantité. Vous aurez compris que c'est beaucoup pour l'âme slave que l'on vient chez Kalinka, pour la télé ouverte du matin au soir, pour l'étrange sonorité de la langue, pour les artéfacts culturels d'un autre siècle et les ressortissants esseulés, manifestement nostalgiques et trop heureux de retrouver pendant quelques heures un coin de leur cher paradis lointain. Dépaysant. (2006-04-29)

LA CAVERNE

Côte-des-Neiges
5184 A, chemin de la Côte-des-Neiges
514 738-6555

★★ Cuisine
★★ Service
★★ Décor

M**20**$ S**35**$

Non, la gastronomie russe ne se limite pas à la vodka, au caviar et au poulet à la Kiev, et c'est ce que nous retiendrons d'une soirée passée dans ce lieu fascinant. Avec son ragoût en pot, ses dolmas (feuilles de vigne farcies de menthe et de viande), ses blinis (crêpes accompagnées de viande, fromage ou légumes) et ses pelmenis (genre de dumplings farcis de pomme de terre, de champignons ou de viande), la cuisine familiale de La Caverne se révèle réconfortante et... hautement calorique! Et il n'y a pas que le menu pour nous transporter ailleurs; les murs de fausses pierres, le mobilier rustique, les quelques animaux empaillés qui peuplent l'endroit et le musicien sur place les vendredis et samedis garantissent aussi une expérience unique. (2007-05-11)

LE GEORGIA

Notre-Dame-de-Grâce
5112, rue Décarie
514 482-1881

★★★ Cuisine
★★ Service
★★ Décor

M**40**$ S**50**$

L'intérieur chaleureux de la petite salle à manger contraste totalement avec l'extérieur, un impersonnel tronçon gris du boulevard Décarie. Les boiseries acajou, les tables nappées et le foyer servent de décor élégant aux agapes, où les spécialités de la Russie et de la Géorgie sont à l'honneur. Le menu est truffé de mets peu familiers pour la plupart d'entre nous, aux noms intrigants. On connaît le bortsch, les pierogis, le poulet Kiev et le bœuf Stroganoff. Mais qu'en est-il des khinkali, chachlik et tchourtchkhela? Il ne faut surtout pas hésiter à demander conseil. L'aventure vaut le détour, ne serait-ce que pour partager ces plats costauds et rustiques, mais préparés avec soin, tout à fait adaptés à nos hivers rigoureux. (2006-02-09)

SCHWARTZ'S

Plateau Mont-Royal
3895, boulevard Saint-Laurent
514 842-4813

★★ Cuisine
★ Service
★ Décor

M**25**$ S**25**$

«Immuable» est le premier qualificatif qui vient à l'esprit en franchissant la porte de cet établissement qu'on dirait coulé à jamais dans le gras de viande fumée, le foie de bœuf grillé et le gros cornichon mou bien vinaigré. Malgré tout, malgré le service pressant au point de nous expulser de table plus tôt que prévu, les éternelles files d'attente sur le trottoir de la *Main*, malgré tout cela... Schwartz's, c'est Schwartz's! Le bœuf fumé est succulent, le steak, pas si pire et l'expérience générale, toujours aussi montréalaise. Un must. (2006-01-11)

STASH CAFÉ

★★	Cuisine
★★★	Service
★★★	Décor

Vieux-Montréal
200, rue Saint-Paul Ouest
514 845-6611

M**30**$ S**45**$

On entre au Stash Café un peu comme dans un lieu de culte, et d'ailleurs il y a là des bancs qui ressemblent à s'y méprendre à des bancs d'église... Établie dans le Vieux-Montréal depuis le déluge et encensée par de multiples publications, la maison est indiscutablement un «lieu». Il faut dire que le mariage attachant des vieilles pierres, des boiseries et des affiches ajoute à l'atmosphère, que rehausse en soirée un pianiste en chair et en os. On propose d'amusantes tables d'hôte mettant notamment en vedette le sanglier ou le canard et une autre destinée aux «débutants». Preuve que la robuste cuisine polonaise ne se résume pas aux seuls pierogis. Tout n'est pas parfait, loin de là, notamment au chapitre des cuissons, mais on est assuré de ne pas s'ennuyer. (2006-04-23)

TROÏKA

★★★★	Cuisine
★★★★	Service
★★★★	Décor

Centre-ville
2171, rue Crescent
(514) 849-9333

M — S**100**$

Établi sur Crescent il y a près d'un demi-siècle, soit bien avant que l'artère ne devienne ultra-fréquentée, ce repaire mystérieux à vocation russe a toujours fait les choses en grand. Serveurs en costumes traditionnels, musiciens qui sillonnent la salle à manger en jouant des airs autant romantiques que festifs et un luxueux décor où dominent le rouge, le noir et les dorures... Voilà qui nous propulse dans une autre époque. Mais tout cela ne serait que tape-à-l'œil sans cette gastronomie digne des grandes occasions. Au menu, se côtoient des mets typiquement russes (*bortsch*, légumes marinés, poissons fumés et le fameux caviar) et des plats d'origine française. Des entrées aux desserts, tout est exécuté avec finesse et avec un parfait respect des grands classiques. (2007-09-23)

Les vins d'Alsace **complices** de l'**Extrême-Orient**

Extrême-Orient

Section de cuisines plutôt variées aux accents souvent extrêmes et parfois raffinés. Des aromates puissants tels que le sésame grillé, le gingembre, l'ail ou la coriandre fraîche exigeront des vins alsaciens aux saveurs affirmées mais rafraîchissantes, notamment le muscat, le riesling, le pinot gris et le gewurztraminer. Dans la plupart des cas, les vins choisis offriront idéalement des saveurs intenses, équilibrées par la fraîcheur typique des vins d'Alsace.

Riz indonésien (nasi goreng)
Muscat, gewurztraminer ou pinot gris

Nouilles façon Bilitung (bami Bilitung)
Gewurztraminer, muscat ou pinot gris

Canard à l'indonésienne
Pinot gris ou pinot noir

Brochette de poulet (saté ayam)
Pinot blanc, pinot gris ou pinot noir

Bananes pochées (cindy sla)
Muscat ou gewurztraminer de vendanges tardives

*Pour en connaître davantage sur les vins d'Alsace,
consultez notre lexique.*

VINS
D'ALSACE

SAVEURS DE L'EXTRÊME-ORIENT

Avec le chef Ivan Wiharto du restaurant *Nonya*
151, avenue Bernard Ouest
T 514 875-9998

Voir notre critique p.113

Originaire de l'île de Java, en Indonésie, où il a vécu 18 ans, Ivan Wiharto a d'abord tenu le rôle de sous-chef dans ce restaurant ouvert depuis 2002 avant d'obtenir celui de chef.

Quelles sont vos principales inspirations en cuisine?
«Je m'inspire surtout de la cuisine traditionnelle de l'Indonésie, et mes principales connaissances proviennent de ma famille et plus particulièrement de ma mère, qui a travaillé dans le domaine de la restauration pendant plus de 25 ans. Elle m'a appris à concocter les mélanges d'épices qui caractérisent la gastronomie de Java. Elle m'a par exemple transmis ses recettes de pâte de curry rouge et de curry jaune.»

Avec quels ingrédients aimez-vous travailler?
«J'utilise des textures variées, comme celles du tofu, du tempeh, de la viande et des fruits de mer. Et pour parfumer les plats, j'utilise aussi beaucoup de galanga, des grains de coriandre, de gingembre, d'ail et d'échalote française. Mon épice favorite est le curcuma, car il donne une belle teinte jaune aux mets dans lesquels on l'incorpore.»

Où vous procurez-vous vos ingrédients?
«Je trouve plusieurs choses dans le Quartier chinois, mais pour certains ingrédients qu'on ne peut pas se procurer ici, comme la feuille de salam et la noix de chandelle, je dois importer directement d'Indonésie. Je pourrais modifier les recettes comme le font plusieurs, mais je tiens à conserver le goût le plus authentique possible.»

CHEZ GATSÉ

Centre-ville
317, rue Ontario Est
514 985-2494

★★ Cuisine
★★ Service
★ Décor

M**15$** S**35$**

Ce petit tibétain traverse les années sans fléchir. Le voyageur qui en est à sa première incursion opte pour le menu dégustation qui a l'avantage de lui faire faire le tour des spécialités: mômos farcis à la viande ou au fromage (un genre de ravioli cuit à la vapeur), choko-khatsa (pommes de terre épicées), tinmo (boule de pain qui semble à peine cuite), shapalés (galettes grillées farcies au bœuf), shapta (lanières de bœuf ou de poulet sautées). Il y a également toute la panoplie des soupes: consommé de bœuf, au fromage bleu, aux lentilles ou aux épinards. Le repas peut se terminer par un thé tibétain au beurre. Le tout, assez épicé et bourratif mais offert à prix d'ami, se déguste au son d'une musique de méditation. Miôhm... (2006-04-27)

ESTASIE

Village
1320, rue Sainte-Catherine Est
514 598-1118

★★★ Cuisine
★★★ Service
★★★ Décor

M**25$** S**50$**

Une des valeurs sûres dans le Village. Dans un décor résolument moderne, épuré et lumineux, on sert une cuisine panasiatique qui emprunte aussi bien à la Chine et au Japon qu'au Vietnam. Les sushis sont frais, les soupes parfumées, les nouilles bien croustillantes. Dans l'ensemble, le menu ne sort guère des sentiers battus mais la maison a réussi le pari de maintenir, année après année, une cuisine fraîche, constante et de bonne qualité. Ce qui, dans ce quartier de Montréal dangereusement porté sur le clinquant et l'esbroufe, est déjà, en soi, une grande vertu. Service discret et efficace. Prix raisonnables. (2006-02-01)

HWANG KUM

Notre-Dame-de-Grâce
5908, rue Sherbrooke Ouest
514 487-1712

★★★ Cuisine
★★ Service
★ Décor

M**25$** S**50$**

Ne vous fiez pas à son décor extérieur (minimaliste) et intérieur (sobre et austère): ce sympathique petit établissement a beaucoup à offrir si, comme de plus en plus de Montréalais, vous appréciez la cuisine viandeuse, saine et généreuse de la Corée. Tout ici est authentique: la patronne qui se démène aux fourneaux de sa minuscule cuisine, les volailles généreusement épicées, les marinades incendiaires, les plats servis encore crépitants à la table. Dépaysement garanti. Pour les nouveaux venus, la maison a eu la bonne idée d'ajouter de jolies photos pour illustrer les plats. (2006-02-10)

KOREA HOUSE

Côte-des-Neiges
4950, chemin Queen-Mary
514 733-7823

★★ Cuisine
★★ Service
★★ Décor

M**25$** S**50$**

Soyons francs: pour aller manger au Korea House, il faut être soit un habitué, soit un locataire de l'immeuble dans lequel il est logé, au fond du hall, à moins que l'on ne veuille goûter à une cuisine coréenne variée mais moyenne dans une salle un peu triste que n'éclairent que quelques lampions et la lumière pâle d'un aquarium. Cela dit, la clientèle coréenne, la télévision qui diffuse des programmes asiatiques et les plats épicés et copieux attestent d'une certaine authenticité que d'aucuns peuvent trouver intéressante. Le menu propose des soupes au tofu, au bœuf, au kimchi, des fritures et des sautés de poulet, de porc ou de calmars dans des sauces épicées ainsi que des plats spéciaux de la maison comme le crabe cru piquant ou le jae yuuk assorti. (2006-01-16)

LA MAISON DE SÉOUL

Westmount
5030, rue Sherbrooke Ouest
514 489-3686

★★★ Cuisine
★★★ Service
★★ Décor

 M**25$** S**50$**

On aurait vraiment intérêt à fréquenter plus souvent les restaurants coréens, car la cuisine y est riche à bien des égards: grande variété de viandes, de légumes et de poissons, portions généreuses, petites attentions, goûts relevés, etc. Et l'influence japonaise est perceptible dans les soupes miso, les plats teriyaki et tempura. À La Maison de Séoul, résolument l'un des meilleurs établissements coréens en ville, certaines tables sont dotées d'un réchaud qui permet aux clients de partager une fondue ou des viandes grillées, en toute convivialité. Le décor, simple mais coquet, est ponctué de petits lampions qui diffusent un éclairage tamisé. En prime, le service est discret, attentionné et tout sourire, et les prix, plus qu'abordables. (2007-04-25)

LA MAISON DU BULGOGI

Centre-ville
2127, rue Sainte-Catherine Ouest
514 935-9820

★★ Cuisine
★★ Service
★★ Décor

M**15$** S**30$**

Sans égaler les prestations de restos coréens établis plus à l'ouest, La Maison du Bulgogi, nommée d'après le bœuf barbecue emblématique de la cuisine du pays du matin calme, a le mérite de proposer aux profanes une initiation à petits prix et aux initiés des plats robustes et pimentés. Il n'y a pas – que les cœurs tendres se rassurent – que des soupes aux «intestins de bœuf» ou à la «chèvre noire». Le bulgogi et le bi bim bap, par exemple, sont savoureux et accessibles. Le décor un peu glauque, dans un ton de vert qui évoque l'aquarium ou la salle d'opération, et le service sommaire ne freinent en rien l'ardeur des jeunes clients, qu'on suppose d'origine coréenne, qui se font aller les baguettes avec un entrain contagieux et réjouissant. (2006-02-26)

MISO

Centre-ville
4000, rue Sainte-Catherine Ouest
514 908-6476

★★★ Cuisine
★★★ Service
★★★ Décor

 M**30$** S**60$**

Il règne ici une douceur tout asiatique: ambiance tamisée, matériaux nobles, musique discrète et service efficace. Au menu, un peu de tout, des sushis bien frais aux nouilles cantonaises, des plats thaïlandais incendiaires aux dumplings tendres et délicats. Une curiosité: les déjeuners, typiquement occidentaux (deux œufs, toasts, bacon!), qui doivent certainement plaire à la clientèle d'affaires matinale, alors que le soir, le resto fait plutôt le plein parmi les 35 ans et moins, anglos comme francos. Une expérience agréable à la limite extrême (Atwater) des deux solitudes montréalaises. (2006-01-28)

NONYA

Mile-End
151, avenue Bernard Ouest
514 875-9998

★★★★ Cuisine
★★★ Service
★★★★ Décor

M — S**80$**

Au moment où l'on dépose un petit bol d'arachides grillées devant nous, on devine bien qu'avec ses pointes de parfums exotiques, cet amuse-gueule annonce un repas qui nous entraînera vers des contrées culinaires encore jamais explorées. Et pour cause: les restaurants indonésiens aussi authentiques, et plus précisément de l'île de Java, ne sont pas légion à Montréal. Des viandes longuement mijotées dans du lait de coco ou relevées de pâte de curry, des fruits de mer grillés à la perfection et des curiosités comme ces morceaux de tofu et ces œufs à la sauce tomate épicée défilent devant nos yeux avant que les papilles s'occupent du reste. Dommage qu'un service plutôt gauche soit venu freiner l'excitation de la découverte. (2007-07-27)

OM

Plateau Mont-Royal
4382, boulevard Saint-Laurent
514 287-3553

★★★ Cuisine
★★ Service
★★★ Décor

M**20$** S**35$**

Vous avez fait le tour de la gastronomie asiatique et la cuisine chinoise n'a plus de secret pour vous, pas plus que la vietnamienne ou la thaïlandaise? Tentez alors l'expérience tibétaine. Ici, l'incursion dans cette tradition s'effectuera à peu de frais et dans un cadre des plus apaisants: la lumière tamisée et les pièces artisanales décorant les lieux portent au recueillement. Il ne faudra d'ailleurs pas être pressé de conclure la cérémonie, le service s'avérant parfois assez lent. Parmi les classiques – tels les momos, sortes de raviolis farcis de viande, de fromage ou de légumes cuits à la vapeur, les soupes parfumées, les nouilles sautées et les viandes longuement mijotées dans des sauces épicées – se sont immiscées quelques spécialités indiennes. (2007-07-10)

QUATRE SAISONS

Saint-Henri
4200, rue Saint-Jacques Ouest
514 932-3309

★★ Cuisine
★★ Service
★ Décor

M**20**$ S**25**$

C'est derrière une vitrine annonçant des spécialités «coréennes et canadiennes» que se cache cette «cafétéria» éclairée au néon, qui attire la clientèle du quartier en proposant un assortiment de plats typiques comme les entrées de légumes marinés, épicés ou sucrés, la soupe aux fruits de mer, le riz aux légumes et œufs hachés, ou encore d'assez bonnes grillades style BBQ. Dans un quartier souvent en mal de variété, les proprios ont eu l'idée d'ajouter au menu une sélection de plats japonais classiques, tels les sushis ou le bœuf teriyaki. Si l'on passe outre le service plutôt timide (l'équipe ne maîtrise pas du tout le français et très peu l'anglais), ce petit resto familial sans prétention demeure un arrêt bien pratique, et savoureux, à proximité du métro Saint-Henri. (2007-08-29)

SARILING ATIN

Côte-des-Neiges
5940, avenue Victoria
514 731-0638

★★ Cuisine
★★ Service
★ Décor

M**15**$ S**20**$

Au fond d'un dépanneur sans décor aucun, un comptoir de plats chauds attend les passants: y sont exposés des rouleaux impériaux, des côtelettes de porc, des darnes de poisson, puis une douzaine de petits ragoûts plus savoureux les uns que les autres, au bœuf, poulet, chèvre, porc, et feuilles de taro. De toute évidence, cette cuisine familiale est préparée avec amour par une maman, une vraie. Le «resto» est également le lieu de rendez-vous de la communauté philippine du quartier qui vient y acheter sucreries, billets de loterie et œufs de canard. Ne soyez surtout pas gênés de vous transformer en touristes ignorants et de demander qu'on vous explique les plats, ce qu'on s'empressera de faire, en anglais ou en français, avec toute la gentillesse du monde. (2006-06-06)

SEOUL B.B.Q.

Notre-Dame-de-Grâce
3300, boulevard Cavendish
514 489-6656

★★★ Cuisine
★★ Service
★★ Décor

M**25**$ S**45**$

Il s'agit certainement de l'un des meilleurs restos coréens en ville. Tout ici est bien fait, sans tambour ni trompette, mais avec le souci de la qualité et de l'authenticité: les nombreuses petites entrées gratuites, les plats de résistance aux goûts tranchés, parfois vifs, brûlants et sucrés, parfois sages et tendres, avec chacun un arôme particulier et une texture bien définie. C'est vrai que l'établissement lui-même n'attirera pas le gratin avec son look de cafétéria décorée à la va-vite, mais le plaisir est résolument dans l'assiette! Service efficace, addition plus que raisonnable. (2006-06-02)

SHAMBALA

Plateau Mont-Royal
3439, rue Saint-Denis
514 842-2242

★★ Cuisine
★★★ Service
★★ Décor

M**20$** S**35$**

La cuisine tibétaine n'a rien d'extravagant, c'est le moins qu'on puisse dire. Sobrement réalisée, sobrement servie, elle s'articule surtout autour de quelques recettes de dumplings, quelques plats de nouilles, du tofu, un peu de viande et une dose raisonnable d'épices et de piment fort. Mais celle du Shambala n'est pas sans vertus, loin de là. La traditionnelle soupe au fromage bleu, par exemple, ou les impeccables momos au chou réveillent agréablement les papilles. Et puis il y a le superbe sourire du patron et cet arôme d'encens dans l'air qui plairont aux vieux routards qui ont déjà goûté aux joies de l'Himalaya. (2006-06-01)

SOUPEBOL

Centre-ville
1245, carré Phillips
514 282-8388

★★ Cuisine
★★ Service
★★★ Décor

 M**20$** S**20$**

Envahi par une clientèle d'affaires qui apprécie la rapidité du service le midi, ce restaurant aurait intérêt, le soir venu, à diminuer quelque peu la cadence. Au menu, les généreuses soupes tonkinoises se déclinent en plusieurs variations, tout comme les sautés de viandes ou de fruits de mer accompagnés de nouilles ou de riz ainsi que de quelques légumes croquants. Les ingrédients sont de première qualité, toujours cuits à point. Un seul hic: l'excès est ici omniprésent. Les sauces qui nappent les mets sont peu subtiles, trop abondantes et, selon le cas, trop sucrées, trop salées ou trop piquantes. Et les assiettes, trop remplies. Pour une expérience plus authentique, pourquoi ne pas plutôt se diriger vers l'est et se rendre dans un restaurant du Quartier chinois? (2007-04-25)

TAMPOPO

Plateau Mont-Royal
4449, rue de Mentana
514 526-0001

★★★ Cuisine
★★★ Service
★★★ Décor

M**30$** S**30$**

Parmi la panoplie de nouilleries du Plateau, on inscrira celle-ci sur la liste de nos endroits chouchous. Qu'ils proviennent de Thaïlande, de Chine, du Japon ou d'Indonésie, tous les plats sont préparés avec finesse. Jamais trop sucrés, ni trop piquants, selon le cas. Quelques incontournables: les raviolis chinois au bœuf ou végétariens rehaussés d'une sauce aux arachides et parsemés de quelques graines de sésame, les soupes-repas aux nouilles de sarrasin ou le Bami Goren (de grosses nouilles accompagnées de légumes, de poulet et d'une sauce au curry). Si l'on n'opte pas pour la commande à emporter ou la livraison, il faudra s'y prendre tôt pour obtenir une place à l'une des trois tables basses ou au comptoir avec vue imprenable sur la cuisine où une horde de jeunes s'affairent devant de gigantesques woks. (2006-09-20)

THAÏ SON

Villeray
7093, rue Saint-Denis
514 948-1930

★★ Cuisine
★★ Service
★ Décor

M**25**$ S**25**$

Pas plus thaïlandais que chinois ou vietnamien, ce restaurant rapatrie les influences asiatiques sous une même enseigne. N'allez pourtant pas croire que l'on s'y contente d'une version générique des mets orientaux. Il y a au Thaï Son un je-ne-sais-quoi de rustique: ni les saveurs ni le décor ne semblent être passés à la moulinette des préférences nord-américaines. Côté cuisine, ce penchant pour l'authenticité est heureux. On savoure le réconfort d'une soupe tom yum, ou d'une soupe au canard, la spécialité de la maison, qui, selon le serveur, allonge l'espérance de vie. Pour remplir l'estomac, des rouleaux réussis et de savoureuses viandes laquées ou cuites au barbecue. En faisant fi de l'éclairage au néon, des chaises droites et du service un tantinet brusque, on gagne un dépaysement total à peu de frais. (2007-01-27)

THÉ AU LOGIS

Centre-ville
1175A, rue Crescent
514 866-0689

★★★ Cuisine
★★★ Service
★★ Décor

M**30**$ S**40**$

Petite maison ayant la particularité de marier, d'une part, les cuisines coréenne et française et, d'autre part, les fonctions de restaurant, de salon de thé et de galerie d'art. D'où les œuvres (en provenance surtout de la Corée) qui ornent les murs. Outre des spécialités de la cuisine coréenne, on trouve ici des plats d'inspiration panasiatique (Chine, Japon, Thaïlande) et européenne, y compris des spaghettis à la sauce bolognaise! La cuisine, qui interprète à sa façon des classiques comme la soupe aigre-piquante, tient ses paris, à des prix très raisonnables, d'autant que le service est efficace. À noter: une carte des vins abordable et surtout une carte des thés des plus intrigantes. Le samedi, en soirée, on mange au son d'un ensemble de jazz. (2006-03-24)

ET L'ADDITION, S'IL VOUS PLAÎT

Les prix indiqués — midi ou soir — sont pour deux personnes, excluant taxes, service et boissons. Il s'agit, bien évidemment, d'un prix moyen que le lecteur devra ajuster en fonction de son appétit, de sa soif et de sa générosité à l'endroit du personnel en salle. Dans tous les cas, les prix apparaissant ici sont le reflet de ce qu'ils étaient lors de notre visite.

Quant aux établissements ouverts ou fermés à midi ou en soirée, compte tenu du fait que nombre d'entre eux modifient leurs heures d'ouverture sans préavis, il nous est impossible de fournir cette information avec certitude. Les ouvertures, midi et soir, indiquées ici le sont donc au meilleur de notre connaissance au moment d'aller sous presse. Il est toujours préférable de téléphoner pour s'assurer des heures d'ouverture réelles.

www.**guiderestos**.com

Mis à jour régulièrement, le *Guide Restos Voir* en ligne est un complément idéal à votre exemplaire papier.

TROIS BONNES RAISONS DE VOUS BRANCHER SUR WWW.GUIDERESTOS.COM /

/ Sélectionnez votre restaurant grâce à des moteurs de recherche ciblés: Nom, Quartier, Région, Origine, Qualité de la cuisine, Prix, Apportez votre vin.

/ Devenez à votre tour critique gastronomique et inscrivez votre propre évaluation des restaurants que vous visitez.

/ Bénéficiez d'une mise à jour continue et des dernières infos sur les nouvelles adresses ou les fermetures d'établissements.

RECEVEZ CHAQUE SEMAINE LE BULLETIN D'INFORMATION DU GUIDE RESTOS VOIR /

- Suivez l'actualité des restaurants au Québec.

- Prenez connaissance de nos plus récentes critiques.

- Posez vos questions concernant les restaurants ou la cuisine en général à notre équipe de critiques gastronomiques à l'adresse: **guiderestos@voir.ca**

Les vins d'Alsace **complices** de la **France**

France

La France propose un grand nombre de cuisines régionales qui allient, dans cette nouvelle ère de gastronomie française, plus de raffinement et de fraîcheur. Les vins alsaciens, ayant subi les mêmes transformations favorables, seront les incontestables favoris pour créer de nombreuses combinaisons gagnantes. Les mariages garants de succès respecteront les règles de base de la gastronomie française. Connaissant la grande popularité des vins alsaciens dans l'Hexagone et grâce à l'excellente variété disponible de ces derniers à la SAQ, il sera facile de dénicher les bons flacons pour créer l'harmonie recherchée.

Foie gras poêlé
Gewurztraminer ou pinot gris

Choucroute
Riesling, sylvaner ou gentil

Plateau de fruits de mer
Riesling, pinot blanc ou sylvaner

Tartes flambées
Sylvaner, riesling ou pinot blanc

Tarte Tatin
Vendanges tardives de pinot gris ou de riesling

Pour en connaître davantage sur les vins d'Alsace, consultez notre lexique.

VINS D'ALSACE

cuisine française

SAVEURS DE LA FRANCE

Avec le chef Benoît Langlet du restaurant *Au 5ᵉ Péché*
330, avenue du Mont-Royal Est
Montréal
T 514 286-0123
Voir notre critique p.122

**Ouvert depuis 2001, Au 5ᵉ Péché a acquis ses lettres de noblesse
il y a deux ans avec l'arrivée du chef Benoît Langlet, originaire du
Nord de la France.**

Quelles sont vos principales inspirations en cuisine?

«C'est la cuisine de mes grands-mères qui m'a d'abord inspiré, c'est-à-dire
la cuisine traditionnelle du Nord de la France. Puis j'ai travaillé à plusieurs
endroits sur le globe: à Londres, dans les Caraïbes et ici au Québec où je suis
arrivé il y a cinq ans. Les chefs aux côtés desquels j'ai travaillé m'ont beaucoup apporté. Avant d'aboutir ici, par exemple, j'ai œuvré à la Brunoise et
Chez l'épicier où j'ai pu m'initier aux produits du terroir québécois.»

Avec quels ingrédients aimez-vous travailler?

«J'ai toujours eu un penchant pour les produits de ma région natale, comme
la chicorée et les endives. Maintenant je travaille avec les produits du terroir
d'ici. Depuis deux ans, je prépare du loup marin, soit du phoque des Îles-de-la-
Madeleine. Ça, personne ne le fait. Sa viande possède un goût de gibier avec
une petite note d'algue. C'est très particulier: certains adorent, d'autres
détestent!»

D'où proviennent vos ingrédients?

«Deux fois par semaine, je me rends au Marché Jean-Talon et mon menu
change selon les produits de saison que je peux m'y procurer. Je fais aussi
affaire avec un "chasseur" d'ingrédients qui me trouve des produits plus
rares, comme certains champignons, des plantes de la mer comme la sali-
corne, du persil de mer et des cœurs de quenouille.»

À LA DÉCOUVERTE

Plateau Mont-Royal
4350, rue de La Roche
514 529-8377

★★★ Cuisine
★★★ Service
★★ Décor

 M — S**65 $**

Une adresse typique du Plateau et de la formule «apportez votre nectar ou votre pinard» qui pourrait se résumer par: bonne bouffe, sympa, pas cher. Petite salle simple, dans laquelle le grand tableau noir sur l'un des murs, qui fait office de menu, est le point central. Des plats classiques de la cuisine française: lapin, magret, agneau ou cervelle pour les plus audacieux, servis, fait à souligner, avec une bonne variété de légumes d'accompagnement. Pour une trentaine de dollars, on a droit à un potage ou une salade, une entrée, un plat, un dessert et un café. On en ressort sans être époustouflé peut-être, mais avec la certitude de quitter une maison honnête que l'on pourrait bien revisiter. Ouvert du jeudi au samedi et plus pour les groupes. (2007-05-18)

AIX CUISINE DU TERROIR

Vieux-Montréal
711, côte de la Place d'Armes
514 904-1201

★★★ Cuisine
★★★ Service
★★★ Décor

 M**30 $** S**110 $**

Depuis son ouverture en 2003, le restaurant Aix, situé au pied du magnifique Hôtel St-Paul, a vu défiler trois chefs. Carl Röder officie maintenant aux fourneaux. Un coup d'œil à la carte, où se côtoient un bar du Chili et sa salsa de papaye et des short ribs accompagnés de shitakés, rappelle qu'en ces temps où l'élasticité de la notion de terroir est décriée, un peu de prudence dans les appellations serait de mise. L'intimité des banquettes et la lumière tamisée feraient de l'endroit le nec plus ultra du tête-à-tête amoureux si la musique du bar branché à l'étage ne venait rompre son charme feutré les vendredis et samedis, soirées où l'on fait de l'œil aux friands de *supper clubs*. À défaut d'avoir trouvé son identité, le restaurant semble satisfaire une clientèle touristique. Des portions généreuses, des mariages maîtrisés quoique peu aventureux, ainsi qu'une facture qui a tendance à léviter... (2007-02-02)

ALEXANDRE

Centre-ville
1454, rue Peel
514 288-5105

★★★ Cuisine
★★★ Service
★★★ Décor

M**50 $** S**80 $**

Cette brasserie parisienne plus vraie que nature figure depuis longtemps sur la courte liste des adresses bénies, de celles qu'on s'échange avec plaisir d'une génération de consommateurs à l'autre. Le service y est impeccable, professionnel et courtois, la cuisine célèbre avec doigté tous les classiques du genre – os à la moelle, escargot de Bourgogne, choucroute, cassoulet, jarret de veau braisé, cœur de filet mignon, boudin noir, etc. –, la carte des vins est longue et judicieuse et l'addition, pas si extravagante pour un resto du centre-ville dont la terrasse est toujours bondée, l'atmosphère, légèrement électrisante, et qui a bâti sa notoriété autant sur l'ensemble de son œuvre que sur le look de ses hôtesses courtement vêtues! En patientant pour avoir une table, on peut siroter un pot au pub anglais du deuxième étage et même s'y attarder très très longtemps puisque l'établissement est ouvert jusqu'à 2 heures du matin, sept jours sur sept. (2007-03-23)

APOLLO RESTAURANT

Petite Italie
6389, boulevard Saint-Laurent
514 274-0153

★★★★ Cuisine
★★★★ Service
★★★★ Décor

 M— S**100$**

Giovanni Apollo cuisine sans retenue, avec passion et un indéniable talent. À sa table, les clients sont souvent surpris, parfois déstabilisés et toujours heureux. Sa cuisine, terroir tendance 22e siècle, est à l'image du replet concepteur, créative à la limite de l'extravagance, généreuse à la limite de la surabondance. Des formules où l'on décline de très élégants trimoteurs et quadrimoteurs sur les thèmes du poisson, de l'agneau, de la pâte ou du canard. La salle est un modèle de sérénité et, derrière le mur vitré, on peut voir trimer les cuistots, ce qui augmente encore le plaisir d'être ici puisque, en plus de leur art, ils semblent y mettre beaucoup de cœur. (2006-09-07)

AU 5^E PÉCHÉ

Plateau Mont-Royal
330, avenue du Mont-Royal Est
514 286-0123

★★★★ Cuisine
★★★★ Service
★★★ Décor

 M**40$** S**90$**

N'accueillant qu'une trentaine de personnes, ce resto de quartier sobrement décoré affiche complet presque tous les midis et tous les soirs. À l'inverse des dimensions de la salle à manger, les plats de viande et de poisson que le jeune chef Benoît Langlet élabore en ces murs atteignent de grandioses sommets. Usant d'imagination et osant des mariages surprenants, il réinterprète les classiques de la cuisine française en les adaptant à ce que le terroir québécois a de mieux à offrir au fil des saisons. Pourquoi servir une bavette de bœuf dans son plus simple appareil quand on peut l'accompagner d'escargots, de moelle à la fleur d'ail et de pleurotes au gras de canard? Idéal pour les épicuriens qui désirent passer un bon moment dans un lieu sympa, pas snob pour deux sous. (2007-07-18)

AU BISTRO GOURMET

Centre-ville
2100, rue Saint-Mathieu
514 846-1553

★★★ Cuisine
★★★ Service
★★★ Décor

 M**20$** S**55$**

Dès qu'on met les pieds dans ce resto format de poche, on se sent protégé et hors du monde. Est-ce dû aux plafonds bas, à la proximité des tables, à la table ronde qui présente les desserts et sur laquelle trône un immense bouquet de fleurs, à l'atmosphère vieille France? Toujours est-il qu'on ne peut qu'affectionner cet endroit, que l'on soit francophile ou pas. Les classiques de la cuisine française y sont bien exécutés, bien présentés et servis avec un bonheur non feint. Les touristes américains adorent! Le midi, les lunchs express offrent un excellent rapport qualité-prix. Le soir, le chef satisfait autant les convives pressés que les gourmets à la recherche d'un peu plus d'élaboration. (2007-08-09)

AU PETIT EXTRA

Centre-Sud
1690, rue Ontario Est
514 527-5552

★★★ Cuisine
★★★ Service
★★★ Décor

M**40$** S**60$**

Faire du bonheur tout un plat, voilà la vocation que se sont donnée la chef Nathalie Major et son équipe. Et après avoir passé une soirée dans cet établissement du quartier Centre-Sud, on comprend que le bonheur dont il question en est un des plus authentiques, tout simple et réconfortant. Tout comme la clientèle éclectique qui fréquente l'endroit, on se plaira à repasser par ici pour profiter de cette cuisine sans extravagance, mais fort honnête. Les magret de canard, foie gras, sauté de lapin, bavette et tartare sont au rendez-vous et, en accord avec ces mets, le décor s'inscrit dans la tradition des bistros français avec ses boiseries, ses lourds drapés, ses immenses miroirs encadrés de luxueuses moulures, et ses grandes ardoises présentant le menu du jour. (2006-08-03)

AU P'TIT LYONNAIS

Plateau Mont-Royal
1279, rue Marie-Anne Est
514 523-2424

★★★ Cuisine
★★★ Service
★★★ Décor

M— S**70$**

Il a toutes les qualités qu'on attend d'un petit restaurant de quartier du Plateau: espace intime, décor de charme, plats simples et classiques réalisés avec soin. L'endroit nous transporte en France, dans ces petits bistros où le temps semble suspendu et où les chansons de Brel et de Piaf alternent dans les haut-parleurs. Le menu affiche une prédominance de plats carnés dont une côte de veau, un pavé de bison, un canard confit et un filet mignon. Les plats de la mer se résument à des pétoncles et du saumon. Pour arroser le tout, il y a une petite carte des vins avec quelques importations privées en point d'orgue. En prime, l'accueil chaleureux et généreux du patron vous incite à étirer la soirée. Une adresse à chérir. (2007-05-15)

BEAVER CLUB (HÔTEL FAIRMONT-LE REINE-ELIZABETH)

Centre-ville
900, boulevard René-Lévesque Ouest
514 861-3511

★★★★ Cuisine
★★★★★ Service
★★★★ Décor

🍴 M**60$** S**150$**

Il est amusant de se rappeler qu'il y a 200 ans, le Beaver Club était le lieu de tous les excès, rassemblant tout ce que les Pays d'en haut comptaient de négociants de fourrures, aventuriers, politiciens et hommes d'affaires d'influence autour de repas gargantuesques et bien arrosés. C'est maintenant sans membership, et dans un cadre beaucoup plus sage quoique toujours très masculin, qu'on savoure une très belle et bonne cuisine. On n'a pas tout abandonné de la vieille France ici, mais on a su renouveler le menu avec beaucoup plus d'inventivité et de vision que d'autres grands hôtels. Bien sûr, le Beaver Club sert encore son classique «rosbif sur chariot», et les desserts arrivent invariablement dans le présentoir à roulettes. Et il y a toujours du Cherry Jubilee au menu. Mais c'est justement pour cette rencontre du traditionnel et du moderne qu'on aime l'endroit; et aussi pour sa brigade hors pair, touchante d'attentions et de gentillesse. (2007-05-24)

BEURRE NOISETTE

★★★ Cuisine
★★★ Service
★★★ Décor

Plateau Mont-Royal
4354, avenue Christophe-Colomb
514 596-2205

 M — S**85**$

Une belle et bonne table, honorable représentante des excellents «apportez votre vin» qui constellent la Métropole. Si la cuisine est un art et si la créativité se goûte, le chef-proprio Éric Brabant et sa conjointe ont créé ici une admirable «galerie des saveurs» où chaque plat est un tableau multidimensionnel, souvent surprenant. Artiste du poêlon, Brabant se plaît à explorer diverses palettes d'arômes et de couleurs, au gré des arrivages et des saisons. Cela donne d'irréprochables ris de veau, des pétoncles à point, du gigot d'agneau tendre comme l'amour et des accompagnements agréablement folichons. En salle, l'adorable Alexandre orchestre la soirée de main de maître, rigoureux et entièrement à l'écoute. Fait amusant: aussi doué qu'avenant, il se rappelle le visage de tous ses clients et leurs choix de plats lors de précédentes visites. Le midi, le resto accueille des groupes sur réservation seulement. (2007-06-06)

BISTRO DÉTOUR

★★★ Cuisine
★★★ Service
★★★ Décor

Rosemont—Petite-Patrie
2480, rue Beaubien Est
514 728-3107

 M**30**$ S**80**$

Situé à un jet de pierre du Cinéma Beaubien, ce sympathique bistro est l'endroit idéal pour un combo bouffe-cinoche. Le décor chaleureux, teinté d'éléments Art déco, met tout de suite dans d'excellentes dispositions. L'été, la petite terrasse avec vue sur les grands arbres du parc Molson offre un cadre non moins agréable. Quant au menu, inscrit sur le tableau noir, il regorge d'options aguichantes. Pour les pressés, il y a une formule express et pour les autres, une carte plus élaborée. Sur cette dernière, quelques plats de viande, de gibier ou un saumon boucané sont escortés d'ingrédients qui promettent d'en mettre plein la vue, mais il manque cette étincelle de saveur qui émeut le gastronome. Néanmoins, les petits prix de la table d'hôte du midi ainsi que la qualité des ingrédients valent largement le détour. (2007-08-23)

BISTRO JUSTINE

★★★ Cuisine
★★★★ Service
★★★★ Décor

Outremont
1268, avenue Van Horne
514 277-2728

 M**25**$ S**60**$

En ouvrant ce resto en 2005, son propriétaire, un Français, avait le désir d'en faire un lieu digne des vrais bistros de son pays d'origine. Le défi a été relevé haut la main, et ce, autant dans l'atmosphère dépouillée de toute prétention que dans le décor tout simple, mais d'un infini bon goût, ou que dans le menu qui valse au gré des saisons avec les disponibilités du marché. Le chef nous concocte de grands classiques réconfortants qu'il personnalise astucieusement, tels cette cassolette d'escargots mijotés à l'anis ou ce mijoté de veau à la sauge. Mais ce qui plaît par-dessus tout reste le rapport qualité-prix. Rarement pourra-t-on s'offrir de tels plaisirs en déboursant aussi peu. On répète donc les visites; seul, entre amis, en amoureux ou groupe. (2007-01-16)

BISTRO LE RÉPERTOIRE

Rosemont—Petite-Patrie
5076, rue de Bellechasse
514 251-2002

★★★ Cuisine
★★★ Service
★★★ Décor

 M**30$** S**70$**

Nouveau venu dans le coin, ce petit resto de quartier devrait connaître un succès rapide. La formule est en effet très bien adaptée au temps très restreint dont disposent les gens pour prendre leur repas de midi. Service allumé et cuistot dynamique. Le succès devrait également être durable, puisque l'on retrouve aux fourneaux Christophe Geffray, ex-chef de l'Élysée, qui a assis sa réputation chez nous aux cuisines de son petit établissement éponyme de l'avenue Van Horne. Petits plats très soignés, inspirés du répertoire (d'où le nom de la maison) de la gastronomie populaire française. Le facteur «très soignés» prend ici toute son importance quand on constate les prix très amicaux pratiqués par la maison. Ouvert au printemps 2006; évolution à suivre. (2006-03-30)

BISTRO OLIVIERI

Côte-des-Neiges
5219, chemin de la Côte-des-Neiges
514 739-3639

★★★ Cuisine
★★★ Service
★★★ Décor

 M**30$** S**40$**

Derrière les portes de cette sympathique librairie se cache une des adresses gourmandes les plus chouettes de la Côte-des-Neiges. Après une halte au rayon des livres de recettes pour vous mettre en appétit, rendez-vous dans le bistro, tout au fond à gauche des caisses. L'été, on aime s'installer sous le feuillage de la tonnelle, sur la longue terrasse; l'hiver, on profite de l'atmosphère chaleureuse de la petite salle. Le menu du marché, qui change chaque semaine, est inscrit à la craie sur le tableau noir, avec les bouteilles et les fromages du moment (mariant le plus souvent saveurs françaises et québécoises), qui varient selon l'humeur du gérant. Dans les assiettes, poissons, volailles et viandes du jour soigneusement grillés, mijotés ou rôtis sont accompagnés de petits légumes sélectionnés et préparés avec attention, ainsi que de sauces savoureuses. Un menu à marier avec un bon bouquin pour enivrer le corps et l'esprit! (2007-07-03)

BISTRO SUR LA RIVIÈRE

Centre-Sud
2263, rue Larivière
514 524-8108

★★★ Cuisine
★★ Service
★★ Décor

Ⓝ M**30$** S**30$**

Sympathique bistro installé dans un ancien casse-croûte du Faubourg à m'lasse (quartier Sainte-Marie, à la frontière d'HoMa). La spécialité: le steak frites, une belle pièce de bavette de bœuf tendre et juteuse, accompagnée de frites et mayonnaise maison, et d'une petite salade. Menu à la carte offrant des sandwichs chauds et froids, des croques et des salades. Table d'hôte proposant un plat de pâtes, un poisson et une viande. Restaurant de quartier rempli d'habitués, décor un peu bric-à-brac, proximité conviviale et service chaleureux. Excellent rapport qualité-prix. Ouvert du lundi au vendredi, midi et soir. Argent comptant seulement. (2007-03-03)

BISTRO TRUFFERT

Plateau Mont-Royal
1481, avenue Laurier Est
514 590-0897

★★★★ Cuisine
★★★★ Service
★★★★ Décor

 M — S**80$**

Les choses ont bien changé à cette adresse où logeait autrefois le restaurant Un Monde Sauté!, qui était bien loin d'épater la galerie. Les lieux ont subi une métamorphose beauté des plus réussies avec un décor moderne tout en restant chaleureux, avec ses teintes de rouge et son lustre fabriqué par un artiste québécois à partir de bouteilles brisées. L'approche culinaire de ce nouveau resto s'appuie sur la tradition bistro pour la faire évoluer vers un niveau frôlant la fine gastronomie. Avec ses prix raisonnables, son ambiance à la fois chic et décontractée et ses propositions culinaires inventives où chaque détail est soigneusement pensé, il s'agit du genre d'endroit qui rend accessible à un plus grand nombre une gastronomie de haute voltige. (2007-03-03)

BONAPARTE

Vieux-Montréal
447, rue Saint-François-Xavier
514 844-1448

★★★ Cuisine
★★★★ Service
★★★ Décor

 M**45$** S**70$**

Voilà une adresse à laquelle on ne pourra jamais reprocher son manque de constance, ni aux fourneaux, ni en salle. On est ici au royaume de la cuisine française classique, du service français classique, de l'ambiance française classique. Dans l'assiette, tous les standards de la cuisine bourgeoise: jarret d'agneau, volaille grillée, poisson du jour, magret de canard, contre-filet de bœuf sauce au poivre, etc. Rien pour étonner le palais, c'est vrai, mais suffisamment pour le séduire. Et puis, les amateurs du genre vont apprécier l'ambiance feutrée, les nappes blanches, les lustres, le plafond dégagé et le personnel attentif, discret et connaisseur. Carte des vins costaude, clientèle d'affaires le midi, d'habitués et de touristes le soir. (2007-04-11)

BORIS BISTRO

Centre-ville
465, rue McGill
514 848-9575

★★ Cuisine
★★★ Service
★★★ Décor

 M**60$** S**60$**

Le Boris Bistro peut aisément se targuer d'avoir l'une des plus belles terrasses du centre-ville et peut-être même de la Métropole. On comprend pourquoi des collègues se réunissent ici pour des 5 à 7 et que des couples et des familles se plaisent à y passer les soirées d'été. Sur le plan culinaire, personne ne peut toutefois crier haut et fort les mérites de ce resto. Sans décevoir, les plats d'inspiration française ne se révèlent tout simplement pas mémorables. Fricassée de crevettes au lait de coco et curry, risotto au canard ou pain ciabatta garni de truite grillée... À la lecture du menu, les propositions semblaient pourtant allumées et nous mettaient l'eau à la bouche. Heureusement, l'addition est à la hauteur du rapport qualité-prix. (2007-08-13)

CARTE BLANCHE

Centre-Sud
1159, rue Ontario Est
514 313-8019

★★★★ Cuisine
★★★★ Service
★★★★ Décor

N **€** M**50$** S**100$**

Ce jeune établissement au décor élégant et soigné est planté dans un quartier pas particulièrement reconnu pour ses bonnes adresses. La cuisine qu'on y pratique puise ses racines en France, mais elle est réinterprétée par le chef-propriétaire André Loiseau pour satisfaire une clientèle montréalaise. Au menu, on retrouve deux classiques que les clients redemandent – le tartare de saumon et la bavette à l'échalote confite –, mais aussi une table d'hôte qui change chaque semaine, au gré des arrivages de produits frais (homard, asperges, fraises, etc.) et de l'humeur du chef, qui démontre un faible pour le duo de saveurs salé-sucré. En prime, on a droit à des desserts maison et à une mini-carte des vins dont les quelques bouteilles en importation privée sont choisies avec soin. (2007-06-22)

CASSIS

Plateau Mont-Royal
1279, avenue du Mont-Royal Est
514 522-2379

★★★ Cuisine
★★★ Service
★★ Décor

€ M**30$** S**65$**

Il y a de belles et bonnes idées dans ce petit établissement qui explore un thème très à la mode – les classiques du Sud de la France – avec une habileté certaine et une simplicité appréciée. Les portions sont généreuses, le service attentionné, l'ambiance reposante. Un bémol: les prix assez élevés le soir et cette habitude de servir plusieurs des plats de la table d'hôte avec les mêmes légumes d'accompagnement, ce qui leur donne tous un curieux air de famille... Mais pour l'essentiel, tous les ingrédients qui font le succès de la cuisine provençale sont réunis ici. (2006-03-28)

CHEZ GAUTIER

Centre-ville
3487, avenue du Parc
514 845-2992

★★ Cuisine
★★★ Service
★★★ Décor

☂ M**30$** S**60$**

Avec ses accueillantes banquettes de cuir, ses boiseries, son imposant bar et sa coupole en verre coloré, Chez Gautier possède le charme quelque peu décalé des brasseries typiquement parisiennes. La clientèle qui fréquente les lieux est composée à la fois de touristes qui y mettent les pieds pour la première fois et d'adeptes qui y sont fidèles depuis plus de 20 ans. L'été, tous se plaisent à s'attabler sur la terrasse, sorte d'oasis verdoyante au cœur du centre-ville. Côté menu, c'est sans surprise que défilent les grands classiques de la cuisine française tels que foie de veau, bavette à l'échalote, canard, andouillettes, boudin et poisson. Loin de susciter l'extase, ces plats ont toutefois le mérite d'être préparés avec une constance sans faille. (2007-07-09)

CHEZ LA MÈRE MICHEL

★★★ Cuisine
★★★ Service
★★★ Décor

Centre-ville
1209, rue Guy
514 934-0473

M — S**120$**

Une visite nous fait nous demander si, en plus de son chat, elle n'aurait pas perdu quelque peu de son charme, cette chère Mère Michel. Après plus de 40 ans d'existence, elle a en tout cas acquis une réputation qui lui colle au jupon pour le meilleur et pour le pire. Enfin... Le visiteur sera soit amusé, soit dérouté par le mariage plus qu'original de moderne et d'ancien dans cette maisonnette où le salon cossu côtoie la salle médiévale et le pseudo-kitsch années 80. Les nostalgiques apprécieront peut-être des préparations qui puisent leur inspiration dans la cuisine française «internationale» des années 60, les indélogeables accompagnements de petits légumes qui se répètent d'assiette en assiette et le service très vieille école, figé dans le temps et dans les manières. Pour les autres, ce sera moins évident. (2007-07-04)

CHEZ LÉVÊQUE

★★★★ Cuisine
★★★★ Service
★★★ Décor

Outremont
1030, avenue Laurier Ouest
514 279-7355

 M**40$** S**70$**

Voici une autre de ces adresses qui ont le mérite d'avoir traversé plusieurs décennies grâce à leur impeccable sens de l'hospitalité et grâce à leur cuisine française qui reste fidèle à elle-même, refusant de se plier aux modes éphémères en matière de gastronomie. On profite d'une visite dans cette imposante et élégante salle à manger ou sur sa terrasse pour s'offrir le réconfort d'une bouillabaisse (mets que si peu d'endroits réussissent), pour se régaler de foie gras, d'huîtres, de bavette ou de saumon. Il s'agit aussi de la destination rêvée si vous êtes friands de plats plus rares et dont la réussite dépend de l'expertise du chef, comme les rognons, la cervelle et le boudin. Gentil et attentionné, le service est à la hauteur de tout le reste. (2007-08-08)

CHEZ QUEUX

★★★★ Cuisine
★★★★ Service
★★★ Décor

Vieux-Montréal
158, rue Saint-Paul Est
514 866-5194, 514 866-5988

⚫ M**40$** S**90$**

Cette maison fait partie des bonnes surprises du Vieux-Montréal, quartier particulièrement coupe-gorge en matière de restauration. Chez Queux propose en effet une cuisine très honnête, servie selon les règles de l'art. Plats français classiques, préparations très soignées, cuissons justes et main légère du côté des sauces. À midi, les gens d'affaires sont toujours accueillis par l'éloquent Liechtensteinois aux airs de bénédictin qui assure le service avec un réel brio, et semblent apprécier, en plus de la cuisine, cette atmosphère figée au 13e siècle et le décor qui va avec. Pendant la haute saison, les touristes gourmets et aimant le charme suranné des vieilles pierres en plus de la bonne cuisine viennent ici comme en pèlerinage. (2006-08-06)

CÔTÉ SOLEIL

Plateau Mont-Royal
3979, rue Saint-Denis
514 282-8037

★★★ Cuisine
★★★ Service
★★★ Décor

 M**30$** S**50$**

Côté Soleil porte bien son nom: l'endroit est accueillant et on se plaît à y flâner. On s'y arrête par hasard, au gré d'une promenade en après-midi ou en soirée, pour se réchauffer d'une large part de tarte aux pommes maison ou d'une soupe à l'oignon gratinée en hiver; ou pour se rafraîchir d'un pichet de sangria en été, sur l'une des deux terrasses. Table simple et sans prétention offrant quelques classiques de la cuisine bistro. Rien de très épatant de ce côté, mais le menu est correct, compte tenu du montant fort raisonnable qu'on aura à débourser. Chaque jour, une table d'hôte propose plusieurs choix de plats: volaille, viande, poisson et fruits de mer y figurent à tout coup, accompagnés de leur entrée (salade ou potage). Copieux petits-déjeuners. (2006-05-06)

DELFINO

Outremont
1231, avenue Lajoie
514 277-5888

★★★ Cuisine
★★★ Service
★★★ Décor

 M**25$** S**100$**

Au Delfino, un authentique et sympathique resto de quartier, le poisson et les fruits de mer sont célébrés quotidiennement selon les arrivages et l'humeur du patron, avec une nette propension pour les plats simples et inspirés des traditions culinaires de la Méditerranée. Au fil des ans, la maison s'est d'ailleurs bâti une belle réputation basée sur le bouche à oreille, la fraîcheur des produits et la gentillesse du service en salle. Un bémol: les prix affichés le soir sont passablement élevés (Outremont oblige) pour cette cuisine de belle qualité, soit, mais tout de même assez conventionnelle. Par contre, la plupart des vins sont offerts à prix raisonnable. (2007-05-11)

EUROPEA

Centre-ville
1227, rue de la Montagne
514 398-9229

★★★★ Cuisine
★★★★ Service
★★★★ Décor

M**60$** S**90$**

Europea est un sujet de réjouissance pour qui aime bien manger, bien boire, bien vivre. Bonheur égal pour qui doit critiquer puisque, ici, on parlera de critique très positive. Le travail est bien fait – cuisine, service, décor – et le sourire accompagne la prestation générale, contribuant, comme toujours, à l'élévation de l'âme. Malgré la situation en demi-sous-sol, elle s'élève très bien, merci, grâce au talent et aux efforts concertés des trois aimables Catalans aux commandes. Cuisine très française dans sa conception classique et très québécoise dans ses apports créatifs. De l'entrée jusqu'au dessert, beaucoup de générosité. On a pondéré les ardeurs bleues et jaunes du décor par des touches plus délicates et il s'en trouve ragaillardi. Nous aussi, qui vous recommandons l'endroit en toute confiance. (2006-01-19)

GARÇON!

Centre-ville
1112, rue Sherbrooke Ouest
514 843-4000

★★★★ Cuisine
★★★★ Service
★★★★ Décor

 M**60**$ S**100**$

Garçon! est apparu dans le paysage montréalais en 2004 sans faire de vagues. Depuis, mine de rien, il poursuit son p'tit bonhomme de chemin. Dirigé par un triumvirat d'envergure – le chef Jérôme Lefils, le sommelier Don-Jean Léandri et la propriétaire Patricia Hovington –, l'établissement haut de gamme peut compter sur des piliers solides pour bâtir sa renommée. On y propose une cuisine surprenante et audacieuse. Les plats sont complexes, les saveurs, raffinées et équilibrées, et les présentations, sophistiquées. Une cuisine de marché de haut niveau, offerte dans un cadre élégant et épuré. La terrasse, d'une bonne superficie, offre une oasis dont le calme est parfois troublé par la cacophonie de la rue Sherbrooke. (2007-08-16)

GRENADINE

Centre-ville
2004, avenue de l'Hôtel-de-ville
514 287-0099

★★ Cuisine
★★ Service
★★★ Décor

M— S**70**$

Une minuscule salle à manger aux couleurs vives, une ouverture sur la cuisine permettant aux clients d'observer le personnel s'activer à la préparation de leurs plats, une table d'hôte courte mais judicieusement pensée et une formule «apportez votre vin»... De prime abord, ce restaurant situé en retrait du brouhaha du centre-ville semble plutôt sympathique et invitant. Malheureusement, quelques bémols viennent assombrir le tableau, à commencer par l'approche intrusive du service. À la lecture du menu, on se réjouit du mariage de la cuisine française et des produits du terroir à des notes plus audacieuses et exotiques. Or, les résultats ne sont pas à la hauteur des intentions, les combinaisons certes originales manquent souvent de raffinement. (2007-07-05)

GUY ET DODO MORALI

Centre-ville
1444, rue Metcalfe
514 842-3636

★★★★ Cuisine
★★★★ Service
★★★ Décor

 M**60**$ S**80**$

Pendant que Guy officie aux fourneaux, Dodo surveille discrètement la salle à manger. Duo dans la vie privée comme dans la vie professionnelle, Guy et Dodo sont les fiers représentants d'une forme de restauration française où un couple perpétue la tradition tout en partageant une passion commune. Résultat: ils vous reçoivent comme si vous étiez des amis. Et vous vous sentez reçus comme si vous étiez chez eux, dans leur salle à manger. Celle-ci, confortable et chaleureuse, attire une clientèle de gens d'affaires en moyens, jeunes et moins jeunes. La qualité des plats est à la hauteur des prix pratiqués: élevée. On y retrouve les grands classiques de la cuisine française – foie gras poêlé, ris de veau, foie de veau, profiteroles, îles flottantes, etc. –, exécutés avec doigté et brio. (2007-05-31)

JULIEN

Centre-ville
1191, rue Union
514 871-1581

★★★ Cuisine
★★★★ Service
★★★ Décor

 M**50**$ S**80**$

Ce bistro chic du centre-ville attire une clientèle de gens d'affaires et de touristes en quête d'une cuisine française vite-faite-bien-faite. La carte offre un équilibre entre les plats de viande et de poisson, entre les bons vieux classiques (tartare de bœuf, canard confit, saumon à l'oseille) et des plats plus audacieux où point une réelle intention d'actualiser le genre. Intéressante attention: chaque plat est accompagné d'une suggestion d'harmonie vin-mets. La belle carte des desserts oscille elle aussi entre les classiques (tarte Tatin, crème brûlée) et des petites douceurs tout droit sorties de l'imagination du chef pâtissier. Jolie terrasse à l'arrière pour les beaux jours. (2007-07-12)

JUSTINE BISTRO À VIN

Plateau Mont-Royal
4517, rue Saint-Denis
514 287-2552

★★★ Cuisine
★★★★ Service
★★★★ Décor

 M**25**$ S**60**$

Après avoir connu un succès instantané dans Outremont avec son Bistro Justine, endroit charmant et sans prétention, son propriétaire en a ouvert un deuxième en 2006. Il a su recréer l'esprit de son premier-né avec grande fidélité: le service y est aussi soucieux et empressé, mais jamais envahissant. Le menu «bistro français» propose chaque soir au moins six plats où figurent viande, canard, poisson et pâtes. Une fois que notre choix s'est arrêté sur un mets, le personnel nous aidera à y voir plus clair avec la carte des vins (pour la plupart des importations privées), afin que l'expérience gastronomique soit des plus réussies. Et comme au premier Bistro Justine, les mêmes tout petits prix ont de quoi séduire et faire beaucoup d'adeptes. (2007-01-19)

LA BÉCANE ROUGE

Hochelaga-Maisonneuve
4316, rue Sainte-Catherine Est
514 252-5420

★★ Cuisine
★★★ Service
★★★ Décor

 M**30**$ S**80**$

Dans un secteur de la rue Sainte-Catherine qui, malgré des percées de revitalisation, peine à masquer son délabrement, on ne peut pas anticiper une gastronomie aussi raffinée qu'en des quartiers plus cossus. Une fois à l'intérieur, l'ambiance bistro élégante, soulignée par des boiseries et un rideau de velours rouge (qui rappelle que le théâtre est à deux pas de là), fait oublier les misères du quartier. Au menu, pâtes et pizzas à prix abordables sont garnies d'ingrédients sortant juste assez de l'ordinaire. L'ardoise présente quant à elle une courte table d'hôte avec des options plus «habillées», mais à des prix plus prohibitifs. Rien de très éclatant dans l'assiette, mais des classiques de bistro – filet mignon, boudin, daube de bœuf – qui remplissent assez bien leurs promesses. L'été, la jolie terrasse offre une vue agréable sur le parc Morgan, un des joyaux d'Hochelaga-Maisonneuve. Une proposition honnête dans un quartier où les options gastronomiques ne sont pas légion. (2007-08-25)

LA COLOMBE

Plateau Mont-Royal
554, avenue Duluth Est
514 849-8844

★★★★ Cuisine
★★★★ Service
★★★ Décor

M— S80$

Ce resto est toujours dans la liste de nos chouchous des établissements «apportez votre vin». On a droit ici à une cuisine qui se distingue par la fraîcheur, la qualité des produits choisis et la créativité sur le plan des saveurs. Le saumon fumé maison, la préparation des poissons, la cuisson des viandes et les sauces sont, entre autres, dignes de mention. Les desserts sont tout à la fois simples et raffinés, comme on les aime. Le service, attentif, attentionné tout en restant discret, est un atout supplémentaire. On n'hésite pas à y aller, en duo ou en groupe, avec une bouteille qui fera honneur à une si bonne table. (2007-07-13)

LA GARGOTE

Vieux-Montréal
351, place d'Youville
514 844-1428

★★ Cuisine
★★ Service
★★ Décor

M45$ S90$

Niché discrètement en retrait de la place d'Youville, l'établissement qu'affectionne particulièrement la clientèle touristique propose un menu bistro sans surprise. En amoureux ou en petits groupes d'amis, on commande le carré d'agneau, le tartare bien relevé, et l'on goûte à la mince escalope de foie gras poêlée qu'on nous sert en entrée. L'été, la terrasse, séparée du restaurant par la rue, propose une gentille pause ensoleillée. Et lorsque le temps se rafraîchit, on se réjouit de manger dans un décor typique du quartier, lourdes poutres de bois et murs de pierres inclus. Gourmands empressés, s'abstenir, puisque le service traîne légèrement. Tant pis puisque, autour de quelques profiteroles, on a amplement le temps de refaire le monde sans se casser la tête ni déranger ses papilles. (2007-08-08)

LA GAUDRIOLE

Plateau Mont-Royal
825, avenue Laurier Est
514 276-1580

★★★★ Cuisine
★★★ Service
★★ Décor

M30$ S80$

Si la gaudriole invite au papillonnage, on ne peut s'empêcher de revenir, encore et toujours, aux premières amours car on porte une affection inconditionnelle à ce resto de l'avenue Laurier. Si la nouvelle chef-propriétaire Nadia Boudreau (auparavant chef de cuisine) a apporté des changements à la décoration de ce restaurant, la carte est restée presque la même depuis le départ de Marc Vézina. Parfois, quand l'appétit se manifeste, les effluves de ses réductions aux accents du Sud intensément parfumées flirtant avec les saveurs du terroir québécois reviennent nous hanter. Puis remonte en nous la joie éprouvée lorsqu'on a découvert, comme on déballe un présent, les surprises que recelait un plat de crevettes ou de cerf. Et, ne suivant que l'impulsion, on se dirige vers La Gaudriole en se disant que pour moins de 20 $ au déjeuner, on peut bien se permettre d'être infidèle au sac à lunch... (2007-05-17)

LA MOULERIE

Centre-ville
1249, avenue Bernard Ouest
514 273-8132

★★ Cuisine
★★★ Service
★★★ Décor

M**40$** S**80$**

La moule a cet avantage de pouvoir être apprêtée, sans trop d'effort et de menace d'insuccès, de mille et une façons. Et c'est pour cette facilité qu'on a décidé d'opter à La Moulerie. Le grand local de l'avenue Bernard accueille depuis des années une clientèle d'habitués, qui continue d'affluer sans trop se poser de questions sur la qualité des plats, constants dans leur banalité... Au menu: de la moule, de la moule et, naturellement, encore de la moule; quelques assiettes de salade, des entrées tout ce qu'il y a de plus ordinaire... et quelques plats de pâtes complètent ce tableau au paysage sans relief. Reste la très belle terrasse où l'on s'installe confortablement pour voir défiler les passants. On se reconnaît, on se hèle au passage, et l'esprit du quartier finit par déteindre sur tous les convives, qui profitent de cette bonne humeur contagieuse... (2007-07-30)

LA PETITE ARDOISE

Mile-End
222, avenue Laurier Ouest
514 495-4961

★★ Cuisine
★★★ Service
★★★ Décor

M**30$** S**40$**

Avec ses boiseries, ses murs de brique et ses teintes de jaune et de bleu, le décor de La Petite Ardoise recrée avec authenticité l'ambiance décontractée d'un troquet parisien. On se sent à notre aise aussitôt qu'on y met les pieds. Qu'on s'y rende pour déjeuner, dîner ou souper, l'expérience à la française se poursuit également dans l'assiette avec des propositions typiquement bistro comme de la bavette de bœuf, du poisson ou du canard. Satisfaisante sans toutefois impressionner, la carte comporte aussi un très vaste choix de plats comme des salades, des sandwichs et des quiches. En période estivale, c'est avec grand bonheur qu'on prendra place dans la magnifique et verdoyante cour arrière. (2007-05-06)

LA PRUNELLE

Plateau Mont-Royal
327, avenue Duluth Est
514 849-8403

★★★ Cuisine
★★★ Service
★★★ Décor

M**—** S**100$**

Qu'il fait bon s'asseoir ici l'été quand les immenses murs-fenêtres se lèvent et donnent l'impression d'être installé à une terrasse. Prétendant être un membre de la famille des «apportez votre vin» haut de gamme, La Prunelle ne remplit pourtant pas ses promesses et l'addition se révèle au final un peu trop salée. Sur papier, l'invitation semble allumée et inventive. Aux propositions de viandes, de poissons et de fruits de mer inscrites au menu s'ajoutent des plats du jour affichés sur des ardoises ornant les murs. Les assiettes sont colorées, débordantes de légumes de saison, et un grand soin est apporté aux présentations. Or, tout cela n'est que tape-à-l'œil puisque le plaisir gustatif ne s'avère pas à la hauteur. Le service est cependant d'une gentillesse exemplaire. (2007-08-26)

LA RAPIÈRE

Centre-ville
1155, rue Metcalfe
514 871-8920

★★★ Cuisine
★★★★ Service
★★★★ Décor

 M**45**$ S**70**$

Bien à l'abri des regards, dans l'antre du majestueux édifice de la Sun Life, La Rapière est avant tout un établissement fréquenté par les gens d'affaires, les décideurs, les patrons. La salle est vaste, sobre et de bon goût, l'ambiance est sereine et particulièrement propice aux discussions sérieuses, au brassage d'idées et de chiffres, et à l'étalage discret d'une certaine opulence. Le service impeccable, l'accueil chaleureux de la propriétaire, madame Naud, et un menu des plus classiques, résolument orienté vers la cuisine du Sud-Ouest (confit de canard, cassoulet, foie de veau, poisson et autres spécialités toulousaines), doivent certainement plaire à la clientèle puisqu'elle fréquente ces lieux sans discontinuer depuis une trentaine d'années. Belle carte des vins, judicieusement adaptée au portefeuille de la clientèle. (2007-01-30)

LA ROSE BLANCHE

Vieux-Montréal
355, rue Saint-Paul Ouest
514 285-0022

★★★ Cuisine
★★★ Service
★★★ Décor

N M**40**$ S**60**$

Avec son décor chargé d'accessoires issus d'une autre époque tels des paniers en osier, des chandeliers de fer forgé, une caisse enregistreuse antique, des tasses et des assiettes en fine porcelaine, des enseignes vieillottes, ainsi qu'avec la prédominance de la couleur blanche, on se croirait ici dans une véritable maison de poupée. Cette abondance de détails échappe heureusement au kitsch. Si la coquetterie des lieux et l'ambiance qui incite à la romance laisseront en mémoire une chouette impression, c'est toutefois avec un peu moins d'emportement qu'on se souviendra de ce qui se trouvait dans l'assiette. Réconfortante avec ses potages onctueux et ses plats de viandes mijotées, cette cuisine s'inspire principalement de la tradition française tout en empruntant quelques touches du côté de l'Europe de l'Est. (2007-02-16)

LA TOULOUSAINE

Saint-Henri
2504, rue Notre-Dame Ouest
514 935-4618

★★★ Cuisine
★★★ Service
★★★ Décor

N **↑** M**60**$ S**100**$

Ce petit bistro français du quartier Saint-Henri est dédié au cassoulet. Attablés devant un bol en terre cuite, où saucisse (de Toulouse, évidemment), confit de canard, porc, agneau et haricots trempent dans une sauce abondante parsemée de morceaux de lard, nous voici plongés dans l'atmosphère champêtre d'un petit resto de village, quelque part dans le Sud de la France aux abords de la Ville rose. L'été, la microterrasse installée sur le trottoir invite à la farniente parmi les fleurs. L'hiver, on se réchauffe dans la salle boisée aux abat-jour et rideaux fleuris en se régalant de soupes et de plats mijotés réconfortants. Poulet basquaise, rillettes du Périgord, salade verte aux noix et aux gésiers confits: l'amateur de cuisine du Sud-Ouest de la France sera ravi! Les jeudis, vendredis et samedis soir, la maison prépare la bouillabaisse sur réservation. (2007-07-26)

LA VACHE FAIT MEUH

Plateau Mont-Royal
421, rue Marie-Anne Est
514 284-3332

★★ Cuisine
★★★ Service
★★ Décor

M**40$** S**50$**

Au cours des dernières années, il y a eu à cette adresse plusieurs petites tables toutes plus sympathiques les unes que les autres. Celle-ci poursuit la tradition. On ne peut pas vraiment manquer l'adresse tant le pelage de la vache éblouit en façade. Et la vache est présente partout, dans le décor intérieur, les accessoires et, bien sûr, dans les assiettes avec beaucoup de salades aux fromages, les tartiflettes ou dans les mini-raclettes. Fromages affinés et servis à belle maturation composent la base des plats servis ici. Des formules de brunch adaptées aux mœurs locales, plateauesques, beaucoup de bonhomie et de bonne humeur communicative. Et toutes ces petites choses bien faites sont toujours appréciées. (2006-05-16)

LALOUX

Plateau Mont-Royal
250, avenue des Pins Est
514 287-9127

★★★★ Cuisine
★★★★ Service
★★★★ Décor

M**50$** S**100$**

Le Laloux navigue de nouveau en eaux calmes. Le coup de barre a été donné par le chef Danny St-Pierre (ex-Derrière les fagots) et le pâtissier Patrice Demers (du défunt Les Chèvres). Ce duo de talents a redonné ses lettres de noblesse à cette vénérable institution qui existe depuis une vingtaine d'années. Ce n'est pas dans le décor de ce bistro chic parisien qu'on remarquera les changements, mais plutôt dans les assiettes, qui débordent de créativité, et où les textures, les saveurs et les couleurs rivalisent d'originalité et d'harmonie. Et que dire des desserts? Il n'y a pas de mots pour décrire ces irrésistibles œuvres d'art... (2007-04-20)

L'ARRIVAGE

Vieux-Montréal
350, place Royale (au 2ᵉ étage du Musée Pointe-à-Callière)
514 872-9128

★★★ Cuisine
★★★ Service
★★★★ Décor

M**30$** S —

L'Arrivage s'inscrit dans le courant qui veut que les grands musées proposent à leurs clients et aux passants autre chose que les poncifs de cafétéria (inutile de les dénoncer, on les connaît). L'écrin, dans ce cas-ci, est difficile à battre: une belle salle en long au décor contemporain qui, d'un côté, s'ouvre sur les quais, le Vieux-Port et, chose rare, sa majesté le fleuve en personne. (Grâce au miroir qui longe le mur opposé, on a même la vue deux fois!) Le resto, qui n'ouvre que le midi, propose des plats bien faits et bien présentés, tirés d'un menu influencé par les cuisines du monde. La table d'hôte, très complète, offre de plus un bon rapport qualité-prix. La terrasse, à juste titre recherchée, peut être un peu bruyante. (2006-05-24)

L'AUTRE SAISON

Centre-ville
2137, rue Crescent
514 845-0058

★★★★ Cuisine
★★★★ Service
★★★ Décor

M**70$** S**150$**

Ayant pignon sur la rue Crescent depuis 30 ans, cet établissement de classe supérieure tient ses promesses affichées de «haute cuisine française». Si la plupart des plats sur la carte ne brillent pas par leur originalité, dans l'assiette, tout est particulièrement réussi: des salades d'entrée colorées aux escargots à la crème, des gambas au carré d'agneau à la provençale ou au confit de canard. La touche locale est appuyée de belle façon par un caribou venu du Nord et du saumon décliné en plusieurs versions. Si vous faites une indigestion de crème brûlée, essayez plutôt le riche et onctueux gâteau au fromage de la maison. Service hors pair non guindé pour une cuisine de haute voltige dans un décor suranné. (2007-06-20)

LE BÉARN

Côte-des-Neiges
5613, chemin de la Côte-des-Neiges
514 733-4102

★★ Cuisine
★★★ Service
★★ Décor

M**35$** S**70$**

On s'étonne presque de la présence et de la pérennité d'un resto français classique au milieu du chapelet de petites maisons («nouilleries» et «phóries» en tout genre) qui s'égrène le long du chemin de la Côte-des-Neiges. Et il faut du cran pour pratiquer une restauration qui, sans être hors de prix, se paie, surtout en regard de la concurrence. On doit, outre la différence, miser sur la qualité. Pari tenu, en dépit de prestations inégales. Les présentations soignées, le service professionnel et les petites attentions (tel le sorbet servi entre l'entrée et le plat principal) font oublier les quelques ratés et le décor qui, sans être dépourvu de charme, accuse son âge. Carte des vins limitée, où figure une bouteille du mois tarifée avec retenue. (2006-03-18)

LE BISTINGO

Outremont
1199, avenue Van Horne
514 270-6162

★★★★ Cuisine
★★★★ Service
★★★★ Décor

 M**50$** S**70$**

Si cet endroit vous a déjà plu une fois, il vous plaira à coup sûr à chacune de vos visites, puisque la constance semble le mot d'ordre qui règne en cuisine. Avec ses airs de petit troquet parisien et sa terrasse pour les jours d'été, il s'agit de ce genre de lieu où l'on se sent aussitôt à son aise et que l'on veut faire découvrir à ses meilleurs amis. Quant à l'origine de la carte, elle est sans l'ombre d'un doute française avec des mets tout ce qu'il y a de plus typiques. Pas de feux d'artifice ni d'excès d'audace, seulement une approche authentique et un grand souci de qualité. Amateurs de cervelle: voici l'un des rares endroits où vous pouvez en déguster. Bien que plutôt courte, la carte des vins s'avère fort intéressante et sympathique. (2007-08-20)

LE BISTRO DU ROY

Plateau Mont-Royal
3784, rue de Mentana
514 525-1624

★★★ Cuisine
★★★ Service
★★ Décor

M— S**70$**

Qu'on aime ou pas la formule «apportez votre vin», il faut reconnaître que certains établissements s'en tirent beaucoup mieux que d'autres. C'est le cas du Bistro du Roy: un sympathique resto de type parisien où l'on sert une cuisine réconfortante, qui plaît sans décoiffer et qui surprend également à l'occasion. Les recettes sont classiques, les produits frais, le service efficace et discret. Seule fausse note: le décor a connu de meilleurs jours, mais comme l'addition est plus raisonnable que chez bien d'autres concurrents, on passe l'éponge facilement. Un must: la crème brûlée, craquante et fondante à la fois, comme on devrait toujours la servir. (2006-02-06)

LE BOURLINGUEUR

Vieux-Montréal
363, rue Saint-François-Xavier
514 845-3646

★★ Cuisine
★★ Service
★★★ Décor

M**30$** S**60$**

Typique du Vieux-Montréal, Le Bourlingueur, au coin de la rue Saint-Paul, en a les vieilles pierres et la clientèle de touristes et de gens d'affaires. Il a, en outre, l'avantage d'offrir deux belles salles de part et d'autre du hall d'entrée. Le lieu est agréable, l'ambiance est sympathique et propice aux conversations. La choucroute figure traditionnellement au menu, une spécialité des propriétaires d'origine alsacienne. Ce menu affiche des plats de cuisine dite bourgeoise: foie de veau meunière, confit de canard, saucisse de Toulouse, crevettes au Pernod. La sélection de vins (Bordeaux, Loire, Sud-Ouest et Québec avec un Pomme de glace) accompagne, par la variété et les prix, une carte sans découvertes mais d'un rapport honnête. (2006-02-02)

LE CAFÉ DE PARIS

Centre-ville
1228, rue Sherbrooke Ouest
514 842-4212

★★★ Cuisine
★★★ Service
★★★★ Décor

 M**70$** S**120$**

En ces lieux qui suintent le luxe, on est en droit d'espérer les attentions que commandent un décor somptueusement ornementé et, surtout, la «grosse dépense» à venir. C'est donc avec surprise que l'on constate la désinvolture qui semble être le modus operandi au Café de Paris. On ne sait trop si la situation coïncide avec le changement de propriétaire mais le service, ces dernières années, est d'une lenteur à faire s'impatienter un moine bouddhiste. Et la cuisine, qui aspire au sublime, a encore quelques échelons à gravir avant d'atteindre son but. Bien sûr, on a mis les recettes poussiéreuses au rancart pour faire place à un menu nouveau genre mettant en valeur les produits du marché. Bravo. Mais payer près de 40 $ à la traditionnelle «heure du thé» pour avoir droit à des sandwichs au pain sec, c'est choquant. Restent les scones et leur clotted cream, probablement parmi les meilleurs en ville. (2007-07-12)

LE CENTRAL

Centre-ville
636, rue Cathcart
514 875-6825

★★★★ Cuisine
★★★★ Service
★★★★ Décor

 M**50$** S —

Les adresses sérieuses au centre-ville ne courent pas les rues. Le Central fait partie de ce petit groupe que l'on inscrit précieusement dans son carnet. La formule à prix fixes permet d'éviter le coup de massue et le sérieux des propriétaires, tant en cuisine que dans la salle, garantit un séjour agréable. Salle immense que l'on a astucieusement aménagée afin qu'elle reste conviviale; service assuré avec beaucoup de sérieux sous la houlette bienveillante de la patronne qui accueille avec une bonne humeur et un sourire communicatifs. Dans les assiettes, les classiques de la cuisine des bonnes brasseries françaises, petits plats ayant fait leurs preuves depuis quelques décennies, rajeunis ici et intégrant à l'occasion les meilleurs produits locaux. (2006-04-13)

LE CONVIVIAL

Centre-ville
4785, rue Sherbrooke Ouest
514 933-1000

★★★★ Cuisine
★★★★ Service
★★★★ Décor

 M**50$** S**110$**

L'expérience du Convivial est un de ces «débordements» dont Riopelle était friand. Débordement des frontières, le chef Emmanuel Nozati passant de l'Europe au terroir québécois avec une aisance affriolante. Débordement de saveurs, chaque produit frais révélant sa splendeur en solo ou accompagné. Foie de veau, cuisse de lapin, gigot d'agneau: communément utilisés en restauration française, ils pourraient être banals. Ici, ils sont flamboyants. Débordement d'imagination, dans l'agencement subtil des arômes, dans l'utilisation de la fleur et du fruit et dans les coquettes présentations. Débordement de gentillesse aussi, car monsieur Nozati et son épouse sont aussi accueillants qu'ils sont talentueux. Débordement de joie pour les convives, qui quittent rassasiés et heureux d'avoir trouvé l'équilibre parfait entre luxe et simplicité dans cette partie auriculaire-en-l'air de Westmount. (2007-07-10)

LE FLAMBARD

Plateau Mont-Royal
851, rue Rachel Est
514 596-1280

★★★ Cuisine
★★★ Service
★★★ Décor

 M — S**65$**

Derrière cette timide façade de la rue Rachel se cache un petit bistro français sympa, sans prétention. Les habitués y reviennent d'abord et avant tout pour se payer un rendez-vous nostalgique avec les classiques français, et pour le service, courtois et professionnel. On propose une formule présentant quatre menus à prix fixes, regroupant des plats que l'on peut aussi retrouver à la carte: cassoulet toulousain, tartare de filet mignon, confit de cuisse de canard, carré d'agneau aux herbes et autres plats qui nous ont fait envier nos cousins d'outre-Atlantique, à une certaine époque. S'il n'y a pas de grandes surprises, il n'y en a toutefois pas non plus de mauvaises. Les amateurs du genre y trouveront leur compte à prix raisonnable. (2007-07-05)

LE GRAIN DE SEL

Hochelaga-Maisonneuve
2375, rue Sainte-Catherine Est
514 522-5105

★★★★ Cuisine
★★★★ Service
★★★ Décor

M**30**$ S**75**$

Malgré les années et les changements de garde, cette adresse ne faiblit pas. La cuisine, mi-bistro, mi-bourgeoise, est constante, savoureuse, classique sans être ennuyeuse, originale sans être frivole. Le chef officie aux fourneaux à deux pas des tables, embaumant l'espace d'odeurs invitantes et de parfums irrésistibles. La carte des douceurs et celle des vins démontrent également le sérieux de la maison. Bref, un parcours sans faute. (2006-05-26)

LE GRAND COMPTOIR

Centre-ville
1225, carré Phillips
514 393-3295

★★ Cuisine
★★ Service
★★ Décor

M**30**$ S**55**$

Entouré de grandes surfaces et de casse-croûte, Le Grand Comptoir sustente les magasineurs et les travailleurs du centre-ville qui s'y massent sur l'heure du midi. Le menu de ce long corridor beige et brun affiche une cuisine convenue, classiques de la cuisine française que le chef ne démontre nulle intention de dépoussiérer. On se retrouve donc à hésiter entre une bavette, une entrecôte, des ris ou du foie de veau, du boudin, quelques salades et très peu de poissons, dont un saumon de l'Atlantique. Tout baigne, pas dans l'huile, mais dans des sauces crémeuses: bordelaise, forestière, dijonnaise, etc. Côté desserts, pas de surprise: tarte Tatin, profiteroles, crème caramel. (2007-05-17)

LE JURANÇON

Rosemont — Petite-Patrie
1028, rue Saint-Zotique Est
514 274-0139

★★★★ Cuisine
★★★★ Service
★★★ Décor

M**40**$ S**90**$

Un peu perdu dans un coin de la ville où ne foisonnent pas particulièrement les bonnes tables, Le Jurançon fait figure d'exilé. Cet exil est toutefois pour une bonne cause, puisque les gens du quartier peuvent venir déguster ici une bonne petite cuisine française facturée avec retenue compte tenu de la qualité des produits et du travail. Des plats familiaux du Sud et surtout du Sud-Ouest de la France, préparés avec soin, de petites attentions pour faire découvrir des produits maison, pâté, rillettes et autres charcuteries, une belle petite carte des vins, modeste mais proposant des crus inhabituels, un décor sans prétention aucune et un service attentionné et chaleureux. Ouvert début 2006. À suivre. (2006-07-11)

LE MARGAUX

★★★★ Cuisine
★★★ Service
★★★ Décor

Mile-End
5058, avenue du Parc
514 448-1598

 M**30**$ S**60**$

Ouvert au printemps 2006, Le Margaux apporte dans le quartier cette touche de Sud-Ouest de la France qui y manquait. La cuisine est ici traitée avec beaucoup d'égards et une touchante sensibilité. Du vrai, du concret, de l'authentique comme Pagnol faisait parler ses personnages méridionaux. Cet excellent travail en cuisine devrait assurer le succès de la maison, les clients sachant reconnaître le vrai du faux. Et distinguer une très bonne affaire quand il s'en présente une. Car il s'agit bien ici d'une des meilleures affaires en ville dans la catégorie «Maison modeste pouvant avoir de grandes aspirations». Beaucoup de générosité en cuisine et beaucoup de gentillesse en salle. Décor approximatif, mais quand le reste est aussi bon, le client fin gourmet s'attarde moins au «d'sign». À suivre avec grand intérêt. (2006-04-27)

LE MAS DES OLIVIERS

★★★ Cuisine
★★★ Service
★★★ Décor

Centre-ville
1216, rue Bishop
514 861-6733

⊛ M**50**$ S**80**$

Malgré son nom qui laisse entendre que l'établissement est spécialisé dans la cuisine provençale, Le Mas offre des plats de toutes les régions de la France. Fief d'avocats, de courtiers et de gens d'affaires, ce resto un peu vieillot offre un menu équilibré entre poissons et viandes (jarret d'agneau, omble de l'Arctique, mignon de bison, bar du Chili) et une très belle carte des vins. Même s'il fait désormais partie des meubles du centre-ville – il est situé depuis 40 ans sur la très anglophone rue Bishop –, Le Mas vieillit bien. Du coin de l'œil, il surveille la ligne et la santé de ses clients en remplaçant dans certaines recettes la crème et le beurre par de l'huile d'olive. Personne ne s'en plaindra! (2007-07-11)

LE PALTOQUET

★★★ Cuisine
★★★ Service
★★ Décor

Outremont
1464, avenue Van Horne
514 271-4229

 M**25**$ S —

Il est de ces endroits et de ces expériences qui, comme un chérubin de deux ans aux grands yeux et aux joues roses, ont ce don de nous faire fondre le cœur en moins de deux. Les croissants du Paltoquet auront tôt fait d'avoir cet effet chez quiconque y met la dent, leur richesse, leur friabilité parfaite et leur goût de beurre intense donnant à croire qu'on a ici affaire à du grand art, département du feuilletage. En fait, tout ce qui est en pâte feuilletée ici vaut la peine d'être goûté, et ceci vaut pour les petits plats tout simples servis le midi dans le local attenant à la pâtisserie. Assurez-vous de vous garder une place pour le café et les douceurs, incontournables. Ça a beau n'être qu'une pâtisserie, c'est si bon que ça vaut bien une place dans notre carnet d'adresses fétiches! (2007-08-16)

LE PARCHEMIN

Centre-ville
1333, rue Université
514 844-1619

★★★ Cuisine
★★★ Service
★★★ Décor

 M**40**$ S**60**$

Difficile d'imaginer un cadre plus agréable pour un restaurant du centre-ville. Situé derrière la cathédrale Christ Church, l'ancien presbytère est en effet bordé par un délicieux jardin. L'intérieur, où frappent les hauts plafonds, est élégant, mais un peu sévère. À noter aussi les tables bien dressées, où le beurre enveloppé dans du papier d'aluminium a toutefois l'effet d'un cheveu sur la soupe. Ce détail curieux mis à part, on a affaire à une carte relativement courte, surtout au chapitre des entrées, et à une cuisine française classique. Les plats sont exécutés correctement, et les légumes d'accompagnement, soignés et variés. Le service, courtois et professionnel, est conforme à ce qu'on attend d'un établissement de cette catégorie. (2006-04-29)

LE PARIS

Centre-ville
1812, rue Sainte-Catherine Ouest
514 937-4898

★★★ Cuisine
★★★ Service
★★★ Décor

 M**40**$ S**70**$

En 2006, Le Paris fêtait son 50e anniversaire. Tout un exploit pour un établissement somme toute modeste. Et ce qui est tout aussi appréciable que la longévité de la maison est sa stabilité. De sa cuisine en premier lieu puisque, depuis un demi-siècle, rillettes de lapin, boudin noir, rognons et foie de veau, bœuf bourguignon et brandade de morue illuminent le quotidien des clients. Cuisine française de répertoire classique servie selon les principes qui ont fait, et font toujours, le succès de la formule. Le décor vieillot ajoute au charme de l'endroit et le service, assuré avec beaucoup de professionnalisme et d'amabilité, constitue un atout supplémentaire. La maison a su traverser les ans avec aplomb grâce au dévouement et au sérieux de trois géné-rations de propriétaires. Nul doute que la fidélité de ses clients est aussi due à cet aspect si rare dans les maisons éphémères qui éclosent aujourd'hui. (2006-03-31)

LE PETIT BISTRO

Centre-Sud
1550, rue Fullum
514 524-4442

★★★★ Cuisine
★★★★ Service
★★★ Décor

 M**40**$ S**90**$

L'Armoricain est mort. Vive L'Armoricain! Cet irréductible breton a fermé ses portes après bien des années de service et laissé sa place à un futur incontournable gaulois. Tenu par Claude Glavier, version à béret du lapin rose, Le Petit Bistro est l'archétype du petit resto français de quartier sympathique, petits plats familiaux, rassurants et bien tournés, ambiance chaleureuse. À peine quelques mois après son ouverture, il a déjà ses adeptes et les gourmands du quartier s'y retrouvent pour faire bombance. Le décor a été revampé, une terrasse installée sur le toit, et le personnel essaie de suivre la cadence quasi infernale de son chef spirituel qui, à lui seul, vaut que l'on fasse le détour pour voir à quoi ressemble Super Dupont dans un restaurant. (2006-08-12)

LE PETIT FLORE

Ahuntsic
1145, rue Fleury Est

514 387-2640

★★ Cuisine
★★ Service
★ Décor

M**30$** S**60$**

Quoi de mieux, le week-end venu, que d'explorer les charmes insoupçonnés de la cité? Rendez-vous des habitants du quartier, la Promenade Fleury s'avère une charmante solution de rechange aux grandes artères du Plateau. De plus, on y trouve l'un des seuls cafés-bistros ouverts le dimanche, Le Petit Flore. L'immense vitrine donnant sur une église de pierre, les touches de dentelle et les ballades francophones réussissent presque à nous plonger entièrement dans l'atmosphère d'une France bon enfant et décontractée. Ouvert du matin au soir, l'endroit adapte sa carte aux appétits et humeurs de la journée. On se laisse tenter par des repas légers, tels les sandwichs, salades, assiettes de fromages et autres croque-monsieur, ou par une table d'hôte plus travaillée, bien que conventionnelle, où le steak frites côtoie les pâtes et le jarret d'agneau braisé. Une seule – et somme toute anodine – remarque: les desserts, qui proviennent majoritairement de plusieurs «ailleurs», n'ont pas tous cette touche maison qui aurait bouclé la boucle en beauté. Mais belle sélection de bières d'importation... (2007-05-27)

LE PETIT MOULINSART

Vieux-Montréal
139, rue Saint-Paul Ouest

514 843-7432

★★★ Cuisine
★★ Service
★★★ Décor

 M**35$** S**70$**

Avec ses classiques moules-frites, avec sa grande sélection de bières importées et avec son décor surchargé d'objets à l'effigie des personnages de la BD d'Hergé, Le Petit Moulinsart ne dissimule pas son intention d'offrir à ses clients (principalement des touristes de passage dans le Vieux-Montréal) l'expérience belge par excellence. Le menu offre d'une part des plats de viandes et de poissons sans grand éclat, mais fort honnêtes. C'est donc surtout pour les moules qu'il faut visiter l'endroit. Les plus conventionnels opteront pour les moules marinières ou à la provençale, alors que les plus aventuriers se régaleront des moules Lotus Bleu (vin rouge, gingembre et sauce soya) ou écossaises (herbes, champignons et whisky). (2007-04-22)

LE PISTOU

Plateau Mont-Royal
1453, avenue du Mont-Royal Est

514 528-7242

★★★ Cuisine
★★★ Service
★★★ Décor

M**30$** S**65$**

Avec une dizaine d'années d'expérience derrière le tablier, Le Pistou fait maintenant figure de doyen sur l'avenue du Mont-Royal où les chefs et les établissements sont recyclés aussi vite que les modes! Mais sa longévité est méritée: la cuisine (façon bistro avec quelques emprunts méridionaux) est savoureuse, bien tournée sans en faire trop et servie avec style par une équipe allumée, pétillante et bien rodée. Clientèle de jeunes professionnels, de comédiens et de «locaux» assez homogène; décor sobre et chaleureux; carte des vins imaginative. Une valeur sûre. (2006-03-06)

LE POISSON ROUGE

Plateau Mont-Royal
1201, rue Rachel Est
514 522-4876

★★★ Cuisine
★★★ Service
★★★ Décor

 M — S**80$**

Besoin de faire le plein d'oméga-3 ou simplement de passer une soirée paisible? Alors rendez-vous dans ce petit bistro où le poisson tient la vedette et où l'on s'attable à l'abri du brouhaha des rues les plus fréquentées du Plateau. D'année en année, on se réjouit de l'accueil personnalisé et de la carte honnête qui aurait toutefois intérêt à se dégourdir un peu, car on sent bien une volonté d'oser, autant au chapitre des entrées, avec les moules au pastis, le ragoût d'écrevisses ou le taboulé de crabe, qu'à celui des plats principaux (mahi mahi en marinade de sésame et de tamari, tilapia au vin rouge et son huile de moutarde ou le steak de thon rouge). Ceux qui n'apprécient guère les bestioles vivant dans les océans peuvent se rabattre sur un choix de viande et de gibier. (2006-12-29)

LE P'TIT PLATEAU

Plateau Mont-Royal
330, rue Marie-Anne Est
514 282-6342

★★★★ Cuisine
★★★ Service
★★★ Décor

 M — S**75$**

Avec ses murs de bois lambrissés, ses plafonds de tôle martelée et sa faune de jeunes délurés, ce resto de charme est tout à fait «Plateau». Grâce à sa cuisine d'inspiration française bien exécutée, il figure dans le peloton de tête des restaurants «apportez votre vin». Votre pinard d'un soir pourra accompagner, par exemple, une cuisse de canard confite, un tartare de saumon, une côte de veau ou encore une souris d'agneau. L'atmosphère et le service y sont décontractés. Comme dans la plupart des établissements du genre, on offre deux services par soir (18 h 30 et 20 h 30) et les prix sont élevés. (2007-06-14)

LEMÉAC

Outremont
1045, avenue Laurier Ouest
514 270-0999

★★★★ Cuisine
★★★★ Service
★★★★ Décor

 M**50$** S**100$**

Côté décor, un grand et bel espace, de larges fenêtres laissant pénétrer la lumière. Côté cuisine, de type bistro, des plats à la fois classiques et originaux dans leur déclinaison. Ainsi, les tartares, le foie de veau, les poissons et les gibiers sont rehaussés, avec savoir-faire, par des arômes bien francs, parfois inusités, comme ceux de la réglisse, ou encore par des petits légumes savamment mitonnés. Les desserts sont de la même veine: la tartelette au chocolat et sa glace au gingembre ou les mignardises sont exquises. Carte des vins invitante, bien diversifiée avec des choix abordables. À retenir: brunch la fin de semaine, formule après 22 h à 22 $ et une agréable terrasse. (2007-04-28)

L'ENTRECÔTE SAINT-JEAN

Centre-ville
2022, rue Peel
514 281-6492

★★★ Cuisine
★★★ Service
★★★ Décor

M**45 $** S**45 $**

Pourquoi changer une formule gagnante? Les années passent et la clientèle ne se lasse jamais de cette entrecôte servie à point, baignant dans une sauce à la moutarde, onctueuse, le tout accompagné de délicieuses frites allumettes. Pour ceux qui l'ignorent, c'est également le seul plat au menu, jour après jour, sans discontinuer, avec pour seule variation possible une petite salade à l'huile de noix, une soupe du jour et un dessert. Même le décor, façon bistro parisien, est immuable, avec ses miroirs, son haut plafond, ses banquettes, le ballet continu des serveuses et le sourire de la patronne en extra. C'est plein à craquer, on vous prévient, on est au coude à coude, et s'il manque un petit quelque chose, c'est sur la carte des vins, plutôt conventionnelle. Mais ça se corrige facilement... (2007-02-09)

LES CHENÊTS

Centre-ville
2075, rue Bishop
514 844-1842

★★★ Cuisine
★★★★ Service
★★★ Décor

 M**40 $** S**100 $**

Une vieille maison dont on ne se lasse pas avec son décor de pièces de cuivre mur à mur et son côté vieille France. Cuisine française classique, donc, mais dans ce qu'elle offre de meilleur comme le foie gras, le canard à l'orange, le coq au vin, le carré d'agneau à la provençale, la crème brûlée, les profiteroles et autres indémodables. Les assiettes sont très généreuses, les sauces, parfaitement exécutées et le personnel, raffiné et très connaisseur. La carte des vins a la taille d'un dictionnaire des meilleurs vins français et l'établissement est doté d'une «cognathèque», salon privé réservé aux amateurs de cette eau-de-vie réputée. (2006-04-07)

LES HÉRITIERS

Plateau Mont-Royal
5091, rue De Lanaudière
514 528-4953

★★★ Cuisine
★★★ Service
★★ Décor

 M**—** S**80 $**

Il y a environ 10 ans, Les Héritiers établissait son quartier général dans un appart typico Plateau. Trois chefs s'y relaient à tour de rôle, proposant des classiques du répertoire français – rognons de veau, magret de canard, cuisse de lapin, ris de veau, carré d'agneau, etc. –, mais rehaussés d'une forte personnalité. Les mariages de goûts sont audacieux, tout en restant équilibrés, les plats sont expressifs et les portions, généreuses. Très sympathique. On a droit à toutes ces trouvailles à la carte, ou en forfait dégustation, plus avantageux. Les fins de semaine, le restaurant est très fréquenté. Tout ce beau monde doit jouer le jeu des deux services, l'un à 18 h et l'autre à 21 h, en courant le risque de devoir jeter la serviette même si la soirée demanderait prolongation. (2006-03-22)

LES PYRÉNÉES

Vieux-Montréal
320, rue Saint-Paul Ouest
514 842-5566

★★★ Cuisine
★★★ Service
★★★ Décor

M**30$** S**70$**

Si vous croyez que Les Pyrénées s'ajoute à la longue liste des restaurants français plutôt quelconques du Vieux-Montréal, détrompez-vous tout de suite. Comme son nom l'indique, le voyage culinaire s'effectue dans la vaste région des Pyrénées. Les plats concoctés ici empruntent donc aux cuisines régionales du midi de la France et du nord de l'Espagne. Les produits de la terre (fromage de chèvre, canard et légumes frais) s'avèrent aussi bien représentés que ceux provenant de la mer (calmars, soupe de poisson et fruits de mer, etc.). Tel un guide touristique, le menu nous indique la provenance et la petite histoire de chaque mets et le personnel qui assure le service s'avère tout aussi éclairant. Les lieux ont un petit air de bistro et on apprécie l'ambiance conviviale qui y flotte. (2007-06-23)

LES REMPARTS

Vieux-Montréal
93, rue de la Commune Est
514 392-1649

★★★★ Cuisine
★★★★ Service
★★★ Décor

 M**60$** S**100$**

En 2006, Les Remparts ont mis la main sur un nouveau chef qui monte aux créneaux. Cuisine lumineuse et créations éclairantes signalent déjà son arrivée. La maison attire toujours autant de touristes puisque ces remparts dont on parle sont ceux de l'ancienne Ville-Marie, mais les «locaux» commencent à fréquenter l'endroit avec assiduité. Il faut dire que la cuisine est ici soignée comme dans les meilleurs endroits de la planète. Cuisine française d'inspiration et qui fait une très belle part aux meilleurs produits du Québec, gibier, légumes et autres. À la salle à manger classique, sont venues s'ajouter une salle de style bar à vin et, aux beaux jours, une terrasse donnant sur le Vieux-Port. De nouvelles excuses pour revisiter le Vieux-Montréal. (2006-05-26)

L'EXPRESS

Plateau Mont-Royal
3927, rue Saint-Denis
514 845-5333

★★★★ Cuisine
★★★★ Service
★★★★ Décor

 M**60$** S**90$**

Classique des classiques dans le paysage de la restauration montréalaise, L'Express ne décline pas en popularité, et ce, depuis bientôt 30 ans. Quel que soit le jour de la semaine, le cahier des réservations se remplit à pleine capacité; on ne se pointe donc pas à l'improviste dans cet établissement aux allures parisiennes. Alors qu'autour, les restos ouvrent puis ferment aussitôt, qu'est-ce qui assure à cet endroit sa longévité? Jeunes et moins jeunes, touristes et Montréalais s'y donnent sans doute rendez-vous pour la constance des standards de la cuisine bistro. Qu'il s'agisse d'un onglet de bœuf, d'un pavé de saumon ou de raviolis, tout est concocté dans les règles de l'art. On se fait aussi un point d'honneur d'offrir un service attentionné ne comportant aucune faille. (2007-08-16)

::

MARCHÉ DE LA VILLETTE

Vieux-Montréal
324, rue Saint-Paul Ouest
514 807-8084

★★ Cuisine
★★ Service
★★ Décor

M**25$** S—

On pourrait avoir vu ce genre de petit marché mille fois – une boucherie assortie d'une charcuterie, d'une mini-épicerie et d'un coin repas, c'est commun, non? Pourtant, une énergie vraiment particulière flotte dans cet amusant croisement entre le chalet bavarois et l'épicerie de province. D'office, on adore les proprios Jean-Pierre et Nicole, au point où l'on embrasserait leurs joues rosies par l'effort et la bonne humeur. La musique des Alpes; les millions de «cossins» accrochés partout, sans ordre établi; les accents de France happés au vol; les nappes à carreaux; les bons sandwichs; les assiettes de charcuterie savamment assemblées et, enfin, le petit côté «bonne franquette» font regretter de n'avoir qu'une trop courte heure pour luncher en bonne compagnie. Ah... la vie! (2006-05-17)

NIZZA

Centre-ville
1121, rue Anderson
514 861-7076

★★★★ Cuisine
★★★★ Service
★★★★ Décor

M**40$** S**80$**

Pour une table donnant sur René-Lévesque, son adresse joue les farouches. Mais insistez, un rendez-vous avec la belle Niçoise italienne vaut bien l'entêtement. Son charme opère dès la porte franchie. La qualité du service m'a fait craindre d'être identifié en tant que critique. Mais non, tous les clients ont eu droit aux plus grands égards. Enfin, un chef qui a compris que les fruits de mer n'ont pas besoin d'être crus pour crier leur fraîcheur. La ligne étant mince entre le trop et le pas assez, peu d'artistes culinaires se risquent à cette parfaite cuisson. Ici, chapeau. Même traitement pour la joue de bœuf et le confit de canard qui fondent en bouche. Sertis de frais accompagnements et montés artistiquement, les plats se succèdent harmonieusement jusqu'à la suave finale. L'établissement présente une carte des vins dionysiaque, une salle à manger généreuse de son espace et une terrasse convoitée. (2007-03-28)

NUANCES

Île Notre-Dame
1, avenue du Casino, Casino de Montréal
514 392-2708

★★★★★ Cuisine
★★★★ Service
★★★★ Décor

M— S**130$**

Vous ne côtoierez dans cette salle à manger que des gagnants! Le travail du chef Jean-Pierre Curtat et de sa brigade en vaut certainement la chandelle et l'endroit ne manque pas de charme. Les cahots du service, variant de très digne à très approximatif, n'empêchent pas les amateurs de faire le détour par la salle à manger du Casino de Montréal. Ils y viennent effectivement pour la qualité de la cuisine qui y est servie; belle place faite aux produits du terroir québécois, impressionnante maîtrise technique et choix culinaires judicieux donnant en effet des plats lumineux. (2006-06-06) À noter: en 2007, le décor de Nuances a été complètement refait pour un résultat très épuré.

O'BISTRO

Notre-Dame-de-Grâce
5626, avenue Monkland
514 482-1471

★★★ Cuisine
★★ Service
★★★ Décor

 M**40$** S**80$**

Contrairement à ce que son nom indique, O'Bistro propose des tables bien dressées, avec nappes et serviettes en tissu, et nous fait grâce du beurre en barquette. Seuls font «bistro» les tables très rapprochées et quelques plats typiques. La salle exiguë est décorée sobrement, dans des tons de café au lait et de chocolat, les murs ornés de belles photos. À noter aussi la façade tout en fenêtres, bordée d'une petite terrasse où s'alignent quelques tables. Au menu, des plats travaillés et bien faits, sans trop de chichis, où se mêlent des influences françaises (foie de veau au vinaigre de framboise) et nord-américaines (club sandwich au thon frais et lobster roll au menu du midi). Bref, un nouveau venu avec lequel il faudra compter dans NDG. (2006-04-20)

O'THYM

Village
1112, boulevard De Maisonneuve Est
514 525-3443

★★★ Cuisine
★★★ Service
★★★ Décor

M**40$** S**80$**

Dans ce Village où se brandissent de nombreuses fines fourchettes, les bons restaurants se comptent sur les doigts. Et une main suffira. O'Thym figure dans la liste. Propriété de jeunes gens de bon goût et ayant un sens acéré des affaires, ce joli petit resto s'inscrit bien dans la lignée des autres établissements de la famille et propose en effet une cuisine très au-dessus de la moyenne locale. Un immense tableau noir annonce les festivités, midi et soir. Des petits plats préparés avec grand soin et des assiettes montées avec méticulosité, à défaut d'inventivité. L'addition a un peu tendance à s'envoler, mais c'est malheureusement souvent le cas dans les maisons ayant choisi la formule «apportez votre vin». (2006-04-27)

PÉGASE

Plateau Mont-Royal
1831, rue Gilford
514 522-0487

★★★ Cuisine
★★★ Service
★★★ Décor

 M**—** S**70$**

Ce coquet cottage devenu resto se fond dans le paysage environnant, citoyen à part entière du Plateau. À l'intérieur, même sentiment que les lieux ont toujours existé et que tous y sont accueillis, comme des voisins, avec chaleur, simplicité et juste ce qu'il faut de camaraderie. C'est mimi, c'est confo: l'illusion d'être chez soi est totale! C'est cette allusion au quotidien que l'on retrouve au menu, qui s'accroche aux mêmes plats (tous fort bons toutefois!) depuis belle lurette. Même cerf à la baie de sureau; même canard sauce orange; même poisson sauce vierge; même mousse au chocolat... On ne s'éloigne jamais beaucoup du répertoire classique, qui trimballe avec lui son gratin dauphinois et ses petits légumes... Remarquez que ce n'est pas plus mal quand on recherche la valeur sûre et le réconfort d'un plat déjà goûté et apprécié. (2007-06-28)

PETITE TERRASSE DE PROVENCE

Centre-ville
1215, rue Mansfield
514 395-0207

★★★ Cuisine
★★★ Service
★★★ Décor

M**40$** S**100$**

Tout, à l'intérieur, concourt à vous donner l'illusion que vous êtes... à l'extérieur, sur une terrasse du Sud de la France: parasols, tables et chaises recouvertes de tissus provençaux, volets en trompe-l'œil, sons d'insectes et d'oiseaux (qui peuvent finir par taper sur les nerfs). Lapereau, confit de canard, bouillabaisse, soupe de poisson et sa rouille, tarte au citron et autres spécialités provençales sont autant de propositions évocatrices sur le menu mais qui déçoivent un peu dans l'assiette. Dans la section boutique, on peut faire provision de produits fins qui comprennent d'excellentes huiles d'olive, des calissons et des tapenades. Menu express le midi pour les travailleurs du centre-ville. Fermé le week-end. (2007-01-11)

POP!

Plateau Mont-Royal
250, avenue des Pins Est
514 287-1648

★★★ Cuisine
★★★★ Service
★★★★ Décor

😀 M — S**60$**

Adjacent au célèbre Laloux, l'établissement cherche sa voie. La nouvelle formule proposée titille les sens: petits plats inventifs, choix de vins exhaustif, décor feutré et spectacle de jazz. Le talent des deux jeunes chefs du Laloux (Patrice Demers et Danny St-Pierre), nouvellement enbauchés, s'étend aux tables du Pop!. Salée ou sucrée, la cuisine y est déconstruite et rematérialisée sous forme de bouchées surprenantes. Les chefs nous invitent à un voyage gustatif qui, guidé par une sommellerie passionnée, engendre sa récolte d'heureuses surprises telles ces bouchées de pomme de terre, fromage et sauce qui réinventent la poutine québécoise, ou cette gelée de Campari couverte de yaourt au chocolat blanc, nappée d'un sorbet aux litchis et couronnée de chips aux pommes et hibiscus. Complexe et triomphal. Le rendez-vous idéal pour les amateurs de formule tapas élaborée et judicieusement arrosée. (2007-04-19)

RESTO-BISTRO D-SENS

Village
1334, rue Sainte-Catherine Est
514 227-5556

★★★ Cuisine
★★ Service
★★★ Décor

😀 🐦 M**25$** S**50$**

Les grandes fenêtres invitantes du chic restaurant D-Sens s'ouvrent sur les trottoirs chargés de piétons de la trépidante rue Sainte-Catherine, au cœur du Village. À l'intérieur de cet établissement tout en longueur, on découvre un mur de brique, un long bar, un aquarium presque sans poissons, des ventilateurs au plafond et un ameublement à la fois raffiné et conservateur. Une terrasse complète le tableau à l'arrière. Les plats de poissons tels la truite saumonée et le pavé de morue à la provençale sont bien préparés, avec un souci notable côté présentation. Malheureusement, le service peut s'avérer réellement lent à toutes les étapes du repas. (2007-05-11)

STATION F

Rosemont—Petite-Patrie
3240, rue Rachel Est
514 504-9321

★★★★ Cuisine
★★★ Service
★★★ Décor

N **↑** M**30$** S**50$**

Voilà un bistro de quartier qui donne presque envie de déménager tant il est plaisant d'y mettre les pieds. Les classiques – jarret d'agneau, bavette de bœuf à l'échalote (de qualité Angus AAA), confit de canard et boudin aux pommes – y sont servis sans chichi, dans un décor dépouillé et tout à fait dans l'air du temps. La qualité de ce qu'on retrouve dans l'assiette, jumelée au soin porté à la présentation, est étonnante, surtout lorsque l'on réalise la petitesse de la facture. Le service courtois donne l'impression de faire une grande sortie, et ce, sans une once de snobisme. On quitte l'établissement heureux: on a bien cassé la croûte, sans avoir eu à casser son p'tit cochon. Sans l'ombre d'un doute, la Station F mérite qu'on s'y arrête. (2007-03-29)

TONNERRE DE BREST

Outremont
1134, avenue Van Horne
514 278-6061

★★★ Cuisine
★★★ Service
★★★ Décor

⊕ M**30$** S**120$**

Une de ces quelques tables où l'on se sent bien dès que l'on s'assoit. On voudrait travailler ou habiter dans le coin pour venir y déjeuner plus souvent et faire partie de ces habitués qui y sont accueillis comme des membres de la famille. Même de passage, on trouve son bonheur au milieu des phares, des coiffes, des menhirs, des dolmens qui peuplent l'endroit. Une petite salle très chaleureuse et une cuisine qui l'est tout autant. Bien mise, bien pensée et servie avec entrain, amabilité et générosité. Grillades irréprochables, ris de veau fondants, salades gigantesques, fars bretons comme en pays bigouden. La longue liste des vins disponibles témoigne du souci accordé par la maison au bien-être de ses clients. Qui semblent toujours comblés. On apprécie. (2006-04-04)

VENTS DU SUD

Plateau Mont-Royal
323, rue Roy Est
514 281-9913

★★★ Cuisine
★★ Service
★★ Décor

↑ M— S**70$**

C'est le lieu d'expression d'un certain terroir, d'une cuisine du Pays basque rustique et revigorante sans trop de nuances mais rehaussée par la bonhomie ambiante, à l'image du chef Gérard Couret. Les plats demeurent sympathiques et l'exécution, sans flafla. On mise sur le produit, l'abondance, les goûts simples, pas sur le raffinement ni trop sur la présentation des plats. Salade de céleri-rave, cassoulet, confit, ragoût de veau, thon basquaise font, entre autres, le plaisir des habitués de ce resto de quartier. Les prix sont raisonnables, d'autant qu'on en sort repu, à tel point que la maison propose d'emporter le dessert chez soi aux clients qui le souhaitent. (2007-03-03)

Les vins d'Alsace **complices** de la **Grèce**

Grèce

Non, il n'y a pas que la retsina pour accompagner la cuisine grecque! La Grèce gastronomique s'est refait une beauté. Les nombreux poissons et fruits de mer exigeront des vins frais et savoureux. Optez pour le riesling, le pinot gris et le muscat qui offrent des saveurs franches, fruitées et plus intenses. Cette cuisine souvent simple et savoureuse, ponctuée de nombreuses grillades, se réjouira de l'harmonie créée avec les grands blancs d'Alsace. Quant aux viandes et volailles, le pinot noir et le pinot gris feront bon ménage.

Saganaki
Riesling, sylvaner ou Crémant d'Alsace

Dolmades
Pinot blanc, sylvaner ou Crémant d'Alsace

Poissons grillés
Pinot blanc, riesling ou gentil

Agneau grillé
Pinot gris ou pinot noir

Moussaka
Muscat, pinot gris ou pinot noir

Pour en connaître davantage sur les vins d'Alsace, consultez notre lexique.

VINS
D'ALSACE

SAVEURS DE
LA GRÈCE

Avec le chef Peter Christopoulos du restaurant *Vegera*
228, avenue Bernard Ouest
Montréal
T 514 490-4222

Voir notre critique p.155

Né à Montréal de parents originaires de Grèce, Peter Christopoulos est aux fourneaux de Vegera depuis son ouverture, il y a six ans. En cuisine, il perpétue la tradition familiale.

Quelles sont vos principales inspirations en cuisine?

«Quand j'étais petit, j'observais ma famille cuisiner, mes grands-parents et mes tantes surtout. C'est sans doute ce qui m'a poussé à exercer ce métier et à privilégier la cuisine grecque et méditerranéenne. J'ai aussi travaillé quatre ans à Cape Cod dans un restaurant se spécialisant dans le poisson.»

Avec quels ingrédients aimez-vous travailler?

«Avec les poissons et les fruits de mer. J'aime le goût délicat et subtil de l'océan, je veux le garder le plus naturel possible. Je n'utilise donc pas de sauces ou d'assaisonnements qui changeraient la saveur des produits. Plus précisément, j'aime beaucoup l'espadon, car on peut le cuisiner comme de la viande, comme une pièce de filet mignon par exemple. J'aime aussi la pieuvre, parce que sa chair est tendre et juteuse si on la prépare bien, et parce qu'il existe une multitude de manières de l'apprêter.»

La bonne adresse du chef

Poissonnerie La Mer, 1840, boulevard René-Lévesque Est à Montréal
Tél.: 514 522-3003

ELLA-GRILL

Village
1237, rue Amherst
514 523-5553

★★ Cuisine
★★★ Service
★★★ Décor

M — S**45 $**

De prime abord, aucun indice de ce chic décor «zen-moderne» ne laisse entrevoir la vocation grecque de la cuisine. Et contrairement à l'atmosphère festive souvent rencontrée, un grand calme règne ici et le service poli et discret se fond parfaitement à cette tranquillité ambiante. Quant au menu, pas de doute, nous nous retrouvons bel et bien en terrain hellénique avec de généreuses entrées de pieuvre grillée, de calmars frits, d'aubergines frites et de fromage saganaki flambé à l'ouzo. Peu de grillades figurent à la carte, détail contrebalancé par l'abondance de poissons et de fruits de mer. On vient d'ailleurs préalablement nous présenter ces spécimens marins sur un plateau, témoignant ainsi de leur grande fraîcheur. Exécution honnête, sans plus. (2007-08-22)

MILOS

Mile-End
5357, avenue du Parc
514 272-3522

★★★★★ Cuisine
★★★★ Service
★★★★ Décor

M**45 $** S**160 $**

Depuis plus de vingt ans, le plus célèbre et le plus apprécié restaurant grec de Montréal réjouit quotidiennement ses très nombreux dévots. Dans l'assiette, c'est divin. Les poissons sont d'une fraîcheur proverbiale (ils sont tous là sous vos yeux: bar noir, thon, espadon, vivaneau, dorade royale, homard, crabe, du Maroc, du Portugal, de Floride et d'ailleurs), et la délicatesse des préparations classiques comme la tzatziki ou les frites de courgettes et d'aubergines est inégalée. Ceux qui ont connu la Grèce, la vraie, en chair et en olives, écraseront une larme de plaisir en recyclant leurs magnifiques souvenirs de mer et de soleil; les autres découvriront que ce pays a tellement plus à offrir qu'ils ne le croyaient. D'accord, l'addition est aussi salée que la Méditerranée et la clientèle fortunée en intimidera quelques-uns. Mais une fois sortis de table (le service est impeccable), vous n'aurez qu'un désir en tête: revenir. (2007-06-22)

MYTHOS

Mile-End
5318, avenue du Parc
514 270-0235

★★ Cuisine
★★★ Service
★★★ Décor

M**40 $** S**75 $**

Année après année, le succès de cet endroit au décor rustique ne fléchit pas. Et si son espace est si vaste et ses tables si imposantes, c'est qu'il a été adopté comme lieu de prédilection par des groupes d'amis et des familles nombreuses. Est-ce pour savourer les grands classiques de la cuisine grecque (moussaka, grillades, calmars grillés, fromage saganaki, etc.) que tant de gens se retrouvent ici? On en doute. Les assaisonnements témoignent d'un manque flagrant de finesse, les mêmes légumes d'accompagnement, plutôt quelconques, se retrouvent dans chaque assiette et, au final, la note se révèle beaucoup trop élevée. Si, par contre, vous cherchez une ambiance survoltée et une piste pour exécuter quelques pas de danse traditionnelle, vous ne serez pas déçus. (2007-05-30)

OUZERI

Plateau Mont-Royal
4690, rue Saint-Denis
514 845-1336

★★★ Cuisine
★★★ Service
★★★ Décor

M**25**$ S**50**$

La popularité de ce bistro grec ne se dément pas avec les années: peu importe le jour de la semaine, une faune hétéroclite s'y masse pour refaire le monde devant des plats vite préparés et vite servis. Nos préférés: l'agneau au feta et la tourte au lapin. Les mezzes, ou amuse-gueules, offrent un grand assortiment de petits plats (de qualité inégale) à partager. C'est bruyant, les plats n'ont rien de gastronomique, mais sont tout de même à des années-lumière de ce qu'offrent les établissements grecs de la rue Prince-Arthur. L'endroit plaît parce que l'atmosphère est chaleureuse. Ce n'est ni compliqué, ni guindé, et ça ne coûte pas les yeux de la tête. (2007-02-08)

PHILINOS

Mile-End
4806, avenue du Parc
514 271-9099

★★★★ Cuisine
★★★ Service
★★★ Décor

☂ M**30**$ S**65**$

Puisqu'on y a depuis longtemps compris que le bonheur résidait dans ces moments bénis passés en famille ou entre amis, à partager de bons plats et de bonnes bouteilles, le Philinos apparaît comme une destination propice aux réjouissances. Avec sa déco chaleureuse et un service amical, une attention particulière est manifestement accordée à l'atmosphère des lieux. Même constat en ce qui a trait à la qualité des mets préparés selon la tradition grecque. Moussaka, calmars frits, fromage flambé devant nos yeux nous font frôler l'extase, tout comme ces gargantuesques plateaux de grillades parfaitement cuites ou de poissons et fruits de mer savoureux. Attention, les portions sont plus que généreuses. Mais qu'à cela ne tienne, on repart avec le reste pour s'en délecter le lendemain! (2007-05-21)

PSAROTAVERNA DU SYMPOSIUM

Plateau Mont-Royal
3829, rue Saint-Denis
514 842-0867

★★★ Cuisine
★★★ Service
★★★ Décor

☂ M**30**$ S**80**$

On cherche souvent un petit resto grec sympathique, pas trop cher, mais offrant une cuisine digne de mention. La Psarotaverna du Symposium est là. Parfaite. Le patron, Tasso, est grec au-delà de tout ce que vous pouvez imaginer. Grec dans le bon sens du terme, gourmand, gourmet et généreux. Le décor de son restaurant correspond à l'idée que l'on se fait d'un restaurant grec traditionnel et s'accorde bien avec les souvenirs ramenés de tables helléniques. Belles entrées qui pourraient satisfaire un appétit colossal, poissons grillés à la perfection, un filet de citron et une petite salade: tout va bien. Une bouteille de retsina? Tout va mieux. Et si vous êtes en forme et décidez d'embarquer le personnel dans votre délire, vous passerez une excellente soirée. Aspirine recommandée, le lendemain matin. (2006-02-27)

RÔTISSERIE PANAMA

Parc-Extension
789, rue Jean-Talon Ouest
514 276-5223

★★★ Cuisine
★★★★ Service
★★★ Décor

M — S**80$**

Quelques poissons grillés à point, des côtelettes juteuses et parfumées, quelques poulets débités en gros morceaux et passés, eux aussi, sur le gril, de belles entrées typiques de la Grèce et des salades qui vous feront reconsidérer votre opinion un peu désabusée sur la version grecque de la chose. Tout ça serait suffisant pour venir manger ici. Mais il y a plus. Notamment cette manière d'accueillir et de servir les clients, si pleine de sourires et de bonne humeur authentique. Et tout le brouhaha autour, les familles d'habitués, les petits enfants qui jouent et rient, le personnel en salle qui passe les bras chargés d'assiettes, le patron un peu boudeur sur son Olympe. On aime vraiment venir ici quand on a le goût de manger grec, pas compliqué. *Opa!* (2006-05-22)

VEGERA

Mile-End
228, avenue Bernard Ouest
514 490-4222

★★★★ Cuisine
★★★★ Service
★★★★ Décor

 M — S**100$**

D'accord, les rues du Mile-End ne ressemblent pas tout à fait à la Grèce et ses bords de mer, mais tout de même, on retrouve dans les assiettes servies ici quelques parcelles du charme méditerranéen. Contrairement à la plupart des restos grecs qui proposent des orgies de grillades et de brochettes, ce lieu paisible et élégant fait plutôt des poissons et des fruits de mer sa spécialité. Voilà un choix qui nous garantit des produits d'une fraîcheur irréprochable, qu'il s'agisse de moules, de pieuvre, de calmars, de sardines ou des nombreuses prises du jour. Le tout est préparé avec minutie et sans flafla afin de ne pas dénaturer la délicatesse de ces délices marins. Comble de bonheur, l'accueil et le service ne comportent absolument aucune fausse note. (2007-07-03)

YANNIS

Côte-des-Neiges
6045, avenue Victoria
514 737-9384

★★★★ Cuisine
★★★ Service
★★★ Décor

 M — S**80$**

Aux yeux des amoureux de poissons et fruits de mer, Yannis représente rien de moins qu'un véritable éden. Affilié à la poissonnerie attenante, ce resto grec à l'ambiance calme et feutrée ne sert que des produits de première qualité. Les filets de vivaneau, de saumon ou de bar ainsi que les crevettes géantes et les morceaux de pieuvre grillée sont si frais et si savoureux que seuls un filet d'huile d'olive, un trait de jus de citron et quelques câpres et herbes fraîches suffisent à en faire de purs délices. Ceux qui n'apprécient guère les bestioles qu'abritent les océans pourront toujours se rabattre sur la salade (grecque, évidemment), les grillades et le fromage saganaki flambé, ainsi que sur les baklavas et le yogourt au miel et aux noix au moment du dessert. (2007-06-09)

Les vins d'Alsace **complices** de l'**Inde**

Inde

Les cartes des vins des restos indiens du Québec sont souvent limitées, ce qui n'empêche nullement la possibilité d'accords réussis. Cette cuisine relevée, épicée et parfois puissante s'harmonisera davantage aux vins blancs d'Alsace parfumés, dotés d'une belle fraîcheur. Les vins issus des cépages riesling et pinot blanc s'uniront aux plats plus légers, tandis que le pinot gris et le gewurztraminer tiendront tête aux préparations intenses et parfumées. Pour accompagner les plats de viande, les rouges issus du pinot noir rempliront bien leur mandat.

Mulligatawny
Pinot blanc, gentil ou Crémant d'Alsace

Curry de pois chiches à la cardamome
Sylvaner, pinot blanc ou Crémant d'Alsace

Curry doux de crevettes au lait de coco
Muscat, pinot gris ou gentil

Poulet tandouri
Gewurztraminer, muscat ou gentil

Gulab jamun
Muscat ou pinot gris de vendanges tardives

Pour en connaître davantage sur les vins d'Alsace, consultez notre lexique.

VINS
D'ALSACE

SAVEURS DE L'INDE

Avec le chef Dilip Johri du restaurant *Devi*
1450, rue Crescent
Montréal
T 514 286-0303

Voir notre critique p.160

Le chef Dilip Johri a quitté son Inde natale au printemps 2007, expressément pour l'ouverture de ce tout nouveau restaurant qui se consacre à la cuisine indienne haut de gamme.

Quelles sont vos principales inspirations en cuisine?

«J'ai appris à cuisiner en Inde et j'y ai travaillé dans le milieu de la restauration pendant plus de 20 ans. J'ai été chef dans plusieurs grands établissements de New Delhi tels que le Taj Palace. Ici, au Devi, nous avons sensiblement repris le même menu que celui proposé dans notre restaurant de New York, qui offre les plats les plus raffinés de la cuisine indienne. Ce qui m'a motivé à venir travailler dans cette ville, c'est mon désir de faire découvrir aux Montréalais la cuisine de mon pays.»

Avec quels ingrédients aimez-vous travailler?

«La cardamome verte et la cardamome noire, la cannelle et la feuille de curry sont des ingrédients qui se retrouvent dans plusieurs de mes plats. J'aime travailler avec la plupart des viandes et des légumes, pourvu qu'ils soient très frais.»

Quelle est la recette dont vous êtes le plus fier?

«Je prépare une entrée qui s'appelle Manchurian Cauliflower. Il s'agit de petits morceaux de chou-fleur que j'enrobe d'une pâte et que je fais frire. J'accompagne ces légumes croustillants d'une sauce à base de tomate parfumée avec de l'ail, du poivre noir et des feuilles de curry.»

ALLÔ INDE

★★★ Cuisine
★★★ Service
★★ Décor

Centre-ville
1422, rue Stanley
514 288-7878

M**20$** S**40$**

Rarement aura-t-on vu un restaurant aux abords si trompeurs. Sous l'enseigne verte et criarde, on trouve une entrée glauque et quelques marches incommodes conduisant à un demi-sous-sol. La salle est pourtant confortable, presque chic, dans les tons de bourgogne, un peu comme on imagine les clubs anglais. Au menu figure la litanie de plats aux riches saveurs désormais archiconnues des amateurs de cette cuisine. Deux exceptions notables: les plats «korai» et «balti», apprêtés aux légumes, à la viande ou aux crevettes, beaucoup moins convenus. La cuisine fait preuve de maîtrise, et le service est plus formel que ce à quoi l'on est habitué. Les prix sont raisonnables, selon les normes du centre-ville, et les portions de viande, généreuses. (2006-03-31)

ATMA

★★★ Cuisine
★★★ Service
★★★★ Décor

Plateau Mont-Royal
3962, boulevard Saint-Laurent
514 798-8484

M — S**60$**

Plus près de la quiétude de l'ashram que de l'ambiance survoltée d'une Inde surpeuplée, Atma (qui veut dire «âme») doit son succès à son charme discret et à un chic auquel les autres repaires à currys nous ont peu habitués. Première invitation à l'enchantement, le décor signé Michel Prete est tout en finesse et en évocations subtiles de la culture indienne. Le plaisir s'offre aussi à la carte, qui décline plusieurs délices du Pendjab – la famille du génial proprio, Ravi Anand, en est d'ailleurs originaire. La région, reconnue pour sa cuisine robuste, riche et puissamment aromatique, est aussi le foyer d'origine du tandour. À goûter ici: le poulet au beurre, les diverses préparations de légumes épicées ainsi qu'un bel assortiment de pains (naan, paratha, kulcha), tous riches et fondants. (2007-01-16)

BOMBAY MAHAL

★★★ Cuisine
★★ Service
★ Décor

Parc-Extension
1001, rue Jean-Talon Ouest
514 273-3331

M**20$** S**30$**

Honte aux amateurs de cuisine indienne qui n'ont pas encore plongé les dents dans la masala dosa du Bombay Mahal! Reconnu entre autres pour cette fabuleuse crêpe de riz garnie de pommes de terre épicées, l'endroit est une vraie fabrique de trésors du Sud de l'Inde. La soupe sambar explose en bouche; les plats en sauce sont irréprochables. Et les cuisiniers ont un flair magistral pour le dosage d'épices, tant dans l'aromatique que dans le pimenté. Une des meilleures tables indiennes en ville, malgré l'aspect très discutable de la salle à manger, malgré le service qui n'arrive pas à s'organiser et malgré le bruit et les effluves pas tous agréables. Peut-être est-ce aussi à cause de ce désordre continu qu'on se rappelle, avec joie, que tous les inconforts s'effacent devant une table qui n'offre que du plaisir... (2006-03-16)

DEV

Côte-des-Neiges
5987, avenue Victoria
514 733-5353

★★ Cuisine
★★ Service
★ Décor

M**30**$ S**30**$

De toute évidence, nous nous trouvons ici dans un antre familial: maman et fiston Dev (ce dernier, malgré son jeune âge, n'en est pas à sa première commande) veillent à l'accueil, au service et à la caisse. Pour les rencontrer, il faut plonger dans le bas Côte-des-Neiges, quartier on ne peut plus multiethnique. On s'attable dans une grande salle à manger éclairée par des lustres de pacotille et décorée de quelques artefacts kitsch. Sur la carte, une étourdissante variété de spécialités végé et non végé. Aux traditionnels thali, biryani et poulet tikka, s'ajoutent des mets moins connus comme le shahi paneer (fromage indien) et le vindaloo. De l'authenticité à revendre, même si on ne parle pas ici du meilleur restaurant indien à Montréal. (2006-02-23)

DEVI

Centre-ville
1450, rue Crescent
514 286-0303

★★★★ Cuisine
★★ Service
★★★★ Décor

N **↑** M**45**$ S**65**$

Alors qu'un restaurant Devi a déjà pignon sur rue à New York depuis quelques années, cette version québécoise s'est implantée au printemps 2007 sur la très animée rue Crescent. Le concept est le même aux deux endroits: offrir une cuisine indienne qui s'élève au-dessus de ce que l'on nous sert habituellement en optant pour le raffinement plutôt que pour la quantité des mets disponibles ou la surabondance de nourriture dans les assiettes. Fort de ses nombreuses années d'expérience, le chef concocte des plats de viandes et de poissons en maniant les aromates avec une grande délicatesse. L'endroit est magnifique avec ses boiseries sculptées et ses lampes de verre coloré. Seuls le service maladroit et une ambiance musicale inappropriée nous empêchent d'atteindre le nirvana. (2007-05-26)

GANDHI

Vieux-Montréal
230, rue Saint-Paul Ouest
514 845-5866

★★★ Cuisine
★★★ Service
★★★ Décor

😊 M**30**$ S**60**$

Peu de tables du Vieux-Montréal s'aventurent hors des sentiers européens ou nord-américains, mais heureusement, quelques adresses font exception. En voici une qui gagne à être connue en raison de ses prix loin d'être gonflés, de son décor classique et de bon goût, mais surtout, pour la diversité de ses plats aux parfums enivrants. En guise d'amuse-gueule, on nous sert de grandes croustilles qu'on garnit de divers chutneys. En entrée, on opte pour la salade «Gandhi» recouverte de fromage, pour une soupe aux lentilles ou des samosas (chaussons feuilletés fourrés avec de la viande ou des légumes). Le périple se poursuit avec les plats tandouri ou avec un curry, spécialité de la maison, qu'on accompagne de la viande de son choix. (2007-07-16)

INDIA BEAU VILLAGE

Parc-Extension
752, rue Jarry Ouest

514 272-5847

★★ Cuisine
★★★ Service
★ Décor

M**20$** S**25$**

Sans prétention, cette adresse est surtout fréquentée par la clientèle indienne du Nord de Montréal qui passe souvent y chercher son souper pour la maison. On mange dans un décor des plus ordinaires, avec télé diffusant un film indien et fleurs artificielles sur les tables, mais l'endroit offre un menu au rapport qualité-prix plutôt attirant et un service rapide comme l'éclair. Rien d'extraordinaire dans la panoplie de samosas, kormas, tandouris, pakoras ou currys mais une qualité honnête, bien que les plats soient un peu trop salés et le poulet au beurre, sans grande saveur. Une mention tout de même pour les beignets de poisson offerts «à la livre» et les différents plats de crevettes. (2007-03-16)

LA MAISON DE CARI

Centre-ville
1433, rue Bishop

514 845-0326

★★★ Cuisine
★★ Service
★★ Décor

M**40$** S**60$**

Ce restaurant, situé dans le demi-sous-sol d'une maison de la rue Bishop à deux pas de l'Université Concordia, propose une expérience des plus classiques de ce que la restauration indienne peut offrir à Montréal: des plats sans grande originalité mais, dans l'ensemble, bien exécutés (curry, riz basmati, tandouri...), une décoration sommaire qui aurait besoin d'être rafraîchie (murs blancs et nappes assorties avec petits bouquets au centre des tables) et un choix de formules entrée-plat-accompagnement-dessert bon marché permettant aux convives de déguster les spécialités de la maison. Lors de notre passage, c'est le patron qui était aux fourneaux pour cause de vacances du cuisinier. Ceci explique peut-être une certaine irrégularité dans la confection des plats: les nans étaient moelleux à souhait et le poulet au beurre, tendre et savoureux, mais le curry d'agneau, dur et fade, était un peu décevant. À noter: si le menu bilingue offre une bonne variété de plats, il est en revanche un peu confus et les serveurs, peu souriants et uniquement anglophones, n'ont apparemment pas le temps de vous l'expliquer. (2007-07-11)

LE PALAIS DE L'INDE

Mile-End
5125, boulevard Saint-Laurent

514 270-7402

★★ Cuisine
★★★ Service
★★ Décor

M**25$** S**40$**

Le Palais affiche toujours, avec un certain cran, les attributs qui y ont attiré la clientèle bien avant que cette portion de la *Main* n'entame son opération de renouveau. Voisinant maintenant les restos branchés et les boutiques pimpantes, l'endroit signe et persiste avec son néon et ses colonnes roses, ses murs aux mille reflets d'or et ses fleurs en plastique. On retrouve au menu, lui aussi inchangé, les currys (madras, dansak, vindaloo, etc.) et les plats au tandour qui refusent encore de s'assumer complètement, continuant de flotter quelque part entre l'hindouisme et l'américanité. Tous les petits à-côtés, des samosas au pain nan, en passant par les bhajis et les chutneys, sont bien exécutés, avec le même souci de ne pas choquer. Mais l'addition est douce, presque autant que le regard du personnel attentionné... (2006-04-20)

LE TAJ

Centre-ville
2077, rue Stanley
514 845-9015

★★★ Cuisine
★★★ Service
★★★ Décor

M**25$** S**60$**

Le Taj est une valeur sûre pour qui cherche un certain dépaysement dans l'assiette, mais qui attache une certaine importance au cadre et au service. Les superbes murales ramenées du pavillon de l'Inde à l'Expo 67 qui décorent les murs de ce restaurant rassureront sur ce dernier point. Question cuisine, le propriétaire, Vinod Kapoor, mène sa maison avec rigueur et amour. Et ce, depuis les premiers jours. Il propose une cuisine tranquille, suffisamment domestiquée pour plaire aux palais locaux et suffisamment libre pour avoir des accents du sous-continent indien. Four à tandour, effluves de cardamome, de tamarin et de cannelle flottant dans l'air et, le samedi soir, un joueur de sitar vient aider votre tapis volant à décoller. Excellente idée, compte tenu de la grande générosité des assiettes. (2006-01-04)

MAISON CARI GOLDEN

Mile-End
5210, boulevard Saint-Laurent
514 270-2561

★★ Cuisine
★★ Service
★★ Décor

M**35$** S**50$**

La restauration indienne à Montréal (à quelques heureuses exceptions près) reste immuable devant les modes qui passent, reviennent et s'en vont... La Maison Cari Golden, comme nombre de ses homologues, colle à la formule qui rapporte: préparer de l'indien standardisé quoique savoureux, mettre de l'avant les plats crémeux et doucereux, y aller mollo sur les épices et offrir un minimum de service dans un maximum de kitsch. On continue de s'entasser dans ce réduit pour y déguster ce qui a fait la réputation de la maison, soit les samosas, les nans moelleux, le poulet au beurre crémeux à souhait et autres currys bien dosés. Elle a connu une époque plus «dorée», cette Golden Curry House, mais comme ces vedettes vieillissantes qui continuent de nous fasciner, elle nous attire toujours, usant de ses prix aguichants. Une star du répertoire classique. (2007-04-17)

MALHI

Parc-Extension
880, rue Jarry Ouest
514 273-0407

★★★ Cuisine
★★ Service
★★ Décor

M**20$** S**30$**

Le Malhi ne fait pas exception à la règle voulant qu'à Montréal, la majorité des restaurants indiens offrent des spécialités du Pendjab, cette région du Nord de l'Inde. Qu'est-ce qui le distingue des autres, alors? L'accueil souriant du proprio, M. Malhi, et le parfait équilibre des épices: les plats sont juste assez relevés, savoureux à souhait. Le menu, classique, offre un large éventail de plats végétariens et non végé, du thali au biryani, en passant par le poulet tikka et tandouri. L'endroit attire autant les Québécois de souche que ceux d'origine indienne. L'atmosphère, décontractée et familiale, nous fait vite oublier l'absence de décor et les lustres kitsch aux antipodes de l'éclairage aux chandelles. (2006-03-09)

MASALA

Petite-Bourgogne
995, rue Wellington
514 287-7455

★★ Cuisine
★★ Service
★★ Décor

M**30**$ S**40**$

Serions-nous perdus? Eh non, c'est bien dans ce quartier industriel en retrait du centre-ville, déserté et silencieux le soir venu, que se trouve cet établissement, à la fois école de cuisine indienne et restaurant. Avec sa cuisine ouverte sur le grand local où l'on prend place, ce resto ne ressemble pas à ses confrères indiens que l'on fréquente habituellement. Au lieu de la traditionnelle carte aux mille et une propositions, le choix d'entrées et de plats demeure plutôt succinct. Par ailleurs, on ne risque pas ici d'être terrassé par une crise du foie puisqu'on met la pédale très douce quant aux matières grasses, même dans une recette comme le poulet au beurre. Mais malgré tout ce qui distingue ce Masala, on est bien loin d'y vivre une expérience hors du commun. (2007-08-10)

MYSORE

Plateau Mont-Royal
4216, boulevard Saint-Laurent
514 844-4733

★★★ Cuisine
★★★ Service
★★★ Décor

M**20**$ S**45**$

Bien que Mysore soit une ville située dans le Sud de l'Inde, ce restaurant ne se limite pas aux traditions culinaires de cette région, mais puise plutôt dans ce que l'ensemble du pays a de mieux à offrir en matière de mets aux effluves exotiques. Pour les non-initiés (végétariens ou carnivores), il s'agit de l'endroit tout indiqué pour une première expérience, vu la très grande variété des propositions (près d'une centaine!) et puisque les plats y sont épicés juste ce qu'il faut, sans tomber dans l'excès. Soupe aux lentilles, pain nan, riz basmati, poulet au beurre, curry de crevettes et cubes d'agneau au yogourt se succèdent devant nous avec une rapidité surprenante. Quelques combinaisons préétablies de repas complets sont proposées par la maison, facilitant ainsi la prise de décision. (2007-05-17)

PUNJAB PALACE

Parc-Extension
920, rue Jean-Talon Ouest
514 495-4075

★★ Cuisine
★★ Service
★ Décor

🌓 M**15**$ S**30**$

Disons-le tout net: le Punjab Palace est mal nommé. On est à des années-lumière du faste des palais indiens, et l'extérieur surtout ne paie pas de mine, même si le quartier, que certains appellent avec affection la «petite Inde», embaume les épices. L'intérieur, modeste lui aussi, fait un peu casse-croûte. Le menu, hormis quelques spécialités du Sud de l'Inde, est sans surprise. Les plats, dès les entrées terminées, étonnent par leur douceur et aussi par une certaine fadeur, reproche qu'on ne fait pas souvent aux restos indiens! Mais les clients apportent leur vin (phénomène en soi plutôt rare dans cette catégorie d'établissements). La cuisine aurait-elle le souci de ne pas écraser le pinard? Service par ailleurs sympathique. (2006-05-05)

PUSHAP

Côte-des-Neiges
5195, rue Paré
514 737-4527

★★★ Cuisine
★★ Service
★★ Décor

M**15$** S**20$**

Le thali, c'est le nom du contenu et du contenant. Ce dernier, un plateau en inox avec compartiments pour accueillir les diverses déclinaisons végétariennes de la maison. Le contenu, très authentiquement indien, est toujours surprenant pour un palais occidental peu au fait des mœurs culinaires du sous-continent. De petites portions de légumes savoureux, préparés avec discernement et épicés avec retenue. Un riz basmati à se damner. Du thé indien comme si vous y étiez et un service d'une amabilité pleine de dignité. Irrésistible comptoir de sucreries. Au moment de régler l'addition, on se dit que le végétarisme a du bon, non seulement pour le bien-être, mais aussi pour la santé financière. (2006-02-24)

PUSHAP – LA FAIM DU MONDE

Plateau Mont-Royal
4110, rue Saint-Denis
514 510-4244

★★★ Cuisine
★★★ Service
★★ Décor

 M**20$** S**30$**

Il y a quelques années, on trouvait à Montréal dans un antique couloir d'immeuble une minuscule maison appelée La Faim du monde. On y servait une cuisine végétarienne allumée, préparée par un jeune chef tout aussi lumineux. Disparition pendant quelques années, puis réapparition à la mi-2006, rue Saint-Denis cette fois. La cuisine de Yannick Boulos n'a pas changé d'un iota, gardant sa vertu première qui est l'authenticité. Associé à Pushap, resto végétarien indien connu des amateurs, il propose dans son sympathique local de belles assiettes généreuses et non violentes. Thalis, quesadillas au cactus et burgers incas ont leurs aficionados. Sur fond de Bob Marley, on se surprend à aimer manger des choses improbables au goût différent. (2006-08-23)

SANA

Parc-Extension
655, rue Jarry Ouest
514 274-2220

★★ Cuisine
★ Service
★ Décor

M**20$** S**30$**

On viendra ici si l'on veut apprécier l'authenticité de la cuisine indienne, petites recettes savoureuses de currys et de biryanis onctueux. Le décor un peu *destroy* et le service approximatif ne figurent sans doute pas au palmarès de ce qui se fait de mieux chez nous, mais le sourire fait passer beaucoup de choses. Et les habitués, résidants du quartier, béats d'admiration devant l'écran géant où défilent en boucle les meilleures productions bollywoodiennes, contribuent également au plaisir de passer grignoter un morceau ici. Le tout pour une poignée de roupies. (2006-03-30)

TABAQ

Parc-Extension
149, rue Jean-Talon Ouest
514 277-9339

★★ Cuisine
★ Service
★★ Décor

M**20$** S**35$**

Montréal permet ce genre de rencontre interculturelle où déguster un curry assis sur une banquette de *diner* typiquement américain devient possible. Sis à quelques intersections du marché Jean-Talon, sur une portion plus industrielle de la rue du même nom, le Tabaq invite par son décor le milk-shake et le burger. C'est pourtant un onctueux lassi à la mangue et une impressionnante variété de spécialités indiennes et pakistanaises (certaines propositions s'éloignant de l'habituel indien) qu'on s'enfilera ici, pour le bonheur des papilles. Les plats de viande en sauce sont robustes, le riz subtilement parfumé au clou de girofle et à la cardamome, et les assiettes végétariennes, fort variées, ne laisseront personne sur sa faim. À essayer si le service expéditif et pas très souriant ne vous offusque point... (2007-08-06)

légende

 coup de cœur cuisine et vins au verre

N nouveauté

T terrasse

E carte des vins recherchée

A apportez votre vin

CUISINE

grande table	★★★★★
très bonne table, constante	★★★★
bonne table	★★★
petite table sympathique	★★
correcte mais inégale	★

SERVICE

traitement royal	★★★★★
professionnel	★★★★
vif et efficace	★★★
décontracté	★★
quel service?	★

DÉCOR

exceptionnel	★★★★★
très beau décor	★★★★
soigné	★★★
confortable	★★
presque inexistant	★

Les vins d'Alsace **complices** de l'**Italie**

Italie

À l'instar de sa voisine française, l'Italie offre une grande diversité de plats aux accents variés. Pâtes, pizzas, viandes et poissons préparés selon les traditions régionales apparaissent sur les menus des nombreux restaurants italiens du Québec. Puisque notre sélection de vins d'Alsace est bien étoffée, il ne nous reste plus qu'à dénicher les combinaisons gastronomiques gagnantes. Les pâtes aux fruits de mer s'uniront à merveille au riesling ou au pinot blanc. Les volailles exigeront des blancs solides tels que le pinot gris, tandis que les viandes rouges et le gibier s'entendront harmonieusement avec le pinot noir. Une excellente sélection de fromages italiens fera bon ménage avec les grands blancs d'Alsace.

Prosciutto et melon
Pinot blanc, Crémant d'Alsace ou gentil

Fettucinis aux palourdes (vongole)
Riesling, pinot blanc ou sylvaner

Risotto aux champignons (funghi)
Pinot gris ou pinot noir

Pieuvre à l'ail et au citron
Riesling, pinot blanc ou gentil

Gâteau sicilien à la ricotta
Vendanges tardives de gewurztraminer ou pinot gris

Pour en connaître davantage sur les vins d'Alsace, consultez notre lexique.

VINS
D'ALSACE

SAVEURS DE L'ITALIE

Avec la chef Caroline Banville du restaurant *Caffè della Posta*
361, avenue Bernard Ouest
Montréal
T 514 495-8258

Voir notre critique p.171

Caroline Banville ne faisait pas encore partie de l'équipe du Caffè della Posta quand il a ouvert ses portes, il y a tout juste un an. Elle a toutefois fait ses classes avec Maria, l'ancienne chef d'origine sicilienne.

Quelles sont vos principales inspirations en cuisine?

«Avant de quitter son poste en cuisine, Maria m'a transmis toutes ses recettes et ses trucs afin que je prenne la relève. Comme j'ai appris avec elle, mes influences proviennent surtout du Sud de l'Italie. Cette approche est plus légère et plus ensoleillée que celle du reste du pays. On ne retrouve pas beaucoup de plats comme les risottos. Elle comporte davantage d'agrumes, de fenouil et beaucoup de poissons. J'ai un peu modifié les plats qui étaient déjà servis, mais toujours en respectant cet esprit. J'ai, par exemple, ajouté au menu des spaghettis aux crevettes fraîches et roquette avec un peu de piment fort, d'ail et de zeste de citron.»

Avec quels ingrédients aimez-vous travailler?

«J'aime beaucoup incorporer des agrumes aux recettes, particulièrement le citron. Le poisson est un aliment avec lequel j'aime aussi beaucoup travailler. Un des plats que j'adore préparer est le carpaccio d'espadon et de thon. Et, bien évidemment, la tomate et l'huile d'olive sont deux incontournables de la cuisine italienne.»

Où vous procurez-vous les aliments avec lesquels vous cuisinez?

«Pour les poissons, je vais chez Falero (5726-A, avenue du Parc, 514 274-5541). Les gens là-bas me conseillent afin que je puisse obtenir le poisson le plus frais possible.»

AL DENTE

Notre-Dame-de-Grâce
5768, avenue Monkland

514 486-4343

★★ Cuisine
★★ Service
★★ Décor

 M**25 $** S**50 $**

Véritable institution dans Notre-Dame-de-Grâce, Al Dente continue d'offrir, bon an, mal an, de délicieuses pizzas. Le décor demeure minimaliste, et le service, sympathique, se fait à la bonne franquette. Outre les pâtes fraîches (on vous laisse le soin de marier la sauce et le type de pâtes de votre choix) et les pizzas (dont la délicieuse pomodori secchi), on propose une table d'hôte d'où ressortent... les pâtes et les pizzas. Le reste est parfois un peu moins heureux. Mieux vaut se rabattre sur les valeurs sûres. N'oubliez pas d'apporter un petit rouge de derrière les fagots: les pizzas, en particulier, le méritent bien. Grand choix de desserts, où figurent des propositions bien nord-américaines, sucrées, caloriques, mais bien faites. (2006-09-11)

BOTTEGA

Petite Italie
65, rue Saint-Zotique Est

514 277-8104

★★★★ Cuisine
★★★ Service
★★★★ Décor

 M **—** S**80 $**

Une pizza réjouissante de simplicité, cuite au four à bois et à la croûte fine, fondante et parfumée, recouverte d'ingrédients frais? Non, vous n'êtes pas dans une petite trattoria napolitaine mais bien à Montréal, au cœur de notre Petite Italie à nous. Ruecola, napolitaine, caprese ou savoureuse calzone (une des spécialités de la maison): les grandes classiques sont à la carte, et c'est un délice. Avant les pizzas, les convives sont invités à partager des *sfizi*, petites entrées et amuse-bouche sympathiques vendus à l'unité: salade de tomates, basilic et Mozzarella di Bufala Campana, poivrons grillés, arancini (boulettes de riz farcies au fromage)... On apprécie aussi la déco élégante, l'ambiance animée par une clientèle jeune et anglophone (mais parfois bruyante), le splendide four à pizza design qui trône au fond de la longue salle, la carte des vins 100 % italienne, les desserts exquis et la micro-terrasse sur le trottoir en été. (2007-08-16)

BRODINO

Outremont
1049, avenue Van Horne

514 271-2229

★★ Cuisine
★★ Service
★ Décor

M**30 $** S**45 $**

On entre et on se sent déjà presque un peu de la *famiglia* des deux jeunes proprios qui ont repris cette adresse à l'été 2006. Même si le décor, un peu rébarbatif (avec un grand écran de télé), est encore des plus sommaires, ce café/trattoria de quartier étonne à la fois par la simplicité et la qualité de sa cuisine. L'accent est mis sur la convivialité, la cuisine plaisir et fraîcheur à l'italienne. La carte est plutôt courte mais le menu du jour est attrayant. Les pizzas et le risotto sont faits avec une belle maestria. La carte des vins présente quelques crus italiens bien gouleyants. Le choix de desserts, très limité, mériterait mieux pour offrir une finale en beauté. Tout de même sympathique. (2007-01-19)

BRONTË

Centre-ville
1800, rue Sherbrooke Ouest
514 934-1801

★★★★★ Cuisine
★★★★ Service
★★★★★ Décor

M — S**140$**

Faire le détour dans ce coin un peu perdu de la ville pour venir souper ici demeure une bonne idée. Accueil et service sont un peu coincés, certes, si l'on ne porte pas une de ces superbes chemises à la mode et une Philippe Patek au poignet, mais une fois assis, on oublie vite tout cela tant la table est très au-dessus de ce que l'on côtoie habituellement. Brontë est avant tout une très belle cuisine, inventive, allumée, intrigante. Dans les superbes assiettes se succèdent des surprises alléchantes et, de l'amuse-bouche au dessert, les fines fourchettes se délectent. Une mention particulière pour le côté sucré, les desserts étant ici un moment de grâce et de jouissance. Brontë est aujourd'hui l'une des meilleures tables de Montréal. (2006-04-05)

BUONA FORCHETTA

Plateau Mont-Royal
2407, avenue du Mont-Royal Est
514 521-6766

★★ Cuisine
★★ Service
★★ Décor

M**30$** S**65$**

Dans cette portion de l'avenue du Mont-Royal, c'est le calme plat. Seulement en apparence cependant, puisqu'en poussant la porte de ce restaurant et en pénétrant dans son immense salle à manger modestement décorée, on découvre un univers animé et chaleureux. On nous remet d'abord une impressionnante carte des vins qui ne va toutefois pas de pair avec la cuisine italienne qui se veut rustique, certes, mais qui manque de nuance et de finesse. Plusieurs plats sont par exemple travaillés à partir de la même sauce, ce qui leur confère tous la même personnalité. Le menu propose de tout (viandes et pâtes), mais vraiment de tout. Et peut-être même trop. Car, du point de vue qualité, on aurait intérêt à restreindre les quantités, autant en ce qui concerne le choix de mets que les portions présentées dans l'assiette. (2007-02-13)

CAFÉ INTERNATIONAL

Petite Italie
6714, boulevard Saint-Laurent
514 495-0067

★★★ Cuisine
★★★ Service
★★★ Décor

M**40$** S**50$**

Dans cette Petite Italie où l'amateur de bonne cuisine risque sa bourse régulièrement, le Café International constitue une halte sûre. Ambiance très italienne de ces bistros qui servent sans complication des plats tout aussi simples. Au fil des ans, la cuisine s'est affinée et le décor a gagné en confort. Les grands écrans de télévision sont allumés en permanence, mais on les quitte facilement des yeux quand arrivent les assiettes. Pâtes fraîches, sandwichs ou pizzas. Tout est apprêté avec goût et avec une simplicité qui rappelle la cuisine de la *mamma*. Mais aussi salades-repas, roquette en saison et gros copeaux de parmesan ou de romano. Tiramisu et espresso. Service sympathique et ambiance un peu survoltée surtout en été, quand la terrasse s'installe sur le trottoir pour voir passer les belles machines. (2006-02-27)

CAFÉ PRESTO

Centre-ville
1244, rue Stanley
514 879-5877

★★ Cuisine
★★ Service
★ Décor

M**10 $** S**20 $**

Drôle d'oiseau que ce Café Presto! Il fait un peu l'effet d'un cheveu sur la soupe, et ce n'est pas un commentaire désobligeant sur la cuisine. Imaginez: en plein centre-ville, à quelques pas de la rue Sainte-Catherine, on vous y propose des pâtes pour une bouchée de pain (littéralement, si l'on songe au prix de la plupart des sandwichs). La carte, courte au départ, risque de l'être encore plus en fin de journée, les pâtes et les sauces ne sont pas irréprochables et le service est un peu expéditif; on ne vous incite pas, par exemple, à allonger votre espresso indûment. Mais le cadre rétro sympathique et le rapport qualité-prix ont des adeptes. On se prend à rêver à la marge bénéficiaire des restos qui vendent les pâtes au moins trois fois plus cher. (2006-01-28)

CAFÉ VIA DANTE

Petite Italie
251, rue Dante
514 270-8446

★★★ Cuisine
★★★ Service
★★★ Décor

M**25 $** S**80 $**

Cette petite trattoria est un vrai baume dans l'existence. Située hors du circuit bruyant et m'as-tu-vu du boulevard Saint-Laurent, elle mise non pas sur les modes passagères, mais sur l'authenticité, plus précisément celle de la cuisine traditionnelle du Nord de l'Italie. Une cuisine de *mamma*, débordante de générosité, et dont les vedettes se nomment artichaut, aubergine, agneau, pastas et soupe de poisson au bouillon riche et goûteux. Des chaises confortables, un service chaleureux et naturel, quelques beaux livres de recettes qui traînent sur le comptoir, un téléviseur qui diffuse des émissions du Food Network... on l'aura compris, c'est la passion qui règne dans cet établissement familial. Un must! (2007-08-30)

CAFFÈ DELLA POSTA

Outremont
361, avenue Bernard Ouest
514 495-8258

★★★★ Cuisine
★★★★ Service
★★★★ Décor

N **S** M**30 $** S**50 $**

Cet établissement est un bijou: non seulement parce qu'on y offre des spécialités de la Sicile, île où la bouffe est un véritable art de vivre, mais parce qu'il y règne une authenticité remarquable. Des plats simples et délicieux, réalisés à partir d'aliments frais et de qualité. Comme la focaccia et le pain maison, comme les linguinis à la moresca, comme l'escalope de veau au vieux marsala, ou encore la morue en sauce tomate et noix de pin, bref, comme... tout ce qu'il y a sur le menu! À noter: une carte des vins où l'on vous propose de découvrir des vins de caractère de la Sicile, et comme dessert, un affogato al caffè auquel vous ne saurez résister. Coup de cœur assuré! (2007-03-28)

CAFFÈ GRAZIE MILLE

Mile-End
58, avenue Fairmount Ouest
Pas de téléphone

★★★ Cuisine
★★★ Service
★★★ Décor

 M**20**$ S —

Le temps a passé à une vitesse incroyable. Il faut dire que la musique est bonne, du bon jazz, classique, John Coltrane, Lee Konitz, Frank Morgan, Miles Davis et compagnie. La soupe de la *nonna*, les paninis et les salades aussi. Quand Vincenzo a eu le temps d'en faire, le tiramisu est très bien. Et le café... Quel café! Maxime travaille comme un vrai barista et sert des petites tasses impeccables, brûlantes, mousseuses, puissantes. Franco, le patron, passe de temps en temps pour s'assurer que tout le monde est content. Tout le monde l'est. Comme dans une petite maison où les clients sont bien traités. Ce qui est le cas ici. En été, terrasse très prisée. (2006-01-27)

CAFFÈ ITALIA

Petite Italie
6840, boulevard Saint-Laurent
514 495-0059

★★ Cuisine
★★★ Service
★★ Décor

M**20**$ S**20**$

À défaut de prendre un billet sur Alitalia pour un séjour à Rome, Milan, Naples ou Florence, vous pouvez toujours vous offrir une petite escapade au Caffè Italia. Vous trouverez ici cette fameuse authenticité tant convoitée ailleurs dans le quartier. Et à une fraction du prix. Bon, c'est sûr, côté cuisine, c'est un peu succinct, mais le rêve est là. Les clients qui entrent en coup de vent prendre un espresso bien serré, debout au comptoir; les papis qui tapent le carton; les habitués dégustant un simple panini, simple et savoureux; les écrans de télé qui passent et repassent la fois où la Squadra Azzura a démoli l'équipe allemande. Et tout le reste, les odeurs, les couleurs, les bruits qui ont beau être ici, sont beaucoup plus de là-bas. Petit moment de bonheur inestimable. (2006-03-03)

CAVALLI

Centre-ville
2040, rue Peel
514 843-5100

★★★★ Cuisine
★★★ Service
★★★★★ Décor

 M**60**$ S**140**$

On touche ici à la quintessence du resto branché façon centre-ville de Montréal. Décor glamour fait de bois, de métal et de couleurs vives (le bar rose fuchsia est en soi une pièce d'anthologie), clientèle de gens beaux et/ou fortunés et/ou célèbres, cuisine italo-asiatique tape-à-l'œil, serveuses très courtement vêtues, musique lounge et atmosphère fébrile. Heureusement, dans l'assiette, on respecte le client. Sans être transcendante, la cuisine suit les canons du jour avec un heureux mélange de tradition (salade de roquette, linguinis vongole, filet de veau et carré d'agneau) et d'audace (tartare de thon sauce yuzu, filet mignon en croûte de noix de pin, carpaccio d'espadon). C'est cher, c'est vrai, mais pour la clientèle du Cavalli, «*money is no object*». (2007-07-17)

CHEZ ENNIO

Centre-ville
1978, boulevard De Maisonneuve Ouest
514 933-8168

★★ Cuisine
★★ Service
★★ Décor

 M — S**60$**

Dans une salle en demi-sous-sol, pas vraiment sombre grâce aux nombreux bibelots et souvenirs en tous genres exposés partout, le couple de propriétaires assure cuisine et service, depuis un quart de siècle. Cuisine familiale, honnête sans être particulièrement savoureuse, l'accent étant mis sur la simplicité et les portions généreuses. La table d'hôte, qui comprend immanquablement une soupe, un bol de linguinis, une salade, un plat de veau et le dessert du jour, rassasie les plus affamés. Le proprio peut pousser la chansonnette, italienne bien sûr, pendant le service. Une de ces adresses où l'expression «à la bonne franquette» prend tout son sens. (2006-06-02)

CHEZ MAGNANI

Ahuntsic
9245, rue Lajeunesse
514 387-6778

★★★ Cuisine
★★★★ Service
★★★ Décor

 M**40$** S**80$**

Être ouvert depuis 1952 constitue déjà un exploit. Avoir conservé tous ses attraits un demi-siècle plus tard en est un tout aussi admirable. Chez Magnani réussit les deux. Le mérite en revient aux familles Magnani et Dibuono qui ont travaillé et travaillent encore dans cette maison. Belle petite cuisine italienne intemporelle; cuisine familiale préparée avec les ingrédients habituels auxquels on a ajouté de l'amour, ce qui donne toujours de bons résultats. Le grand soin dont on fait preuve au moment du service se retrouve bien sûr dans les assiettes, mais également dans le décor très particulier, les patrons ayant, très judicieusement, choisi de conserver une moitié de leur établissement dans l'état original. Agréable voyage dans le temps. (2006-05-19)

DA EMMA

Vieux-Montréal
777, rue de la Commune Ouest
514 392-1568

★★★★ Cuisine
★★★★ Service
★★★★ Décor

M**80$** S**140$**

Il y a quelques années, ce restaurant du Mile-End a été transplanté du sous-sol d'une belle maison ancestrale de pierre grise à la cité du multimédia, grâce aux bons soins d'un mécène de l'informatique qui le voulait à proximité de son bureau. Le déracinement n'a pas perturbé Mamma Emma, qui continue de concocter des plats rustiques chic d'inspiration romaine, parfumés à l'ail et au basilic, et gorgés de tomates fraîches. Le menu-tableau noir affiche des antipasti, quelques pâtes merveilleusement bien apprêtées, beaucoup de plats de viande savoureux (veau, bœuf, agneau) et des poissons traités avec soin. Ici, aucune trace de crème dans les sauces, mais de l'huile d'olive de bonne qualité, encore et encore. Service de grande classe et carte des vins 100 % italienne. (2007-05-30)

DA VINCI

Centre-ville
1180, rue Bishop
514 874-2001

★★★★ Cuisine
★★★★ Service
★★★★ Décor

 M**60$** S**100$**

Adresse fiable, appréciée et constante depuis près d'un demi-siècle, Da Vinci est, en son genre, un modèle de restaurant italien classique. En salle, service impeccable mais détendu, ambiance bon chic, bon genre dans un décor un peu ostentatoire, clientèle à l'aise composée de gens d'affaires, de vedettes d'ici et d'ailleurs (jetez un coup d'œil sur la galerie de photos à l'entrée) et probablement d'un bon nombre de sportifs millionnaires. Dans l'assiette, que du bonheur: pétoncles poêlés à la mangue et fenouil, carpaccio de saumon, gnocchis de ricotta, côte de veau de lait, sanglier à la truffe noire, salade d'oranges sanguines, aubergines farcies... on en veut encore! Trois générations de Mazzaferro se sont passé le flambeau et on espère que la quatrième va suivre leurs traces. Et n'oublions pas la carte des vins dont les prix oscillent entre 60 $ et... 1800 $. Du solide. (2007-05-03)

DI LUSSO

Villeray
2351, rue Jean-Talon Est
514 680-2920

★★★ Cuisine
★★★ Service
★★★ Décor

 M**30$** S**60$**

Le Di Lusso est comme une ode à la correctitude et au «*less is more*». Au plus 30 personnes s'entassent dans les locaux minuscules mais joliment décorés. La carte, succincte mais bien construite, évite l'écueil des «pâtes à toutes les sauces». Le chef calabrais s'en tient aux valeurs sûres – du veau bien tendre, des pâtes relevées, du parmesan frais, des légumes grillés à point. La cave à vin? Un simple cellier renfermant une dizaine de sélections convenables. Même les serveurs font preuve de retenue dans les échanges, mais le pétillement des yeux trahit leur bonheur d'être là, ici et maintenant. Rien ne dépasse, rien ne déborde – pas même l'addition! On comprend que les élus et fonctionnaires de l'arrondissement, dont les bureaux sont à quelques pas, s'y donnent rendez-vous. (2006-02-15)

FERRARI

Centre-ville
1407, rue Bishop
514 843-3086

★★★ Cuisine
★★★ Service
★★★ Décor

 M**30$** S**55$**

Derrière ce nom associé aux voitures de luxe, se cache un estaminet sans prétention où la cuisine s'apparente à celle qu'on pourrait se concocter à la maison. Comme dans tout restaurant italien qui se respecte, le menu du Ferrari offre un bon assortiment de pizzas à la croûte mince et savoureuse, une douzaine de combinaisons de pâtes maison et de sauces, une dizaine de plats d'escalopes de veau de lait et un tiramisu moelleux à souhait. On peut même apporter chez soi une parcelle de la cuisine en repartant avec du pesto, de la tapenade ou du café, ou encore avec de l'huile aromatisée aux truffes. Le service décontracté et la décoration de style terroir donnent une atmosphère à la bonne franquette à ce vénérable établissement qui souffle cette année ses 25 chandelles. (2007-08-15)

I DUE AMICI

Ahuntsic
2291, rue Fleury Est
514 389-0449

★★ Cuisine
★★★ Service
★★ Décor

 M**30**$ S**40**$

Typiquement italienne, cette trattoria voisine de l'hôpital Fleury est le royaume de l'escalope de veau. Déclinée à toutes les sauces – citron et vin blanc, prosciutto, ricotta –, elle est le point focal d'un menu où figurent aussi – devinez quoi ! – des pâtes et quelques plats de fruits de mer. On ressent quand même un certain plaisir quand on pige dans un bel assortiment d'antipasti ou quand on choisit les vins (note aux amateurs: quelques belles importations privées ne figurent pas sur la carte). Rayon desserts, seule la crème caramel est confectionnée maison. L'ensemble est un peu «beige», mais le sourire de la patronne, la bienveillance du personnel et la verve toute latine de la clientèle d'habitués épicent agréablement l'expérience. (2006-03-15)

IL CORTILE

Centre-ville
1442, rue Sherbrooke Ouest
514 843-8230

★★★★ Cuisine
★★★★ Service
★★★ Décor

 M**45**$ S**80**$

On retient d'emblée l'atmosphère feutrée, les tables à la présentation impeccable, baignant dans une pénombre propice aux confidences. Au menu, les classiques de la cuisine italienne riches en saveurs, notamment celles des magnifiques champignons qui agrémentent si généreusement les antipasti de légumes rôtis ou le risotto. On ne trouvera également que de belles et bonnes choses à dire du veau, des pâtes et des produits de la mer. La sélection de vins italiens lourdement facturés oblige à bien savourer chaque lampée. Côté desserts, le tiramisu, moins appesanti de mascarpone que bien souvent, est un incontournable. Aux beaux jours, le restaurant s'ouvre sur une cour intérieure très agréable, que semble avoir adoptée une clientèle aisée. (2007-04-20)

IL FOCOLAIO

Centre-ville
1223, carré Phillips
514 879-1045

★★ Cuisine
★★ Service
★★ Décor

 M**20**$ S**20**$

Le premier défi, surtout le midi aux beaux jours, est de trouver une table tant l'endroit est couru par les travailleurs du coin qui en ont fait leur cantine. Le deuxième défi est de choisir une pizza sur le napperon qui sert de menu, parmi les 70 proposées et numérotées. C'est long à lire, mais finalement, ce sont souvent les mêmes ingrédients ajoutés ou supprimés d'un choix à l'autre. Modernité oblige, pour un léger supplément, on peut demander une pâte au blé enrichie d'oméga-3. Mais la tradition prime encore (tant mieux) et les pizzas tout comme les calzones sont cuites dans un four à bois et servies généreusement. Sympathique, simple et bien mieux que les comptoirs de restauration rapide qui pullulent au centre-ville. (2007-07-10)

IL MULINO

Petite Italie
236, rue Saint-Zotique Est
514 273-5776

★★★★ Cuisine
★★★ Service
★★★ Décor

 M— S**135$**

Ah... le raffinement à l'italienne! C'est bien grâce à lui que cet établissement est devenu un véritable pilier en son genre et qu'il fait le bonheur des gastronomes depuis belle lurette. Ce raffinement, on le retrouve d'abord dans l'accueil et le service assurés par une brigade expérimentée qui ne laisse rien au hasard et se montre soucieuse des besoins des clients. Dans l'assiette, exit le flafla et la poudre aux yeux; les plats misent sur des présentations simples ainsi que sur la qualité exceptionnelle des ingrédients et sur les combinaisons subtiles de goûts. Seulement une demi-douzaine d'entrées et autant de mets principaux sont proposés chaque jour, mais qu'importe: le menu témoigne d'un bel équilibre avec quelques viandes, des poissons et des pâtes. (2007-04-20)

IL PIATTO DELLA NONNA

Mile-End
5171, boulevard Saint-Laurent
514 843-6069

★★★ Cuisine
★★★ Service
★★ Décor

M**25$** S**55$**

Encore des pâtes, direz-vous? Mais attention, vous trouverez chez la *nonna* ce que peu arrivent à offrir: de l'âme. Car du cœur, elle en a tout plein, cette *mamma* Gattuso, et il en est de même pour le reste de la famille qui nous invite généreusement, soir après soir, dans son «chez-soi» sur Saint-Laurent. Quel bonheur que de s'attabler devant un bol de pâtes fumantes alla Vince (un des fistons), ou devant une simple assiette de saucisses, puis de lever le verre à la longévité de cette halte rustique. Les plats fignolés et l'épate n'ont pas leur place ici. Pensez plutôt bonhomie, café réussi et petits prix. (2006-12-23)

LA BELLE ITALIENNE

Saint-Léonard
5884, rue Jean-Talon Est
514 254-4811

★★★ Cuisine
★★ Service
★★ Décor

 M**50$** S —

Coloris pastel et plancher de terrazzo, ce café-trattoria s'intègre parfaitement à l'esthétique du quartier qui recèle des fontaines rococo, des lions en marbre, des angelots et autres trésors kitsch. On prend place dans la trattoria, sous le regard impassible des Joconde qui tapissent les murs, un peu perplexe devant le choix musical (du dance latino à plein volume). En moins de deux, d'excellents morceaux de pizza nous parviennent en guise d'amuse-bouche. Sur les tableaux, le menu du jour est succinct: soupe de lentilles, plats de viande ou de poisson – servis avec légumes grillés et rapini –, pâtes, etc. Le plaisir est dans cette cuisine maison, toute simple et savoureuse. Au dessert, on craque pour un gelato et un espresso bien tassé. En sortant de table, satisfaits, il nous semble bien avoir vu sourire la Joconde... Fermé les soirs, sauf le vendredi. (2007-08-10)

LA CANTINA

Ahuntsic
9090, boulevard Saint-Laurent
514 382-3618

★★★ Cuisine
★★★ Service
★★★ Décor

 M40$ S100$

La Cantina est l'un de ces endroits que l'on reconnaît comme «typiquement italiens», tant dans le paternalisme enjoué d'une brigade entièrement masculine, dans la générosité des portions que dans l'ambiance chaleureuse et quelque peu vieillotte qui rappelle le salon d'un oncle bien-aimé. L'établissement, fréquenté de jour comme de soir par des habitués (essentiellement une clientèle d'affaires), propose une cuisine classique et irréprochable: légumes grillés, risotto, escalopes de veau déclinées de façons variées et, naturellement, des pâtes maison fort bien apprêtées. Comme dans plusieurs restaurants de ce type, la facture grimpe toutefois très rapidement et peut parfois même prendre aux tripes: prévoir entre 10 et 15 dollars pour les entrées et une trentaine de dollars pour les plats. Cave des vins bien garnie, belle surprise dans un restaurant excentré, situé à deux pas du secteur manufacturier... (2007-08-20)

LA CUCINA DELL'ARTE

Mile-End
5134, boulevard Saint-Laurent
514 495-1131

★★★ Cuisine
★★★ Service
★★★ Décor

 M20$ S40$

Les soirs où l'envie de préparer un repas n'est tout simplement pas au rendez-vous ou alors quand le budget se prête plutôt mal aux folles dépenses, on se réjouit que ce genre d'endroit décontracté existe. L'été, des petits groupes, des familles avec de jeunes enfants et des couples prennent place sur cette grande terrasse qui jouxte le boulevard Saint-Laurent. En ouvrant le menu, c'est l'Italie dans ce qu'elle a de plus simple et authentique qui s'offre à nous. Sans nous épater ni nous décevoir, les généreuses assiettes d'antipasti, les bruschettas, les nombreux plats de pâtes (offerts en demi-portions, quelle bonne idée!), les pizzas et les calzones sont préparés avec grand soin. Mousseux et léger, le gâteau au fromage vaut à lui seul le détour. (2007-06-14)

LA DIVA

Village
1273, boulevard René-Lévesque Est
514 523-3470

★★★ Cuisine
★★★ Service
★★★ Décor

 M40$ S60$

La discrétion de ce petit italien, établi depuis un quart de siècle, se retrouve également dans ses assiettes. Voisin de la tour radio-canadienne, on y trouve des plats typiques qui semblent tout droit sortis du livre de recettes de la *mamma*, ce qui n'est pas un défaut en soi. La cuisson al dente des pâtes respecte la tradition et les sauces onctueuses priorisent le goût plutôt que le tour de taille. On y accueille les convives comme à la maison, avec une sincérité exempte de fioritures. Si la cuisine ne réinvente rien, elle ne déçoit jamais non plus. Les habitués flânent dans ce décor relativement épuré qui ne trahit ses origines que par les reliques de course auto-mobile et de foot discrètement posées à l'entrée. Son service, du genre vivre et laisser vivre, invite à adopter le rythme méditerranéen. (2007-04-01)

LA FORCHETTA

Mile-End
234, avenue Laurier Ouest
514 279-9090

★★★ Cuisine
★★ Service
★★★ Décor

 M**50 $** S**110 $**

Le soir, le menu à 55 $ ou plus, selon le plat et le fromage, inclus ou non avant le dessert, dans un «apportez votre vin», cela peut sembler excessif. Mais on est vite conquis et charmé. Une bouchée est offerte: rien de moins qu'une datte emplie de fois gras; suivent trois antipasti remarquables, du bon pain avec un beurre d'artichaut ou de porcini. Puis, entre autres choix, lasagne à l'huile de truffe, osso buco et risotto safrané ou encore jarret d'agneau, dans tous les cas une assiette généreuse aux multiples saveurs. On roule jusqu'au dessert puis on déguste un café, compris lui aussi, qu'il soit latte ou cappuccino. La cuisine est un prolongement très accessible de la salle, rien à cacher ici, pas grand-chose à redire non plus. (2007-01-26)

LA MEDUSA

Centre-ville
1224, rue Drummond
514 878-4499

★★★ Cuisine
★★★★ Service
★★★ Décor

 M**60 $** S**80 $**

Quand on entre dans ce demi-sous-sol du centre-ville, on a le sentiment de descendre dans une cave à vins. Cette impression est accentuée par le mur de bouteilles de vin et par l'éclairage tamisé qui rend la lecture du menu un peu ardue. Celui-ci a presque l'épaisseur d'un bottin téléphonique de quartier: une page complète est dédiée aux plats de veau (d'une tendreté à faire s'égosiller de plaisir Pavarotti), une autre aux pâtes, une autre aux antipasti et ainsi de suite. Les portions sont généreuses, et la carte des vins, bien fournie. Deux éléments qui plaisent aux hommes d'affaires qui animent les lieux. Les serveurs, italiens jusqu'au bout des orteils, déploient leur charme quand une femme pénètre dans ce fief masculin. (2007-08-28)

LE LATINI

Centre-ville
1130, rue Jeanne-Mance
514 861-3166

★★★★★ Cuisine
★★★★★ Service
★★★★ Décor

 M**50 $** S**120 $**

Le Latini bénéficie, à Montréal, d'une aura de qualité, de bon goût... et de richesse, que beaucoup d'autres adresses lui envient depuis longtemps. Ils ont raison, ces envieux: dans la cour des grands, Le Latini fait bande à part. On parle ici de véritable gastronomie, du nec plus ultra de la cuisine italienne, d'un menu classique surtout, rarement déconcertant mais toujours impeccable. Caviar, fruits de mer, plats de veau et de pâtes, risottos: la carte s'étire avec un bonheur constant, une fraîcheur inégalée et un plaisir toujours renouvelé. En salle, le patron, Moreno, est au poste, toujours aussi charmant et affable, peu importent le client ou l'épaisseur de son portefeuille, avec son équipe efficace, aguerrie et distinguée comme on en rencontre peu dans le milieu de la restauration. (2007-06-06)

LE MUSCADIN

Vieux-Montréal
639, rue Notre-Dame Ouest
514 842-0588

★★★ Cuisine
★★★ Service
★★★ Décor

 M**60$** S**100$**

Nappes blanches, lustres de cristal, moquette, salle privée et carte des vins époustouflante, Le Muscadin mise résolument sur la clientèle d'affaires pour boucler ses fins de mois. Les amateurs de cuisine italienne classique apprécieront – sans être renversés – le menu un peu disparate, plus accrocheur à l'œil que dans l'assiette et qui, pour le prix, manque de panache. Un peu comme si la direction misait sur le décor, le service grande classe et les prix exorbitants de certains vins (italiens surtout) pour démontrer son savoir-faire, au lieu d'y travailler sérieusement en cuisine. N'empêche, c'est certainement un des endroits de prédilection du Vieux-Montréal pour boucler un juteux contrat ou finaliser une offre d'achat mirobolante. (2007-05-07)

LE PETIT ITALIEN

Outremont
1265, avenue Bernard Ouest
514 278-0888

★★★ Cuisine
★★★ Service
★★★ Décor

 M**50$** S**70$**

Un resto, c'est avant tout une ambiance que l'on découvre dès qu'on pousse la porte. On est ici tout de suite à l'aise dans cette salle chaleureuse aux allures de bistro. Côté cuisine, on ne cherche pas l'extravagance et on ne verse pas non plus dans la fusion. Les plats sont simples et honnêtes: pâtes, risotto, osso buco notamment. Au dessert, on choisit parmi une courte liste acceptable. L'addition est raisonnable, le personnel, gentil et rapide. Bonne carte de vins italiens uniquement. Une de ces adresses où chacun est à peu près sûr d'y trouver son compte et qui est située, en prime, sur une rue magnifique. La cuisine reste ouverte jusqu'à minuit. (2007-01-05)

LE PETIT TOSCAN

Plateau Mont-Royal
4515, rue Marquette
514 523-7777

★★★★ Cuisine
★★★★ Service
★★★ Décor

 M – S**70$**

C'est tout petit, discret mais charmant comme tout. Au menu: quelques entrées, trois plats de pâtes, autant de plats principaux. À chaque mois, on révise la carte sur laquelle on retrouve toujours des classiques toscans mais également une ou deux recettes plus «funky» composées par le chef Alexandre Martel. Par exemple, ces délicieuses cailles à l'espresso ou cette salade de pieuvre qui fond sous la dent. Le patron sert aux tables, avec une bonne humeur contagieuse et un sens de l'hospitalité qui fait plaisir à voir. Sans conteste, un des meilleurs restos de quartier à Montréal. (2007-02-02)

LE PIÉMONTAIS

Centre-ville
1145A, rue de Bullion
514 861-8122

★★★ Cuisine
★★★ Service
★★★ Décor

 M**50$** S**80$**

Faisant partie du paysage montréalais depuis toujours, ce restaurant au charme suranné attire son lot de baby-boomers, de communicateurs télé et d'artistes du showbiz. Cette faune apprécie le menu généreux qui fait la part belle aux pâtes et aux plats de *vitello* (veau), mais aussi aux poissons et fruits de mer. Dans ce demi-sous-sol aux murs de fausse brique décorés de tableaux paysagers, les plats, classiques, sont bien exécutés et servis par une armada de serveurs très efficaces, dont l'uniforme noir et blanc les fait ressembler à de sympathiques pingouins. (2007-05-18)

LO SPUNTINO

Montréal-Nord
5169, rue Jean-Talon Est
514 374-6355

★★★ Cuisine
★★★ Service
★★★ Décor

 M**50$** S**90$**

Lo Spuntino prend soin de ses convives: les portions sont généreuses, les plats, goûteux, et les serveurs... irrésistiblement charmeurs. Au menu, on retrouve des pastas aux noix de pin et tomates séchées, une prise du jour, un filet mignon, une escalope de veau au marsala, un magret de canard à l'huile de truffe, des calmars frits délicats, et un surprenant dessert, le tartufo espresso, une boule de crème glacée flottant dans un verre de café chaud. Le décor élégant, vêtu de bleu marine et de céramique crème, est ponctué du blanc immaculé des tables nappées. (2006-06-13)

LUCCA

Petite Italie
12, rue Dante
514 278-6502

★★★★ Cuisine
★★★★ Service
★★★★ Décor

 M**40$** S**100$**

Le Lucca est sans conteste l'une des plus brillantes étoiles gourmandes de la Petite Italie. Son décor, alliant parfaitement les matériaux nobles à un aménagement à cent mille lieues du pompeux, complète une cuisine irréprochable. On s'y presse le midi comme le soir, pour mordre dans une généreuse portion de calmars frits, déguster la Mozzarella di Bufala, les pâtes arrosées de fonds richissimes, le risotto préparé en fonction des humeurs (toujours excellentes) du chef et les viandes braisées ou grillées qui fondent entre la langue et le palais. En somme, les accords sont simples, voire parfaits. (2007-08-25)

MISTO

★★★ Cuisine
★★★★ Service
★★★ Décor

Plateau Mont-Royal
929, avenue du Mont-Royal Est
514 526-5043

M**40**$ S**80**$

Dans cette portion archi-fréquentée du Plateau, les haltes gastronomiques ne sont pas toujours dignes de ce nom. C'est donc avec appréhension qu'on mettait les pieds chez Misto. Oui, le climat s'y veut aussi agréablement survolté que dans les autres restos du coin. Mais pour la qualité culinaire, on se détache du lot. Créativité, voilà le mot d'ordre lancé à la brigade en cuisine quant à son approche de la tradition italienne. Donc, au menu, de grands classiques adroitement revisités tels que ces pennes accompagnés de sauce à la crème, de fromage de chèvre, de noix de pin et de persil, ou ces linguinis au poulet fumé avec leurs poivrons, leurs pois mange-tout et leurs tomates séchées. Le tout servi par un personnel amical qui sait traiter sa clientèle avec grand soin. (2007-01-22)

OTTO

★★★★ Cuisine
★★★ Service
★★★★ Décor

Vieux-Montréal
901, square Victoria
514 395-3180

 M**65**$ S**120**$

Au cœur du square Victoria, ce coin de Montréal qui a de plus en plus des airs de grande métropole américaine, Otto, le restaurant du chic et très *fashion* Hôtel W, ne se contente pas d'être beau et d'attirer une clientèle de belles personnes: il livre également la marchandise. Dans un décor rafraîchissant, spectaculaire et convivial, inspiré de l'esthétique des très colorées années 60 et 70, on offre une cuisine soignée, italienne surtout mais également asiatique, qui fait la part belle à de savoureux poissons, des pâtes élégantes, des grillades inspirées. L'addition est assez relevée, c'est vrai, mais le plaisir qu'on retire de l'expérience culinaire et visuelle vaut bien une légère entaille au portefeuille. À découvrir. (2007-07-06)

PASTA CASARECCIA

★★ Cuisine
★★ Service
★★ Décor

Notre-Dame-de-Grâce
5849, rue Sherbrooke Ouest
514 483-1588

 M**25**$ S**50**$

Cette sympathique trattoria familiale et sans prétention a quelque chose de bon enfant qui rassure et fait sourire. Est-ce à cause des banquettes de cuirette, du néon rouge et des petites maximes accrochées ici et là sur les murs? Tout cela à la fois y contribue. Le menu comprend une table d'hôte, un généreux assortiment d'antipasti dont des olives et des cèpes farcis à la viande, une liste de pâtes et de sauces à combiner selon ses envies, et une courte carte des vins dont quelques importations privées. À cela s'ajoute une épicerie fine adjacente où l'on peut, avant de quitter, faire provision d'huile d'olive, de vinaigre balsamique, de viande de salaison, mortadelle et saucissons, de plats cuisinés, de torrone et de panettone. Une petite adresse à connaître. (2006-01-20)

PICCOLA ITALIA

Petite Italie
6701, boulevard Saint-Laurent
514 270-6701

★★★★ Cuisine
★★★ Service
★★★★ Décor

 M**50$** S**90$**

Cette maison conserve au fil des ans la plupart de ses attraits. La qualité de sa cuisine n'étant pas le moindre. Les grands classiques de la cuisine italienne se trouvent ici, plus quelques incursions dans le *nuovo latino*, prouvant que les gens derrière les fourneaux ne manquent pas d'imagination. Mais c'est surtout sur les moments forts de la table italienne que l'on apprécie le travail, les produits utilisés étant de la meilleure qualité et de la première fraîcheur. Service distingué et intéressante carte des vins qui s'harmonisent parfaitement avec l'opulent décor élaboré par les propriétaires. (2006-03-01)

PICCOLO DIAVOLO

Village
1336, rue Sainte-Catherine Est
514 526-1336

★★★ Cuisine
★★★ Service
★★★ Décor

 M**30$** S**50$**

C'est l'un des trop rares établissements du quartier qui offrent à la fois qualité, efficacité et régularité. Le menu ne sort guère des sentiers battus, c'est vrai, mais les pâtes sont bien tournées, les viandes bien braisées, les légumes bien grillés. Le midi, un buffet *tutto italiano* est offert à prix raisonnable et il réserve toujours quelques surprises agréables. Bon choix de vins, service professionnel sans être guindé, décor riche mais sans excès. Une valeur sûre. (2006-03-30)

PIZZAÏOLLE 1

Plateau Mont-Royal
4801, rue Saint-Denis
514 499-9711

★★★ Cuisine
★★★ Service
★★★★ Décor

M**30$** S**40$**

Ceux qui n'y ont jamais mis les pieds pourraient aisément croire que ce petit resto dont l'allure décalée de cantine rétro contraste nettement avec le paysage du Plateau n'est qu'un simple attrape-touristes. Mais en y mangeant ne serait-ce qu'une seule fois, nous sommes conquis par l'authenticité des lieux où se rassemblent aussi bien les groupes d'hommes d'affaires, les familles avec de jeunes enfants que les amoureux. Le service y est prompt et d'une gentillesse exemplaire. Outre la dizaine de plats de pâtes, on y concocte près d'une quarantaine de pizzas, des plus simples aux plus extravagantes, dont la croûte (de blé ou traditionnelle) conserve son croustillant grâce à une cuisson au feu de bois. (2007-02-28)

PIZZAÏOLLE 2

Outremont
5100, rue Hutchison
514 274-9349

★★★ Cuisine
★★★ Service
★★★ Décor

 M**30$** S**50$**

Cette Pizzaïolle semble faire partie du décor depuis toujours. Avec les mêmes qualités et les mêmes attraits. Pas de choses compliquées, pas de surprises. Une petite cuisine reposante. Les enfants aiment y venir et les parents aiment que leurs enfants aiment. On y retrouve donc presque toujours quelques tribus familiales attablées autour de ces pizzas à croûte fine sorties du grand four à bois qui sert de lieu de rassemblement. Le service est toujours d'une gentillesse touchante et le sourire, ce fameux sourire qui fait voir des étoiles, est dispensé ici avec générosité. (2006-02-15)

PRATO

Plateau Mont-Royal
3891, boulevard Saint-Laurent
514 285-1616

★★★ Cuisine
★★★ Service
★★★ Décor

 M**30$** S**40$**

Situé entre deux incontournables de la *Main*, Schwartz's et Jano, le Prato est en voie d'accéder au même rang que ses voisins. Le secret de la bonne réputation de l'établissement? La qualité constante de ses pizzas à croûte mince (comme si les Américains ne s'en étaient jamais mêlés), cuites dans un four de brique et servies sur de grandes plaques à biscuits. Dans le resto familial, l'Italienne Rosa est gardienne de la tradition: elle concocte une réconfortante soupe pasta fagioli et des pâtes toutes simples dont elle a le secret. Pendant ce temps, Tony, son mari arménien, veille sur la salle au milieu de laquelle le four règne en maître. Tout le monde trouve son compte dans l'atmosphère animée de la trattoria: il y a des chandelles sur les tables pour les amoureux, une table de baby-foot à l'arrière pour les petits et grands hyperactifs, et des magazines pour agrémenter un repas en solo. (2007-07-17)

PRIMO ET SECONDO

Petite Italie
7023, rue Saint-Dominique
514 908-0838

★★★★ Cuisine
★★★★ Service
★★★ Décor

 M**65$** S**120$**

Simplicité, bon goût, respect des traditions. Voici une adresse à laquelle on ne peut pas reprocher grand-chose et dont la qualité ne se dément pas d'un plat à l'autre, du premier au dernier service. En cuisine, on sait comment s'y prendre pour créer un plat de risotto à l'agneau mémorable, une soupe froide aux tomates acidulée et aromatique ou une pièce de saumon parfaitement marinée et grillée (la maîtrise du chef en matière de poissons est remarquable!). Dans le secteur de la Petite Italie, on remarque sa signature très particulière, son service professionnel sans être empesé et la sensation de plaisir qui perdure, se distille lentement, de longues heures après la fin du repas. Belle carte des vins, tout italienne, bien sûr. (2007-06-26)

RESTAURANT ROBERTO

★★★ Cuisine
★★★ Service
★★★ Décor

Rosemont—Petite-Patrie
2221, rue Bélanger Est
514 374-9844

 M**30$** S**60$**

Au premier étage, la crèmerie, avec ses savoureux gelati faits maison, qui attirent des nuées d'enfants et de parents encouragés par l'éventail impressionnant de saveurs et de parfums. Au second, le resto, tout bois et couleurs chaudes, très fréquenté, bruyant, énergique, qui propose une carte surtout italienne, qui se cherche quelquefois mais qui réserve plusieurs magnifiques surprises. Comme cette délicate lasagne – la véritable, pas la version locale, inondée de viande et de sauce tomate... – ou ce lapin braisé qui fond dans la bouche. Clientèle composée de gens du quartier, d'assidus et de petites familles qui apprécient l'accueil chaleureux qu'on réserve aux enfants. (2006-03-31)

RISTORANTE SAPORI PRONTO

★★★★ Cuisine
★★★ Service
★★★ Décor

Westmount
4894, rue Sherbrooke Ouest
514 487-9666

 M**50$** S**100$**

Dans l'opulente ville de Westmount, Sapori Pronto fait figure de centre gastronomique: service de traiteur, plats à emporter, petit coin épicerie et même cours de cuisine. Quant au restaurant, au décor chic mais sans ostentation, il réinterprète la cuisine italienne avec maestria. Le chef Peppino Perri nous rappelle avec beaucoup d'à-propos que l'ingrédient principal de cette grande cuisine du monde est sans doute la simplicité. Les serveurs chouchoutent leurs habitués et servent les autres correctement. Bref, ils font bien leur travail. Carte des vins où de grands toscans côtoient (heureusement) des propositions plus modestes. (2006-01-07)

ROMEO

★★★ Cuisine
★★★★ Service
★★★ Décor

Plateau Mont-Royal
285, avenue du Mont-Royal Est
514 987-6636

 M**20$** S**40$**

Voici l'exemple parfait du resto à la mode. Musique branchée, déco contemporaine, ça groove chez Romeo: faune éclectique, vêtements in et cellulaire indispensables, iPod recommandé. Autres exigences: être détendu, souriant et bien coiffé. Les agapes: tapas à l'italienne et pizzas. Bob le chef, un jeune, est une boule d'énergie et signe rapidement des petits plats soignés et savoureux. Carpaccio, aranciano, pieuvre grillée, c'est pas mal réussi. Les pizzas ont la pâte généreuse, signée Première Moisson, et sont garnies d'ingrédients top qualité, même si l'ensemble manque parfois de finesse. Le service y est absolument ravissant et efficace. Une expérience sympathique et (relativement) bon marché au cœur d'un quartier toujours en pleine effervescence. (2007-07-18)

RUGANTINO

Mile-End
5486, boulevard Saint-Laurent
514 277-6921

★★★★ Cuisine
★★★ Service
★★★ Décor

 M**30$** S**80$**

Personnage quelque peu polisson de la commedia dell'arte, Rugantino représentait le peuple romain. À l'instar de cette figure issue de la culture populaire italienne du 16ᵉ siècle, notre Rugantino montréalais a à cœur d'être près des gens. Simplicité et authenticité y ont donc la cote. En cuisine, on s'applique à préserver les traditions régionales, misant sur un retour à l'essentiel, soit sur la qualité et la fraîcheur des ingrédients et non sur des présentations ou des combinaisons spectaculaires. Tout aussi exquis et copieux les uns que les autres, les plats de pâtes, de risotto, de viande, de fruits de mer ou de poisson nous comblent de bonheur, tout autant que le raffinement de la carte des vins. (2007-06-01)

TRE MARIE

Petite Italie
6934, rue Clark
514 277-9859

★★ Cuisine
★★★ Service
★★★ Décor

 M**35$** S**50$**

Repaire de la charmante famille Fabrizo, le Tre Marie a soufflé ses 40 chandelles en 2007. On est en droit d'espérer que cet anniversaire marquant énergisera une équipe qui semble s'asseoir sur ses lauriers depuis quelque temps. Certes, on est toujours charmé par la chaleur des lieux, par l'atmosphère bon enfant et par les sourires craquants des serveurs «full testostérone». Le succulent foie de veau à la vénitienne y a encore la cote – et les pâtes, les cannoli et le tiramisu maison égaient toujours l'humeur. Mais plusieurs plats manquent d'élan... Il faudrait leur infuser une touche de passion (celle qui se goûte!) pour leur redonner leur intensité, leur couleur et leur vivacité d'origine. Il suffirait de presque rien... pour gagner à nouveau notre cœur, qui fond déjà pour la Vénétie! (2006-01-03)

VAGO

Westmount
1336, avenue Greene
514 846-1414

★★★ Cuisine
★★★ Service
★★★ Décor

M**40$** S**80$**

Vago est l'incarnation même du resto italien chic: un décor soigné (fontaine à l'entrée, joli bar, du bois, beaucoup de bois), une atmosphère plutôt romantique, un service très attentif, une cuisine pour l'essentiel classique. Les plats sont bien exécutés et bien présentés, même si les faux pas demeurent possibles. Les portions sont franchement colossales. Et l'on côtoie ici des gens très comme il faut. La carte des vins fait écarquiller les yeux, tant en raison des crus proposés que des chiffres affichés dans la colonne de droite. Heureusement, on réserve au commun des mortels quelques bouteilles à prix raisonnable. (2006-03-25)

VELLA

Mile-End
5282, boulevard Saint-Laurent
514 274-8447

★★ Cuisine
★★★ Service
★★★ Décor

 M**40**$ S**80**$

À cent lieues du travail de chefs qui rivalisent en inventivité, les propriétaires du Vella ont mis l'authenticité dans leur point de mire avec une cuisine qu'ils nomment «rustique». Comme le chef est italien et le proprio portugais, la carte est un melting-pot de saveurs méridionales, inspirées des recettes de leurs grands-mères respectives. Fromages et charcuteries, spécialités de morue, calmars et polenta au ragoût de lapin ainsi que plats de viande sont partagés à l'espagnole, selon la formule tapas. Côté ambiance, ne prévoyez pas la nappe à carreaux d'usage! C'est dans un cadre contemporain, chic et un tantinet guindé que cette cuisine aux contours bruts est proposée. Du coup, la simplicité de la cuisine paraît un peu désincarnée... et cher payée. Les plats sont satisfaisants, mais dépourvus de ce surplus d'âme avec lequel l'établissement compte faire sa marque. (2007-05-18)

VIA ROMA

Petite Italie
7064, boulevard Saint-Laurent
514 277-3301

★★ Cuisine
★★ Service
★★★★ Décor

M**40**$ S**70**$

Via Roma l'été, c'est bien, mais c'est surtout l'hiver que le restaurant mérite un passage. Comme la terrasse est recouverte d'un toit amovible, elle reste ouverte par les grands froids de janvier. On peut donc prendre place à l'année dans ce petit coin de Méditerranée, sous la verrière abondamment recouverte de plantes et traversée par les rayons du soleil. Le soir de notre visite, la cuisine manquait toutefois de cette luminosité qui caractérise le lieu. La salade César n'avait pas de croquant sous la dent, l'escalope de veau «a la milanese», un choix pourtant recommandé par le serveur, était fade et le plat de pâtes s'est avéré correct, sans plus. Quant au service, il affichait une attitude hautaine et un tantinet mercantile, comme en a témoigné une eau embouteillée chargée d'office sur l'addition. Mauvaise soirée ou déclin de la Via Roma? À voir... (2007-07-17)

VIA VIVOLI

Vieux-Montréal
Centre de commerce mondial, 747, place Victoria
514 284-5320

★★ Cuisine
★★ Service
★★★★ Décor

M**45**$ S —

Difficile de ne pas succomber aux charmes du Centre de commerce mondial, qui constitue pour plusieurs un des joyaux de l'architecture moderne à Montréal. D'où l'intérêt que suscite d'emblée Via Vivoli, un restaurant italien plutôt classique s'ouvrant sur le spectaculaire atrium. Assis à la terrasse intérieure (la salle est plus modeste), au milieu d'un flot de passants pressés, on déguste des plats exécutés en gros correctement. De la carte et de la table d'hôte ressortent surtout les pâtes, bien entendu, auxquelles s'ajoute un choix intéressant de spécialités de la péninsule. Ce n'est pas donné mais, vu la beauté de l'écrin, on sort sa carte de crédit sans trop rechigner. Service convenable. Ouvert le midi seulement, du lundi au vendredi. (2006-06-09

légende

✖ coup de cœur cuisine et vins au verre

Ⓝ nouveauté

⬤ terrasse

⬤ carte des vins recherchée

⬤ apportez votre vin

CUISINE

grande table	★★★★★
très bonne table, constante	★★★★
bonne table	★★★
petite table sympathique	★★
correcte mais inégale	★

SERVICE

traitement royal	★★★★★
professionnel	★★★★
vif et efficace	★★★
décontracté	★★
quel service?	★

DÉCOR

exceptionnel	★★★★★
très beau décor	★★★★
soigné	★★★
confortable	★★
presque inexistant	★

ET L'ADDITION, S'IL VOUS PLAÎT

Les prix indiqués — midi ou soir — sont pour deux personnes, excluant taxes, service et boissons. Il s'agit, bien évidemment, d'un prix moyen que le lecteur devra ajuster en fonction de son appétit, de sa soif et de sa générosité à l'endroit du personnel en salle. Dans tous les cas, les prix apparaissant ici sont le reflet de ce qu'ils étaient lors de notre visite.

Quant aux établissements ouverts ou fermés à midi ou en soirée, compte tenu du fait que nombre d'entre eux modifient leurs heures d'ouverture sans préavis, il nous est impossible de fournir cette information avec certitude. Les ouvertures, midi et soir, indiquées ici le sont donc au meilleur de notre connaissance au moment d'aller sous presse. Il est toujours préférable de téléphoner pour s'assurer des heures d'ouverture réelles.

www.guiderestos.com

Les vins d'Alsace **complices** du **Japon**

Japon

Une cuisine raffinée à prédominance de poissons et fruits de mer où, résolument, les blancs d'Alsace s'accordent à merveille. Voici quelques conseils pour des harmonies réussies: les préparations de tempura exigent des vins plutôt riches (pinot gris et gewurz), les plats avec sauce teriyaki demandent des vins ronds, amples et gorgés de soleil (pinot blanc, muscat), les sushis et sashimis, des blancs secs à demi-secs, riches, parfumés, voire intenses (riesling, muscat et gewurz). Enfin, le gingembre mariné sert à nettoyer le palais entre les morceaux de sushi, tandis que le wasabi n'étant pas le meilleur ami du vin, la modération aura meilleur goût.

Soupe miso
Crémant d'Alsace, sylvaner ou gentil

Sushis et sashimis
Riesling, muscat ou gewurztraminer

Teppan-yaki
Pinot gris, pinot blanc ou gentil

Tempura
Crémant d'Alsace, pinot blanc ou pinot gris

Poulet katsu
Pinot gris ou pinot noir

Pour en connaître davantage sur les vins d'Alsace, consultez notre lexique.

VINS
D'ALSACE

SAVEURS DU
JAPON

Avec le chef Junichi Ikematsu du restaurant *Jun I*
156, avenue Laurier Ouest
Montréal
T 514 276-5864
Voir notre critique p.192

**Le nom du restaurant Jun I, ouvert depuis deux ans et demi, évoque
celui de son propriétaire originaire de Tokyo. Junichi Ikematsu est
également le grand maître des cuisines.**

Quelles sont vos principales inspirations en cuisine?
«Avant d'arriver au Canada il y a 18 ans, j'ai travaillé dans plusieurs restaurants
japonais et c'est à travers ces multiples expériences que j'ai appris la cuisine
traditionnelle de mon pays. Mon travail se caractérise aussi par des influences
provenant de la cuisine française, que j'apprécie pour son raffinement et ses
saveurs. J'incorpore donc à ma cuisine des éléments comme du risotto, de
l'huile de truffe, des escalopes de veau ou du foie gras.»

Avec quels ingrédients aimez-vous travailler?
«J'adore cuisiner les poissons! Je travaille même avec certaines variétés qui
proviennent directement du Japon, d'Hawaï et de la Méditerranée. Parmi
tous les poissons disponibles sur le marché, le thon demeure celui que je
trouve le plus intéressant, que ce soit pour en faire des sushis ou du tartare.»

De quel plat êtes-vous le plus fier?
«De mon sashimi de bar rayé que je sers avec un pesto de shiso, une plante
très aromatique, du parmigiano-reggiano et de l'huile d'olive.»

ATAMI

Côte-des-Neiges
5499, chemin de la Côte-des-Neiges
514 735-5400

★★★ Cuisine
★★★ Service
★★★ Décor

 M**30**$ S**60**$

Une bonne surprise que ce petit restaurant à l'étage d'un immeuble de coin de la Côte-des-Neiges qui ne paie pas de mine et que l'on peut rater si l'on n'a pas repéré l'enseigne jaune et rouge. La maison s'avère un endroit reposant où l'on mange très bien à prix modéré. Tables nappées, décor simple et net, service attentionné et rapide sont une bonne entrée en matière. Le tempura léger de crevettes délicieusement fraîches, le thon saisi parfaitement et les excellents kamikazes du chef sont une invitation à revenir. Menu du jour (11 $ en moyenne) et à la carte, sushis classiques, le tout complété par une carte des spécialités maison: Diamond Roll, Tuna Delight, Orchidée, Vénus. Une petite carte des vins dépanne ceux qui n'aiment pas le saké. (2006-02-01)

BISHOKU

Centre-ville
1184, rue Bishop
514 876-0056

★★★ Cuisine
★★★ Service
★★★ Décor

M**30**$ S**70**$

Petit écrin de quiétude dans un centre-ville bourdonnant du matin au soir, Bishoku offre ce que l'amateur de cuisine japonaise recherche et apprécie: des produits frais, des préparations concoctées avec art et dans la tradition, un décor épuré, contemporain et baigné dans une ambiance musicale reposante. Trop calme pour vous? En dehors des sushis, tempuras, soupes udon et autres classiques pièces de viande grillées, le menu offre quelques plats surprenants, comme cette agréable salade de pieuvre marinée ou cette entrée de thon mariné à la moutarde au goût fin et délicat. Service tout nippon avec français approximatif... mais français tout de même. (2006-03-06)

BLEU CARAMEL

Plateau Mont-Royal
4517, rue de La Roche
514 526-0005

★★ Cuisine
★★★ Service
★★★ Décor

M — S**50**$

Si on se plaît à visiter cet établissement au décor apaisant et au patronyme bizarre, ce n'est pas tant pour sa gastronomie japonaise ou pour ses nombreux thés que pour le havre de paix qu'il représente. Une fois l'imposante porte de bois franchie, on n'aura aucun mal à faire abstraction du tourbillon du monde extérieur et à se laisser porter par le service très amical. Les sushis servis ici sont fort respectables et concoctés dans les règles de l'art, mais on aura cependant tout intérêt à profiter des autres découvertes figurant au menu: éminé de bœuf subtilement sucré, tempuras présentés avec originalité, salade d'algue fraîche et croquante ou encore gyoza mandoo, ces petits chaussons légers d'origine coréenne farcis de bœuf, de crevettes ou de légumes. Une belle invitation à la détente. (2006-03-15)

ISAKAYA

★★ Cuisine
★★ Service
★★ Décor

Centre-ville
3469, avenue du Parc
514 845-8226

M**25**$ S**55**$

Avec l'expansion spectaculaire qu'a connue chez nous le marché du sushi dans la dernière décennie, les restaurateurs ne peuvent plus se permettre de fausses notes pour arriver à défier la concurrence. En voilà un qui n'a pas su tirer son épingle du jeu, mais dont la clientèle est tout de même demeurée fidèle (sans doute en raison des petits prix). Ici, ne cherchez pas les sushis aux fruits exotiques ou au fromage à la crème: on opte plutôt pour de sobres combinaisons. Cette authenticité, on l'apprécie en général. Le hic, c'est que la fraîcheur des ingrédients utilisés fait défaut et que, par conséquent, les makis, sashimis et autres sushis se révèlent plutôt fades. Le service est assuré avec une maladresse qui devient vite agaçante. (2007-06-29)

JUN I

★★★★★ Cuisine
★★★★ Service
★★★★ Décor

Mile-End
156, avenue Laurier Ouest
514 276-5864

🍜 M**40**$ S**100**$

Sous des allures discrètes se cache un savoir-faire hors du commun. À sa table (ou son comptoir, c'est selon), le chef Junichi Ikematsu et son équipe offrent les grands classiques japonais tels que la soupe miso, les sushis, sashimis et autres makis, mais avec une recherche, une audace et une précision de samouraï. Cette même inventivité bonifie également les plats plus traditionnellement occidentaux. Le maître artiste manie les saveurs avec un tel brio qu'il peut se permettre des unions périlleuses sans jamais déraper. Les saveurs semblent attendre leur tour pour séduire le palais. Ce tour de piste se révèle particulièrement réussi avec l'agneau et même le dessert, pourtant rarement une spécialité chez les Asiatiques. Des présentations créatives ainsi qu'un service discret et efficace apportent la touche finale à ce voyage de haute voltige sans turbulences. (2007-02-15)

LE JARDIN SAKURA

★★★ Cuisine
★★★ Service
★★★ Décor

Centre-ville
2170, rue de la Montagne
514 288-9122

M**30**$ S**80**$

Un des doyens de la restauration japonaise à Montréal. Devant la déferlante de sushi bars, de sushi comptoirs et autres shops que même les mioches réclament maintenant à l'heure du lunch, on se doit ici de saluer l'intégrité d'une équipe qui a su maintenir le cap et se concentrer sur l'essentiel, c'est-à-dire la qualité des produits et le respect des préparations traditionnelles. Qu'importe si on n'est pas dans La Mecque du design... Quand on a droit à un service tout en soie et en sourires, à de bonnes fritures et à du poisson frais, a-t-on vraiment besoin de plus? À essayer le midi, les généreuses assiettes combo sushis-teriyaki-tempura. Les soirs d'hiver, on s'offre le nabemono, immense soupe-repas (certains diront ragoût) destinée à plusieurs convives. La tradition veut que le nabemono consolide l'amitié de ceux qui le partagent, ce qui n'est qu'une de ses multiples et poétiques vertus. (2007-06-26)

MAÏKO SUSHI

Mile-End
387, avenue Bernard Ouest
514 490-1225

★★★★ Cuisine
★★★ Service
★★★ Décor

 M**30**$ S**80**$

Depuis une dizaine d'années, ce restaurant attire une abondante clientèle avide de délices japonais. Le chef ne déploie pas une grande audace en ce qui a trait à ses généreux sushis, makis et autres sashimis, mais il les confectionne toutefois avec une irréprochable rigueur. Et comme cela arrive souvent dans les restos japonais, ce sont les entrées qui impressionnent davantage par leur originalité. Et ici, la liste s'avère très longue. Vu la grandeur des lieux pouvant accueillir plus d'une centaine de clients à la fois, c'est en s'armant de patience qu'on s'y pointe les soirs les plus achalandés. Mais l'attente sera vite oubliée à la vue des jolies présentations intégrant des légumes colorés et, comble d'élégance et de délicatesse, des fleurs comestibles. (2007-05-19)

MIYAKO

Village
1439, rue Amherst
514 521-5329

★★★ Cuisine
★★★ Service
★★★ Décor

M**30**$ S**60**$

Sympathique resto de quartier, ce petit établissement rassemble depuis des années les habitués du Village et des alentours qui apprécient ses sushis et sashimis classiques, certes, mais toujours d'une grande fraîcheur et réalisés de main de maître. Parfois, c'est vrai, le service est un peu «branleux» – surtout aux heures de pointe -, mais on veut bien patienter en sachant qu'on va se régaler. La maison offre également les plats nippons traditionnels – tempura, teriyaki et autres favoris de la clientèle nord-américaine. Addition raisonnable, ambiance feutrée le soir, plutôt bruyante à l'heure du lunch. (2007-01-14)

ODAKI

Plateau Mont-Royal
3977, boulevard Saint-Laurent
514 282-1268

★★★ Cuisine
★★★ Service
★★★ Décor

N M**40**$ S**55**$

Ouvert comme un grand loft, ce sushi bar au cœur de la *Main* propose une sélection presque décadente de nigiris, makis et autres futomakis de qualité. Repris par une nouvelle administration fin 2005, Odaki mise sur un décor japonais soigné avec éléments de bois intégrés aux murs et papier japonais au plafond. Préparés avec rapidité par une équipe asiatique affairée derrière le bar, ces sushis sont servis par de jeunes serveuses dont le manque d'expérience (certaines ne parlent pas français) est inversement proportionnel à la beauté. Le menu à volonté constitue une affaire en or dans le monde du sushi à Montréal. (2007-06-11)

OGURA

Centre-ville
2025, rue Union
514 847-9000

★★ Cuisine
★★ Service
★★ Décor

M**30$** S**45$**

Le chef officie seul derrière le grand comptoir. On peut le voir œuvrer et ainsi patienter car l'art du couteau nécessite talent et temps. Le jour de notre passage, l'ensemble laissait à désirer. En entrée, trois feuilles de salade et une petite soupe miso, plus proche d'un simple bouillon. Les sushis étaient frais et séduisants mais une bouchée encore gelée nous a laissés perplexes. Le poulet teriyaki n'avait rien à voir avec les tranches délicates et marinées dans la sauce offertes ailleurs. Les pommes de terre rissolées servies en accompagnement avec le riz et les autres légumes étaient insignifiantes et froides. Une mauvaise journée? Décor sobre, neutre et agréable. Plats pour emporter. (2006-04-28)

OISHII SUSHI

Mile-End
277, avenue Bernard Ouest
514 271-8863

★★★ Cuisine
★★★ Service
★★★★ Décor

M**30$** S**65$**

C'est dans un décor très aérien, lumineux et vaguement psychotronique que ce sympathique petit comptoir à sushis a établi ses quartiers. Bien sûr, il existe maintenant des myriades d'établissements japonais du même genre, mais celui-ci a un je-ne-sais-quoi, un air de jeunesse et de fraîcheur peut-être, qui le rend plus attirant que la moyenne. La cuisine? Impeccable, avec quelques audaces et trouvailles qui plairont à l'amateur éclairé et une jolie liste de *drinks* parfois très exotiques qui changent agréablement du traditionnel saké. Et puis on aime bien ce quartier Mile-End tout croche mais si politiquement incorrect. (2006-06-08)

OSAKA RESTAURANT

Centre-ville
2137, rue de Bleury
514 849-3438

★★★ Cuisine
★★★ Service
★★ Décor

M**25$** S**40$**

Osaka, l'un des pionniers de la cuisine nippone à Montréal, est un établissement tout ce qu'il y a de plus fréquentable, qui propose une cuisine raffinée et qui réserve d'agréables surprises. D'accord, le décor quelconque mériterait sûrement un sérieux dépoussiérage... Par contre, la finesse des préparations, le souci de bien faire et surtout de faire authentique (ici, le sushi n'est pas roi mais seulement un subordonné du menu principal) en font une valeur sûre. Clientèle bigarrée, service souriant et prix abordables. (2006-01-07)

SHIKI SUSHI

Plateau Mont-Royal
5055, rue Saint-Denis
514 282-1913

★★★ Cuisine
★★ Service
★ Décor

M**25$** S**30$**

Dans ce minuscule restaurant (il n'y a que trois tables et un comptoir), c'est le maître sushis lui-même qui sert aux tables dans un français approximatif livré avec bonne volonté. Dans ce décor presque inexistant, on s'étonne de découvrir des sushis bien exécutés, avec des petites surprises qu'on ne trouve pas ailleurs, comme le maki Boston, couronné de fines tranches de pomme. On devine que l'endroit est fréquenté le soir par une faune du quartier qui en ressort avec des assiettes à emporter, et le midi, par les travailleurs du coin. On y offre aussi un service de traiteur. (2007-06-05)

SHO-DAN

Centre-ville
2020, rue Metcalfe
514 987-9987

★★★★ Cuisine
★★★ Service
★★★★ Décor

M**40$** S**70$**

Dans la liste des très bonnes tables japonaises figure Sho-Dan, un resto au décor moderne, savamment dépouillé, dont la qualité tant au plan du service que de la cuisine est d'une régularité à toute épreuve. En plus de l'habituel éventail des grands classiques nippons (sushis, sashimis, tempuras et teriyakis), la maison offre une dizaine de petits bijoux aux noms évocateurs (Fleur de thon, Twister, Roméo et Juliette et autres Dragon dansant...) qui sont en fait d'habiles échafaudages culinaires aussi jolis à l'œil que savoureux au palais. Quoi ajouter, sinon que tout est précis et frais comme l'exige la tradition nipponne, que le service est efficace et discret et l'addition raisonnable pour un établissement de cette qualité. (2007-05-28)

TAKARA

Centre-ville
1455, rue Peel, Cours Mont-Royal, 4e étage
514 849-9796

★★★ Cuisine
★★★ Service
★★★ Décor

M**35$** S**70$**

Le centre-ville de Montréal regorge de ces confortables restaurants japonais où l'on offre aux clients l'habituelle panoplie des petites merveilles craquantes, fraîches et juteuses de la cuisine nippone. Takara est l'un de ces établissements, le genre d'adresse qui ne surprend pas mais dont on ne sort pas déçu. Les classiques marins sont impeccables, quelques-uns plus audacieux que la moyenne – essayez les spécialités de la maison comme le sushi frit (Cool Mont-Royal), l'anguille BBQ, le cornet de poulet frit (karaage) ou encore le Tsunami (saumon fumé) –, les assemblages bien faits, le service tout en douceur et souriant et l'addition raisonnable. En passant, le resto se trouve au quatrième étage des Cours Mont-Royal, au fond d'un corridor, presque dissimulé à la vue des passants. Les amateurs de rendez-vous discrets apprécieront, les autres un peu moins... (2007-05-22)

TIAN XIA

Plateau Mont-Royal
1475, avenue du Mont-Royal Est
514 523-5555

★★ Cuisine
★★ Service
★★ Décor

M**20$** S**30$**

Depuis que les sushis sont passés de nec plus ultra des gastronomes à une solution abordable de cuisine rapide, tout le monde en mange. On est même de plus en plus nombreux à se vanter de rouler ses propres makis. Dans ce repaire hybride entre le comptoir à sushis et l'épicerie japonaise, d'où son surnom du «dépanneur à sushis», les plus habiles trouvent les ingrédients pour en faire à la maison tandis que ceux qui ne veulent pas se casser la tête les achètent prêts à emporter. Le mot «dépanneur» prend ainsi tout son sens. La qualité des sushis préparés ici est correcte, un cran au-dessus de ce qu'offrent les chaînes commerciales implantées aux quatre coins de la ville, mais comme on les confectionne aussi chez soi, on est plus difficile à impressionner! Petit plus de l'endroit: la livraison à domicile et les quelques tables sur place pour les gens pressés. (2007-03-24)

TOKYO SUSHI BAR

Vieux-Montréal
185, rue Saint-Paul Ouest
514 844-6695

★★★ Cuisine
★★★ Service
★★★ Décor

M**25$** S**60$**

Dans ce coin du Vieux-Montréal qu'on dirait avoir été pensé pour soutirer un maximum de dollars aux touristes recherchant l'expérience ultime, on retire une certaine satisfaction (voire de la fierté) à se retrouver dans un endroit qui ne sent ni la frime ni le fric. On ressent plutôt ici la douceur et la «zénitude» qui habitent les endroits ayant assumé leur statut de resto «apprécié, mais pas hip». Dans l'écrin crémeux du Tokyo, et sous les soins d'une brigade aussi discrète qu'attentionnée, il devient aisé de passer du bon temps, même si le repas n'a rien de cathartique. Le poisson demeure très frais et le tempura aérien. Le chablis et la fabuleuse énergie du quartier aidant, on se laisse doucement bercer jusqu'à la caisse, qui nous réserve la surprise d'une addition fort raisonnable. (2006-05-16)

TRI EXPRESS

Plateau Mont-Royal
1650, avenue Laurier Est
514 528-5641

★★★★ Cuisine
★★★★ Service
★★★ Décor

M**30$** S**50$**

Monsieur Du, Tri de son prénom, a longtemps fait le bonheur de bien des amateurs de cuisine japonaise. Au cours des dernières années, il a aussi fait la réputation de quelques restaurants où il officiait comme maître sushi. Après quelques mois de silence, il réapparaît dans le paysage montréalais à une adresse qui, si elle est moins prestigieuse que les précédentes, a le mérite d'être sienne. Et l'on y retrouve, intact et transcendé, ce qui faisait le charme de sa cuisine jadis: cette touche de délicatesse et cette vivacité qui donnent des plats pétillants et jouissifs. Bien entendu, les traditionnels sushis et autres sashimis sont à la carte, mais s'il y a un endroit où vous devriez laisser le chef s'exprimer, c'est bien ici. Fixez votre budget et laissez le maître œuvrer. Satisfaction garantie. (2006-02-24)

WISUSHI

Dollard-des-Ormeaux
3697, boulevard Saint-Jean
514 696-3399

★★★ Cuisine
★★★ Service
★★ Décor

M**30$** S**60$**

Rien de spectaculaire dans cet établissement de l'Ouest de l'île de Montréal où les tables sont alignées le long d'une baie vitrée, avec vue sur le stationnement d'un petit centre commercial. Pour le décor bucolique, on repassera. Et ce n'est certainement pas l'ambiance musicale, très «top 40», qui aide à se transporter vers l'exotisme raffiné du pays du soleil levant. Si l'endroit ne mérite pas de détour particulier, ceux qui fréquentent les environs trouveront là une très bonne adresse. Une excellente sélection de makis, confectionnés avec juste ce qu'il faut de riz, des poissons frais, des plateaux joliment présentés, une soupe miso bien réconfortante et des prix corrects: voilà autant de raisons pour s'y arrêter. Et comme la maison prépare des commandes pour emporter, pourquoi ne pas déguster ces petites bouchées dans le confort de votre foyer? (2007-03-12)

YUKI SUSHI BAR

Village
1281, rue Amherst
514 523-2516

★★ Cuisine
★★ Service
★★ Décor

 M**25$** S**40$**

Un X^e comptoir à sushis, nous direz-vous? C'est juste. Et ici comme ailleurs, ils sont servis à toutes les sauces: déposés ou enroulés sur du riz gluant, fumés ou crus, enrobés ou pas de végétation marine, à la californienne, frits, etc., etc. En somme, rien de neuf sous le soleil levant! Par contre, le souci d'authenticité, le service efficace, le décor épuré et franchement nippon de même que les prix raisonnables (surtout le midi) en font une adresse aussi respectable que fréquentable. (2006-01-05)

ZEN YA

Centre-ville
486, rue Sainte-Catherine Ouest, 2e étage
514 904-1363

★★★ Cuisine
★★ Service
★★★★ Décor

M**30$** S**80$**

Bien sûr, à midi, les gens du quartier quittent leurs bureaux pour venir goûter ici sushis, sashimis et autres japonaiseries qui, s'ils ne pèchent pas par originalité, ont au moins la vertu de présenter des classiques bien interprétés. Bien sûr, le décor – un peu sombre au goût de nombreux clients, mais d'un classicisme nippon remarquable pour les amateurs – est encore digne de mention. Mais l'honorable client se demande parfois s'il existe ou s'il ne dérange pas tant le personnel fait preuve de nonchalance. Erreurs de commandes, retards inexplicables, cahots dans l'arrivée des plats, étourderies. On se lasserait si la cuisine ne compensait pas. Heureusement, elle compense. (2006-04-07

Les vins d'Alsace **complices** du **Moyen-Orient**

Moyen-Orient

Grâce à la diversité des cépages et des styles, les vins d'Alsace permettent de belles alliances avec cette cuisine vive et intense. L'acidité souvent présente (citron, yaourt, sumac) demande des vins frais, parfois vifs. Les vins des régions viticoles au climat tempéré telles que l'Alsace s'imposent avec des parfums intenses (muscat et gewurz) et beaucoup de fraîcheur (riesling et sylvaner). La simplicité des nombreux kébabs et poissons grillés facilite la tâche du choix d'un vin, permettant de réaliser de nombreux mariages harmonieux.

Baba ghanouj (Liban)
Pinot noir, riesling ou gentil

Salade fattoush (Syrie)
Crémant d'Alsace, sylvaner ou pinot blanc

Kébab d'agneau
Pinot gris ou pinot noir

Shirin polo (Iran)
Riesling, pinot blanc ou muscat

Stouf (Liban)
Riesling ou pinot gris de vendanges tardives

Pour en connaître davantage sur les vins d'Alsace, consultez notre lexique.

VINS D'ALSACE

SAVEURS DU MOYEN-ORIENT

Avec la chef Christine Faroud du restaurant *Aux lilas*
5570, avenue du Parc, Montréal
T 514 271-1453

Voir notre critique p. 201

Aux lilas s'est implanté dans le paysage montréalais en 1980. C'est en 1984 que Christine Faroud a commencé à œuvrer dans les cuisines de ce restaurant dont elle est devenue propriétaire 11 ans plus tard.

Quelles sont vos principales inspirations en cuisine?

«Quand j'étais petite, j'observais ma mère, mes grands-mères et mes tantes, et je savais que plus tard, j'allais cuisiner. Je suis née au Québec, mais j'ai grandi au Liban et je suis revenue ici en 1984. Mes influences proviennent donc de la cuisine traditionnelle libanaise. La table libanaise est très riche en entrées. Si on invite quelqu'un pour un repas, une seule entrée avant le plat principal ne suffit pas, il doit y en avoir une dizaine dont le taboulé, le kebbé nayé, l'houmous et le baba ghanouj.»

Avec quels ingrédients aimez-vous travailler?

«J'utilise beaucoup les fines herbes, la coriandre en poudre et le thym libanais qui consiste en fait en un mélange de thym, de sumac et de graines de sésame. J'utilise ce mélange pour ma salade fattoush et les cailles grillées. J'ajoute de la cardamome au café et de la fleur d'oranger aux desserts. Et j'utilise de la bonne huile d'olive. Car pour arriver à de bons résultats en cuisine, il est primordial d'avoir sous la main une huile d'olive de très bonne qualité.»

Où vous procurez-vous vos ingrédients?

«J'achète les noix de pin, que j'incorpore à plusieurs de mes recettes, chez Coconut Nuts (9050, rue Charles-de Latour, Montréal, 514 388-0066). Leurs noix sont toujours fraîches et savoureuses et ils les font rôtir sur place. J'aime aussi aller à l'épicerie Nouveau Main (1188, boulevard Saint-Laurent, 514 861-5681) pour les épices et le beurre de sésame.»

ALEP

Petite Italie
199, rue Jean-Talon Est
514 270-6396

★★★★ Cuisine
★★★★ Service
★★★ Décor

M**20**$ S**70**$

La seule mise en garde que l'on pourrait faire à quelqu'un qui ne connaîtrait pas ce très sympathique restaurant levantin est de ne pas y venir seul. Il faut en effet y emmener famille et amis puisqu'on vient ici pour un festin. On commence avec de gigantesques mezzes, ces petites entrées orientales qui finissent par ne pas être si petites que ça, et on finit avec quelques douceurs à la fleur d'oranger ou au miel. Entre les deux, des grillades, des brochettes, des plats mitonnés aux senteurs enivrantes et au puissant pouvoir évocateur. On est à Damas ou à Erevan le temps de prendre une ou deux bouchées. Plus de 20 ans après son installation ici, la maison conserve tous ses charmes. Service amélioré et ambiance toujours aussi fébrile. (2006-05-25)

AUX LILAS

Mile-End
5570, avenue du Parc
514 271-1453

★★★★ Cuisine
★★★ Service
★★ Décor

M **—** S**60**$

Dans son restaurant qui détonne dans le paysage de l'avenue du Parc et qu'elle dirige depuis maintenant 20 ans, la chef Christine Faroud chouchoute sa clientèle avec de séduisants plats où textures et saveurs se conjuguent en parfaite harmonie, où les viandes sont travaillées avec une extrême délicatesse et où les légumes se révèlent d'une irréprochable fraîcheur. Pour profiter d'une large palette de plaisirs (agneau, taboulé, houmous, labneh), on opte pour la formule «mezze», une suite de mets froids ou chauds servis en petites portions. (2007-06-07)

BYBLOS

Plateau Mont-Royal
1499, avenue Laurier Est
514 523-9396

★★★ Cuisine
★★★ Service
★★★ Décor

M**30**$ S**45**$

Il est toujours aussi invitant, aéré et chaleureux, le repaire d'Héméla Pourafzal. Et on y propose toujours ses «petites délicatesses» du Moyen-Orient, délicates par la façon qu'elles ont de nous surprendre subtilement et de nous séduire en douce. Qu'elle est sensuelle, cette cuisine fleurant le safran, la cardamome, la cannelle et la menthe! Du déjeuner au souper, on choisit, selon l'appétit, entre des grignotines (trempettes, purées, pirojkis) et des plats robustes (des brochettes, surtout), à partir d'un menu qui se lit «comme un roman», du premier chapitre à l'épilogue. L'été, on ouvre grand les baies vitrées pour laisser entrer l'air frais et le soleil vitaminé. Ah, le bonheur d'y prendre un café turc... (2007-05-02)

DAOU

Ville Saint-Laurent
2373, rue Marcel-Laurin
514 334-1199

★★★ Cuisine
★★ Service
★★ Décor

M**25 $** S**50 $**

Deux établissements se partagent le territoire. Papa Daou est à Ville Saint-Laurent, accueillant depuis 30 ans la communauté libanaise de Montréal. Son rejeton, lui, a pris racine dans Villeray. Nous parlerons ici du doyen. Le resto s'apparente à une cafétéria hyper-éclairée. Des familles entières se réunissent autour des longues tables. Les serveurs tout sourire circulent avec, sur d'immenses plateaux, des assiettes de poissons frais du jour, grillés ou frits, de grillades de viande, filet mignon, poulet ou agneau, ainsi que les fameuses entrées froides et chaudes libanaises qui, à elles seules, peuvent constituer un repas pantagruélique. À plusieurs reprises, une ritournelle préenregistrée résonne pour souligner un anniversaire. Et c'est le restaurant en entier qui claque des mains, dans une joyeuse et irrésistible atmosphère familiale. (2006-03-24)

DIMA

Ahuntsic
1575, rue Dudemaine
514 334-3876

★★★ Cuisine
★★★ Service
★★ Décor

M**30 $** S**45 $**

On y goûte d'excellents classiques de la cuisine du Levant. Prélude à l'exploration, l'assiette végétarienne garnie d'houmous, de metabal, de mouhammara et autres savoureuses concoctions ouvre l'appétit. On y aurait picoré toute la soirée si les grillades n'étaient apparues sur la table. Pour les palais aventureux, des choix moins courants, comme les cailles grillées ou le poulet tarator, sont aussi au menu. M. Haddad, ingénieur dans une autre vie et aujourd'hui chef-propriétaire du troquet, se fait une fierté de maintenir un gage de qualité. Même si on arrive presque à l'oublier, le décor mériterait d'être renippé, ne serait-ce que pour fidéliser une clientèle qui digère mal les coloris pastel des années 80... (2007-03-06)

KHYBER PASS

Plateau Mont-Royal
506, avenue Duluth Est
514 844-7131

★★★ Cuisine
★★★ Service
★★★ Décor

 M**—** S**55 $**

Carrefour de rencontres depuis des lustres, l'Afghanistan possède une tradition culinaire résultant d'un croisement de multiples influences. Jouant avec les parfums et les couleurs, elle s'apparente à la cuisine de l'Inde et de l'Iran en se faisant cependant moins relevée que la première et plus raffinée que la deuxième. C'est donc à une virée épicurienne tout en finesse que nous convie le chef-propriétaire Faruk Ramisch. Celui-ci peut se targuer d'être le seul à Montréal à offrir ce type de cuisine dont les plats de riz, les kebabs d'agneau, de poulet ou de bœuf, les aubergines grillées accompagnées d'une sauce au yogourt et les soupes de légumineuses sont quelques incontournables. Sans oublier ces arômes de cumin, de cardamome ou de safran. (2007-05-24)

LA COUSSOUSSIÈRE D'ALI BABA

Village
1460, rue Amherst
514 842-6667

★★★ Cuisine
★★★★ Service
★★ Décor

 M**40$** S**70$**

Au premier abord, les allures de palais des mille et une nuits défraîchi et la peinture dorée qui s'écaille sur les faux rochers gardant l'entrée de La Coussoussière d'Ali Baba peuvent décourager les convives les moins aventureux. Mais une fois passé le pas, les effluves de la Tunisie et du Maroc ont tôt fait de nous faire oublier la devanture. À la lueur des lampions colorés, on déguste une réconfortante soupe de tomates fraîches et de blé concassé, un croquant brick à l'œuf et un couscous, royal dans tous les sens du terme: le jarret fond, la merguez regorge d'épices et la semoule est aérienne. Sous le couvercle du tajine, les citrons confits parfument pétoncles, crevettes, artichauts et haricots, lesquels baignent dans le bouillon brûlant. Au dessert, les baklavas sont à l'image du service: charmants. Spectacles de danse orientale les fins de semaine. (2007-08-04)

LA SIRÈNE DE LA MER

Ville Mont-Royal
114, rue Dresden (Jean-Talon Ouest)
514 345-0345

★★★ Cuisine
★★★ Service
★★★ Décor

M**35$** S**65$**

Curieuse adresse, qui se présente en livrée de grand seigneur, avec colonnade, lustre et serveur chromé, mais qui offre une carte du Moyen-Orient traditionnelle, sans artifice ni véritable surprise. D'accord, cette cuisine est bien faite avec son houmous finement assaisonné, sa pieuvre délicatement frite, sa purée d'aubergines fumées, ses grillades au généreux parfum de charbon de bois et un honnête choix de poissons frais. Et puis le client a droit à une bonne carte des vins qui présente quelques trouvailles libanaises dignes de mention. Mais dans pareil décor, qui plus est à deux pas de la cossue Ville Mont-Royal, on s'attendrait à plus de panache dans l'assiette! Cela dit, l'addition est raisonnable, l'ambiance reposante et le service efficace. (2007-06-05)

LE PETIT ALEP

Petite Italie
191, rue Jean-Talon Est
514 270-9361

★★★★ Cuisine
★★★ Service
★★★ Décor

M**20$** S**40$**

Depuis plus de 10 ans, Le Petit Alep fait la joie des gourmands venus dans le coin du marché Jean-Talon et qui ont élu domicile ici pour un repas hors de l'ordinaire, et ce, midi ou soir. L'ambiance est très décontractée, même si le service est assuré avec beaucoup de sérieux et toujours avec le sourire. Côté cuisines, poulet tarator, «foule moudamas», muhammara ou autres plats terbi combleront les plus curieux. Pour chaque plat au nom un peu alambiqué, les explications du personnel sont claires et données avec beaucoup de gentillesse, ingrédient essentiel en restauration. Thé à la menthe et desserts parfumés à l'eau de rose aident à glisser dans la félicité... à défaut de stimuler un retour enthousiaste au bureau. Prix amicaux. (2006-01-17)

NOCOCHI

Centre-ville
2156, rue Mackay
514 989-7514

★★★ Cuisine
★★ Service
★★★ Décor

 M**25 $** S**25 $**

Voisin de l'Université Concordia, ce café au décor épuré propose aux étudiants pressés, comme aux travailleurs du centre-ville, de se sustenter vite fait, bien fait. Ce n'est cependant pas du côté de la grande sélection de sandwichs, salades et pizzas qu'il faudra chercher l'expérience gastronomique. Ces classiques du midi sont ici dépourvus de personnalité. Toutefois, pour un dessert ou encore à l'heure du thé (ou du café), on adore visiter cet endroit. Derrière un grand comptoir vitré, de jolies pâtisseries typiquement moyen-orientales s'entassent par dizaines. Ces minuscules gâteries fleurent bon la pistache, la cardamome, la cannelle, l'eau de rose et la lavande et nous convient donc à un agréable voyage des sens. Dommage que le service soit aussi négligé. (2007-07-06)

PARSOMUCH

Notre-Dame-de-Grâce
5625, rue Sherbrooke Ouest
514 315-9858

★★★ Cuisine
★★★ Service
★★ Décor

 M**20 $** S**30 $**

Le Parsomuch dépayse et charme. Pas à cause de son décor, qui n'a rien de particulier hormis le gros téléviseur qui diffuse des vidéos de musique et de danse trad iraniennes, mais en raison des plats cuisinés par la propriétaire, Kathy Makvandi, dont l'enthousiasme à faire découvrir les spécialités de son pays d'origine, l'Iran, est contagieux. Les spécialités de ce resto de quartier sont les kebabs, sortes de brochettes aplaties de filet mignon et de steak haché, juteuses et bien assaisonnées, et les poitrines de poulet coiffées d'une tomate chaude et servies avec du riz basmati deux couleurs (nature et coloré au safran). En entrée, délicieuses purées à base de yogourt ou d'aubergine, à tartiner sur du pain pita. Prix abordables. (2007-04-27)

RESTAURANT SU

Verdun
5145, rue Wellington
514 362-1818

★★★ Cuisine
★★★ Service
★★★ Décor

 M**25 $** S**45 $**

Située entre l'Europe et l'Asie, la Turquie aura vu au cours des siècles séjourner sur ses terres plusieurs peuples; elle possède donc aujourd'hui une tradition culinaire riche d'influences. Aubergines et poivrons grillés, feuilles de vigne farcies, salade de yogourt, raviolis garnis de viande ou de fromage, filets de poisson et grillades relevées d'herbes goûteuses, baklavas: voilà un aperçu de ce que propose le menu de cet établissement sis sur la rue principale de Verdun. Ici, l'authenticité se trouve partout: dans le décor simple et sans flafla et dans les plats réconfortants faits à base d'ingrédients de première qualité et qui ne cherchent pas à en mettre plein la vue. Quant au rapport qualité-prix, il a tout pour séduire le plus grand nombre. (2007-04-17)

RUMI

Outremont
5198, rue Hutchison
514 490-1999

★★★ Cuisine
★★★ Service
★★★★ Décor

 M**25**$ S**60**$

Un repas chez Rumi, c'est beaucoup plus qu'un repas. C'est comme une randonnée à dos de chameau dans les ruelles étroites du bazar d'une grande ville orientale. Une fois que l'on a pris le rythme du pas de l'animal, on est en route pour de belles aventures. Plein d'odeurs d'épices peu employées dans nos cuisines, des couleurs et des goûts tout aussi inhabituels. Cuisine sincère, inventive et très bien élaborée. Plats minute faits de produits frais. Herbes fraîches, citron, huile d'olive. Et le mezze, ces petits plats, sorte de version orientale des tapas, tout à fait hors de l'ordinaire. Accueil et service un peu hasardeux par moments, mais infiniment sympathiques en permanence. Halte recommandée pour qui veut briser la routine. (2006-01-25)

SAMIRAMISS

Ville Saint-Laurent
885, boulevard Décarie Nord
514 747-3085

★★ Cuisine
★★ Service
★ Décor

M**30**$ S**50**$

Ici, on a droit à une cuisine familiale, simple et saine, comme les Levantins en ont le secret. L'incontournable mezze, présentant un assortiment classique d'amuse-bouche libanais, ouvre gaiement le bal. Mention spéciale aux falafels, particu-lièrement savoureux et croquants, ainsi qu'à la portion débordante de taboulé rafraîchissant. La fraîcheur a beau être dans les plats, concoctés minute, l'état un peu délabré du restaurant n'inspire guère confiance. Par beau temps, la terrasse offre par contre une alternative appréciable. En prime, on observe la vie de quartier sur cette artère commerciale bigarrée, ce qui ajoute au dépaysement. (2007-06-26)

TEHRAN

Notre-Dame-de-Grâce
5065, boulevard De Maisonneuve Ouest
514 488-0400

★★★ Cuisine
★★★ Service
★★★ Décor

M**30**$ S**40**$

La cuisine iranienne est aussi faite de ces plats simples, riz et brochettes. C'est ce que propose monsieur Sedeghi dans son restaurant perdu au bout du boulevard De Maisonneuve. Brochettes de filet mignon, de poulet au safran, de viande hachée marinée dans des recettes secrètes savoureuses. Quel que soit votre choix, vous aurez droit à une montagne de riz léger, parfumé, aérien; en plats du jour, ragoûts d'agneau ou de bœuf assaisonnés avec des épices douces que nous connaissons peu ici ou que nous utilisons rarement. Portions pantagruéliques et additions lilliputiennes. On se croirait dans un chic resto du bazar de Téhéran. Le restaurant offre aujourd'hui les boissons alcoolisées autrefois prohibées, mais toujours pas de desserts. Paiement en liquide seulement. (2006-08-31)

Les vins d'Alsace **complices** de la **Thaïlande**

Thaïlande

Attention, ça risque de chauffer! Beaucoup de poissons, fruits de mer et volailles, mais peu de viandes rouges dans cette cuisine parfumée, épicée et parfois brûlante pour nos palais douillets nord-américains. Voilà un grand nombre d'arguments qui valident la prédominance de blancs corpulents et vifs. Réservez vos blancs délicats tels que le gentil, le sylvaner et le pinot blanc pour les quelques plats plus légers. Les blancs un brin doux (pinot gris et gewurz) ou frais (riesling et sylvaner) calmeront la chaleur des plats davantage relevés.

Riz collant au lait de coco
Pinot blanc, pinot gris ou gentil

Soupe de poulet au coco
Crémant d'Alsace, muscat ou gentil

Poulet thaïlandais au curry vert
Pinot gris, muscat ou gewurztraminer

Salade de papaye verte
Riesling, muscat ou pinot gris de vendanges tardives

Patates sucrées au sirop
Pinot gris ou muscat de vendanges tardives

Pour en connaître davantage sur les vins d'Alsace, consultez notre lexique.

VINS D'ALSACE

SAVEURS DE LA THAÏLANDE

Avec la chef Lily Sirikittikul du restaurant *ChuChai*
4088, rue Saint-Denis, Montréal
T 514 843-4194

Voir notre critique p. 210

Avant d'adopter la tangente végétarienne et d'ouvrir le ChuChai en 1997, la chef d'origine thaïlandaise Lily Sirikittikul a fait ses premières armes au Chao Phraya, tenu par des membres de sa famille.

Quelles sont vos principales inspirations en cuisine?

«J'ai hérité des talents et des connaissances de ma mère, qui était cuisinière. Elle et ses amis cuisinaient pour la famille royale. Ils préparaient des recettes ancestrales dont je me suis grandement inspirée pour la création de mon menu.»

Avec quels ingrédients aimez-vous travailler?

«Les herbes et les épices sont mes ingrédients favoris, car ils déploient des arômes incroyables et possèdent des vertus pour le bien-être humain. J'aime utiliser plusieurs parfums comme le lait de coco, la pâte de curry et le basilic, que je mélange dans mes plats. La combinaison subtile de plusieurs saveurs est la principale caractéristique de ma cuisine.»

Comment en êtes-vous venue à préparer des mets exclusivement végétariens?

«Je suis devenue végétarienne à la naissance de mon fils en 1994, et c'est à la suite de cela que nous avons décidé de transformer le Chao Phraya de Saint-Denis en ChuChai. Le végétarisme est très populaire en Asie et il est prôné par la religion bouddhiste. J'ai fait des recherches en Thaïlande, au Laos, au Cambodge et en Chine pour arriver à faire des plats à base de protéines de soya et de blé possédant une texture et un goût similaires à la viande, au poisson et aux fruits de mer.»

BOUDDHA

Ville Saint-Laurent
1800, boulevard de la Côte-Vertu
514 920-0888

★★★ Cuisine
★★★ Service
★★★ Décor

M**40$** S**80$**

Même si l'on dit chez nous que l'habit ne fait pas le moine, en entrant dans ce restaurant, le client est plein d'espoir. Le cadre est en effet si réussi que l'on espère sincèrement que le reste le sera également. Et, Bouddha soit loué, c'est le cas. Ou presque, mais c'est souvent le cas lorsque le décor est vraiment très beau. La cuisine est pimentée juste ce qu'il faut pour exciter une papille nord-américaine très sensible, et si les amateurs de sensations fortes risquent d'être déçus, le grand public, lui, ne l'est pas. Certains soirs, la musique fait un peu trop boum-boum-boum et les lobes du grand Bouddha peint au plafond en frémissent. Vous frémirez aussi, de plaisir la plupart du temps, devant les petits plats sages de la maison. Addition raisonnable. (2006-05-22)

BOUDDHA BOUDDHA

Plateau Mont-Royal
3712, boulevard Saint-Laurent
514 287-9957

★★★ Cuisine
★★★ Service
★★ Décor

 M**20$** S**30$**

Ne cherchez plus le Thaï Express, puisqu'il a troqué son nom contre celui de Bouddha Bouddha. Mais là s'arrêtent les changements. La déco d'inspiration thaïlandaise continue de dégager une atmosphère empreinte de force tranquille. Le chef est resté le même et le menu ratisse toujours aussi large avec des spécialités de la Thaïlande, bien entendu, mais aussi de l'Indonésie, du Vietnam, du Cambodge, du Laos, de la Malaisie, et même de la Polynésie! Au menu: des satés et des sautés, des currys et des grillades. Aux crevettes, légumes, poulet, bœuf et porc. Dans les assiettes, les produits sont frais, et même si les amalgames d'épices et de saveurs ne nous propulsent pas au nirvana, ce petit resto de la *Main* reste somme toute un endroit indiqué pour casser la croûte, en formule midi express, ou le soir après une razzia de magasinage. (2006-05-05)

CHAO PHRAYA

Mile-End
50, avenue Laurier Ouest
514 272-5339

★★★ Cuisine
★★★ Service
★★★ Décor

M — S**85$**

Voici une institution en matière de cuisine thaïlandaise! L'établissement, qui compte trois salles à manger en enfilade, ne désemplit pas; pour être un peu au calme, préférez celle du fond. Le service, irréprochable, roule très rondement. Sous des dehors classiques, sur le plan du décor comme du menu, on vous propose ici un vaste choix de plats raffinés, plus ou moins épicés selon les goûts et toujours délicatement parfumés à la citronnelle ou à la noix de coco, au basilic ou au gingembre. Les fruits de mer sont à l'honneur, tout comme le canard, servi notamment en casserole, dans une délicieuse sauce aux poivrons et ananas. La carte des desserts est un peu courte et n'a parfois rien d'asiatique. (2007-06-01)

CHUCHAI

Plateau Mont-Royal
4088, rue Saint-Denis
514 843-4194

★★★ Cuisine
★★ Service
★★★ Décor

 M**25**$ S**50**$

Le menu de ce restaurant n'a plus de secret pour les végétariens purs et durs, et ce, depuis près d'une dizaine d'années déjà. Dans un décor aux notes modernes et dépouillées, on profite d'une fine cuisine thaïlandaise où le seitan (pâte à base de gluten) reproduit la texture, le goût et l'apparence du poulet, du bœuf, du canard, du poisson ou des crevettes. L'illusion n'est pas parfaite, mais on n'en demande pas tant. Tantôt doux et sucrés, tantôt pimentés, les plats accompagnés de nouilles ou de riz séduisent par l'équilibre de leurs parfums (lait de coco, curry, coriandre, basilic...), de leurs textures et de leurs couleurs. Alors qu'on sert l'alcool dans la salle à manger principale, le concept «apportez votre vin» règne dans la petite annexe express. (2007-05-14)

RED THAÏ

Plateau Mont-Royal
3550, boulevard Saint-Laurent
514 289-0998

★★★ Cuisine
★★★ Service
★★★ Décor

M**25**$ S**70**$

Red Thaï amène un peu d'exotisme à un tronçon du boulevard Saint-Laurent plutôt uniforme dans ses choix de restos. Le décor jure avec le minimalisme de rigueur chez ses voisins. La surabondance d'éléphants, bouddhas, batiks, bambous, dorures, faux nénuphars et faux bananiers aide à divertir le client attablé ici. Après quelques années d'euphorie culinaire, la cuisine du Red Thaï n'offre plus vraiment de surprises ni d'émotions fortes. On y sert toutefois encore de très belles assiettes, représentatives de cette bien-aimée cuisine thaïlandaise solide, parfumée, pimentée, sucrée et salée. Mais on y propose aussi des plats approximatifs et un peu trop brouillons. (2007-08-19)

RESTAURANT BANGKOK

Village
1201, boulevard De Maisonneuve Est
514 527-9777

★★★ Cuisine
★★ Service
★ Décor

M**25**$ S**40**$

Un peu à l'écart des autres établissements du Village, le Restaurant Bangkok propose une cuisine d'une grande authenticité. Ici, on ne lésine pas sur les effets spéciaux: basilic frais, piments incisifs, lime et coriandre à volonté, currys brûlants ou doucereux, toute la palette gustative est mise à contribution. On ne s'en plaindra pas: la tiédeur est l'ennemie de la cuisine thaïlandaise! Décor modeste mais lumineux. Service compétent. Du vrai et du solide! (2006-02-09)

RESTAURANT THAÏLANDE

★★★ Cuisine
★★★ Service
★★★ Décor

Mile-End
88, avenue Bernard Ouest
514 271-6733

M**30$** S**70$**

Nous vous conseillons de demander une table traditionnelle au moment de la réservation. Ainsi, déchaussé et à l'écart, on se retrouve confortablement assis au ras du sol, sur de jolis coussins colorés, fin prêt pour le festin qui s'offre à nous. Débute alors le défilé des soupes fumantes et finement épicées, des rouleaux brûlants au crabe qui s'effilochent sous la dent, des assiettes généreusement garnies de crustacés et de morceaux de poisson aux accents de coco et de curry. Le tout est servi avec grande attention, dans une vaisselle sublime et sans que l'on se rende compte du va-et-vient discret du serveur attentionné. On en ressort dépaysé, heureux et, surtout, repu. (2007-08-10)

TAÏ NATURE

★★★ Cuisine
★★ Service
★★ Décor

Vieux-Montréal
477, boulevard Saint-Laurent
514 868-0666

M**20$** S**40$**

Il est facile de rater la façade de ce resto, discret dans son demi-sous-sol. Vu ses prix abordables et la qualité générale de ses plats, parions toutefois qu'il figure au carnet des professionnels qui bossent dans les environs. Au menu, deux tables d'hôte s'affrontent: la vietnamienne et la thaïlandaise. Guidé par le nom du resto, on opte pour la seconde. En guise de préambule, une soupe à la citronnelle très aromatique, généreusement garnie de légumes et de fruits de mer, annonce un repas satisfaisant. Les crevettes à la thaïlandaise entourées d'une feuille de basilic et le saumon à la sauce piquante au tamarin servi sur une plaque grésillante ne déçoivent pas. Le décor pourrait bénéficier d'un petit *lifting* et le service d'un petit *training*, mais voilà une chouette adresse pour un lunch rapido ou un souper après le bureau. (2007-08-27)

TALAY THAÏ

★★★ Cuisine
★★★ Service
★★ Décor

Côte-des-Neiges
5697, chemin de la Côte-des-Neiges
514 739-2999

M**15$** S**40$**

À l'intersection des chemins de la Côte-des-Neiges et de la Côte-Sainte-Catherine, ce petit restaurant thaïlandais continue de constituer une agréable halte. On y mange toujours cette cuisine revigorante, parfois décapante, avec ses plats classiques relevés au piment qui distinguent la gastronomie du pays. Cuisine riche et reposante, pleine de parfums de tamarin, de basilic, de galanga, de noix de coco et de mangue verte. Madame Sirina Sae ung continue à superviser le travail en cuisine et à apporter sa touche délicate à tous les petits plats de riz, de viande, de poisson ou de volaille qui partent vers les tables. Le décor est un peu aléatoire, mais la cacophonie est agrémentée par la grande amabilité du service. Addition d'une douceur toute thaïlandaise. (2006-01-27)

THAÏ GRILL

★★★ Cuisine
★★★ Service
★★★★ Décor

Mile-End
5101, boulevard Saint-Laurent

514 270-5566

M**30**$ S**80**$

Plusieurs proprios d'établissements thaïlandais créent pour leur clientèle des environnements envoûtants, avec juste ce qu'il faut de bois, de couleur et d'artefacts d'Asie pour séduire l'œil. Le Thaï Grill s'inscrit sur cette liste. Dans ce magnifique écrin couleur d'ébène, fleurant bon la lime et les épices, les bouddhas veillent sur le bonheur des convives qui se sustentent à la douce lumière de bougies. Puisque nous sommes sur le *trendy* Saint-Laurent, on a ici la Thaïlande pimpante et américanisée, comme en témoignent un filet de bœuf Angus au curry servi avec aubergines, le curry de canard, le bœuf brocoli sauce citronnelle et autres spécialités. Le tout se marie bien à l'un des martinis maison que vous offrira sans doute une serveuse tout aussi lookée que discrète. Quand la branchitude rencontre la zénitude... (2007-02-24)

THAÏ HENG

★★ Cuisine
★★ Service
★★ Décor

Villeray
6503, rue Beaubien Est

514 259-9111

M**25**$ S**40**$

Force est de constater deux tendances lourdes chez les restos asiatiques standard: les décors hybrides, au confluent de l'Orient et de la banlieue kitsch nord-américaine; et les menus interminables, dont les photos rendent rarement justice aux plats. Se fondant dans l'anonymat d'un *strip mall* de l'Est de l'île, le Thaï Heng confirme la règle. Devant les 157 mets offerts, même le serveur est déboussolé. Faute de suggestions, tenez-vous-en aux classiques des cuisines thaïlandaise et chinoise – américanisées, s'entend: soupes et mijotés, nouilles croustillantes garnies, riz frit... L'expérience est anodine et sympathique, car vécue en territoire connu. On pourrait être dans le Chinatown ou à l'angle de Saint-Denis et Jean-Talon, l'impression sécurisante de déjà vu serait la même. (2006-03-17)

ET L'ADDITION, S'IL VOUS PLAÎT

Les prix indiqués — midi ou soir — sont pour deux personnes, excluant taxes, service et boissons. Il s'agit, bien évidemment, d'un prix moyen que le lecteur devra ajuster en fonction de son appétit, de sa soif et de sa générosité à l'endroit du personnel en salle. Dans tous les cas, les prix apparaissant ici sont le reflet de ce qu'ils étaient lors de notre visite.

Quant aux établissements ouverts ou fermés à midi ou en soirée, compte tenu du fait que nombre d'entre eux modifient leurs heures d'ouverture sans préavis, il nous est impossible de fournir cette information avec certitude. Les ouvertures, midi et soir, indiquées ici le sont donc au meilleur de notre connaissance au moment d'aller sous presse. Il est toujours préférable de téléphoner pour s'assurer des heures d'ouverture réelles.

www.**guiderestos**.com

Mis à jour régulièrement, le *Guide Restos Voir* en ligne est un complément idéal à votre exemplaire papier.

TROIS BONNES RAISONS DE VOUS BRANCHER SUR WWW.GUIDERESTOS.COM /

/ Sélectionnez votre restaurant grâce à des moteurs de recherche ciblés: Nom, Quartier, Région, Origine, Qualité de la cuisine, Prix, Apportez votre vin.

/ Devenez à votre tour critique gastronomique et inscrivez votre propre évaluation des restaurants que vous visitez.

/ Bénéficiez d'une mise à jour continue et des dernières infos sur les nouvelles adresses ou les fermetures d'établissements.

RECEVEZ CHAQUE SEMAINE LE BULLETIN D'INFORMATION DU GUIDE RESTOS VOIR /

- Suivez l'actualité des restaurants au Québec.

- Prenez connaissance de nos plus récentes critiques.

- Posez vos questions concernant les restaurants ou la cuisine en général à notre équipe de critiques gastronomiques à l'adresse: **guiderestos@voir.ca**

GR1635

Les vins d'Alsace **complices** du **Vietnam**

Vietnam

Semblable à certains égards à la cuisine thaïlandaise, celle du Vietnam est cependant plus aérienne et un peu moins riche. Par conséquent, les vins choisis iront du blanc léger et aromatique (sylvaner, pinot blanc, riesling et muscat) au rouge léger à moyennement corsé (pinot noir). Pour les poissons, fruits de mer et volailles préparés avec des sauces fruitées et douceâtres, il faudra des blancs demi-secs (pinot gris et gewurz), tandis que pour le porc et les rarissimes viandes rouges accompagnés de ces mêmes sauces, les rouges savoureux élaborés avec du pinot noir offriront un accord idéal.

Poisson grillé La Vong
Riesling, pinot blanc ou gentil

Crêpes vietnamiennes
Crémant d'Alsace, riesling ou pinot blanc

Poulet au gingembre
Muscat, pinot gris ou gewurztraminer

Travers de porc au tamarin
Pinot gris ou pinot noir

Crêpe aux crevettes style Hanoï
Riesling ou pinot gris

Pour en connaître davantage sur les vins d'Alsace, consultez notre lexique.

VINS
D'ALSACE

SAVEURS DU VIETNAM

Avec le chef Ha Nguyen du restaurant *Souvenirs d'Indochine*
243, avenue du Mont-Royal Ouest
Montréal
T 514 848-0336

Voir notre critique p. 221

Né à Saïgon, le chef Ha Nguyen a ouvert son restaurant Souvenirs d'Indochine il y a 15 ans et il y concocte avec un délicat doigté des plats typiquement vietnamiens.

Quelles sont vos principales inspirations en cuisine?
«J'ai surtout appris à cuisiner avec ma mère. Les Vietnamiens vivent principalement à la campagne, notre cuisine repose ainsi sur le principe d'auto-suffisance, soit du potager (*vuon*), de l'étang (*vo*) et de l'élevage (*chan nuôi*). Les mets ne présentent pas nécessairement une grande sophistication, mais leur richesse réside dans l'extrême fraîcheur des ingrédients. Il s'agit aussi d'une cuisine très conviviale: le repas se compose de quelques mets qu'on dispose au centre de la table et qu'on partage en famille ou entre amis.»

Avec quels ingrédients aimez-vous travailler?
«Je suis fasciné par tous les aliments! J'apprécie tout particulièrement les poissons. J'utilise aussi une herbe appelée *ngò ôm*, ou "coriandre aquatique", que l'on peut retrouver dans certaines épiceries asiatiques. Je l'ajoute surtout aux fruits de mer et aux soupes de poisson. Cette herbe qui pousse au bord des cours d'eau est seulement utilisée dans la cuisine vietnamienne.»

Quels sont les mets dont vous êtes le plus fier?
«Ma soupe tonkinoise et mes rouleaux impériaux, deux mets qui figurent à mon menu depuis 15 ans. Pour ma soupe, je prépare mon propre bouillon avec des os à moelle et je le parfume ensuite de gingembre, de cannelle, de coriandre et d'anis étoilé.»

CALI

★★★ Cuisine
★★★ Service
★★ Décor

Quartier chinois
1011, boulevard Saint-Laurent
514 876-1064

M20$ S30$

Une murale représentant la baie d'Along se reflète sur le mur opposé tout en miroir, mise en évidence par un éclairage (très) cru. Oublions le décor un peu kitsch, on vient au Cali pour les fameuses phos, soupes fumantes au flanc bien cuit, au bœuf saignant, aux boulettes de bœuf, aux tendons et tripes, piquantes ou non. Peu importe le choix, elles arrivent accompagnées d'un bol de germes de soya, quartiers de lime et feuilles de menthe fraîches. Il y a aussi des plats de vermicelles et de riz, qui servent de lit à des viandes ou des fruits de mer grillés (côtelettes de porc, poulet, crevettes). C'est simple, mais c'est bon. Et on engouffre le tout pour une bouchée de pain. Faune mélangée d'Asiatiques et d'Occidentaux, jeunes serveurs efficaces et sympas. (2007-06-07)

CRISTAL NO 1

★★★ Cuisine
★★ Service
★ Décor

Quartier chinois
1068, boulevard Saint-Laurent
514 875-4275

M20$ S30$

Premier restaurant vietnamien à venir s'installer dans le Quartier chinois. Voilà pour l'explication du «n° 1». Comme pour la plupart des restos viet à Montréal, on ne s'y rend pas pour le décor et l'ambiance. On y va (et y retourne) pour la fraîcheur des aliments, la saveur des soupes-repas et des plats de vermicelles, les portions généreuses et l'authenticité de la famille Chiuc, dont les membres s'affairent autant devant les fourneaux qu'aux tables. Mais surtout, on reste baba devant les prix d'il y a 20 ans, quand l'établissement a ouvert ses portes. Cuisine familiale réconfortante, clientèle d'habitués. Bref, une petite adresse à visiter quand on veut bien manger sans se casser la tête. Argent comptant seulement. (2007-01-04)

DÔNG QUÊ

★★★ Cuisine
★★ Service
★★ Décor

Rosemont—Petite-Patrie
1210, boulevard Rosemont
514 490-0770

M30$ S30$

Malgré son emplacement excentré, le Dông Quê attire l'affamé à la recherche de réconfort, classe économique. Ici comme chez les autres restos du genre, on a adapté le rituel du repas vietnamien aux mœurs et palais des Occidentaux. Entrées, plats principaux et desserts se succèdent, remplaçant le traditionnel et faste étalage de plats à partager. On accorde une bonne note aux soupes-repas, au bouillon (trop?) délicatement parfumé. On craque pour la gigantesque et aérienne crêpe-repas, tandis que les rouleaux de printemps jouent un peu trop la carte du végétal, au détriment de la protéine. Le repas se termine sur un café glacé allongé au lait condensé. L'homme est d'attaque et le porte-monnaie, guilleret! (2007-01-28)

LA MANDOLYNE

★★ Cuisine
★★ Service
★★ Décor

Vieux-Montréal
122, rue McGill
514 397-4040

M **20$** S **30$**

Cette Mandolyne, qu'on a déjà beaucoup fréquentée, a connu de meilleurs jours. Peut-être parce que la concurrence s'est affirmée, peut-être parce que la cuisine a perdu de son mordant, ou probablement pour ces deux raisons... Il en reste quelques plats bien faits et savoureux, et plusieurs autres, déclinés à la sauce vietnamienne ou thaïlandaise, qui manquent résolument de punch. Dommage parce que l'addition est plus que raisonnable pour ce secteur de la ville et que le service rapide sur l'heure du lunch satisfait une clientèle d'affaires et de cols blancs généralement pressée par le temps. (2006-03-22)

LE CAMÉLIA DES TROPIQUES

★★★ Cuisine
★★ Service
★★ Décor

Côte-des-Neiges
5024, chemin de la Côte-des-Neiges
514 738-8083

M **20$** S **45$**

Qu'il est agréable, ce petit resto à l'ombre de l'oratoire Saint-Joseph! Au confluent du cosy (la salle est confortable, presque bourgeoise) et de l'industriel (levez les yeux vers les tuyaux du plafond), il change des maisons au décor et aux ambitions plus modestes qui ponctuent la Côte-des-Neiges. Certes, on trouve ici les plats emblématiques de la cuisine vietnamienne, notamment les fameuses soupes tonkinoises, mais la maison se distingue avant tout par des propositions moins convenues (comme le sympathique mérou aux aubergines). Au chapitre des entrées et des desserts, elle se rabat, hélas, sur des poncifs parfois un peu décevants. Le service est assuré très gentiment. Si le cœur vous en dit, vous apportez votre vin. (2006-04-28)

PHÓ 198

★★ Cuisine
★★★ Service
★★ Décor

Côte-des-Neiges
5193, chemin de la Côte-des-Neiges
514 345-8887

 M **20$** S **30$**

Simple et efficace, Phó 198 est le genre d'endroit où l'on a la sensation de revenir à la vie estudiantine: tables en alu, sièges en plastique, couleurs anis et gingembre aux murs. Des jeunes, des profs, des amateurs de livres (on est entre Renaud-Bray et Olivieri). Ça discute fort autour des phos qui réchauffent les midis d'hiver. Le service est ultra-rapide et l'ambiance studieuse ou animée, selon les tables. Le décor se veut moderne en toute modestie. Plats de riz et viande, vermicelles et viande ou fruits de mer, agréablement parfumés de noix de coco et citronnelle, ou curry copieux et bon marché. Une petite carte des vins dépanne ceux qui n'aiment ni le saké ni la bière, et on peut déguster un «bubble tea», mélange froid pour becs sucrés! (2006-01-12)

PHO BANG NEW YORK

★★★ Cuisine
★★ Service
★★ Décor

Quartier chinois
1001, boulevard Saint-Laurent
514 954-2032

M**25**$ S**30**$

La décoration de l'endroit est dépouillée, neuve et soignée mais l'intensité lumineuse anéantit tout effort d'intimité. Pour ce qui est de la nourriture, bien qu'à ce prix-là on ne puisse exiger un voyage gastronomique, on sent qu'une touche d'audace pourrait tout sublimer. On ne change pas une formule gagnante, dit-on. De fait, rien à redire à l'impeccable fraîcheur des produits, aux bouillons typés et à la cuisson parfaite des nouilles, du riz et des viandes d'accompagnement. Le service? Ultra-rapide (presque trop) et courtois. (2007-01-27)

PHÓ LIÊN

★★★ Cuisine
★★ Service
★★ Décor

Côte-des-Neiges
5703, chemin de la Côte-des-Neiges
514 735-6949

M**20**$ S**30**$

Sans doute l'une des maisons les plus recommandables en ville lorsque l'on est pris d'une irrésistible envie de déguster une soupe-repas. De l'ouverture à la fermeture, l'endroit ressemble à une ruche et, aux beaux jours, les files d'attente devant la porte attestent du succès populaire. Mérité ici avant tout en raison de la qualité constante de la cuisine simple proposée par la maison. Rien de transcendant peut-être, mais des bouillons légers, goûteux et revigorants, des plats de riz et grillades un peu minimalistes et des salades-repas, notamment une papaye verte au bœuf, qui donnent ou redonnent le sourire. Que le client conservera en recevant l'addition, très minimaliste elle aussi. (2006-03-06)

PHÓ NAM DO

★★ Cuisine
★★ Service
★★ Décor

Villeray
7166, rue Saint-Denis
514 278-8756

M**20**$ S**20**$

Les restos vietnamiens nous ont habitués à des non-décors. Le Phó Nam Do, avec son gros aquarium de carpes hébétées, ne fait pas exception. Mais pourquoi s'en plaindre quand on peut manger santé à si bas prix? Si les phos (soupes tonkinoises) aux tripes, tendons, flanc ou steak saignant ne vous interpellent pas, vous pouvez vous tourner vers les généreuses soupes-repas, les riz, les vermicelles et grillades, et les chow meins croustillants. Tous les ingrédients sont de première fraîcheur. La liste des rafraîchissements peut surprendre avec son soda aux œufs et ses boissons aux prunes salées glacées ou encore à la gelée d'herbes. À en croire une des serveuses, certaines de ces boissons auraient des propriétés médicinales... (2006-02-17)

PHÓ ROSEMONT

Rosemont-Petite-Patrie
437, boulevard Rosemont
514 271-2696

★★★ Cuisine
★★★ Service
★★ Décor

M**20**$ S**20**$

Si cet endroit fait le bonheur des gens pressés, il n'y a pas que les petits prix et la surprenante rapidité du service qui séduisent. Ce tout petit établissement est en réalité l'un des secrets les mieux gardés en matière de cuisine vietnamienne authentique. Conformément à la tradition, simplicité, fraîcheur et légèreté sont à l'honneur au menu. Pour s'offrir le réconfort total, on commande des rouleaux goûteux et craquants, des plats de riz ou de nouilles ou, encore mieux, l'un des grands bols de soupe que l'on agrémente à notre guise de pousses de soja, de lime et de feuilles de basilic. Il s'agit simplement de faire abstraction du décor, ou plutôt de l'absence de décor. Un gros détail que la gentillesse du personnel nous fait oublier. (2007-06-05)

PHÔ THANH LONG

Centre-ville
103, rue Sainte-Catherine Est
514 848-0521

★★ Cuisine
★★ Service
★ Décor

N M**20**$ S**20**$

Un truc: lorsque vous allez dans ce genre de petit restaurant vietnamien moyennement beau mais bon et pas cher, commandez vos plats à l'aide des numéros correspondants. Si vous essayez d'être trop créatif dans votre commande, il y a de fortes chances que, guidé par la compréhension approximative de votre serveur, le chef verse également dans la création. Ceci étant dit, même si la décoration ne fera sans doute jamais la couverture de *Décoration chez soi*, l'endroit respecte les règles d'or: produits frais, saveurs sans surprise mais constantes et, surtout, prix minuscules. Heureusement que plusieurs sauces (sucrée, piment, poisson, soya) et un très savoureux et odorant basilic thaïlandais viennent à la rescousse des plats. Sinon, quelques viandes (crevettes, poulet) bâilleraient ferme sur leur lit de riz blanc. Ces détails ne semblent pas gêner les étudiants (proximité de l'UQAM) qui s'y massent pour profiter d'un repas sain coûtant souvent moins cher qu'un lunch maison. (2006-12-26)

PHÓ TRÀ VINH

Villeray
7087, rue Saint-Denis
514 272-9883

★★ Cuisine
★★ Service
★ Décor

↑ M**15**$ S**20**$

Bon, pas cher mais certainement pas le plus beau décor en ville, Phó Trà Vinh ne sait charmer que d'une manière: par sa simplicité presque rudimentaire. Ce dénuement se manifeste dans le menu, écrit à la main sur des feuilles mobiles accrochées au mur. Tenu par une famille vietnamienne, ce bistro sert les spécialités habituelles telles que la soupe tonkinoise (pho), les délicieuses nouilles jaunes croustillantes (chow mein), les vermicelles et les viandes ou crevettes sautées, toutes à un excellent rapport qualité-prix. Les saveurs et arômes agréables sont malheureusement tempérés par une occasionnelle feuille de salade douteuse. (2007-05-30)

PHÓ VIET

Centre-Sud
1663, rue Amherst
514 522-4116

★★★ Cuisine
★★★ Service
★★★ Décor

 M**20$** S**30$**

Retourner au Phó Viet fait partie des plaisirs simples de la vie de quartier. Ce petit resto sans prétention dessert une clientèle d'habitués, qui n'hésitent pas à y emmener leurs marmots. Dans cet établissement familial au mobilier orangé et aux verres de plastique colorés, les enfants sont plus que bienvenus, à preuve les nombreux dessins qui ornent les murs et qui sont réalisés sur place. On y vient sur semaine pour déguster une soupe tonkinoise parfumée, un plat de nouilles croustillantes ou encore un sizzling impérial, cette assiette de fonte chaude où grésille à votre table un amalgame de poulet, fruits de mer et légumes grillés. En hiver, la chaleur des soupes compense pour la froideur du plancher de céramique. Service gentil et décontracté. (2007-03-08)

SAKEO

Plateau Mont-Royal
2300, avenue du Mont-Royal Est
514 596-0600

★★★ Cuisine
★★ Service
★★★ Décor

M **—** S**40$**

Autrefois connu sous le nom des Bridés, ce resto est passé aux mains d'un nouveau propriétaire au cours de l'été 2005, et fut rebaptisé du même coup Sakeo. En ce qui concerne le menu, rien n'a trop bougé, ce qui est une bonne nouvelle en soi. La maison peut toujours se targuer de ses incontournables: la soupe miso aux arômes subtils, le poulet du général Tao, les crevettes sautées, les plats de mérou (servi à l'étuvée ou en croquettes) et, bien sûr, les sushis. À ce dernier chapitre, rien de bien transcendant: les combinaisons d'ingrédients et les présentations demeurent plutôt sobres. On y offre néanmoins une intéressante variation, soit la pizza-sushi qui, sur une pâte craquante, se décline en trois différentes combinaisons de tartare de saumon, de thon et de crevettes et chair de crabe. (2006-04-22)

SOUVENIRS D'INDOCHINE

Plateau Mont-Royal
243, avenue du Mont-Royal Ouest
514 848-0336

★★★ Cuisine
★★★ Service
★★★ Décor

M**20$** S**70$**

On continue à venir ici avant tout pour la cuisine de monsieur Ha. Comme toujours. Enfin presque, les à-côtés d'un séjour à cette élégante table vietnamienne s'étant améliorés au fil des ans. Le service en premier lieu, qui propose aujourd'hui davantage de sourires et de célérité que la désagréable nonchalance longtemps associée à cette maison. Dans les jolies assiettes, les parfums de gingembre, de lait de coco et de cari aromatisent les plats de viande ou de volaille accompagnés de riz, simples et divertissants comme une promenade en jonque dans la baie d'Along. Une cuisine sans artifice, pleine de saveurs et de générosité. Sur le blanc immaculé des murs, des amis de la maison exposent leurs photos-souvenirs d'Indochine. En été, belle petite terrasse donnant sur le parc Jeanne-Mance. (2006-01-04)

TRÀNG AN

Villeray

7259, rue Saint-Denis

514 272-9992

★★★ Cuisine
★★ Service
★★★ Décor

 M**20$** S**25$**

Après 12 ans passés dans les cuisines du Mikado, le chef Nick Tran a racheté le Tràng An. Coup de balai, coup de pinceau: le restaurant a désormais une allure soignée. Pour ne pas déstabiliser les habitués, Nick a conservé le menu tel quel. On retrouve toujours les réconfortantes soupes maison, poulardine ou tonkinoise, au bouillon savoureux et ingrédients frais, et surtout l'excellent émincé de porc grillé et boulettes de viande enroulés de feuilles de poivrier. La grande nouveauté, c'est la carte des sushis, makis et sashimis, réalisés par le chef. Chaleureux et accueillant, Nick passe de table en table pour expliquer la carte des sushis, piquer une jasette ou s'enquérir du bien-être des gens. Avec Nick aux commandes, le Tràng An a maintenant une «âme» et c'est bien agréable. (2006-04-07)

QUÉBEC /

Meilleure nouvelle table à Québec

Toast!

«Notre resto, c'est pour les gens qui aiment la vie, qui veulent trinquer au plaisir!» annonce d'emblée Christian Lemelin, le jeune chef du restaurant Toast!, situé dans le joli hôtel Le Priori, dans le Vieux-Port de Québec. Ambiance feutrée, musique lounge, l'endroit a avant tout été conçu pour faire la fête. «Quand on a lancé cette affaire, avec mon associé Stéphane d'Anjou, on n'avait pas une cenne, il a "loadé" ses cartes de crédit et ma mère m'a prêté le reste... Mais à force d'en rêver depuis l'enfance, on l'a eu notre resto», déclare-t-il fièrement. Le produit-vedette de la maison? «Le foie gras: c'est devenu la signature du restaurant. Truffé, servi avec du jambon maison ou avec des pignons, chaud, froid, farci de queue de bœuf braisée ou avec des artichauts, on en trouve un peu partout dans le menu et tous les plats de résistance ont été conçus pour être dégustés avec un extra de foie gras poêlé... mais c'est sûr que là, ça devient cochon!» s'amuse le chef qui avoue sans complexe faire une cuisine gourmande. «À la base, c'est une cuisine française, mais je dirais que ma philosophie est italienne, car le plus important pour moi, ce sont les produits: des saveurs franches très parfumées, une qualité extrême, la simplicité! Mais je voyage beaucoup, je fais régulièrement des stages dans les meilleurs restos du monde entier et je rapporte des recettes et des idées. Du pain aux bonbons servis à la fin du repas, tout est fait maison et on en est très fier», raconte-t-il

Les vins d'Alsace **complices** de l'**Amérique du Nord**

Amérique du Nord

Difficile de cerner un style de cuisine nord-américain. Une fusion de toutes les cuisines du monde (asiatique, française, cajun, québécoise, etc.) où tout est possible. La grande diversité des vins d'Alsace permet de nombreuses alliances favorables à cet amalgame de cuisines. De la fine gastronomie jusqu'à la cuisine de maman, en passant par les grillades et le poulet frit, voici tout un défi en matière de mariages vins-mets. Il s'agit, évidemment, d'y aller cas par cas. Parfois ce sera la fraîcheur du sylvaner, tantôt la minéralité du riesling, sans oublier la rondeur du pinot blanc et les parfums intenses du muscat et du gewurztraminer qui combleront. Les rouges élaborés avec le pinot noir, de même que le pinot gris, accompagneront davantage vos plats de viande.

Homard aux agrumes
Riesling, sylvaner ou gentil

Tourtière du Lac-Saint-Jean
Pinot gris et pinot noir

Saumon fumé
Pinot gris, pinot blanc ou riesling

Steak de thon
Pinot noir, pinot gris ou riesling, selon la préparation

Tarte au citron vert (Key lime pie)
Riesling ou muscat de vendanges tardives

Pour en connaître davantage sur les vins d'Alsace, consultez notre lexique.

VINS D'ALSACE

SAVEURS DE L'AMÉRIQUE DU NORD

Avec le chef Stéphane Roth du restaurant *Le Patriarche*
17, rue Saint-Stanislas, Québec
T 418 692-5488
Voir notre critique p. 235

Grâce à l'apport du chef Stéphane Roth, il souffle un vent de renouveau sur Le Patriarche, qui existe depuis plus de 15 ans. L'homme d'origine française en est le copropriétaire depuis un an et demi.

Quelles sont vos principales inspirations en cuisine?

«Comme je suis originaire de France, une partie de mes influences provient de ce pays. Le Québec et ses richesses du terroir me guident également beaucoup en cuisine. Et comme j'ai aussi beaucoup voyagé partout sur la planète, j'ai fait différentes découvertes qui ont marqué mon travail. Par exemple, de ma visite au Vietnam, j'ai rapporté mes brochettes de grosses crevettes sur bâton de citronnelle avec beurre de gingembre.»

Avec quels ingrédients aimez-vous travailler?

«J'utilise tout ce que peut donner le Québec, j'adore tous les produits du terroir local et je m'inspire de ce que chaque saison propose. Je change la carte deux fois par année, mais notre spécialité demeure toujours le gibier. J'aime marier la cuisine traditionnelle à des saveurs du monde en ajoutant à mes recettes des produits exotiques comme la citronnelle, le gingembre, le poivre du Sichuan.»

Quelles sont vos adresses gourmandes de prédilection?

«Quand je ne suis pas dans les cuisines de mon restaurant, j'aime bien me rendre chez Corneau Cantin (Centre d'affaires Le Mesnil, 1170, boulevard Lebourgneuf, tél.: 418 780-9700) pour me procurer les épices dont j'ai besoin dans mes préparations. Sinon, mon dernier coup de cœur pour un restaurant, c'est Aux Anciens Canadiens (34, rue Saint-Louis, 418 692-1627). On y sert une cuisine québécoise authentique comme il s'en faisait au début de la colonie. Très sympa!»

47ᴱ PARALLÈLE – SAVEURS DU MONDE

Montcalm/Grande Allée

333, rue Saint-Amable

418 692-4747

★★★ Cuisine
★★★★★ Service
★★★★★ Décor

M**30$** S**90$**

Le 47ᵉ Parallèle s'affiche comme le restaurant des «saveurs du monde». Pour appuyer ces dires, le chef Joseph Sarrazin transforme son menu chaque mois et y introduit une nouvelle thématique culinaire; il peut aller jusqu'à servir de la viande de kangourou, sans doute pour renforcer cette image. La salle est un bel espace, confortable, permettant aux convives d'aisément préserver leur intimité. Le service, impeccable, est assuré par un personnel qui manifeste une belle assurance et une connaissance réelle des produits offerts, y compris des vins. Considérant la catégorie du lieu, l'addition est raisonnable, mais les plats explorés, bien que corrects, manquent parfois quelque peu de finesse et d'harmonie. Comme on dirait d'un vin: «Aimable et un peu court.» (2006-03-11)

ANGUS GRILL

Limoilou

1039, 3ᵉ Avenue

418 529-3019

★★★ Cuisine
★★★ Service
★★ Décor

M**25$** S**50$**

Petite salle sans prétention, l'Angus Grill est pourtant un endroit où le smoked-meat et la viande de bœuf sont traités avec tout le respect dû à l'une des principales ressources alimentaires de l'homme. Les choix sont restreints mais l'amateur ne sera pas déçu. Dans l'assiette, il trouvera d'abord la qualité de viande Angus: sapide et tendre à souhait. Ensuite, il constatera une cuisson bien menée et des accompagnements simples (salade, pomme de terre) mais auxquels on a prêté une attention réelle, rendant l'assiette d'autant plus appétissante. Ajoutons un service non dépourvu d'une certaine aisance, et nous dirions qu'il ne manquerait qu'une salle plus stimulante et un choix de vins au verre pour parler d'un chef de file dans sa catégorie. (2007-04-19)

ARÔME ET TARTINE

Basse-Ville

395, boulevard Charest Est

418 523-5686

★★ Cuisine
★★ Service
★★ Décor

M**20$** S**25$**

C'est là un fort joli nom pour ce «café urbain» qui n'entend rien faire comme les autres, cet îlot de calme égoïste au milieu du trafic trépidant de la Basse-Ville. La pièce est une cage de verre – salle claire et aérée qu'un miroir prolonge en trompe-l'œil, au fond, sur la gauche. Tables un peu étroites, sièges confortables. Au son des musiques du monde, vous mangez ici des «sandwichs du monde»: ciabatta, mini-baguette, pita ou pain de campagne diversement garnis selon la saison (jambon, brie, agneau, saumon fumé, salami de Gênes, salades, etc.), accompagnés de sauces maison. À chaque jour sa soupe, également maison. Desserts raffinés, dont les fameux canelés de Bordeaux. Vins d'importation privée; quelques bières. Service alerte et souriant. (2006-02-22)

AVIATIC CLUB

Vieux-Port
450, Gare du Palais
418 522-3555

★★★ Cuisine
★★★ Service
★★★★ Décor

✈ M**35**$ S**90**$

Bien calé dans un confortable fauteuil de l'Aviatic Club, on savoure, dès les premiers instants, la beauté du chaleureux décor. Installé depuis 1989 dans la splendide Gare du Palais, ce resto-club offre aux voyageurs de passage ainsi qu'à une clientèle déjà conquise une cuisine qui s'inspire des saveurs du monde. Les envies les plus diverses seront satisfaites puisque la carte propose une variété de plats (et de cocktails) impressionnante: poissons, fruits de mer, sushis, canard, gibier, bœuf, veau, agneau et poulet, le tout de la meilleure qualité et apprêté ici à la japonaise, là à l'américaine. Événement couru à l'arrivée de l'été: l'ouverture de la terrasse qui attire chaque année une foule animée. (2006-02-02)

BISTANGO

Sainte-Foy
1200, avenue Germain-des-Prés
418 658-8780

★★★★ Cuisine
★★★ Service
★★★★ Décor

✈ M**30**$ S**70**$

Lors de notre dernière visite, nous avons retrouvé ce restaurant tel que nous l'avions déjà beaucoup aimé: une table semée de petits bonheurs! Accueil souriant, service prompt et attentionné, conseils judicieux d'un personnel bien renseigné, autant d'éléments qui ajoutent à votre plaisir et vous ensoleillent un repas. Fasciné par l'élégance des présentations, qui n'en demeurent pas moins simples, on n'hésite pas à qualifier de grandioses certains mets, telle l'entrée de parmentier au confit de canard, coiffée de foie gras et encensée d'huile de truffe. La suite est à l'avenant: légumes choisis accompagnant viandes, poissons ou fruits de mer apprêtés avec le plus grand soin et délicatement assaisonnés. Bon choix de vins à prix raisonnables. (2006-10-12)

BISTRO LE RIPOUX

Montcalm/Grande Allée
935, rue de Bourlamaque
418 523-1444

★★ Cuisine
★★ Service
★★★ Décor

M**20**$ S**45**$

Décor sympathique marqué d'une belle luminosité permise par une vaste fenestration mobile pour la belle saison, avec vue sur rues tranquilles. La carte volette sur plusieurs niveaux, tantôt canaille avec ses burgers et ses pâtes, tantôt relevée, gibiers et viandes en sauce. Peu de desserts offerts cependant, peu de vins aussi. Le rapport qualité/prix est correct: de l'agneau à moins de 20 $ en table d'hôte, c'est peu fréquent, mais s'il y avait de l'amour dans cette sauce, c'était un amour de circonstance, au mieux, une passade vite expédiée. La confusion apportée par un service erratique est parfois un peu embarrassante, mais l'endroit convient lorsque l'on recherche la simplicité et que notre budget est sensible à la colonne des chiffres du menu. (2006-03-01)

BOUCHE BÉE

Vieux-Port
383, rue Saint-Paul
418 692-4680

★★★ Cuisine
★★★ Service
★★★ Décor

M**20$** S**30$**

Au fil des ans, la carte de ce petit restaurant s'est amplifiée et continue de se diversifier, intégrant de nouveaux plats, végé ou non, qui s'accordent au maître mot de la maison: «santé». On n'oublie pas pour autant de vous flatter le palais. En effet, quoique simple, la cuisine fait bon usage des épices et aromates, rehaussant juste ce qu'il faut les légumes, les sauces, les viandes ou les fruits de mer accommodant feuilletés, lasagnes, spaghettis, «croques», sous-marins, pizzas, tourtière, quiches ou pâtés. Les desserts sont faits sur place et le choix des boissons va de la tisane au vin maison, en passant par les apéros, les bières et divers alcools. Atmosphère détendue. Accueil et service souriants et d'une grande gentillesse. (2007-04-23)

CAFÉ SIROCCO

Montcalm/Grande Allée
64, boulevard René-Lévesque Ouest
418 529-6868

★★★ Cuisine
★★★ Service
★★★★ Décor

M**30$** S**60$**

Le Sirocco offre une carte assez typique de la cuisine «bistro» retouchée à l'italienne avec ses tartares, osso buco, fruits de mer ou pastas. L'aspect visuel du resto est de loin l'élément où s'affirme le plus fortement l'originalité du lieu: murs de briques aux effets soutenus par les tuiles murales, salles sur plusieurs niveaux, jets d'eau, lumière. Ce décor très travaillé sert de toile de fond à un service professionnel quoique froidement efficace. (2007-01-29)

CASEY'S GRILL-BAR

Sainte-Foy
2450, boulevard Laurier
418 652-0306

★★★ Cuisine
★★★ Service
★★★★ Décor

 M**35$** S**35$**

Un personnel alerte et souriant évolue dans ce nouveau décor on ne peut plus contemporain du Casey's. Pour son dixième anniversaire, en effet, ce resto s'est offert une cure de rajeunissement qui n'a rien négligé: machines à sous, grands écrans au plasma, foyer électrique, «aires de grillades intimes» et grand cellier généreusement garni. Vins, bières et alcools divers vous sont offerts à des prix raisonnables. Les mets sont des plus variés, allant du hamburger «gourmet» (agneau, veau ou saumon) aux plats de viande, de volaille ou de fruits de mer (longe de porc, escalope de veau, saumon grillé...), en plus des soupes maison, nouilles à l'orientale, trempettes, «roulés thaïs» épicés, nachos, ailes de poulet, fajitas, tortillas et quesadillas... (2007-02-28)

CHEZ RABELAIS

Vieux-Québec
2, rue du Petit-Champlain
418 694-9460

★★ Cuisine
★★★ Service
★★★ Décor

M**30$** S**60$**

Il y a de ces endroits, peut-être un peu plus fréquemment dans le Vieux-Québec, où le restaurateur offre plusieurs types de cuisine dans le but de séduire une clientèle de passage. Chez Rabelais, vous trouverez aussi bien des moules que des tartares, gibiers, woks, pâtes, poissons, brochettes, veau, pizzas... Notre expérience nous porte à croire qu'il est préférable, ici, de concentrer son attention sur les «classiques» de la maison qui sont identifiés dans le menu. En respectant cette règle, vous devriez pouvoir manger avec plaisir, pour un prix convenable, dans un décor très vieille ville quoique un peu négligé. Les horaires fluctuant selon les saisons, hormis l'été, on sera avisé de vérifier les heures d'ouverture avant de se déplacer. (2007-04-11)

CHEZ VICTOR

Saint-Jean-Baptiste
145, rue Saint-Jean
418 529-7702

★★★ Cuisine
★★ Service
★★ Décor

M**20$** S**30$**

On n'insistera jamais trop sur le souci des proprios de Chez Victor d'offrir à leur clientèle une nourriture saine. Des hamburgers? C'est la principale spécialité de la maison, qui en a fait un art. On vous les prépare avec de la viande de qualité – et même «bio» si vous le souhaitez –, ou bien en version végétarienne. Savoureux et diversement garnis, juteux et toujours accompagnés de tomates, oignons, cornichons, laitue, frites et mayonnaise, ils justifient bien la réputation de ce petit resto où l'on peut aussi manger, à l'intérieur ou en terrasse, des sandwichs variés. Depuis quelque temps, on retrouve sur la carte des «burgers-déjeuners». Le personnel est jeune, sympathique, serviable et souriant. Choix de boissons gazeuses, de bières et de vins. (2006-07-04)

GAB'S RESTO-BISTRO

Sainte-Foy
1670, rue Jules-Verne
418 877-6565

★★★ Cuisine
★★ Service
★★ Décor

 M**25$** S**60$**

Dans cet établissement d'influence italienne, tout semble aller de soi, aussi bien la qualité des mets que l'affabilité du personnel. On y compte deux salles à manger (respectivement bistro et pub) et une terrasse couverte, bordée de jardinières. La cuisine est sympathique et sans prétention. Si le tartare de saumon a beaucoup contribué à la réputation de la maison, il n'en est pas moins vrai qu'on se régale aussi de moules à toutes les sauces, de salades (au canard confit et autres), de pasta, ainsi que de très bons plats de viande (escalopes, entrecôtes), de salades et de grillades (veau, bœuf, volaille). Focaccias et pizzas (européennes ou américaines) sont aussi à l'honneur. Choix de bières et de vins (au verre ou à la bouteille). (2006-07-25)

GAMBRINUS

Vieux-Québec
15, rue du Fort
418 692-5144

★★ Cuisine
★★★ Service
★★★ Décor

 M**30**$ S**65**$

Ici, on cherche à vous faire passer quelques bons moments dans une ambiance douillette. Les plats de pâtes, veau ou fruits de mer font de la place, sans chicaner, à d'autres classiques contemporains, gibier ou canard, de manière à permettre à tous les publics de bien se caler dans une niche connue et d'y naviguer sans gros risques. Un service diligent vous laisse tout le loisir de contempler le temps couler doucement à vos côtés. (2007-03-06)

GINGER

Sainte-Foy
3031, boulevard Laurier
418 380-6969

★★★ Cuisine
★★★ Service
★★★ Décor

N M**30**$ S**65**$

Avec ce «Pub-Grill-Lounge», l'Hôtel Plaza fait en quelque sorte table neuve dans un beau décor éclectique, bien d'aujourd'hui, qui se permet néanmoins un brin de nostalgie avec ses rideaux de «pastilles» translucides, sa colonne plaquée de mosaïques, ses banquettes de suède... Si l'atmosphère ne se prête pas vraiment aux soirées romantiques (du sport sur les écrans de télé et du rock comme musique d'ambiance), la carte se révèle assez diversifiée pour plaire à tous les goûts: spécialités asiatiques (sushis, sashimis, nigiris, makis, bento box et autres), tapas, fruits de mer, porc, bœuf, volaille, gibier. Les mets sont de bon goût et joliment présentés. Un personnel souriant et décontracté assure le service. Choix de bières, de vins et d'alcools. (2006-11-22)

LA FABRIQUE DU SMOKED-MEAT

Basse-Ville
727, rue Raoul-Jobin
418 527-9797

★★ Cuisine
★★ Service
★★ Décor

M**20**$ S**30**$

Que dire de ce resto, sinon qu'il a très vite bâti sa réputation sur l'excellence de son smoked-meat – «viande macérée, épicée, fumée dans un fumoir artisanal...». Dès son ouverture, les amateurs avaient été nombreux à s'y précipiter. La formule a peut-être changé depuis, ou du moins elle a subi quelques modifications. On l'apprécie encore, mais sans y retrouver ce je-ne-sais-quoi d'unique dont on prenait prétexte pour venir parfois de loin. L'établissement fait également office de traiteur. Outre le produit-vedette, la carte propose des sandwichs, des salades, du steak et d'excellentes frites. Les assiettes sont copieuses, le service, agréable et ponctuel. Choix limité de vins; bières variées. L'été, on profite de la terrasse couverte. (2007-07-10)

LA FAIM DE LOUP

Sainte-Foy
2830, chemin Sainte-Foy

418 653-8310

★★ Cuisine
★★ Service
★★★ Décor

 M**25 $** S**65 $**

Goûts d'ailleurs dans un restaurant familial bien d'ici! Le menu est en quelque sorte votre passeport pour un tour du monde sans mauvaises surprises. Dès ses premières incursions dans l'«international», le chef de cet établissement faisait preuve d'inventivité. Au fil des ans, on a vu sa cuisine évoluer au point d'apporter ne serait-ce qu'un minimum de raffinement à des mets passe-partout (d'Amérique latine, par exemple). D'un mois à l'autre, on vous offre l'Inde, la Chine, les États-Unis, le Mexique, etc. – très simplement, sans fioritures inutiles. Le personnel, bien au courant de ce qui se passe dans la maison, vous conseille utilement sur le choix des vins et vous décrit en détail le moindre plat. L'été, on mange sur une confortable terrasse ombragée. (2006-05-03)

LARGO RESTO-CLUB

Basse-Ville
643, rue Saint-Joseph Est

418 529-3111

★★★★ Cuisine
★★★★ Service
★★★★ Décor

M**30 $** S**70 $**

Le Largo a patiemment acquis une réputation de qualité et de constance. On y apprécie autant l'originalité des plats que la compétence d'un personnel apte à vous conseiller judicieusement sur le choix d'un vin d'accompagnement, d'une bière ou d'un alcool. Le chef ne ménage rien pour vous faire apprécier sa «cuisine méditerranéenne aux accents d'Italie», privilégiant les produits frais, chouchoutant viandes et poissons, peaufinant les sauces, dressant avec grand soin des assiettes qui embaument, font rêver et vous régalent. Comme l'établissement souhaite aussi encourager les artistes, son décor s'agrémente d'une fois à l'autre de nouvelles pièces, de tableaux, de sculptures. Des musiciens de jazz s'y produisent régulièrement en spectacle. (2006-10-04)

LE 48, CUISINE—MONDE

Vieux-Québec
48, rue Saint-Paul

418 694-4448

★★ Cuisine
★★ Service
★★★★ Décor

 M**25 $** S**40 $**

Le décor est toujours aussi aérien et théâtral, avec pour thème avoué le Cirque du Soleil. Lors de notre dernière visite, nous n'avons pas remarqué de grands changements consécutifs à l'arrivée d'un nouveau chef chilien. La carte n'en demeure pas moins attrayante en raison de sa belle diversité. Semée d'aphorismes divers – de Musset à Machiavel, en passant par Bouddha –, elle s'ouvre sur «Les 48 tentations du 48», «de la mer», à quoi s'ajoutent les spécialités asiatiques, les frites belges, le saumon scandinave, les tapas et autres précédant les soupes et potages, salades, burgers de toutes nationalités, baguettes, wraps, hot-dogs et pizzas. Vins et bières à prix raisonnables. (2006-02-28)

LE BATIFOL

Lac-Beauport
995, boulevard du Lac
418 841-0414

★★ Cuisine
★★ Service
★★★ Décor

 M**25$** S**55$**

Ce restaurant fut l'un des premiers de la région à se distinguer nettement par la qualité de sa cuisine internationale. Il fait aussi office de traiteur. Rouleaux impériaux, pennes à la bolognaise, fajitas, wraps, burgers, quiches, etc.: vous n'avez que l'embarras du choix pour voyager à table (et à la mesure de votre appétit) parmi les spécialités asiatiques, italiennes, indiennes, espagnoles, latino-américaines et, bien sûr, québécoises. Le personnel, souriant et empressé, évolue dans l'ambiance chaleureuse d'un décor tenant à la fois du bistro et de la brasserie chic. L'été, on mange en terrasse, dans une cour plantée de parasols et d'une pergola. En cas d'affluence, on doit parfois s'armer de patience. Vins et bières offerts à prix raisonnables. (2006-07-13)

LE BRIGANTIN

Vieux-Port
97, rue du Sault-au-Matelot
418 692-3737

★★ Cuisine
★★ Service
★★★ Décor

 M**25$** S**50$**

Ce restaurant continue d'attirer une clientèle assez variée, le plus souvent composée d'habitués. Le décor? Immuable. Banquette, miroirs, tableaux, petites lampes suspendues. Face au grand mur de brique courant de l'entrée jusqu'au fond de la pièce, on admire encore ce chandelier tout illuminé qui pleure inlassablement sa cire. Depuis son «réaménagement», qui a par bonheur épargné les pizzas, la carte s'avère moins pittoresque. On se désole de ne pas y retrouver ces appellations fantaisistes (et coquines parfois) qui lui conféraient un certain charme. Donc, hormis les pizzas à croûte mince (en général délicieuses), rien qui sorte vraiment de l'ordinaire. Choix de bières et de vins populaires. Service empressé et le plus souvent souriant. (2006-09-20)

LE CHARBON

Vieux-Port
450, Gare du Palais
418 522-0133

★★★★ Cuisine
★★★ Service
★★★ Décor

 M**45$** S**85$**

Véritable temple dédié au culte de la viande, Le Charbon demeure le meilleur steakhouse en ville et peut en outre s'enorgueillir de posséder une cave qui ferait l'envie de plusieurs. La parfaite connaissance du produit, d'ailleurs de première qualité, et l'habileté de ceux qui officient devant l'immense gril sont des conditions gagnantes: l'amateur est en de bonnes mains et a le choix entre différentes coupes et pièces de viande, des plus «normales» aux plus extravagantes. Parmi les spécialités de la maison, on retrouve filet de porc grillé, poisson, tartare de bœuf, pasta (pennes aux palourdes et fruits de mer, par exemple), homard et queue de langouste. Un personnel souriant et bien renseigné assure le service. Bon choix de bières et d'alcools. (2006-06-20)

LE DOWN TOWN

Basse-Ville
299, rue Saint-Joseph Est
418 521-3363

★★ Cuisine
★★ Service
★★ Décor

M**25$** S**50$**

Si vous devez manger avec quelqu'un d'insensible aux subtilités de la restauration, préférant la bière au vin et dont vous ignorez les allégeances culinaires, le Down Town est un choix possible. La carte repose sur trois piliers: pâtes, viandes rouges et quelques plats de poissons et fruits de mer. Vous aurez alors l'occasion de choisir entre des plats convenus, burgers, petit steak en 2 pour 1 ou spaghettis bolognaise, et d'autres plus recherchés, corrects mais franchement hors cadre. Doté de quelques beaux éléments, le décor ressemble à la carte en ce qu'il présente un manque flagrant de cohérence. (2006-01-07)

LE FIN GOURMET

Basse-Ville
774, rue Raoul-Jobin
418 682-5849

★★★ Cuisine
★★★ Service
★★★ Décor

M**15$** S**55$**

Sur le trottoir, trois tables en enfilade meublent une micro-terrasse délimitée par une petite balustrade de métal et agrémentée de jardinières. À l'intérieur, en plus du décor agréable à l'œil, il y a pour l'ambiance une «musique du monde» qui vous coule en douce dans les membres. Apéro maison, vins, bières, il ne manque rien pour vous mettre en appétit. La table d'hôte se résume à quelques lignes sur un tableau noir accroché au mur: un ou deux plats «gourmet» y tiennent la vedette. La carte, elle, se fait plus prolixe avec ses amuse-gueule et ses entrées, ses nachos, ses sandwichs, ses délicieuses pizzas, ses savoureux burgers et les «Desserts de Marina» que vous emporterez si vous avez trop abusé de ce qui a précédé. Service prompt et gentil. (2007-08-01)

LE LAPIN SAUTÉ

Petit-Champlain
52, rue du Petit-Champlain
418 692-5325

★★★ Cuisine
★★★★ Service
★★★★ Décor

M**25$** S**55$**

Une toute petite salle avec un plafond à caissons, lourde d'un décor aux évocations bucoliques et fermières correspondant à son titre de «table champêtre». On y est un peu à l'étroit mais tout dans l'ambiance est si franchement accueillant qu'on prend place déjà contents. Le menu, dominé par les plats de lapin, auxquels s'ajoutent canard et steak, est très correct, même s'il faut admettre que la finesse de la cuisine n'est pas l'élément dominant de l'expérience. Soulignons plutôt une terrasse exceptionnelle située sur la «plus vieille rue d'Amérique», piétonnière en plus. Et mentionnons enfin un service tout à fait digne d'éloges aussi efficace que sympathique. Une fort agréable halte dans le Vieux-Québec. (2006-03-25)

LE MAIZERETS

Limoilou
2006, chemin de la Canardière
418 661-3764

★★★ Cuisine
★★★ Service
★★ Décor

 M**25**$ S**55**$

Le Maizerets, une institution du quartier Limoilou, propose une carte à l'italienne (grillades et pâtes) mâtinée d'exotismes (tempura, poulet du général Tao) où dominent les pizzas, traditionnelles ou à pâte mince (la majorité). Celles-ci sont savoureuses, généreuses et variées, tandis que les autres plats offrent des textures et des saveurs tout à fait correctes. Pour répondre aux besoins d'une clientèle diversifiée en provenance pour beaucoup des bureaux et de l'hôpital environnants (le midi), le service est diligent et l'espace peut facilement recevoir les groupes. Sous un éclairage naturel généreux, la salle comporte des éléments originaux de décoration mais la finition est défaillante. (2007-08-15)

LE PATRIARCHE

Vieux-Québec
17, rue Saint-Stanislas
418 692-5488

★★★★ Cuisine
★★★★ Service
★★★★ Décor

M**40**$ S**100**$

Poursuivant sur sa bonne lancée, ce restaurant du Vieux-Québec a procédé à de notables rénovations qui n'ont en rien altéré le cachet unique de cette maison de 1827, chaleureuse avec ses vieux murs de pierre et de brique qu'illuminent les œuvres de Jean Godro. De nouveaux crus, dont plusieurs d'importation privée, ont trouvé place dans la cave, elle aussi en pleine évolution pour s'accorder à une carte qui se raffine de plus en plus. Bœuf, gibier, poissons et fruits de mer donnent lieu, en cuisine, à d'élégantes et gourmandes fantaisies accommodées de sauces suaves, corsées à souhait. Le caribou Rossini sur brioche et la «Symphonie de foie gras» ne sont que des exemples parmi d'autres. Ajoutons à cela l'affabilité exemplaire du service. (2007-07-21)

LE POSTINO

Basse-Ville
296, rue Saint-Joseph Est
418 647-0000

★★★ Cuisine
★★★ Service
★★ Décor

 M**25**$ S**55**$

Longtemps anonyme, Le Postino s'est donné une âme aux accents Nouveau Monde, comme les vins que l'endroit aime à mettre en évidence (en plus d'excellents italiens). Misant sur des spécialités peu fréquentes telles que risottos et cassoulet, cette âme Nouveau Monde se définit par sa volonté de conquérir le convive dès la première impression en misant sur la puissance des saveurs: séduisant, mais parfois au détriment de la rondeur et de la durée du plaisir. Un service sympathique et détendu dans un décor comportant de belles avenues nous aide à mettre de côté un manque de finition dans le détail, dans l'arrangement des lieux autant que dans le déroulement du service. Somme toute, une expérience agréable à prix convenable. (2007-02-02)

MONTEGO RESTO CLUB

Sillery
1460, avenue Maguire
418 688-7991

 M40$ S70$

★★★★ Cuisine
★★★ Service
★★★★ Décor

Ce resto ensoleillé renaît dans un nouveau décor aussi lumineux qu'auparavant, surprenant, confortable, branché. Le rouge y domine - avec discrétion, si l'on peut dire –, selon l'objet, la paroi ou le meuble qui attire votre attention. Panneaux bleu cobalt, mur de mosaïque multicolore, mur beige clouté de perles, lampes stylées, lustres épurés: c'est dans cet environnement à la fois stimulant et relaxant qu'évolue un personnel empressé, les bras chargés d'assiettes montées avec un réel souci du coup d'œil. La carte des vins propose tout ce qu'il faut pour accompagner dignement vos pâtes, poissons, veau, bœuf, volaille et fruits de mer. Par beau temps, on se presse pour trouver une place sur l'immense terrasse qui longe deux côtés de l'édifice. (2006-06-14)

PAPARAZZI

Sillery
1363, avenue Maguire
418 683-8111

 M30$ S60$

★★★ Cuisine
★★★ Service
★★★ Décor

Ce restaurant de Sillery réussit un tour de force: nous convaincre qu'il peut offrir, sans confusion, deux cuisines radicalement différentes. Pendant un certain temps, vous aviez en quelque sorte le choix entre deux cartes: l'italienne et l'asiatique. Les voilà désormais jumelées, bien que chacune garde malgré tout sa personnalité propre. Aussi la table d'hôte est-elle pavée de tentations qui ont pour nom bento de saumon, blanc de tilapia rôti aux herbes, mignon de porc et prosciutto, hosomaki de concombre et thon épicé, saisi de magret de canard, bento «Trio de la mer», sans parler des brillantes improvisations de «Maître Li». Le samedi soir, on soupe ici «tout en jazz». Bon choix d'alcools, de bières et de vins. Personnel d'une indéfectible courtoisie. (2006-01-19)

PUB EDWARD

Basse-Ville
824, boulevard Charest Est
418 523-3674

 M25$ S55$

★ Cuisine
★★ Service
★★★ Décor

Plusieurs lui envieraient ce grand choix de bières de toutes provenances, connues ou moins connues, que l'on consomme dans un décor beau et chaleureux. Des rangées de verres rutilants surplombent le comptoir hérissé de pompes à bière. Les sièges aux courbes douces se révèlent très confortables. L'endroit est surtout fréquenté par une clientèle du quartier et des environs. La carte propose, d'une part, les «Saveurs internationales» (nachos, ailes de poulet, smoked-meat, salades, etc.) et, d'autre part, les «Spécialités anglaises» allant de la patte de porc (avec choucroute bavaroise) au shepherd's pie, en passant par la soupe aux pois, le filet de saumon grillé au beurre de bière et les côtelettes d'agneau marinées au romarin (sauce à la gelée de groseilles). (2006-03-08)

SAGAMITÉ

★★ Cuisine
★★ Service
★★★ Décor

Wendake
10, boulevard Maurice-Bastien
418 847-6999

 M**25$** S**60$**

Kwei (Bonjour). Le Sagamité contribue à maintenir la réputation commerçante de la nation huronne-wendat avec un restaurant de type familial qui réussit à se démarquer, notamment par l'abondance des portions. Malgré le caractère industriel de plusieurs produits de base, le lieu se distingue par un décor et une carte qui cherchent à mettre en valeur le patrimoine des Premières Nations jusque dans les appellations des pizzas (innue, malécite, etc.). La spécialité des viandes de gibier (cerf, bison, wapiti, caribou) a amené la création d'un mets original appelé «potence», qui tient un peu de l'esprit communautaire associé à la fondue. Accueil sympathique, salle animée, totems, tambours... le Sagamité est situé tout à côté du canyon des chutes Kabir Kouba. (2007-04-25)

URBA

★★ Cuisine
★★ Service
★★★ Décor

Sainte-Foy
3745, rue du Campanile
418 653-7643

 M**15$** S**35$**

D'inspiration new-yorkaise, Urba propose une carte sans réelle surprise dont quelques spécialités valent tout de même le détour. Sandwichs variés, quiches, focaccias et salades constituent l'essentiel de la carte du jour. Le soir, on vous sert sous le nom de «tapas» aussi bien des rouleaux impériaux que des sushis, brochettes de crevettes, pavés de saumon, minestrone, nachos, crevettes en tempura, wraps de chorizo et un gourmand feuilleté d'Oka et poireau. Conformément à une tendance qui semble se maintenir, l'établissement comporte une section «boutique» bien garnie en produits de bouche, et l'on peut aussi y retenir les services d'un traiteur. De grands celliers occupent un coin de la pièce meublée de chaises rouge vif, de fauteuils club couleur de tabac blond et de tables noires, rondes, exiguës. Ambiance détendue. Choix intéressant de vins et de bières. (2006-12-05)

VERSA

★★★ Cuisine
★★★★ Service
★★★★ Décor

Basse-Ville
432, rue du Parvis
418 523-9995

 M**25$** S**60$**

Dans son très beau décor conçu pour encourager la convivialité, Versa continue d'étonner par l'originalité de ses recettes. L'arrivée d'Éric Boutin, le nouveau chef, justifie ou coïncide avec un réaménagement presque complet de la carte. Poulet du général Tao, burgers et autres n'ont évidemment rien à voir avec ce qu'on retrouve ailleurs. Mais le choix va bien au-delà du tout-venant: huîtres choisies, classées et différemment apprêtées, médaillon de porc farci au homard (sauce mangue et harissa), côtes levées piquantes à l'érable, rouleaux impériaux au poulet et gingembre, etc. Outre les bières et les vins offerts à des prix raisonnables, on vous propose un très grand choix d'apéros et autres alcools (martinis, mojito, vodkas et autres). Service souriant et empressé. (2006-08-24)

VOODOO GRILL

Montcalm/Grande Allée

575, Grande Allée Est

418 647-2000

★★★ Cuisine
★★★ Service
★★★★ Décor

 M— S**100$**

Installé dans une immense maison de la Grande Allée qui abrite également discothèques, cigare lounge et autre resto à la mode, le Voodoo Grill fait dans le restaurant à thème. Ici, que ce soit les éléments du décor, le look des serveurs, la musique ou la carte, tout s'articule pour créer une ambiance exotico-primitive, avec des accents résolument modernes. Au menu, on retrouvera donc des plats qui fusionnent ou juxtaposent de façon originale différents ingrédients exotiques, colorés et aux parfums prononcés. Par exemple, cette assiette de saumon boucané au thé au jasmin sur risotto à la mangue: une explosion d'odeurs garantie! Pour les amateurs de bonne viande, ne pas hésiter à choisir l'un des plats de filet mignon: succulent. Pour accompagner le tout, des vins de toutes origines sont offerts. (2007-07-09)

YUZU SUSHI BAR

Basse-Ville

438, rue du Parvis

418 521-7253

★★★★ Cuisine
★★★★ Service
★★★★ Décor

 M**30$** S**100$**

Vincent Morin, le nouveau chef du Yuzu, a déjà fait ses preuves – et comment! –, notamment en France et dans un restaurant de la Beauce. Autant nous avons apprécié son style ailleurs, autant nous prenons plaisir à redécouvrir, dans un univers tout différent, son goût juste et raffiné, ainsi que sa parfaite connaissance des produits qui nous vaut des sauces gouleyantes, des mets délicieux et parfaitement équilibrés. Makis, sushis, plats de viande, porcelet, poissons, calmars, pétoncles ou noix de ris de veau, c'est chaque fois un régal. La carte des vins est à l'avenant, intéressante et variée. On vous propose même du champagne au verre ou en format individuel. Choix de bières, de sakés, etc. Serveurs et serveuses se montrent attentifs à vos moindres besoins. (2006-08-30

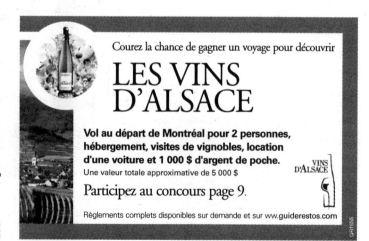

légende

CUISINE

grande table	★★★★★
très bonne table, constante	★★★★
bonne table	★★★
petite table sympathique	★★
correcte mais inégale	★

SERVICE

traitement royal	★★★★★
professionnel	★★★★
vif et efficace	★★★
décontracté	★★
quel service?	★

DÉCOR

exceptionnel	★★★★★
très beau décor	★★★★
soigné	★★★
confortable	★★
presque inexistant	★

ET L'ADDITION, S'IL VOUS PLAÎT

Les prix indiqués — midi ou soir — sont pour deux personnes, excluant taxes, service et boissons. Il s'agit, bien évidemment, d'un prix moyen que le lecteur devra ajuster en fonction de son appétit, de sa soif et de sa générosité à l'endroit du personnel en salle. Dans tous les cas, les prix apparaissant ici sont le reflet de ce qu'ils étaient lors de notre visite.

Quant aux établissements ouverts ou fermés à midi ou en soirée, compte tenu du fait que nombre d'entre eux modifient leurs heures d'ouverture sans préavis, il nous est impossible de fournir cette information avec certitude. Les ouvertures, midi et soir, indiquées ici le sont donc au meilleur de notre connaissance au moment d'aller sous presse. Il est toujours préférable de téléphoner pour s'assurer des heures d'ouverture réelles.

Les vins d'Alsace **complices** de la **France**

France

La France propose un grand nombre de cuisines régionales qui allient, dans cette nouvelle ère de gastronomie française, plus de raffinement et de fraîcheur. Les vins alsaciens, ayant subi les mêmes transformations favorables, seront les incontestables favoris pour créer de nombreuses combinaisons gagnantes. Les mariages garants de succès respecteront les règles de base de la gastronomie française. Connaissant la grande popularité des vins alsaciens dans l'Hexagone et grâce à l'excellente variété disponible de ces derniers à la SAQ, il sera facile de dénicher les bons flacons pour créer l'harmonie recherchée.

Foie gras poêlé
Gewurztraminer ou pinot gris

Choucroute
Riesling, sylvaner ou gentil

Plateau de fruits de mer
Riesling, pinot blanc ou sylvaner

Tartes flambées
Sylvaner, riesling ou pinot blanc

Tarte Tatin
Vendanges tardives de pinot gris ou de riesling

Pour en connaître davantage sur les vins d'Alsace, consultez notre lexique.

VINS
D'ALSACE

SAVEURS DE LA FRANCE

Avec Bertrand Mesotten du restaurant *Le Moine échanson*
585, rue Saint-Jean
Québec
T 418 524-7832
Voir notre critique p. 250

Fort de son expérience dans des restaurants d'Europe et d'ici, Bertrand Mesotten a ouvert Le Moine échanson il y a un an afin d'offrir à sa clientèle un voyage gustatif sur le thème du vin.

Quelles sont vos principales inspirations en cuisine?
«Je parlerais de "cuisine du vin" puisque le concept de notre restaurant vise à faire découvrir différentes régions viticoles. Chaque saison, nous changeons de région et élaborons donc un nouveau menu en fonction de la gastronomie locale. Au cours des prochaines saisons, nous nous pencherons, par exemple, sur la vallée de la Loire et le Nord de la Bourgogne, le Jura, l'Alsace et le Sud-Est de la France.»

Avec quels ingrédients aimez-vous travailler?
«Je répondrais le vin, puisque c'est la seule constante chez nous. Tous nos menus sont élaborés autour de la cuisine du terroir de la région en vedette. Nous tentons de préparer les plats le plus fidèlement possible.»

Où trouvez-vous vos produits?
«Je me procure des charcuteries artisanales chez Les Cochons tout ronds (info@cochonstoutronds.com) des Îles-de-la-Madeleine. Pour les fromages, je vais à L'Épicerie fine des chutes (2571, avenue Royale, Beauport, 418 660-5227) et à la fromagerie Le Troupeau béni (827, chemin de la Carrière, Brownsburg-Chatham, 450 533-4313). Quant aux légumes, j'aime bien La Ferme du bon temps (884, route 138, côte de la Miche, Saint-Joachim).»

AUBERGE LA BASTIDE

Portneuf
567, rue Saint-Joseph, Saint-Raymond
418 337-3796

★★★★ Cuisine
★★★ Service
★★★ Décor

M**30$** S**70$**

On a rarement vu un chef se dévouer autant pour la région qu'il a choisie! Pascal Cothet ne se limite pas à son rôle d'aubergiste-restaurateur. Il bouge, innove, rassemble autour de lui artistes et artisans de Portneuf, encourageant leur créativité, soucieux d'accorder la vedette à leurs œuvres (exposées dans l'auberge) et de promouvoir leurs produits de bouche. Sa cuisine tout en nuances ne manque pas d'audace, mais elle dose subtilement les saveurs et vous épargne les contrastes «agressants». Les mets, présentés avec soin, plaisent assurément à l'œil et au goût, et laissent deviner que chaque ingrédient a fait l'objet d'une attention particulière. Viandes, gibier, légumes et poissons composent des assiettes généreuses, colorées et parfumées. (2007-07-11)

BISTROT LE MOULIN À POIVRE

Sainte-Foy
2510, chemin Sainte-Foy
418 656-9097

★★★ Cuisine
★★★ Service
★★★ Décor

M**30$** S**60$**

Ici, on ne vous offre pas la lune, mais un petit coin de France où la gourmandise se fait vertu. En attendant vos assiettes, vous avez, pour faire patienter votre faim, de frais apéros, des vins choisis, du bon pain et, tout près, des livres de recettes qui se baladent à travers le temps et l'espace. Sur fond de chansons françaises, vous dégustez une cuisine typique de bistro: ris de veau caramélisés au porto, choucroute, boudin aux pommes, bavette d'agneau, cassoulet sarladais, salade de gésiers confits, magret de canard et diverses spécialités périgourdines. Au fil des ans, le décor, coquet, continue de s'enrichir de cigales colorées, de petits moulins à poivre et de poteries alsaciennes. Le service? Toujours prompt, courtois et souriant. (2006-09-07)

CAFÉ DE LA PAIX

Vieux-Québec
44, rue des Jardins
418 692-1430

★★★ Cuisine
★★★★ Service
★★★ Décor

M**30$** S**60$**

Établi de longue date, le Café de la Paix détient une excellente réputation dans la capitale. Bien ancré dans son local au cachet vieillot, où la lumière est tamisée et les murs ourlés de boiseries foncées, ce café propose une cuisine française composée principalement de poisson, de fruits de mer (homard en saison), de volaille, de bœuf, de veau et de gibier. Apprêtés de façon traditionnelle et servis sans flafla, les différents plats sauront satisfaire toute âme cherchant le réconfort d'une cuisine sans surprise. Tandis que le propriétaire circule en laissant échapper quelques formules distrayantes, le personnel avenant conseille, sert et dessert sans se lasser de sourire: sans être animée, l'ambiance est détendue. (2007-07-09)

CAFÉ DU CLOCHER PENCHÉ

Basse-Ville
203, rue Saint-Joseph Est
418 640-0597

★★★★★ Cuisine
★★★★ Service
★★★ Décor

 M**35**$ S**80**$

On se découvre rapidement et résolument un penchant marqué pour ce Café dès qu'on y pose le pied, tient fourchette et fait jasette. Le petit repaire un peu grano, cool et sympa des débuts a évolué au même rythme que sa carte en misant toujours sur la simplicité et le bon goût... tout en demeurant cool et sympa. Dans l'assiette, cela se traduit par des alliances heureuses de produits locaux, souvent bios, choisis amoureusement et apprêtés avec finesse. Le menu se réinvente à chaque saison pour profiter des aliments frais, et des menus midi différents sont offerts chaque jour. À la carte des vins, de multiples importations privées et des spécialités originales que le personnel enthousiaste fait découvrir avec la même verve et la même éloquence qu'il met à décrire la composition des plats. (2007-08-10)

CHAUMIÈRE JUCHEREAU-DUCHESNAY

Sainte-Catherine-de-la-Jacques-Cartier
5050, route Fossambault
418 875-2751

★★★ Cuisine
★★★ Service
★★★ Décor

 M**35**$ S**85**$

Belle maison ancestrale abritant une auberge, la Chaumière Juchereau-Duchesnay est située à 40 kilomètres du centre-ville de Québec. Agréablement campée dans un cadre champêtre à faire rêver tout retraité de fraîche date, la Chaumière reçoit ses hôtes dans une ambiance surannée et affiche un sans-façon quelque peu déconcertant. Le choix de plats, classiques, est limité, mais il fait la démonstration de la subtilité et du métier du chef, si ce n'est de son originalité. Compte tenu d'une addition sans complexe, on observe cependant que les tables sont dressées de manière quelconque et que la sélection de vins est un peu mince. Il est important de réserver. (2007-08-10)

FLAGRANT DÉLICE

Sillery
1631, rue Sheppard
418 683-7077

★★ Cuisine
★★ Service
★★ Décor

M**25**$ S**40**$

Des napperons plastifiés détaillent les spécialités auxquelles s'est habituée, depuis le début, une clientèle assez variée. Aux «valeurs sûres» de la maison, telles la pizza calabrese, le duo de pâtes aux escargots et la «trempette française», se sont ajoutés au fil des ans une «salade indissociable» (poulet et amandes), des côtelettes d'agneau à l'ail et au romarin, un mignon de porc aux champignons et, depuis moins longtemps, du confit de canard, une côte de bœuf au jus et de savoureuses grillades. Midi et soir, l'ambiance est à l'avenant, sympathique et décontractée. Pour accompagner le repas, on vous offre à des prix raisonnables un choix de bières populaires et de vins (vendus au verre ou à la bouteille). Service alerte et poli. (2006-10-18)

INITIALE

Vieux-Port
54, rue Saint-Pierre
418 694-1818

★★★★★ Cuisine
★★★★★ Service
★★★★★ Décor

😀 M**40$** S**135$**

Ceux qui ont eu le bonheur de fréquenter ce restaurant de grande classe ne s'étonneront pas qu'il fasse désormais (et depuis peu) partie de la prestigieuse chaîne Relais & Châteaux. Dans ce décor magnifique où l'on a fait le pari de vous éblouir, mais sans esbroufe et sans tape-à-l'œil, un personnel prévenant et stylé vous prend en charge dès l'entrée et, tout au long de la soirée, s'emploie à satisfaire vos moindres désirs – voire vos caprices. De grands crus jalonnent une carte des vins qui ne cesse d'évoluer pour s'adapter à cette table qui, chaque jour, vous offre sa cuisine des grands jours. D'un légume, d'une viande, d'une volaille ou d'un poisson, le chef Yvan Lebrun vous compose un chef-d'œuvre de beauté et un florilège de saveurs. (2006-03-30)

LA FENOUILLIÈRE

Sainte-Foy
3100, chemin Saint-Louis
418 653-3886

★★★★ Cuisine
★★★★ Service
★★★ Décor

😀 M**40$** S**100$**

Un personnel affable et soucieux de votre bien-être, une cave exceptionnelle et une carte prolixe, jalonnée de surprises plus agréables les unes que les autres: tel est sans doute le secret de cet établissement où la constance fait figure de vertu. Mais la constance, ici, n'exclut pas le renouvellement périodique des menus qui, bon an, mal an, vous proposent surtout des poissons et fruits de mer, mais aussi du gibier, des ris de veau, du filet de bœuf... On trouvera parfois certains légumes un peu trop al dente, mais la présentation alléchante des assiettes témoigne de l'attention particulière portée aux accompagnements du point de vue de l'harmonie générale des couleurs et des textures. Et, pour couronner le tout, une sauce irréprochable «signe» chaque réussite. On souhaiterait s'éterniser à table pour savourer le plus longuement possible chaque bouchée et se griser de chaque parfum. (2006-12-20)

LA GROLLA

Saint-Jean-Baptiste
815, côte d'Abraham
418 529-8107

★★★ Cuisine
★★★ Service
★★ Décor

M**40$** S**80$**

C'est à la fin du repas dans ce petit resto suisse du Vieux-Québec que l'on comprendra ce que signifie son nom. La grolla: mélange de café et de grappa servi dans un récipient que plusieurs convives partagent et qui symbolise la convivialité. C'est aussi à ce moment qu'on se dira qu'en effet, dans cet établissement, tout concourt à créer des rapprochements. Il y a d'abord le décor chargé qui impose une certaine promiscuité, puis la chaleur des brûleurs sur presque toutes les tables qui confèrent au lieu une atmosphère et une odeur agréables d'après-ski. Au menu, en plus des nécessaires fondues suisses, raclettes et autres pierrades, sont aussi offertes des fondues bourguignonnes, chinoises et de Bacchus. Si vous optez pour la fondue suisse, vous aurez l'embarras du choix parmi les garnitures aux parfums prononcés (parfois un peu trop) de morilles, cognac, kirsch, etc. Vous passerez certainement une belle soirée, pour autant que vous puissiez éviter d'être installé dans la rallonge froide à l'arrière du restaurant. (2007-01-27)

L'ARDOISE RESTO-BISTRO

Vieux-Québec
71, rue Saint-Paul
418 694-0213

★★★ Cuisine
★★ Service
★★★ Décor

M**20**$ S**55**$

S'il n'a plus tout à fait ses airs de petit café, L'Ardoise n'en continue pas moins de proposer une carte simple où se sont ajoutés des mets un peu plus élaborés, tel ce médaillon de veau au citron vert venu rejoindre les «classiques» de la maison: tartares succulents, bisques onctueuses et odorantes, boudin, escargots, entrecôte, salades fraîches, moules dodues et frites délicieuses. Nous avons d'ailleurs noté une nette amélioration globale par rapport à notre précédente visite. Et le décor se révèle toujours aussi chaleureux avec ses vieilles pierres grises, ses tableaux, ses jardinières suspendues et les vitrages donnant vue sur la petite terrasse ombragée. Le personnel est attentif. Choix de bières et de vins. (2006-08-23)

L'ASTRAL

Montcalm/Grande Allée
1225, cour du général de Montcalm
418 647-2222

★★★★ Cuisine
★★★★ Service
★★★ Décor

M**35**$ S**90**$

L'Astral, restaurant «rotatif» dont la salle est plutôt banale en elle-même, est cependant juché au sommet d'un hôtel de 29 étages, sur les hauteurs de Québec: point de vue impressionnant sur la Vieille Capitale (ou la Capitale nationale, c'est selon) et ses alentours. Jean-Claude Crouzet, chef exécutif, s'y exprime sur plusieurs modes: midi et soir, il offre des repas à la carte mais utilise aussi la formule buffet lorsque l'achalandage est plus important (on le sait quelques jours à l'avance), le samedi soir et pour les brunchs du dimanche. En soirée, une partie de son menu est consacrée à des tables d'hôte thématiques. La fébrilité propre aux grands hôtels peut plaire ou déplaire, mais le coup d'œil est impressionnant et le buffet, fameux. (2006-03-15)

LAURIE RAPHAËL

Vieux-Port
117, rue Dalhousie
418 692-4555

★★★★★ Cuisine
★★★★ Service
★★★★★ Décor

M**40**$ S**130**$

Laurie Raphaël a beau être un des temples de la gastronomie de Québec, ce n'est pas dans tous les temples qu'on trouve cette ferveur à honorer les dieux si exigeants que sont la bonne chère, la délicatesse et le bon goût. Considérant comme allant de soi l'heureux mariage mets/vin, le chef et propriétaire Daniel Vézina, que l'on peut difficilement ne pas nommer, reçoit l'appui de Simon Lambert, sommelier. D'autre part, le lieu, élégant, sobre, lumineux, se plaît à mettre en valeur la production artisanale québécoise de même que des produits du terroir dont plusieurs sont disponibles sur place, dans une petite boutique joliment placée en aval de ce qu'il est convenu d'appeler l'Atelier, pièce format laboratoire dédiée aux formations ou repas privés. (2007-02-22)

LE CAFÉ DE LA TERRASSE

Vieux-Québec
1, rue des Carrières
418 266-3966

★★★ Cuisine
★★★ Service
★★★ Décor

M55$ S100$

Faire une sortie au Château: quelle invitation royale! Heureusement, quand il est question de se rendre au Café de la Terrasse, la petite table du Château Frontenac, il n'est point nécessaire de porter un nom à particule ni une robe de bal. Le lieu, empreint de classe et de bon goût, offre un décor simple dont la plus intéressante richesse est la vue sur la terrasse Dufferin et l'animation qui y règne en période touristique. Du côté de la table, on a le bonheur de goûter à la cuisine de Jean Soulard, en version buffet ou encore à la carte. Réservant une place de choix aux produits locaux, le menu est constitué de viandes, poissons ou de plats végétariens. Au buffet, un large éventail de fromages québécois et de desserts permet de finir le repas en beauté. Le personnel, tout sourire et aimable, participe à la simplicité ambiante. (2007-07-20)

LE CAFÉ DU MONDE

Vieux-Port
84, rue Dalhousie, Terminal des croisières
418 692-4455

★★★ Cuisine
★★★ Service
★★★★ Décor

 M25$ S60$

Avec ses allures de bistro chic, Le Café du monde sait attirer autant les nombreux touristes qui sillonnent le Vieux-Port que les résidents du quartier en quête d'une impression d'évasion dans leur propre ville. En effet, avec les grandes vitrines qui laissent voir la beauté du fleuve et l'activité portuaire, avec son menu typiquement parisien, c'est à une charmante excursion que nous convie ce restaurant. Vous aurez le choix parmi une variété de plats traditionnels tels le boudin noir, le tartare de saumon, le jarret d'agneau, le confit de canard ou les ris de veau. Mais l'aventure sera davantage appréciable si vous optez pour le succulent foie de veau de Charlevoix. La carte des vins soignée offre un large éventail, avec un bon choix de vins au verre. (2006-03-28)

LE CANARD HUPPÉ

Île d'Orléans
2198, chemin Royal, Saint-Laurent
418 828-2292

★★★★ Cuisine
★★★★ Service
★★★ Décor

 M— S**75$**

Aussi goûteuses que belles à regarder, les spécialités maison mettent à l'honneur les produits du terroir, qu'il s'agisse de la terrine d'oie, de la caille laquée, du caribou ou bien des poissons frais, fumés ou marinés. Le chef-propriétaire de cette auberge-restaurant a une réputation à soutenir et prend pour cela tous les moyens appropriés, à commencer par les rénovations périodiques de l'édifice et le constant remaniement de sa carte. Celle-ci évolue donc sans cesse, intégrant de plus en plus les produits de l'île d'Orléans: légumes, viandes, poissons, volaille, gibier, de même que certains apéros, vins et autres alcools. Des tableaux de Louise Boulanger posent çà et là des touches de couleur dans la salle à manger ajourée de grandes fenêtres. (2007-05-09)

LE CHAMPLAIN

Vieux-Québec
1, rue des Carrières
418 692-3861

★★★★★ Cuisine
★★★★★ Service
★★★★★ Décor

 M — S**150**$

Constance, raffinement et souci du détail: on pourrait résumer ainsi cette table réputée du Château Frontenac où la rigueur n'exclut ni l'audace ni la fantaisie. Il nous revient chaque fois à l'esprit qu'elle rend hommage à la mémoire de Samuel de Champlain, fondateur de l'Ordre du Bon Temps... mais en des termes bien contemporains: brochette d'escargots, pétoncles et langoustines, côte de veau au ragoût de morilles, couronne de gambas, carré d'agneau ou caille royale. Quant à la carte des vins, elle se montre en tous points digne de ces gourmandises exhaussées de sauces suaves. De la verrière flanquant la salle à manger, on jouit d'une vue magnifique sur la terrasse Dufferin, sur le fleuve et sur l'île d'Orléans. Personnel compétent et distingué. (2006-08-29)

LE CHARLES BAILLAIRGÉ

Vieux-Québec
57, rue Sainte-Anne
418 692-2480

★★★★ Cuisine
★★★★ Service
★★★★★ Décor

 M**30**$ S**75**$

Dans les cuisines officie un chef soucieux d'apporter sa touche personnelle à une tradition de table bien établie. Des boiseries superbes et des photographies du Vieux-Québec des années 1920 décorent la salle à manger où de grands miroirs vous renvoient inopinément votre visage ou la silhouette furtive d'un serveur qui s'empresse. Entre le menu «Découverte», la table d'hôte et les nombreux plats à la carte, vous avez tout un choix de viandes, de volailles, de poissons et de légumes diversement apprêtés, toujours avec goût - et une pointe d'audace qui ne gâche rien. Le filet de tilapia au lait fumé n'en est qu'un exemple parmi d'autres. Choix de bières, de vins et d'alcools. Service professionnel et courtois, quoique parfois un peu solennel. (2007-01-25)

LE COCHON DINGUE

Montcalm/Grande Allée
46, boulevard René-Lévesque Ouest
418 523-2013

★★★ Cuisine
★★★ Service
★★★★ Décor

 M**25**$ S**55**$

Aussi typique à Québec que la Maison Simons pouvait l'être autrefois, le restaurant Le Cochon Dingue se caractérise par son atmosphère pétillante et la fiabilité de sa cuisine. Bien que les desserts et les déjeuners soient probablement les grandes spécialités du lieu, la carte qui se veut «bistro parisien», avec compléments à l'italienne (lasagne) ou à l'américaine (poutine, avec du panache sans doute), est en mesure de satisfaire une étonnante variété de goûts, à l'exception de celui de l'aventure. Boulevard René-Lévesque, la séquence des salles qui se prolonge jusqu'à une superbe terrasse arrière est un modèle de chaleur et de bon goût qui mise sur l'utilisation généreuse mais judicieuse d'un bleu de cobalt aux effets ensoleillés. (2007-05-21)

LE CONTINENTAL

Vieux-Québec
26, rue Saint-Louis
418 694-9995

★★★★ Cuisine
★★★★ Service
★★★★ Décor

 M**30**$ S**85**$

Pas une ride, pas une maladresse! Vénérable sans être vieux, ce restaurant a franchi en toute sérénité le cap du demi-siècle d'existence. Dans son décor imposant et presque solennel évolue un personnel compétent et stylé. Sa cuisine, que certains qualifient de «classique continentale», demeure un modèle de constance. On est ici bien loin du tape-à-l'œil et des fioritures inutiles. Les plats sont de viande, de volaille, de poissons ou de fruits de mer – apprêtés avec la délicate attention due à des produits de qualité et avec juste ce qu'il faut de fantaisie pour les préserver de l'ennui. En ce qui concerne les boissons d'accompagnement, on ne peut choisir que deux vins au verre, bien que la cave se révèle intelligente et bien garnie. (2007-08-09)

LE GALOPIN

Sainte-Foy
3135, chemin Saint-Louis
418 652-0991

★★★★ Cuisine
★★★★ Service
★★★★ Décor

 M**40**$ S**85**$

Gentillesse, constance et raffinement sont les atouts maîtres de ce restaurant où le souvenir vous ramène encore et encore. Ajoutez à cela une élégance vraie, sans tape-à-l'œil. Les vins sont nombreux et variés, dont quelques-uns (trop peu) disponibles au verre. Éric Fortin et son équipe vous apprêtent avec une admirable maîtrise des produits choisis avec grand soin. La réputation de leurs tartares de bœuf ou de saumon n'est plus à faire depuis longtemps; ils ne s'en tiennent pas là et se surpassent également dans la préparation du gibier, du veau, des poissons et fruits de mer. Les assaisonnements, les sauces, les accompagnements, tout concourt à cette harmonie qui vous enchante une soirée. Le personnel assure un service à la fois cordial et professionnel. (2006-03-21)

LE GRILL SAINTE-ANNE

Vieux-Québec
32, rue Sainte-Anne
418 692-4447

★★★★ Cuisine
★★★ Service
★★★★ Décor

M**30**$ S**70**$

Un chic de bon ton caractérise le décor pourtant sobre, propice à la détente – murs immaculés, fenêtres à espagnolette, banquettes à très haut dossier baignant dans la lumière douce des lampes cylindriques et des rampes d'éclairage. Avec sa carte réaménagée, Le Grill Sainte-Anne correspond désormais à ce que voulait en faire le chef-propriétaire Jacques Le Pluart. En salle ou sur la terrasse, un personnel courtois assure le service et se soucie de vos moindres désirs. Seul importe votre plaisir, qui se décline en termes de pasta, viandes, volailles, poissons, fruits de mer et même hamburgers. La beauté des assiettes va de pair avec le choix judicieux des accompagnements. Vins, bières et alcools sont à prix raisonnables. (2007-04-04)

LE GWALARN

Cap-Rouge
1480, rue Provancher
418 653-4029

★★★ Cuisine
★★★ Service
★★★ Décor

 M**25$** S**50$**

Le Gwalarn, c'est un «vent de Bretagne» parvenu jusqu'à la banlieue proche de Québec pour y servir une cuisine mieux qu'honnête dont les principaux attraits sont la raclette, déclinée selon plusieurs modes, et les gibiers. Les prix des tables d'hôte et des menus du jour dépendent des entrées choisies, une des particularités d'une carte qui offre originalité et qualité tout en faisant de grands efforts pour demeurer abordable. Dans cette fort jolie habitation centenaire dotée d'un vaste espace jardin, les propriétaires ont conservé le cachet d'origine, ce qui donne une ambiance chaleureuse malgré certains aménagements intérieurs un peu ordinaires. (2007-06-12)

LE MARIE-CLARISSE

Petit-Champlain
12, rue du Petit-Champlain
418 692-0857

★★★ Cuisine
★★★★ Service
★★★ Décor

 M**50$** S**110$**

Le Marie-Clarisse tire son nom d'une goélette des années 20. L'environnement est dominé par un bleu royal dont la froideur est équilibrée par des murs de pierre impressionnants d'authenticité. Ici, les signaux sont donc «maritimes». L'ambiance, très confortable malgré certaines faiblesses, est renforcée par un service agréable, pratiquement sans faux pas. Le menu, changeant au gré des arrivages, permet au chef d'explorer, et l'on ne vous recommandera pas une recette incertaine. Dans l'assiette, la fraîcheur est, elle aussi, sans faille, mais certains plats manquent parfois d'équilibre, tiraillés entre des saveurs trop affirmées. (2006-04-30)

LE MOINE ÉCHANSON

Saint-Jean-Baptiste
585, rue Saint-Jean
418 524-7832

★★★ Cuisine
★★★ Service
★★ Décor

 M**—** S**40$**

Ce petit établissement se présente tout de go comme une «boîte à vins». Les mets qu'on y consomme, souvent présentés sur une planchette de bois, sont donc autant de prétextes à savourer de très bons crus, en majorité bios et d'importation privée. Un tableau noir fait office de carte; les victuailles s'y succèdent ou se relaient d'une fois à l'autre, alléchantes dans leur belle simplicité. Salade de gésiers, garbure du Sud-Ouest, canard confit aux noix et à l'armagnac, pruneaux d'Agen drapés de magret de canard séché, gâteau basque et autres vous sont proposés en même temps que les boissons les plus appropriées. Succession d'entrées, repas frugal ou copieux souper? Peu importe: vous en avez pour vos sous et, surtout, pour un plaisir sans nuages. (2007-04-11)

LE PAIN BÉNI

Vieux-Québec
24, rue Sainte-Anne
418 694-9485

★★★ Cuisine
★★★ Service
★★★ Décor

M30$ S65$

Dans ce décor confortable et dépouillé évolue un personnel jeune, souriant et professionnel. Dans la salle à manger que prolongent, au fond, deux salons de dimensions moyennes, la cuisine et tout ce qui s'y mijote sont à la portée de votre curiosité. Soir ou midi, on vous sert ici du gibier (gros ou petit), de la volaille, des poissons – produits de qualité et, surtout, de première fraîcheur. La présentation et le contenu des assiettes satisferaient les plus exigeants. Parce que la plupart des créations du chef se signalent par l'originalité des apprêts et des accompagnements, on se laisse aisément conquérir par une cassolette de moules à la tequila, un curry de légumes aux noix d'acajou et abricots séchés, une bavette de cerf aux canneberges... (2006-01-05)

LE SAINT-AMOUR

Vieux-Québec
48, rue Sainte-Ursule
418 694-0667

★★★★★ Cuisine
★★★★★ Service
★★★★ Décor

 M50$ S95$

Aucun succès possible si la matière première n'est pas de qualité: en hommage aux producteurs artisans qui les approvisionnent, les chefs Jean-Luc et Frédéric Boulay vous le signalent à l'entrée de la carte. On entre en effet dans cette carte comme dans un univers pavé de surprises et de tentations, sollicité de partout à la fois: foie gras en terrine maison à l'armagnac, carpaccio de cerf, thon rouge, pétoncles, ris de veau, agneau de lait, pigeonneau, pintade... Et l'on ne veut plus en sortir! La cave se montre à la hauteur, bien sûr, et un personnel attentif veille à votre bonheur. Le Saint-Amour n'exagère pas en vous promettant «le plaisir de l'instant et l'éternité du souvenir»: c'est le souvenir qui vous y ramène encore et encore. (2007-04-30)

LE SAINTE-VICTOIRE

Basse-Ville
380, boulevard Charest Est
418 648-6666

★★★ Cuisine
★★★★ Service
★★★★ Décor

M30$ S60$

Annonçant une cuisine française, Le Sainte-Victoire, nommé en hommage au peintre impressionniste Cézanne, est le restaurant de l'Hôtel Royal William, quartier Saint-Roch. Conséquente, la carte annonce tartare, ris de veau, cailles et autres. En bref: présentation des plats originale et très élégante; cuisson, des légumes comme des viandes, proprement impeccable; service souple et distingué; décor recherché et apaisant, enveloppant même. Mais que manquait-il donc pour provoquer en nous un enthousiasme communicatif? Peut-être des saveurs plus affinées et des sauces plus sapides, ou alors un choix de vins au verre un peu sérieux, ou peut-être des serviettes en tissu pour aller avec l'ensemble. Des détails, quoi? (2006-04-06)

LE SAINT-MALO

Vieux-Port
75, rue Saint-Paul
418 692-2004

★★★ Cuisine
★★ Service
★★ Décor

 M**30**$ S**65**$

Même si le décor de ce resto paraît brouillon avec sa surabondance d'objets accrochés ici et là et son plafond bas, le lieu a un petit quelque chose de sympathique. On s'y arrête donc volontiers pour une bonne soupe maison, une omelette sur l'heure du midi ou alors pour un petit repas sans prétention... Pourquoi pas sur la terrasse lorsque la saison s'y prête? Au menu, on aura le choix parmi plusieurs plats de la cuisine française traditionnelle: cassoulet, bouillabaisse, boudin grillé aux pommes, bavette de cheval, cervelle de veau, osso buco, etc. Derrière le comptoir, on aperçoit le proprio affairé à ses fourneaux, et la désorganisation chronique du personnel en salle confère à l'expérience... un petit quelque chose de sympathique. (2007-05-04)

LE VIEUX PRESBYTÈRE

Île d'Orléans
1247, avenue Mgr d'Esgly, Saint-Pierre
418 828-9723

★★ Cuisine
★★ Service
★★ Décor

M — S**90**$

L'accueil est toujours agréable et le service prévenant dans ce presbytère de 1690, reconstruit en 1791, qui se dresse dans un environnement de verdure. Les propriétaires actuels ont tenté au mieux d'en préserver le cachet, nonobstant les réaménagements indispensables. Jouxtant la salle à manger aux murs de pierre, une véranda simplement meublée donne vue sur des enclos de bisons et de wapitis. Le chef a fait du gibier de poil ou de plume sa spécialité, l'accommodant de sauces aux petits fruits. Des légumes de première fraîcheur accompagnent les plats (présentés le plus simplement du monde). C'est là une cuisine honnête mais beaucoup moins pimpante que lors de notre dernière visite, dont on devrait peut-être réviser le rapport qualité/prix. (2007-07-12)

L'ÉCHAUDÉ

Vieux-Port
73, rue du Sault-au-Matelot
418 692-1299

★★★★ Cuisine
★★★ Service
★★★ Décor

 M**35**$ S**100**$

Ici, c'est la cuisine d'humeur, de la bonne humeur insensible aux caprices du temps. Saison touristique ou pas, un personnel attentif vous dorlote autant que le chef, en cuisine, chouchoute ses plats de viande ou ses fruits de mer exhaussés de sauces suaves. Mets fins ou costauds, peu importe: les assiettes, montées avec élégance, témoignent d'un souci d'équilibre qui réjouit l'œil autant que le palais. Cela vaut donc autant pour la saucisse de Toulouse et boudin blanc (emmitouflés dans une pâte à lasagne) que pour les rillettes de chevreau, le magret de canard rôti à la nage, la caille farcie aux raisins et pacanes, les pétoncles en corail gratinés au sabayon de homard. La cave, superbement garnie, demeure l'une des plus remarquables en ville. (2006-05-17)

LES ANCÊTRES

Île d'Orléans
391, chemin Royal, Saint-Pierre
418 828-2718

★★★ Cuisine
★★★ Service
★★ Décor

 M— S**70$**

S'il fait beau, les clients ne font que traverser la salle à manger pour gagner immédiatement la terrasse, l'une des plus belles de la région, d'où l'on peut admirer de magnifiques couchers de soleil. Située derrière une coquette maison familiale trois fois centenaire, elle offre de plus une vue incomparable sur les chutes Montmorency et, au-delà, sur les Laurentides. On vous y sert à l'occasion le désormais traditionnel méchoui estival et, en tout temps, une cuisine du terroir adaptée au goût du jour: ragoût de boulettes, rôti de porc aux patates jaunes, poulet grand-mère, canard confit, bavette de bison, pintade, carré d'agneau, cerf rouge. Ambiance sympathique, service prompt et souriant. Vins, bières et alcools à prix abordables. (2007-07-08)

LES BOSSUS

Basse-Ville
620, rue Saint-Joseph Est
418 522-5501

★★★★ Cuisine
★★★★ Service
★★★★ Décor

M**25$** S**50$**

Une salle en longueur. Carreaux blancs, carreaux noirs; quelques touches de couleur, sobres. Vaisselle non pas exotique, mais originale; service accueillant, diligent, exemplaire même. Carte bistro, vraiment bistro: boudin, steaks, tartares, canard, escargots, et j'en passe. En plus, manifestement, de l'amour de la bouffe bien faite, dans le potage, dans la purée, dans la cuisson et dans la sauce! Difficile à battre dans la catégorie «bistro à la française». Un rapport qualité/prix incontestable, par des gens qui aiment ce qu'ils font. (2007-07-17)

LES FRÈRES DE LA CÔTE

Vieux-Québec
1190, rue Saint-Jean
418 692-5445

★★★ Cuisine
★★★ Service
★★★ Décor

 M**25$** S**50$**

Mois après mois, année après année, on retourne aux Frères de la Côte pour y retrouver les éléments qui nous y avaient fait passer un bon moment la dernière fois. C'est sans doute pour cette raison que de fidèles habitués s'y donnent régulièrement rendez-vous, en plus des touristes et de la clientèle d'affaires qui travaille dans le quartier. L'ambiance est animée et joyeuse – parfois bruyante – dans cette grande salle tout ouverte: ouverte sur les fourneaux, le bar et le trottoir avec les deux murs à angle tout en fenêtres. Pour accompagner les plats de style brasserie parisienne qu'on y sert (choix de grillades, pizzas européennes, moules, pâtes, etc.), la maison suggère toujours de bonnes idées de vins du mois à découvrir à bon prix. (2007-02-22)

L'UTOPIE

Basse-Ville
226-1/2, rue Saint-Joseph Est
418 523-7878

★★★★★ Cuisine
★★★★ Service
★★★★ Décor

 M**35$** S**90$**

Récemment, cette table qui vous met de l'art en bouche n'a pas hésité à démocratiser ses prix sans perdre de vue l'essentiel: le souci de l'excellence. Dans son décor unique et immuable, L'Utopie n'inspire encore et toujours que des superlatifs, car on y chercherait en vain un détail qui cloche. C'est que le chef Stéphane Modat accorde une attention égale à chacun des éléments qui feront de votre repas une aventure de tous les sens: produits frais et de première qualité, équilibre parfait des saveurs, accompagnements choisis et présentation élégante des assiettes. En salle, un personnel affable et stylé vous renseigne sur les différents menus et vous conseille judicieusement sur le choix des vins (en majorité bios et d'importation privée). (2007-04-27)

MISTRAL GAGNANT

Vieux-Port
160, rue Saint-Paul
418 692-4260

★★★ Cuisine
★★★ Service
★★★ Décor

M**25$** S**70$**

On vient ici pour l'ambiance, et l'on se rappelle soudain que le dépaysement a bon goût... et les bonnes odeurs d'une cuisine résolument provençale. Voilà donc un refuge gourmand pour anticiper les vacances... à n'importe quel moment de l'année. Des tableaux ensoleillent de jaune, d'ocre, de vert et de bleu le mur de vieilles briques. Des pots empanachés d'herbes côtoient, sur une étagère, des livres qui vous racontent la Provence, celle-là même qu'on vous décline ici en termes de gigot d'agneau, de rouille, de tapenades, de bouillabaisse provençale et de vins choisis. Au besoin et sans nuire à leur authenticité, le chef n'hésite pas à repenser certaines recettes traditionnelles. Le service est toujours d'une grande courtoisie, souriant, prévenant. (2006-03-28)

MONTE CRISTO RESTO-LOUNGE

Sainte-Foy
3400, chemin Sainte-Foy
418 650-4550

★★★★★ Cuisine
★★★★ Service
★★★★★ Décor

 M**45$** S**110$**

Chef des cuisines, Marie-Chantal Lepage a renouvelé du tout au tout la carte de cet établissement et présente avec fierté ses propres menus. Trois autres chefs renommés œuvrent sous sa direction, rivalisant d'audace et d'ingéniosité. À de tels atouts s'ajoutent le raffinement d'un décor au goût du jour et la cordialité d'un personnel prévenant et bien formé. L'été, on préfère manger sur la terrasse couverte et chauffée ou, un peu plus bas, dans les jardins du Napa Grill. Opulentes, fastueuses, raffinées ou délicates, les entrées sont de dignes préludes à vos régals de viandes, de volailles et de fruits de mer toujours apprêtés avec un art consommé. Un personnel d'une extrême gentillesse vous conseille sur le choix des mets et des vins d'accompagnement. (2006-08-16)

OH! PINO

Montcalm/Grande Allée
1019, avenue Cartier
418 525-3535

★★★ Cuisine
★★ Service
★★★ Décor

M**25$** S**65$**

Après des années d'impersonnalité dans ce qui est probablement l'un des locaux les mieux situés de Québec, Oh! Pino a retrouvé du lustre et fait revivre l'époque du Chanoine Kir, restaurant emblématique de l'avenue Cartier pendant les années 90. On se fait ainsi une spécialité des moules qui s'intègrent bien dans une formule résolument bistro. Dans une salle qui évoque le bal-musette, à la décoration enveloppante, le personnel nous offre ainsi bavette, boudin, canard et compagnie, apprêtés de manière traditionnelle mais agréable. Le tout accompagné d'une judicieuse sélection de vins à prix abordable. À la belle saison, l'une des meilleures terrasses pour l'apéro. (2007-08-03)

PANACHE

Place Royale
10, rue Saint-Antoine
418 692-1022

★★★★★ Cuisine
★★★★ Service
★★★★ Décor

M**40$** S**100$**

Une ambiance toujours feutrée, des mets de choix et un service aussi aimable que professionnel: pas étonnant que Panache se soit imposé d'emblée pour devenir en peu de temps une véritable référence. Ici, tout vous étonne et vous ravit, à commencer par le très beau décor mi-vieillot, mi-moderne où vous reçoit un personnel renseigné et bien formé qui se révèle en outre courtois et prévenant. Vous avez droit midi et soir au même traitement. C'est donc dans les meilleures conditions que vous appréciez la cuisine inventive d'un chef qui, en plus de ses créations suprêmement raffinées, retravaille à sa façon des recettes traditionnelles bien connues. La carte des boissons propose des eaux pures, importées ou non, ainsi que des vins choisis. (2007-03-21)

PARIS GRILL

Sainte-Foy
3121, boulevard Hochelaga
418 658-4415

★★★ Cuisine
★★★ Service
★★★ Décor

M**25$** S**55$**

Les habitués des alentours, banlieusards ou travailleurs, sont toujours heureux de retrouver ce charmant bistro, avec ses deux terrasses à la verdure abondante qui camoufle à la fois le bruit du boulevard et la grisaille du béton. À l'intérieur, même sentiment de bien-être avec l'animation créée par le piano qui s'y joue en direct, la convivialité des échanges autour du grand bar et les effluves de la cuisine ouverte au fond de la salle. On retourne au Paris Grill volontiers, aussi, pour sa cuisine: beaucoup de grillades, évidemment, de multiples variations avec les produits de la mer ainsi que des pizzas «flammées» riches et goûteuses. Pour compléter le tout, la carte des vins offre beaucoup d'importations privées et plusieurs choix de format. (2007-08-03)

PARIS-BREST

Montcalm/Grande Allée
590, Grande Allée Est
418 529-2243

★★★ Cuisine
★★★ Service
★★★★ Décor

 M**40$** S**80$**

Efficace et diligent, le service au Paris-Brest vous prend aussitôt en charge, dans un décor qui vous enveloppe dès que vous pénétrez dans cette salle au plafond bas et sans fenêtres, à l'éclairage soigné, tout en tons chaleureux de jaune ocré et de brun tête-de-nègre. Cuisine française à l'affiche, cette maison laisse une large part aux viandes (bœuf et veau), poissons (saumon principalement) et autres fruits de mer, tout en offrant pâtes et gibier à plumes. La cuisine cherche essentiellement à satisfaire une vaste palette de clientèles en quête de traditions plutôt que de surprises culinaires, comme la carte des vins d'ailleurs qui présente des bouteilles de tous prix et de toutes provenances, mais peu de vins au verre. (2006-01-12)

POISSON D'AVRIL

Vieux-Port
115, quai Saint-André
418 692-1010

★★★ Cuisine
★★★ Service
★★★ Décor

 M — S**70$**

La carte du Poisson d'avril ne change jamais au point de vous décontenancer. Elle vous réserve néanmoins, de temps à autre, une surprise, une petite nouveauté susceptible de pimenter votre soirée. Dans cet environnement presque exotique, décoré de tout ce qui évoque la mer et ses bienfaits, herbes, sauces au vin et marée fraîche embaument. Les amateurs se régalent de produits choisis et diversement apprêtés. Aux classiques moules et frites, «Assiette du commodore» et autres se sont ajoutés depuis peu des frijoles, des beignets de morue, le ceviche des Caraïbes et les calmares a la plancha. Choix de vins, de bières et de divers alcools. Le service demeure simple, efficace et souriant. L'établissement fait également office de traiteur. (2007-04-07)

PUB SAINT-ALEXANDRE

Vieux-Québec
1087, rue Saint-Jean
418 694-0015

★★ Cuisine
★★★ Service
★★★ Décor

 M**30$** S**55$**

Dans ce pub populaire du Vieux-Québec, les amateurs de bière se retrouvent dans une atmosphère animée où il est aussi possible de combler un petit creux avec des grillades, burgers, hot-dogs européens ou pizzas. En bon pub qu'il est, ce restaurant offre une carte des bières, en provenance des quatre coins du monde, beaucoup plus consistante que celle des repas. Si ce qu'on se met sous la dent n'est pas de la meilleure exécution, le décor fait preuve de beaucoup plus de qualité avec ses boiseries acajou, son bar imposant et sa grande vitrine ouverte sur la rue Saint-Jean. En été, lorsque l'artère se fait piétonne, on apprécie de se retrouver à la terrasse installée sur le trottoir. On retient également le service amical, comme si on était un habitué de la place. (2007-07-17)

QUE SERA SERA

Vieux-Québec
850, place d'Youville
418 692-3535

★★★ Cuisine
★★★ Service
★★★★ Décor

M — S**90$**

Le décor n'a pas changé depuis notre dernière visite. Au fond de la salle à manger trône un cellier coiffé de verdure et des orchidées s'épanouissent dans les niches d'un mur. Les sièges sont confortables; les tables, plutôt exiguës. La cuisine «ouverte» donne à voir le chef officiant aux fourneaux ou puisant à même ses pots de fines herbes. Spectacle d'autant plus «apéritif» que vos narines en resquillent parfois des fumets égarés. Que Sera Sera propose des mets sains et de bon goût, assez variés et réalisés avec des produits frais. Viandes, poissons, volaille et gibier sont de qualité et apprêtés avec soin, sans excès de cuisson ou d'aromates. Les accompagnements ne surchargent pas les assiettes, qui se révèlent néanmoins généreuses. (2007-07-04)

TOAST!

Vieux-Port
17, rue du Sault-au-Matelot
418 692-1334

★★★★ Cuisine
★★★★ Service
★★★★ Décor

 M**50$** S**80$**

Halte bienfaisante, s'il en est! L'été, vous préférerez certainement vous installer dans la cour intérieure aménagée en terrasse – l'une des plus agréables en ville! Que vous choisissiez plutôt la salle à manger ou le salon privé, l'accueil et le service s'avèrent également courtois et ponctuels. Vous dégustez ici une cuisine raffinée aux influences diverses, savoureuse, colorée et joliment présentée. Les produits sont du terroir, frais et de première qualité. On vous les interprète en termes de tartare de bœuf épicé à l'aïlloli, rouleaux impériaux aux légumes et curry, foie gras poêlé, bœuf au jus, agneau façon navarin, sans parler des amuse-gueule aussi soignés, aussi délicats que le reste. Choix intéressant de vins et d'alcools. (2007-02-18)

Les vins d'Alsace **complices** de l'Italie

Italie

À l'instar de sa voisine française, l'Italie offre une grande diversité de plats aux accents variés. Pâtes, pizzas, viandes et poissons préparés selon les traditions régionales apparaissent sur les menus des nombreux restaurants italiens du Québec. Puisque notre sélection de vins d'Alsace est bien étoffée, il ne nous reste plus qu'à dénicher les combinaisons gastronomiques gagnantes. Les pâtes aux fruits de mer s'uniront à merveille au riesling ou au pinot blanc. Les volailles exigeront des blancs solides tels que le pinot gris, tandis que les viandes rouges et le gibier s'entendront harmonieusement avec le pinot noir. Une excellente sélection de fromages italiens fera bon ménage avec les grands blancs d'Alsace.

Prosciutto et melon
Pinot blanc, Crémant d'Alsace ou gentil

Fettucinis aux palourdes (vongole)
Riesling, pinot blanc ou sylvaner

Risotto aux champignons (funghi)
Pinot gris ou pinot noir

Pieuvre à l'ail et au citron
Riesling, pinot blanc ou gentil

Gâteau sicilien à la ricotta
Vendanges tardives de gewurztraminer ou pinot gris

VINS
D'ALSACE

*Pour en connaître davantage sur les vins d'Alsace,
consultez notre lexique.*

SAVEURS DE L'ITALIE

Avec le chef Dominique Cheney du restaurant *La Perla*
1274, rue Chanoine-Morel, Sillery
T 418 688-6060

Voir notre critique p. 263

Le restaurant La Perla se voue à la cuisine italienne depuis maintenant dix ans. Chef de ce restaurant depuis six ans, Dominique Cheney, un Québécois ayant grandi en Floride, ajoute une touche française au menu.

Quelles sont vos principales inspirations en cuisine?

«J'ai commencé à travailler dans un resto de Floride un peu par hasard alors que j'étais adolescent. Le chef de ce restaurant était un Français et il m'a pris sous son aile. C'est donc avec lui, pendant trois ans et demi, que j'ai fait mon apprentissage. Aujourd'hui, j'ai 31 ans d'expérience, j'ai donc pu expérimenter toutes sortes de cuisines. Quand je suis arrivé à La Perla, j'ai gardé les classiques italiens qui figuraient au menu en apportant une touche un peu plus française avec des tartares de bœuf ou de saumon et des fruits de mer.»

Avec quels ingrédients aimez-vous travailler?

«J'utilise beaucoup de veau de lait dans mes plats et j'adore aussi travailler avec tous les fruits de mer. Mais pour dire la vérité, j'aime toucher à tout! Que mes ingrédients soient de très haute qualité représente le point le plus important pour moi, que je fasse une simple fondue parmesan ou un plat plus élaboré.»

Où vous procurez-vous les aliments avec lesquels vous cuisinez?

«Pour les endives, je fais affaire avec une ferme située à Saint-Henri, sur la Rive-Sud de Québec. Je reçois des endives fraîches deux fois par semaine. J'ai moi-même un petit jardin à la maison où je fais pousser quelques herbes que j'utilise dans ma cuisine, comme de la ciboulette et de l'origan.»

CASA CALZONE

Montcalm/Grande Allée
637, Grande Allée Est
418 522-3000

★★★ Cuisine
★★ Service
★★★ Décor

M**25**$ S**35**$

Casa Calzone est de ces petits refuges sympathiques dont on apprécie autant l'ambiance que la cuisine typiquement italienne. Si le temps le permet, vous mangez sur la terrasse récemment agrandie et meublée de nouvelles tables. Dans le cas contraire, un bref escalier vous mène à un havre chaleureux. Mur de pierre, miroirs, flasques vides et balalaïka composent un décor hétéroclite et sympa. La maison propose un choix de bières et de vins populaires pour accompagner ses pastas – spaghettis, rigatonis, lasagne gratinée – et aussi, bien sûr, ses calzones à toutes les sauces, dont la Dolce Vita, la Calzonova et les végés. Pour ce qui est des pizzas, vous en avez une douzaine, incluant la Mimosa, la Napolitaine et l'historique Margherita. (2007-05-17)

CICCIO CAFÉ

Montcalm/Grande Allée
875, rue Claire-Fontaine
418 525-6161

★★★ Cuisine
★★★ Service
★★★ Décor

M**30**$ S**55**$

Restaurant discret, s'il en est, Ciccio Café n'en continue pas moins à mijoter de délicieuses spécialités italiennes qui n'ont pas le même goût qu'ailleurs. On reconnaît cet immanquable mur de briques rouges, ces photos en noir et blanc, le bar rutilant de bouteilles et les grands miroirs qui vous répètent le décor sous tous les angles. De loin en loin, un mets disparaît de la carte pour laisser place à une nouveauté qui vient se joindre aux poissons et fruits de mer, feuilleté de pétoncles au curry rouge et lait de coco, duo de pâtes, escalope de veau, osso buco et autres plats de viande. Les accompagnements, la présentation des assiettes, l'accueil et le service témoignent de l'attention accordée au moindre détail en cuisine et en salle. (2006-11-01)

CONTI CAFFÈ

Vieux-Québec
32, rue Saint-Louis
418 692-4191

★★★★ Cuisine
★★★ Service
★★★★★ Décor

M**30**$ S**75**$

Le Conti Caffè, c'est, de prime abord, l'élégance d'un décor inspirant qui semble créer lumière et classe en utilisant la translucidité du verre, un design tout en courbes et l'exubérance de grandes toiles éclatées, l'ensemble donnant beaucoup de tonus à une salle qui paraît grande. Mais ne négligeons pas la cuisine, car elle est bien faite: les saveurs sont rondes, sans aspérités. Pas de tape-à-l'œil, mais un produit très satisfaisant pour le palais. La carte est relativement simple et classique et l'on y a introduit, pour les midis, quelques «américanités» comme le hambourgeois et le club sandwich, question probablement de satisfaire une clientèle très diversifiée. Le service est très courtois et discret. Agréables moments. (2006-01-31)

GRAFFITI

Montcalm/Grande Allée
1191, avenue Cartier
418 529-4949

★★★★ Cuisine
★★★★ Service
★★★★ Décor

 M**30**$ S**80**$

Difficile de rédiger un commentaire percutant lorsque le sujet laisse si peu d'emprise à la critique. Les accompagnements sont monotones. Bon! Mais à part cela: cuissons parfaites, sauces subtiles et équilibrées; entrées et desserts élégants; une carte des vins comme un cours de géographie planétaire, avec une proportion importante d'importations privées et un beau choix de vins au verre. Les plats de veau constituent le cœur de la carte autour duquel se greffent plusieurs autres viandes, et les pâtes, bien sûr. L'accueil est un peu bousculé, mais le service est professionnel, produit d'une tradition manifeste. Italienne dans sa classification, la cuisine du Graffiti est d'abord gastronomique de caractère. (2006-01-20)

IL MATTO

Sainte-Foy
850, avenue Myrand
418 527-9444

★★★ Cuisine
★★★ Service
★★★ Décor

 M**30**$ S**40**$

Le nom de ce resto laisse entendre qu'il est né d'une tocade, un de ces petits grains de folie qui pimentent la vie et vous délivrent du solennel. C'est ce que confirme la sobriété du décor, dont la seule fantaisie consiste en une immense photographie aussi inspirante que les odeurs de sauces et d'herbes embaumant la salle à manger. La cuisine est typique *della mamma*: énormes «aubergines parmesan», escalopes de veau, pizzas minces, pastas colorées et moules béantes succédant, sur la carte, aux cozze, minestrone, bruschetta, salades, poissons, bifteck, linguinis aux fruits de mer, lasagne gratinée et plats de spaghettis *meat balls* ou «Keb» (c'est-à-dire à la québécoise), ou encore aux palourdes et sauce tomate piquante. Service attentionné. (2006-11-28)

IL TEATRO

Vieux-Québec
972, rue Saint-Jean
418 694-9996

★★★ Cuisine
★★★ Service
★★★ Décor

 M**40**$ S**95**$

On retrouve dans cet établissement des accents d'authenticité propres à confondre les plus sceptiques: une ambiance presque toujours festive, des mets hauts en couleur et des vins qui vous ensoleillent une soirée. Certains plats sont, à tous points de vue, de pures réussites, notamment les gamberetti al fegato grasso, belles grosses crevettes sautées, nappées d'une sauce au foie gras et servies sur un risotto parfumé à l'huile de truffe. Plusieurs nouveautés de la carte vous enchanteront autant – les supli aux champignons des bois ou certains plats de pâtes, de poissons ou de fruits de mer. L'été, la grande terrasse ouverte sur la place d'Youville grouille d'une foule bigarrée de clients qui s'en remet aux bons soins d'un personnel vif et empressé. (2006-05-06)

LA CRÉMAILLÈRE

Vieux-Québec
73, rue Sainte-Anne
418 692-2216

★★★ Cuisine
★★★★ Service
★★★ Décor

M**40**$ S**80**$

La Crémaillère, voilà bien un établissement qui, sans faire dans l'extraordinaire, sait allier qualité du service et de la cuisine, dans un style très classique. Fort d'une trentaine d'années d'existence et récemment installé dans une belle vieille maison de la rue Sainte-Anne, ce chic restaurant présente un décor sobre et élégant, habillé de grands miroirs et de toiles représentant les rues du quartier ainsi que l'ancien établissement de la rue Saint-Jean. Au menu, des pâtes, des viandes, des poissons et fruits de mer, apprêtés avec justesse et servis par un personnel très professionnel: à la fois discret, courtois et attentif. En plus des menus du midi et du soir, des plats sont spécifiquement offerts pour le 5 à 7. (2007-07-06)

LA PERLA

Sillery
1274, rue Chanoine-Morel
418 688-6060

★★★★ Cuisine
★★★★ Service
★★★ Décor

M**30**$ S**65**$

La constance et la rigueur dont fait preuve La Perla n'excluent pas cette fantaisie, souvent discrète, qui caractérise les spécialités de la maison. D'une fois à l'autre, sur la carte, on retrouve avec plaisir de vieilles connaissances – d'excellents ris de veau (dont le duo avec langoustines à la nantua), des «pétoncles Baie de Naples», le trio di pasta, la trilogia di vitello alla moda del cuoco... D'opulentes salades, un imbattable minestrone, du veau, du porc, des brochettes de fruits de mer, des rigatoni all'cognac et autres pastas, voilà qui complète ce paysage gourmand où les bons vins coulent de source. La présentation des assiettes témoigne du soin apporté même aux accompagnements. Service à l'avenant, cordial et attentionné. (2007-02-20)

LA PIAZZETTA

Saint-Jean-Baptiste
707, rue Saint-Jean
418 529-7489

★★★ Cuisine
★★★ Service
★★★ Décor

M**25**$ S**50**$

Elle est bien originale, cette Piazzetta au décor extravagant qui s'amuse à nous surprendre avec des dossiers de chaise en forme de chapeaux de bouffon et autres curiosités inspirées des personnages de la commedia dell'arte. Originale aussi dans la composition du menu qui en fait voir de toutes les couleurs et de toutes les saveurs. Il y a, bien sûr, les pâtes, les nombreuses pizzas à croûte mince et les focaccias qui ne sont pas banales avec leurs garnitures savoureuses. Mais il ne faut surtout pas hésiter à explorer la carte sous tous ses angles et sortir des sentiers battus en sélectionnant l'un des appétissants plats qui marient judicieusement produits du terroir avec épices des quatre coins du monde. Le personnel est décontracté et sympathique. (2006-02-13)

LA PIAZZETTA SAINT-LOUIS

Sainte-Foy
3100, rue de la Forêt
418 650-6655

★★★ Cuisine
★★★ Service
★★★ Décor

M**25**$ S**50**$

Plusieurs habitués se retrouvent parmi la clientèle variée qui s'arrête là le temps d'une bruschetta, d'une focaccia ou d'un sandwich à l'italienne, sinon pour un repas plus copieux de pasta (fazzolettis, linguinis ou autres), de viande ou de fruits de mer, qu'elle conclut volontiers de gâteaux et gelati maison. De temps à autre, une nouveauté s'ajoute à la carte et s'impose rapidement – telle la dukkha, pâte de focaccia aux épices égyptiennes, qu'on vous sert en trempette comme entrée. De grands vitrages éclairent la première partie de la salle à manger et donnent vue sur la terrasse extérieure. Le personnel est invariablement souriant et attentionné et ne se fait pas prier pour vous conseiller sur le choix d'un bon vin ou d'un excellent porto. (2006-05-18)

LA PIZZ

Vieux-Québec
299, rue Saint-Paul
418 692-5005

★★ Cuisine
★★ Service
★★ Décor

M**20**$ S**30**$

Tous deux Lillois, les proprios de l'établissement vous reçoivent avec gentillesse dans une salle à manger confortable et bien tenue où l'humeur et l'appétit trouvent leur compte. Une immense cloison, qui semble de tôle ondulée, fait face à un grand mur de pierres grises. Des pages de revues tapissent toute une porte et l'œil s'arrête ici ou là sur des tableaux colorés. La carte vous présente en toute simplicité ses 21 délicieuses pizzas à croûte mince – pâte faite maison chaque jour et tout un choix de garnitures: tomates, crème fraîche, saucisses fumées, anchois, olives, saumon, jambon, steak, smoked-meat, bleu de Bresse, crottin de Chavignol, etc. Vous pouvez aussi vous régaler de lasagnes (viande, saumon, végé) ou de salades. Choix de vins et de bières. (2006-04-05)

LA SCALA

Montcalm/Grande Allée
31, boulevard René-Lévesque Ouest
418 529-8457

★★★ Cuisine
★★★ Service
★★★ Décor

M**30**$ S**75**$

Du boulevard René-Lévesque, il faut descendre quelques marches pour entrer à La Scala ou alors pour s'arrêter sur la terrasse pendant la saison chaude. On s'engouffre ensuite dans une chaude et sombre tanière décorée de riches boiseries où trône un four à bois. Le menu italien est principalement composé de veau, pâtes, pizzas, gnocchis et de quelques viandes et poissons. Si on apprécie la tendreté du veau et l'excellence des pâtes fraîches, on retient également les petits détails qui ajoutent au bonheur du moment: amuse-bouche qui donnent envie de goûter à cette pâte bien cuite au four à bois et branches d'herbes fraîches pour parfumer le beurre. Pour des conseils et précisions, le personnel est toujours disposé à répondre et à échanger avec le sourire. (2007-08-25)

MICHELANGELO

Sainte-Foy
3111, chemin Saint-Louis
418 651-6262

★★★★★ Cuisine
★★★★ Service
★★★★★ Décor

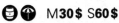 M**60$** S**100$**

Toujours égale à elle-même, la table du Michelangelo vous ensoleillerait les jours les plus sombres. C'est en effet une cuisine d'humeur – de bonne humeur: fraîche, colorée, inventive, goûteuse et parfumée. Le chef n'hésite pas à revoir de temps à autre ses propres créations, à innover, à ajouter sa touche personnelle aux recettes traditionnelles. La carte vous raconte littéralement l'Italie, avec son risotto au champagne, son escalope de veau à la crème de cèpes aux truffes, son incontournable vitello tonnato, ses poissons, ses sauces voluptueuses. La cave, généreuse et raffinée, ferait l'envie de Bacchus lui-même. À cela, il convient d'ajouter la gentillesse de l'accueil ainsi que le professionnalisme d'un personnel élégant et poli. (2007-04-24)

PORTOFINO

Vieux-Québec
54, rue Couillard
418 692-8888

★★★★ Cuisine
★★★ Service
★★★ Décor

M**30$** S**60$**

Le Portofino est de ces établissements qui restent fidèles à eux-mêmes, peu importent l'affluence ou la saison. L'ambiance y est le plus souvent à la fête, simplement parce qu'il fait bon vivre... et se régaler de savoureuses et authentiques spécialités italiennes: antipasti, risottos, soupes, poissons et fruits de mer (saumon, truite, thon, crevettes), côte de veau grillée, carré d'agneau, filet mignon, linguine al nero... à quoi s'ajoutent les incontournables pizzas parmi lesquelles la Gamberetti fait figure de vedette. Et nul ne reste sur sa soif, vu le choix des apéros, vins, bières et alcools. Quant aux desserts, ils ont l'allure et le goût des péchés dont on garde longtemps le souvenir. Service invariablement souriant et attentionné. (2007-03-15)

RISTORANTE MOMENTO

Montcalm/Grande Allée
1144, avenue Cartier
418 647-1313

★★★ Cuisine
★★★ Service
★★★★ Décor

M**30$** S**55$**

Le Momento, rue Cartier, se veut une valeur sûre et cherche à plaire à un large éventail de clientèles, et il y réussit. Une ambiance à la fois douce et vibrante, des produits d'une belle fraîcheur et un service inégal mais sympathique sont les principales forces de l'endroit. Italienne d'abord, la cuisine s'autorise cependant l'usage de produits populaires, issus d'autres traditions culinaires, tels le canard ou le thon. Si les portions sont suffisantes, les sauces, accompagnements et vinaigrettes font preuve de timidité, par crainte de déplaire probablement. Originalité et aventure ne sont pas au menu, mais une bonne diversité de plats, la «souplesse» de la carte des vins et l'ambiance accueillante vous garantissent de bons moments. (2006-01-05)

Les vins d'Alsace **complices** des **Saveurs du monde**

Saveurs du monde

Étant donné l'hétérogénéité des styles de plats représentés dans cette section, il aurait été difficile de donner en quelques lignes des indications cohérentes et vraiment pratiques pour réussir vos combinaisons gourmandes. Nous vous suggérons plutôt de consulter la fiche dans la section Montréal correspondant le mieux au restaurant de votre choix. Couvrant un très large registre des cuisines du monde (Afrique, Amérique latine et Antilles, Chine, Espagne et Portugal, Europe de l'Est, Extrême-Orient, Grèce, Inde, Japon, Moyen-Orient, Thaïlande et Vietnam), ces petits modes d'emploi mets et vins vous permettront à coup sûr d'orienter vos choix lors de vos prochaines escapades en gastronomie étrangère.

Pour en connaître davantage sur les vins d'Alsace, consultez notre lexique.

VINS
D'ALSACE

SAVEURS DU MONDE

Avec Saloua et Farid Laras du restaurant *Le Tajine*
1333, rue Provancher
Cap-Rouge
T 418 659-6781

Voir notre critique p. 270

Originaires du Maroc, la chef Saloua Laras et son mari Farid Laras ont ouvert Le Tajine en juin 2005.

Quelles sont vos principales inspirations en cuisine?
«Je suis née d'une mère marocaine et d'un père tunisien. Ma mère était traiteur et c'est avec elle que j'ai fait mon apprentissage. Encore aujourd'hui, je cuisine exactement comme elle le faisait. Nous proposons donc à notre clientèle des tajines et des couscous tels qu'ils sont servis au Maroc. Afin de bien conserver toute cette authenticité et de recréer les mêmes saveurs, j'utilise les mêmes ingrédients et nous préparons tout maison, que ce soit les mélanges d'épices, la sauce harissa, les citrons confits ou les merguez.»

Avec quels ingrédients aimez-vous travailler?
«L'agneau domine dans les recettes que nous préparons ici. Nous le faisons par exemple mijoter en tajine avec des pruneaux. Si elle est correctement préparée et bien épicée, cette viande aura une belle texture, sera tendre et déploiera des saveurs extraordinaires. Quant aux parfums, la cannelle et le safran sont des épices que j'affectionne particulièrement, tout comme le gingembre.»

Où trouvez-vous les ingrédients qui composent vos mets?
«Pour concocter mes propres mélanges d'épices, je retourne encore chercher mes ingrédients de base au Maroc. Je m'assure ainsi que mes épices ont été récoltées depuis peu de temps et possèdent vraiment la saveur que je recherche.»

Afrique
AUX 2 VIOLONS

Montcalm/Grande Allée
122, rue Crémazie Ouest

418 523-1111

★★ Cuisine
★★ Service
★ Décor

M**20$** S**30$**

Jasette et musique vont de pair dans ce resto-café chaleureux qui vous rajuste le moral même quand vous ne pensiez pas en avoir besoin. Derrière le comptoir qui fait face à l'entrée, des viandes grésillent et chuintent sur un fond de musique arabe aux accents d'Andalousie. Dans cet environnement tout simple, décoré de quelques assiettes, de minuscules miroirs encadrés et de tableaux, on déguste dans la bonne humeur une délicieuse soupe aux lentilles rouges ou une copieuse chorba avant de passer aux couscous (végé, agneau, merguez), shawarma au bœuf de l'Uruguay, méchoui, shish taouk ou salade méditerranéenne. La présentation des plats est à l'avenant, aussi simple que le reste. Certains habitués commandent par téléphone ce qu'ils se proposent de savourer à la maison. (2006-01-25)

Afrique
LA CALEBASSE

Basse-Ville
220, rue Saint-Vallier Ouest

418 523-2959

★★ Cuisine
★ Service
★★ Décor

M**20$** S**30$**

Premier restaurant d'Afrique noire à Québec, La Calebasse ajoute de nouvelles couleurs au paysage. Sa cuisine authentique et agréable vous est servie avec la plus grande simplicité. Des demi-calebasses peintes à la main attirent inévitablement l'attention. Encadrés de bambou, miroirs, batiks et nattes de paille décorent ici et là les murs rouges. Les palmiers ne sont pas plus vrais que le bananier verdoyant au fond de la pièce, c'est plutôt dans l'assiette qu'on trouve la... vérité. Matoutou et kédjénou sont disponibles dès à présent, en plus du tiéb (tié boudiéne, tiep dien, etc.), du riz à la sauce gombo, du flétan braisé et de la brochette d'agneau. D'autres mets typiques sont à venir... et quelques ajustements aussi. (2006-04-19)

Afrique
L'AUBERGINE

Vieux-Québec
319, rue Saint-Paul

418 692-5044

★★ Cuisine
★★ Service
★★ Décor

M**20$** S**25$**

L'Aubergine, c'est la fraîcheur et la simplicité de plats cuisinés au jour le jour et qui vous sont servis rapidement, sans flaflas, par un personnel gentil et empressé. Des souvenirs de voyages décorent la salle de dimensions modestes, aux murs jaune clair: petits tableaux, masques, calendrier aztèque et, sur le pas de la cuisine, deux photos, agrémentées d'idéogrammes, illustrant de vieilles théières marquées par le temps. Le chef ne badine pas avec les aromates. Potages, couscous (végé, au poulet, aux merguez ou à l'agneau), saumon aux câpres et citron vert, bricks, boulettes de viande à la menthe, gigot d'agneau et brochettes de poulet font partie des spécialités parfumées que vous dégustez, quand il fait beau, sur la petite terrasse extérieure. (2006-06-07)

Afrique

LE TAJINE

★★★ Cuisine
★★★ Service
★★ Décor

Cap-Rouge
1333, rue Provancher

418 659-6781

 M**25**$ S**50**$

Beau et bien tenu, ce petit resto s'est vite taillé une place que plusieurs lui envieraient, car il tient de plus belle les promesses de sa carte où se côtoient harmonieusement les spécialités marocaines, algériennes et tunisiennes – harira, bricks, zaalouk et couscous, pour ne nommer que ceux-là. Des changements, il y en a eu. S'il faut maintenant y apporter son vin, l'essentiel est ailleurs. Contrairement au début, les mets eux-mêmes, les tajines, vous sont désormais servis dans le plat où ils ont cuit et dont ils portent le nom. Pour les proprios, la cuisine traditionnelle est affaire de temps, de savoir, de patience – et aussi de fierté, si l'on en juge par le plaisir évident qu'ils prennent à évoquer pour vous le dosage d'une herbe ou d'une épice. (2007-02-13)

Afrique

RAMEAU D'OLIVIER

★★ Cuisine
★ Service
★★ Décor

Sillery
1282, avenue Maguire

418 687-9725

M**20**$ S**50**$

Aux beaux jours, la terrasse occupe l'espace entre trottoir et entrée. À l'intérieur, des tons de bleu méditerranéen, des tapis qui se chevauchent, sans prétention. La musique de Rachid Taha nous sourit en guise d'accueil. Nous choisissons une place. Un panneau vertical apparaît: la carte, où dominent agneau et grillades. Les plats principaux offrent tout le plaisir qu'on peut en espérer: bonne cuisson, saveurs classiques et de bon goût. Quant aux entrées, elles présentent un mélange de conserves et de produits frais. Au dessert, les pâtisseries manquent un peu de fraîcheur. Le vin, que nous dûmes aller commander au comptoir, nous est arrivé après les entrées! (2006-01-28)

Afrique

UN THÉ AU SAHARA

★★★ Cuisine
★★ Service
★★ Décor

Vieux-Québec
7, rue Sainte-Ursule

418 692-5315

 M**25**$ S**55**$

Il y a des restos, comme ici, où l'on songe à se retirer de temps à autre, non parce que la bouffe y est exceptionnelle ni parce qu'on y connaît le patron ou tout le personnel par leurs prénoms. Non. Simplement parce que c'est facile, sans complexité, généralement agréable, tout en imprimant un minimum de pression sur nos finances. C'est l'impression que nous laisse Un Thé au Sahara, à la salle minuscule, dotée du cachet «Quartier latin», au décor minimaliste mais plutôt réussi avec de nouvelles couleurs aux murs. Cela dit, la bouffe est mieux que convenable, certains plats comme la pastilla, mi-salée, mi-sucrée, réussissant sans problème à étonner nos papilles nord-américaines. Sans façon, une bonne cuisine marocaine. Ouvert le midi que les jeudis et vendredis. (2006-05-22)

Amérique latine / Antilles
BISTRO CARAMBA!

Montcalm/Grande Allée
1155, rue de la Chevrotière
418 523-9191

★★★ Cuisine
★★ Service
★★★ Décor

M**30$** S**55$**

L'exotisme est triomphant au Caramba, car en plus des plats d'origine mexicaine ou espagnole (paella) et d'un décor délibérément exubérant en couleurs et en objets typiques, la maison offre le dépaysement linguistique issu d'un personnel mal à l'aise avec le français. Cela complique un peu la vie, mais l'affabilité et la bonne volonté compensent. La cuisine est honnête, certaines saveurs, tel le classique guacamole, étant mieux réussies que d'autres. On peut cependant déplorer un certain manque dans la variété: les petites crevettes et le saumon, par exemple, utilisés à profusion, entraînent une simplicité sinon une monotonie dans les tonalités culinaires offertes. Pour un petit tour ailleurs, sans prétention. (2006-02-14)

Amérique latine / Antilles
LA SALSA

Limoilou
1063, 3e Avenue
418 522-0032

★★★ Cuisine
★★★ Service
★ Décor

 M**20$** S**30$**

Fajitas, burritos, tacos, quesadillas: ces mots résument bien l'essence de la cuisine latino (ou plus précisément salvadorienne/mexicaine comme ici) offerte dans nos pays nordiques. On trouve donc cet éventail à La Salsa, à la carte comme au menu du jour. Mais, contrairement à d'autres endroits, les saveurs ne sont pas étouffées dans un surplus pâteux, ce qui produit des mets sapides et agréablement consistants. Un service diligent et aimable qui sied bien à ce genre d'endroit où les habitués forment une part appréciable de la clientèle aide à passer par-dessus l'odeur prononcée de friture et une salle colorée mais arrangée de bric et de broc. Amateurs de fèves et de farine de maïs, à vos marques. (2006-03-10)

Amérique latine / Antilles
SOL LATINO

Basse-Ville
184, rue Saint-Vallier Ouest
418 649-9333

★★ Cuisine
★★ Service
★★ Décor

M**15$** S**20$**

Il fait toujours bon se retrouver dans ce petit resto mexicain décoré de sombreros, d'un hamac suspendu au plafond et d'une étoile de bois rayonnant parmi les poupées de toile accrochées au mur. La cuisine toute proche vous met déjà en appétit, par les odeurs qui s'en échappent et par tous ces petits bruits que l'oreille tente de décrypter. La carte, colorée, propose toujours ses empañadas, quesadillas, enchiladas, chili con carne, sopé (sauce aux haricots noirs, poulet, laitue) et autres, sans oublier son guacamole presque imbattable. Les nachos, toutefois, sont invariablement trop salés. Le soir, on vous suggère de copieux menus pour deux (tel le taco feliz au poulet grillé). Aux vins et bières se sont ajoutés depuis peu des cocktails maison à base de tequila. (2006-01-31)

Chine
GÉNÉRAL TAO

Sainte-Foy
7150, boulevard Hamel Ouest
418 861-9688

★★ Cuisine
★★ Service
★★ Décor

 M**40**$ S**60**$

Dans ce coin plus réputé pour ses fast-foods que pour le nombre de ses tables gastronomiques, le restaurant Général Tao prépare les spécialités chinoises, cantonaises et sichuanaises de bien bonne façon. On peut ainsi, pour un prix honnête, déguster porc, bœuf, poulet ou fruits de mer de qualité, en portions généreuses que l'on dispose en plats à partager au centre de la table. L'accueil attentionné fait place à un service aimable mais plus effacé et sans extras. On y est somme toute confortable, installé dans l'une ou l'autre des pièces de cette vieille maison rustique aux abords d'un boulevard qui a oublié depuis longtemps son passé rural. (2007-08-22)

Chine
ZEN

Montcalm/Grande Allée
966, boulevard René-Lévesque
418 687-8936

★★★ Cuisine
★★ Service
★★ Décor

M**25**$ S**50**$

Zen, il faut sans doute l'être légèrement lorsqu'on fréquente ce restaurant du quartier Montcalm pour apprécier la musique nouvel-âge, excuser les maladresses du personnel et les changements à la carte qu'on découvre dans l'assiette. Heureusement, ce qu'on y mange est savoureux et original. Le Zen offre une cuisine végétarienne asiatique composée de soupes-repas, riz frit ou garni, sushis, nouilles sautées, plats de légumes et plusieurs mets à base de tofu, soja et autres substituts de viande. À ne pas manquer en apéro, les délicieux jus de légumes qu'on choisira pour le plaisir de découvrir les mélanges ou pour les vertus décrites au menu. Il est à noter qu'aucun alcool n'est offert, mais vous pouvez participer à une cérémonie du thé, du lundi au vendredi. (2006-01-05)

Espagne / Portugal
SOÑAR

Montcalm/Grande Allée
1147, avenue Cartier
418 640-7333

★★★ Cuisine
★★★ Service
★★★ Décor

 M**25**$ S**55**$

Situé en sous-sol au pied d'un escalier pentu, le Soñar mise sur son originalité et la souplesse de sa formule. Baptisé «lounge», l'endroit se décrit comme un lieu hybride mi-bar, mi-restaurant, selon les heures de la journée. La carte se caractérise par une formule originale dite «bar à tapas» offrant un choix de 51 plats format entrée pour deux, répartis selon trois thèmes: verdures, viandes, fruits de mer. On coche son choix, comme dans les bars à sushis. D'autres plats plus consistants sont aussi disponibles. Pour le plaisir de la variété dans une ambiance sans nappe. (2007-07-21)

Europe de l'Est

RESTAURANT ALLEMAND

Vieux-Québec

303, rue Saint-Paul

418 694-2466

★★ Cuisine
★★ Service
★★ Décor

 M**25**$ S**30**$

Cet établissement mise sur l'authenticité pour vous faire découvrir des spécialités qui manquaient dans la région. Murs gris, pierres noires, miroirs, grandes baies vitrées, tel est l'essentiel d'un décor qui doit ses seules vraies notes de couleur aux tableaux décorant la pièce, aux briques roses de la cheminée et aux petites lampes tombant du plafond blanc. Le service se révèle aussi poli et souriant que l'accueil. Saucisses viennoises, ragoût de poulet au curry, poisson pané sauce tartare et filet de poisson à la sauce moutarde voisinent sur la carte avec les szegediner goulasch (cubes de bœuf en choucroute) et spätzle, rôti de bœuf (sauce vinaigre et crème), escalope de porc et königsberger klopse (boulettes de viande sauce aux câpres). (2007-05-03)

Extrême-Orient

JARDIN D'ORIENT

Basse-Ville

411, rue Saint-Vallier Ouest

418 523-0909

★★ Cuisine
★★ Service
★ Décor

M**15**$ S**30**$

Loin du décor bucolique qu'inspire son nom, ce petit Jardin d'Orient a le mérite de proposer un menu typique constitué de plats vietnamiens, thaïlandais, chinois et japonais apprêtés simplement et présentés sobrement, à des prix fort convenables. Lorsqu'il est question de satisfaire une envie de bœuf à la citronnelle, de poulet sauté aux légumes, de sushis ou autres plats de fruits de mer, on n'est pas déçu: les produits sont bons et le résultat correspond bien à ce qu'on s'attend de retrouver dans ce type d'établissement. Il faut cependant s'attabler dans une salle sans ambiance, à la peinture et au mobilier défraîchis, où quelques photos au mur présentant des paysages asiatiques en format géant font office de décoration. Le personnel restreint offre un service très aimable et empressé. (2007-07-10)

Extrême-Orient

PERLE ASIATIQUE

Montcalm/Grande Allée

56, boulevard René-Lévesque Ouest

418 649-1909

★★ Cuisine
★★ Service
★ Décor

M**25**$ S**55**$

D'entrée de jeu, on vous reçoit en soulignant que les viandes proviennent des meilleures parties, que le glutamate monosodique est banni et que la maison offre aux amateurs d'étrangetés des produits rares, comme du serpent. Ainsi encouragés, vous choisirez une table dans un décor pour le moins défraîchi et résolument banal. La dégustation qui suivra confirmera la qualité des produits servis. Mais les cuissons trop longues donnent un riz un peu pâteux et des légumes manquant du croquant indispensable à la cuisine asiatique. Les sauces, quoique savoureuses, ont tendance à noyer les plats au point d'évoquer la bouillabaisse. (2006-05-18)

Extrême-Orient

RESTAURANT APSARA

Vieux-Québec
71, rue d'Auteuil
418 694-0232

★★ Cuisine
★★★ Service
★★★ Décor

M**30**$ S**75**$

Le passant distrait n'aura probablement pas remarqué la petite enseigne rue d'Auteuil l'invitant à un repas asiatique dans l'enceinte du Restaurant Apsara. Sitôt l'entrée franchie, les costumes du personnel et les statuettes dorées trônant bien en vue nous emmènent en Asie. Que ce soit dans la section vietnamienne, cambodgienne ou thaïlandaise du menu, on retrouve principalement des plats sautés ou en sauce de porc, poulet, crevettes ou bœuf. Il est également possible de choisir d'appétissantes tables d'hôte pour deux ou quatre personnes. Dans les deux salles à manger, le personnel circule discrètement, assurant un service d'une rapidité presque expéditive. (2007-04-26)

Inde

SAVEURS DE L'INDE

Sillery
1980, rue de Bergerville
418 683-0006

★★★ Cuisine
★★ Service
★★ Décor

M**25**$ S**45**$

Adjacent à la distinguée rue Maguire où circule une faune branchée et cossue, vous trouverez ce restaurant aux saveurs d'ailleurs et aux allures d'hier. Comme son nom l'indique, c'est à une table indienne que vous êtes conviés lorsque vous franchissez les portes de cet établissement, dont l'extérieur ne suggère pourtant rien d'exotique. Soyez rassurés, vous trouverez dans le menu les accents de la cuisine annoncée. Plusieurs tables d'hôte pour une à trois personnes permettent d'explorer différents plats traditionnels à prix abordables: plats de bœuf, poulet, crevettes, agneau ou légumes en sauce légèrement ou sévèrement épicés. On vous en servira une généreuse portion, présentée simplement. (2007-02-09)

Japon

ENZÔ SUSHI

Montcalm/Grande Allée
150, boulevard René-Lévesque Est
418 649-1688

★★★ Cuisine
★ Service
★★★★ Décor

M**30**$ S**60**$

Ce restaurant japonais occupe deux étages décorés avec goût, dans un style qui se veut à la fois zen et urbain. Des chefs souriants officient avec habileté derrière leur grand comptoir vitré. Un bar élégant et bien garni trône non loin de là. La cuisine propose des «dîners complets»: potage Sumashi, salade maison, crevettes tempura ou rouleaux Gyokai. À la carte, ce sont les entrées chaudes (brochettes de poulet, huîtres gratinées, gyozas...), les soupes, Nam Bu (sushis variés), les viandes et divers apprêts de volaille ou de fruits de mer, les plats Yakimono, les sushis, sashimis et tout ce que peuvent convoiter des yeux plus gros que la panse. Pour boire, vous avez le choix: bières, vins, sakés (chauds ou froids) et autres alcools. Accueil parfois irritant. (2006-04-25)

Japon

GINKO

Montcalm/Grande Allée
560, Grande Allée Est

418 524-2373

★★★ Cuisine
★★★ Service
★★★ Décor

M**30$** S**70$**

Ginko, c'est le plaisir de redécouvrir, sous un jour nouveau, poissons, fruits de mer et autres victuailles qui ne semblaient plus devoir surprendre, tels l'anguille grillée (Una Don), le porc pané et frit (Katasu Don), les crevettes cuites au saké. Quant au Gindara Saikyo, il n'a d'insolite que la description qu'on vous en fait: morue marinée deux jours dans un mélange un peu sucré de miso, de mirin et de saké. Un délice qui vaut à lui seul le déplacement! Santé étant ici le maître-mot, il va sans dire que les recettes à base de légumes abondent. La carte se révèle prolixe et fait une large place à d'authentiques recettes japonaises traditionnelles qu'on savoure dans un décor chic et dépouillé, empreint de sérénité. Les amateurs de grillades ne manquent pas de se retrouver autour d'une des tables Teppan Yaki situées à l'étage. Service poli et discret. Choix de vins, de bières et d'alcools. (2007-01-11)

Japon

KIMONO

Montcalm/Grande Allée
1034, avenue Cartier

418 648-8821

★★★ Cuisine
★★ Service
★★★★ Décor

M**30$** S**55$**

La réputation du Kimono repose pour beaucoup sur ses sushis, et elle est bien méritée. Produits de base de toute première qualité et texture du riz au point produisent des bouchées raffinées et savoureuses. Hormis la liste à cocher bien connue des amateurs, la carte se fait plutôt sage. Les plats commandés sont savoureux à l'attaque, mais les sauces, toujours très sucrées, gomment parfois leur subtilité et les rendent monotones. Le design de la salle démontre un goût certain, mais la zone centrale, large corridor froid et quelque peu inconfortable encadré de comptoirs de service, gâte l'ensemble. (2006-04-01)

Japon

MÉTROPOLITAIN

Montcalm/Grande Allée
1188, avenue Cartier

418 649-1096

★★★ Cuisine
★★ Service
★★★ Décor

M**30$** S**60$**

Québec bénéficie de plusieurs endroits recommandables pour des sushis savoureux et le Métropolitain fait partie de cette sélection. Le «Love Boat», plateau de présentation en bois imitant un bateau et couvert d'une variété de 30 makis, sashimis et autres sushis pour deux personnes, fait son effet et constitue un grand succès de l'endroit. Parmi les plats à la carte, les viandes sont savoureuses, mais s'écarter de la spécialité de la maison pourrait comporter des risques: on en veut pour preuve un agedashi tofu élastique, insipide, et une salade à la laitue iceberg qui laisse sceptique. Le service, expéditif et heurté, se préoccupe plutôt d'efficacité et s'adresse à une clientèle qui aime l'animation et ne se soucie guère de la forme. (2007-03-10)

Japon

SAMURAI

Saint-Jean-Baptiste
780, rue Saint-Jean
418 522-3989

★★★ Cuisine
★★ Service
★★ Décor

 M**30$** S**50$**

Heureuse surprise que la fraîcheur craquante de cette salade de nori (une algue) et la saveur délicate de ces cubes de tofu soyeux finement enrobés de farine de riz. La démonstration est faite que la cuisine japonaise offre bien plus que sushis, makis et autres sashimis qui constituent quand même une part importante de la carte du Samurai. Hélas! il y a parfois loin des baguettes aux lèvres. Le Samurai est desservi par une salle sans âme et un accueil hésitant, bien que le service soit plein de bonne volonté. L'effort auquel on doit consentir pour entrer et s'asseoir à table est un frein à la découverte d'une cuisine différente et savoureuse, très susceptible de charmer les palais blasés par les plats en sauce et les pâtes crémées. (2006-01-14)

Japon

SUSHI TAXI

Sainte-Foy
989, route de l'Église
418 653-7775

★★★ Cuisine
★★ Service
★★★ Décor

 M**30$** S**60$**

La beauté des présentations va de pair avec l'originalité des spécialités qui ont fait le succès de ce resto. Quant au décor, il ne change pas: lampes en papier de riz, toiles mollement tendues près du plafond, tiges de bambou dressées entre les deux parties de la salle à manger, sièges confortables et tables plutôt exiguës. On a en tout temps le choix entre les plats offerts à la carte et les menus préétablis (spéciaux du midi et table d'hôte), sans parler des mets à emporter et du service de traiteur. Pour ceux que ne tente aucun des nigiris, sashimis, makis et autres sushis, il reste «l'alternative Daruma», poulet ou bœuf cuits au wok et accompagnés de riz. Vins, cocktails exotiques et desserts sont à l'avenant. (2007-01-31)

Moyen-Orient

CAFÉ BABYLONE

Basse-Ville
181, rue Saint-Vallier Est
418 523-0700

★★ Cuisine
★★ Service
★★ Décor

M**15$** S**25$**

On y viendra davantage pour déjeuner ou dîner que pour souper, mais peu importe, on sera ravi de découvrir dans le bref menu un choix de salades, de sandwichs et de pizzas aux sonorités étrangères qui donnent envie de voyager et de s'offrir une aventure gustative. Envie encouragée par le lieu aux teintes de désert, aux gravures encastrées et à l'écriture cunéiforme sur les murs. On n'hésitera donc pas à goûter par exemple le panini soudjoukh, fait de saucisson, de fromage kachkaval et de pâte de piment. Pour se désaltérer, à défaut de vin, on dégustera l'une des excellentes bières de la microbrasserie québécoise La Barberie ou alors une boisson fraîche de la maison, faite de nectar de fruit, de thé et bien sûr d'amour... Et qui sait, on restera peut-être jusqu'au souper, question de finir la partie d'échecs. (2007-07-19)

Moyen-Orient
CAFÉ MYRTINA

★★★ Cuisine
★★ Service
★★★ Décor

Sillery
1363, avenue Maguire
418 688-2062

 M**25**$ S**35**$

Contre vents et marées, le Café Myrtina poursuit son petit bonhomme de chemin, s'affine et se diversifie. C'était, au tout début, du café (toujours bon), des sandwichs, falafels, feuilles de vigne farcies et pâtisseries orientales. Encouragé par la réponse de sa clientèle, ce petit établissement a peu à peu mis sur carte des mets un peu plus élaborés, au point qu'aujourd'hui, on y trouve de tout... ou presque. Soupes, salades, linguinis (poulet ou saumon fumé), focaccia, kebbi, couscous royal, shish taouk, pitas diversement garnis, brochette de poulet mariné, etc., tout cela vous est servi avec la plus grande cordialité et avec un certain souci de la présentation. Bref, un petit café sympathique pour passer de bien agréables moments. Choix de quelques vins et bières. (2006-08-09)

Moyen-Orient
PHÉNICIA

★★ Cuisine
★★ Service
★★ Décor

Sainte-Foy
853-B, avenue Myrand
418 688-2158

M**20**$ S**50**$

La rue Myrand, à trois pas de l'Université Laval, est une artère dont la nature commerçante est mal connue. Pourtant plusieurs restos sympathiques y prospèrent. Le Phénicia fait partie de cette cohorte: bien qu'affichant des «spécialités méditerranéennes», c'est surtout la cuisine arabe qui donne le ton. La carte et le décor caractérisé par une salle double avec des tables hautes pour l'une et des tables basses avec profusion de coussins pour l'autre le montrent bien. Un service timide quoique aimable nous présente des plats simples, un peu trop timides eux aussi pour laisser un souvenir marquant. Somme toute, un lieu d'abord facile et économique, pour les sorties sans prétention. (2007-07-20)

Moyen-Orient
SHAHI MASALA

★★ Cuisine
★★ Service
★★ Décor

Montcalm/Grande Allée
1345, chemin Sainte-Foy
418 683-7840

M**20**$ S**40**$

Jusqu'à tout récemment, ce restaurant afghan s'appelait Le Kaboul. La cuisine y est toujours aussi généreuse que soignée – et assez variée pour satisfaire tous les goûts, aussi bien ceux des amateurs de plats torrides que les autres. On vous rappelle sur la carte que les plats ne comportent aucun agent de conservation et que pains et sauces sont frais du jour. Poulet korma (épicé et sucré), agneau sabzie (aux oignons, épinards et poivrons), kaftas, pois chiches ou poulet karaie («aux légumes du jardin») s'arrosent, selon vos préférences, d'un thé kabouli, d'un shir chai (au lait et à la cardamome), d'un vin ou d'une bière populaires. La plus grande des deux salles à manger est réservée aux groupes. Service efficace, mais nullement stressé. (2007-08-02)

Thaïlande

ERAWAN

★★ Cuisine
★★★ Service
★★★ Décor

Sillery
1432, avenue Maguire
418 688-6038

 M**20**$ S**40**$

Accommodés de curry jaune, rouge ou vert, les plats de bœuf, de poulet et de fruits de mer vous sont servis à cette table avec la simplicité qui caractérise ce type de cuisine. Relevées ou non, soupes et sauces embaument. L'Erawan (selon un personnage mythique thaïlandais) cherche à se démarquer de la très homogène cohorte des restaurants «à l'asiatique» de Québec. Cela se manifeste par un décor misant sur plusieurs jolies pièces de décoration, une coutellerie agréable en main et un carrelage rehaussant l'ensemble. Le service, prompt et souriant, s'effectue dans un français joliment articulé facilitant la communication. Et la cuisine? Qu'en dire, à part qu'elle a le goût et la texture que connaissent déjà fort bien tous les amateurs de cubes de viande à demi immergés dans une sauce sucrée, épaisse et grasse, presque uniforme d'un plat à l'autre. Il n'y a guère plus à en dire que vous ne deviniez déjà. (2006-04-19)

Thaïlande

EXOTHAÏ

★★ Cuisine
★★ Service
★★ Décor

Sainte-Foy
2690, chemin Sainte-Foy
418 652-8188

 M**25**$ S**45**$

Par une belle journée ensoleillée, dans la grande salle à manger du restaurant Exothaï, la lumière entre par les trois façades vitrées pour faire briller les nombreuses statuettes dorées qui décorent le lieu aux teintes plutôt classiques de beige et de bourgogne. Le menu offre un choix tout aussi classique de la cuisine thaïlandaise avec ses différents plats sautés ou en sauce savoureux, où les odeurs de cari, coco, coriandre et basilic donnent le ton avant même la première bouchée. Qu'il s'agisse des plats de poulet, bœuf, canard, porc ou fruits de mer, l'amateur sera réjoui par la présentation colorée, le croquant juste comme il faut des légumes et la dose suffisante d'épices. Le personnel gentil et peu bavard offre généralement un service prompt. (2007-08-28)

Vietnam

LE GRAIN DE RIZ

★★ Cuisine
★★★ Service
★★★ Décor

Basse-Ville
410, rue Saint-Anselme
418 525-2227

M**20**$ S**50**$

Toujours simple et beau, le décor a été subtilement réagencé. L'aménagement lui-même n'a pas changé. L'épicerie s'est encore enrichie de denrées importées (riz, épices, thés de diverses provenances...) et les comptoirs vitrés exposent à la vue les victuailles maison, rappelant que l'établissement fait également office de traiteur. Dans la première salle à manger, on admire une belle collection de théières. La seconde, un peu plus grande, est décorée avec goût de tringles de bambou, de paravents de toile écrue, de petits aquariums et de draperies rouges mollement tendues à travers la pièce. Les spécialités, surtout vietnamiennes et chinoises, sont attrayantes et parfumées. Toutefois, lors de notre dernière visite, un midi, leur saveur laissait beaucoup à désirer. (2006-01-11)

OUTAOUAIS / OTTAWA

Meilleure nouvelle table en Outaouais

Le Panaché

Le Panaché, une nouvelle table? En devenant chef-propriétaire de cet établissement implanté depuis de nombreuses années dans le Vieux-Hull, Jonathan Russell a créé une nouvelle adresse gourmande en Outaouais. Certes, le chef œuvrait déjà avec talent dans les cuisines de ce restaurant français. Mais depuis qu'il est devenu le propriétaire du Panaché, sa «cuisine d'humeur» a pris une tournure résolument enjouée! «Je cuisine au rythme de mon inspiration et des saisons, à partir des produits frais dénichés dans la région, selon le temps qu'il fait ou l'humeur du jour! Je veux que mes clients s'amusent!» s'exclame-t-il. Le convive est donc invité à créer sa propre table d'hôte personnalisée parmi les multiples propositions de la carte panachée ou à se mettre au diapason de la bonne humeur du chef, en choisissant le menu-surprise. «J'ai longtemps travaillé dans le Sud de la France, notre carte comporte donc un certain nombre de grands classiques de la gastronomie française: carré d'agneau, rognons de veau, foie gras... mais j'aime aussi agrémenter ma cuisine d'idées piochées dans le monde entier, d'ingrédients nouveaux et inusités, comme le kangourou par exemple.» Ce qu'il préfère dans son travail de chef? «Quand j'entends quelqu'un s'exclamer: "C'est le meilleur plat que j'ai mangé de ma vie!", pour moi, c'est la plus belle des récompenses!»

Le Panaché
201, rue Eddy
Hull
T 819 777-7771

Voir notre critique p. 298

Les vins d'Alsace **complices** de l'**Amérique du Nord**

Amérique du Nord

Difficile de cerner un style de cuisine nord-américain. Une fusion de toutes les cuisines du monde (asiatique, française, cajun, québécoise, etc.) où tout est possible. La grande diversité des vins d'Alsace permet de nombreuses alliances favorables à cet amalgame de cuisines. De la fine gastronomie jusqu'à la cuisine de maman, en passant par les grillades et le poulet frit, voici tout un défi en matière de mariages vins-mets. Il s'agit, évidemment, d'y aller cas par cas. Parfois ce sera la fraîcheur du sylvaner, tantôt la minéralité du riesling, sans oublier la rondeur du pinot blanc et les parfums intenses du muscat et du gewurztraminer qui combleront. Les rouges élaborés avec le pinot noir, de même que le pinot gris, accompagneront davantage vos plats de viande.

Homard aux agrumes
Riesling, sylvaner ou gentil

Tourtière du Lac-Saint-Jean
Pinot gris et pinot noir

Saumon fumé
Pinot gris, pinot blanc ou riesling

Steak de thon
Pinot noir, pinot gris ou riesling, selon la préparation

Tarte au citron vert (Key lime pie)
Riesling ou muscat de vendanges tardives

Pour en connaître davantage sur les vins d'Alsace, consultez notre lexique.

VINS
D'ALSACE

SAVEURS
DE L'AMÉRIQUE DU NORD

Avec la chef Trish Donaldson du restaurant *Black Cat Cafe*
93, rue Murray
Ottawa
T 613 241-2999
Voir notre critique p. 284

Le Black Cat Cafe célèbre son dixième anniversaire cette année. Trish Donaldson y travaille en cuisine depuis près de trois ans, mais c'est depuis peu que la jeune femme d'Ottawa occupe le poste de chef.

Quelles sont vos principales inspirations en cuisine?
«Mon travail s'appuie surtout sur les fondements et les techniques de la cuisine française. Le chef Rene Rodriguez, que j'ai côtoyé ici, m'a incitée à expérimenter différents styles et à les incorporer au menu.»

Avec quels ingrédients aimez-vous travailler?
«En fait, je ne pourrais pas en nommer en particulier. Ce qui me plaît dans la cuisine du marché qu'on prépare ici, c'est qu'elle évolue au fil des saisons et que je ne travaille jamais avec les mêmes aliments. Chaque période de l'année m'amène de nouveaux défis.»

Où trouvez-vous les aliments nécessaires à la préparation de vos recettes?
«Je me rends chaque jour dans les différents petits commerces spécialisés et cela fait partie des grands plaisirs de mon métier. Pour le pain que nous servons en accompagnement et pour les croissants, je vais à La Boulangerie française (119, rue Murray, Ottawa, 613 789-7941). J'adore aussi La Bottega (64, rue George, 613 789-7575), une épicerie fine italienne où je me procure des huiles d'olive de très grande qualité, des charcuteries et des fromages importés.»

ALLIUM

Westboro
87, avenue Holland

613 792-1313

★★★★ Cuisine
★★★★ Service
★★ Décor

M**30**$ S**85**$

Allium a ce je ne sais quoi qui réconforte. Un petit bijou de resto, de ceux qu'on a envie de garder secrets, question de toujours y trouver une table! Un décor moderne, presque trop dépouillé, mais à des lieues du tape-à-l'œil qui sévit partout: rafraîchissant; un service follement sympathique, efficace et charmant; une carte des vins généreuse avec plusieurs bouteilles entre 25 $ et 35 $. Et une cuisine... quelle cuisine: fine, créative, sans chichi et combien belle! Le chef-proprio Arup Jana sait y faire! Le menu est assez bref: tout est invitant, intrigant, «allumant». Et quand on voit défiler les assiettes, on les veut toutes, tant les présentations sont alléchantes... et élégantes. Le chef est maître d'une cuisine d'équilibriste où l'invention respecte la technique parfaite. Tout est juste: les mariages de saveurs, les juxtapositions de textures, même les portions qui, ô joie, nous laissent de la place pour le dessert!!! (2007-08-15)

AMBIENTE

New Edinburgh
18, avenue Beechwood, local 101

613 744-6509

★★★★ Cuisine
★★★★ Service
★★★★ Décor

N M**60**$ S**100**$

Pas facile de prendre la place d'un resto qui a longtemps été très populaire... Mais le défi est ici très bien relevé. On a remplacé les couleurs criardes de l'italien Zingaro par un décor léché, sobre, aéré, avec boiseries, éclairage tamisé, lignes épurées, cuisines ouvertes en fond de salle, juste assez à l'écart pour ne par interférer dans les conversations. L'accueil et le service sont jeunes, mais d'un professionnalisme irréprochable. Le menu, en apparence d'une grande simplicité, révèle un souci marqué pour la fraîcheur et la créativité. Une cuisine tout confort, qui évolue au fil des saisons sous la maîtrise fabuleuse du chef Michael Guy. Des viandes braisées qui fondent en bouche, des poissons irréprochablement apprêtés, des légumes bios autant que possible et locaux. Le menu du midi fait plutôt dans l'italien, avec grâce et simplicité. On ressort d'Ambiente réconcilié de cœur et de corps avec la vie! (2006-10-19)

BECKTA

Ottawa/Centre-ville
226, rue Nepean

613 238-7063

★★★★★ Cuisine
★★★★★ Service
★★★ Décor

M— S**100**$

Beckta, du nom de son propriétaire et sommelier, poursuit sa philosophie d'offrir une cuisine de très haut niveau, belle, fraîche et inventive. On craignait que le départ du chef-vedette, qui avait donné à l'établissement une réputation outre-frontières, n'ait un peu gâté la sauce. Nullement. Les cuisines sont toujours dirigées de main de maître et ce qui en sort, plat après plat, est des plus réjouissants. La passion de Stephen Beckta pour le vin s'illustre avec brio dans une carte vaste, solide, peut-être déroutante pour le néophyte mais bien maîtrisée par le personnel qui vous guidera sans hésitation vers les meilleurs mariages. Le service ultra-professionnel n'est aucunement prétentieux et allie bonne humeur et attentions pour que les moments passés ici soient mémorables. Bref, une table dont la qualité ne se dément pas au fil des ans. (2007-07-25)

BENITZ BISTRO

Ottawa/Centre-ville
327, rue Somerset Ouest
613 567-8100

★★★★ Cuisine
★★★★ Service
★★★ Décor

 M**50$** S**80$**

Une nouvelle table qui réjouit. Difficile d'en évaluer la constance, et pourtant, c'est sans hésitation qu'on y va de quatre étoiles. Parce que c'est beau, c'est bon, et le chef-propriétaire Derek Benitz a une réputation qui le précède et nous assure une cuisine irréprochable. La maison de brique à l'allure imposante recèle une salle tout ce qu'il y a de plus dépouillée, zen, au décor tout de blanc sauf pour l'accent sobre des chaises fusain. Un espace qui semble vouloir laisser toute la place aux assiettes d'une grande beauté et au travail à la fois empreint de simplicité et débordant de créativité du chef. Très «cuisine bistro», avec une carte brève mais superbement composée où viandes, poissons et fruits de mer se marient aux champignons sauvages et autres bontés de la région. Le tout est servi avec professionnalisme et entrain. Un ajout remarquable à la scène gastronomique de la capitale fédérale. (2007-08-28)

BENNY'S BISTRO

Marché By
119, rue Murray
613 789-7941

★★★ Cuisine
★★★★ Service
★★ Décor

M**40$** S —

Benny's Bistro a toujours eu l'heur d'attirer de jeunes chefs passionnés et fort talentueux. Étonnant pour un resto qu'on oublie souvent, son local sans fenêtres étant tristement caché à l'arrière d'une délicieuse boulangerie-pâtisserie. C'est d'ailleurs plutôt l'enseigne du Boulanger français que vous devrez chercher si vous voulez avoir accès aux bontés de Benny's. Et ne vous y aventurez pas le soir: on fait dans le petit-déjeuner (boulangerie oblige!) et le lunch du midi; ouvert en soirée pour les groupes seulement, sur demande. Qu'à cela ne tienne, il y a de ces midis où l'on mérite de se gâter: soupes copieuses, salades inspirées, ragoûts réconfortants, poissons finement apprêtés... et toujours du bon pain frais. Le matin, les croissants y sont ultra-beurre et les brunchs, invitants et colorés. Enfin, on ne saurait assez vanter le moelleux au chocolat: tout simplement divin. (2006-01-31)

BLACK CAT CAFE

Marché By
93, rue Murray
613 241-2999

★★★★ Cuisine
★★★★ Service
★★★ Décor

 M — S**115$**

Un havre de paix au cœur du vibrant marché By. Dès qu'on pousse la porte de ce petit resto discret, on laisse à la rue la rumeur agressante des restos à la mode et leur ambiance «m'as-tu-vu» pour s'engager dans une fabuleuse aventure des sens. Le décor est simple et apaisant, la minuscule et adorable terrasse se cache à l'arrière, loin des regards, et le service est tout en finesse, souriant, bien présent, mais jamais envahissant. Côté cuisine, c'est le pur bonheur. Tout est étudié, calculé, dosé avec une précision d'équilibriste, mais le spectacle final est d'un naturel qui ravit. Jamais il ne nous viendrait l'idée de changer d'un iota le tableau qui se déploie dans notre assiette. À noter que le propriétaire-sommelier, Richard Urquhart, propose une carte riche en découvertes et, tout en modération, offre le vin au verre et au demi-verre. (2007-06-12)

BLACK TOMATO

Marché By
11, rue George
613 789-8123

★★ Cuisine
★★ Service
★★★ Décor

 M**35**$ S**60**$

Certains ne jurent que par les brunchs, toujours surprenants. D'autres y viennent pour la cuisine qui puise à toutes les sources: sandwichs copieux et originaux, jambalaya enflammé, salades fraîches et colorées. Plusieurs s'y agglutinent, en été, pour flâner dans la très belle cour intérieure que se partagent quelques restos du coin. On y vient aussi pour l'impressionnante sélection de bières locales et importées ou pour goûter un des nombreux scotchs en vedette. Et comme si ce n'était pas assez, un présentoir offre... des disques, relique d'une précédente incarnation des proprios. Bref, toutes les raisons sont bonnes pour passer la porte de ce resto éclectique qui, dans son décor blanc et lumineux, vous met de la couleur plein l'assiette! (2007-08-08)

CAFÉ GAÏA

Hull
47A, rue Montclair
819 777-9019

★★ Cuisine
★★★ Service
★★ Décor

 M**20**$ S**25**$

Une petite table de rien, café grano qui rappellera à plusieurs une jeunesse depuis longtemps passée... Mais petite table toujours tellement sympathique. De celles qui veulent notre bien... et celui de toute la planète: cuisine végétarienne, ingrédients bios et équitables. Le service est assurément sans chichi, jeune et haut en couleur. Les assiettes débordent d'imagination, de combinaisons folles, de parfums bigarrés; beaucoup de très belles salades, de copieux sandwichs, des soupes qui sustentent et des ragoûts qui réconfortent. On y mange sur place ou on rapporte au bureau ou chez soi les plats à emporter. Et pour qui veut s'informer, de la lecture «verte» est disponible. (2006-08-10)

CAFÉ PARADISO

Ottawa/Centre-ville
199, rue Bank
613 565-0657

★★★ Cuisine
★★★ Service
★★★ Décor

 M**25**$ S**55**$

Resto, bar, lounge, espace de concerts... Avec son éclairage rétro et ses fauteuils tout confort, Paradiso maintient le cap de l'éclectisme dans l'ambiance comme en cuisine. Le midi, la salle se remplit des gens d'affaires et fonctionnaires du coin, alors que le soir, on y croise le dîneur relax, l'amateur de vin... et le fan de jazz venu écouter l'un des nombreux bands à se produire ici les vendredis et samedis. Au fil des ans, la cuisine a eu ses hauts et ses bas, mais elle semble bien reprise en main et en a même gagné une étoile! Si la salade Paradiso, avec poireau sauté, chips de prosciutto, fromage asiago et vinaigrette orange-gingembre, est demeurée fidèle à elle-même: un pur plaisir de fraîcheur, l'ensemble du menu s'est raffiné, délaissant les plats de pâtes, souvent inégaux, au profit de viandes grillées et de poissons aux inspirations plus exotiques. Même les desserts sont maintenant faits maison! (2006-05-26)

CAFÉ SOUP'HERBE

★★ Cuisine
★★★ Service
★★ Décor

Chelsea
168, chemin Old Chelsea
819 827-7687

 M**35**$ S**45**$

Petit café sympa camouflé dans les bois attenants au parc de la Gatineau, Soup'herbe propose une cuisine végétarienne aux inspirations éclectiques. Pizzas, currys, pâtes, sandwichs et autres salades fraîches et colorées font le bonheur des dîneurs champêtres. Les amateurs de plein air y débarquent souvent pour le brunch du week-end ou pour siroter longuement bière ou tisane, sur la terrasse posée en plein jardin fleuri. La petite salle à manger est sobre mais vivante; le service décontracté est toujours courtois. La cuisine y est simple mais copieuse et savoureuse, preuve qu'on peut manger santé... sans manger frustré! (2007-08-23)

CARMEN'S VERANDAH

★★ Cuisine
★★★ Service
★★★ Décor

Glebe
1169, rue Bank
613 730-9829

M**40**$ S**65**$

«Please, be nice or leave...» Cette petite phrase on ne peut plus claire tient lieu d'accueil. Soyez rassurés, votre gentillesse vous sera rendue au centuple!! Le service, ici, est hautement sympathique, plein d'attentions et d'entrain. Tout à fait en accord avec la luminosité de la salle, inondée de soleil. Le décor est d'un éclectisme coloré: ameublement *vintage* des années 50, avec tables en formica et chaises coussinées aux teintes primaires plus vibrantes les unes que les autres. Le menu s'affiche sur de grands tableaux noirs, proposant une cuisine tout en simplicité et en fraîcheur. Sandwichs, quiches, salades et pizzas sont à l'honneur le midi, alors que la carte du soir y va de plats plus élaborés mêlant parfums exotiques et ingrédients bien de chez nous. Bref, une petite table sans prétention, qui permet de faire une pause entre deux visites chez les brocanteurs du coin. (2007-06-22)

CHEZ ÉRIC

★★ Cuisine
★★★ Service
★★ Décor

Wakefield
28, chemin Valley
819 459-3747

 M**25**$ S**35**$

Il y a de ces petits bonheurs tout simples qui vous remettent à coup sûr le moral sur les rails. Chez Éric fait partie de ceux-là. Déjà, l'escapade jusqu'à Wakefield, en longeant la rivière Gatineau, émerveille. Le village, niché dans les collines, réjouit tout autant le touriste fraîchement débarqué du train à vapeur que le citadin du coin venu se mettre au vert: boutiques, cafés, sentiers pédestres. Et là, dans sa petite maison colorée, Chez Éric se démarque par sa cuisine simple et inventive, toujours fraîche, faisant la part belle aux plats végétariens, mais sans négliger le carnivore de passage. Sandwichs, pizzas, salades... et des desserts: gâteau au chocolat sous toutes ses formes et triangles aux amandes pur beurre font blêmir les meilleures pâtisseries! Le tout, dans une ambiance «petit café granole» qui rappellera de joyeux souvenirs aux 35 ans et plus. Quand un café porte le nom de son poisson rouge...! (2006-07-13)

DOMUS CAFÉ

Marché By
87, rue Murray

613 241-6007

★★★★ Cuisine
★★★★ Service
★★★★ Décor

M**55$** S**100$**

On l'aime d'un amour qui frise l'adoration. Et on voudrait cet amour immuable... Pourtant, on lui enlève cette année une étoile. Et on a le cœur gros. À la base, le merveilleux travail du chef-propriétaire John Taylor, pionnier d'une «cuisine canadienne», grand promoteur des produits locaux et bios, ne se dément pas. On retrouve toujours, au Domus Café, la même fraîcheur, le même souci du détail et la même beauté des assiettes. Il manque seulement l'étincelle qui mène à l'émerveillement. Tout est bon, mais pas toujours transcendant. Reste que Domus demeure une table phare de la gastronomie d'Ottawa, un incontournable pour qui veut découvrir ce qui se fait de meilleur dans nos champs, nos vignobles et nos cuisines. Et l'atmosphère dépouillée, assez décontractée, se marie à un service hautement professionnel mais nullement intimidant. (2007-06-26)

EIGHTEEN

Marché By
18, rue York

613 244-1188

★★★★ Cuisine
★★★★ Service
★★★★ Décor

 M**45$** S**90$**

Une fois poussée l'imposante porte, le décor impressionne toujours: plafonds aériens, murs de pierre, mobilier moderne, accents rétro-kitsch parfaitement intégrés. On y vient pour le 5 à 7 branché ou pour le tête-à-tête amoureux dans une ambiance un brin «m'as-tu-vu»: c'est le marché By! Service professionnel, cordialement bilingue, comme la carte. Côté cuisine, on joue de toutes les inspirations et on privilégie les viandes d'élevage régional, les légumes de nos maraîchers et le poisson frais. Le travail de Will Renaud en est un de funambule: le spectacle est coloré et souvent étonnant, mais les risques sont calculés, l'équilibre est maintenu. Le menu suit les saisons; l'été 2006 nous apportait crevettes pochées au thé vert, foie gras poêlé en croûte de cacao, autruche à l'espresso... Inspirant, non ? (2006-05-01)

FLEUR DE SEL

Hull
59, rue Laval

819 772-8596

★★★ Cuisine
★★★ Service
★★★★ Décor

M**25$** S**40$**

L'enseigne annonce: «Fine cuisine végétarienne». Promesse tenue... ou presque. Car au végétarisme élégant du midi s'ajoutent, en soirée, poissons et fruits de mer. Né du rêve de la chef Lucie Maisonneuve de partager sa passion pour une cuisine à la fois saine et savoureuse, Fleur de Sel réjouit. L'espace restreint de la petite maison du Vieux-Hull est superbement mis en valeur par un décor sobre et léché, à des lieues des cafés granos auxquels nous a habitués le végétarien moyen. Le service est allumé, tout autant que la cuisine: couleurs, fraîcheur, saveur. Influences mondialisantes pour des currys relevés, des poissons fins et du tofu inspiré. L'expérience des premiers mois est pleine de promesses pour cette autodidacte de la casserole qui ne rêve que de prouver qu'absence de viande n'est pas synonyme d'absence de goût! (2006-03-22)

FOUNDATION

Marché By
18-B, rue York
613 562-9331

 M**30**$ S**75**$

★ Cuisine
★★★ Service
★★★★ Décor

L'espace en sous-sol a longtemps été occupé par quelque bar obscur. Voilà qu'une équipe dynamique et tout ce qu'il y a de branché a décidé d'en faire un resto-lounge où l'on aime voir et être vu. Il faut avouer que l'aménagement est réussi: imposants murs de pierre (les fondations d'origine – d'où le nom!), superbe verrière, ameublement design, toilettes avec écran télé et tous les pots de crème dont on peut rêver... À cela s'ajoutent une carte des vins plutôt belle et une impressionnante sélection de cocktails et autres martinis qui en font un favori de l'apéro ou du drink de fin de soirée. Le menu d'un éclectisme débridé semble par contre mal soutenu en cuisine. Approximation des cuissons, interprétations douteuses de certains classiques, créations manquant de tonus. Plutôt qu'en tête-à-tête romantique, on s'y retrouvera donc entre amis, à partager quelques entrées en sirotant un verre. Et en rêvant que les cuisines se prennent enfin en main. (2006-02-15)

JUNIPER

Westboro
245, chemin Richmond
613 728-0220

 M**45**$ S**100**$

★★★★ Cuisine
★★★★ Service
★★★★ Décor

Après 10 ans à la même adresse, Richard Nigro et Norm Aitken ont été pris de bougeotte. C'est à grands coups de «Oh!» et de «Ah!» que nous découvrons leur nouvel espace, à quelques coins de rue de l'ancien: lumineux, moderne, dépouillé, mi-chic, mi-branché. L'immensité de ce lieu au plafond aérien ne fait pas perdre de chaleur à l'endroit. Et côté cuisine, c'est toujours le même plaisir: de superbes poissons, des viandes bien faites, toujours une petite pensée pour les végétariens. Du frais, du bio, de la couleur et de l'imagination. Et des desserts divins... Le service se fait toujours aussi policé, professionnel et souvent bilingue. Bref, un déménagement qui rafraîchit sans trop chambarder nos belles habitudes. (2007-01-24)

L'ANGE

Ottawa/Centre-ville
109-B, rue Sparks
613 232-8883

 M**50**$ S —

★★ Cuisine
★★ Service
★★ Décor

D'abord cybercafé aux accents de Provence, L'Ange s'est affranchi de l'ordi pour devenir un véritable bistro, mais les parfums du Sud de la France semblent s'être évaporés du même coup. On retrouve toujours, dans le décor, les teintes chaudes caractéristiques de la région, mais la cuisine qu'on y mijote tend à s'internationaliser, se fusionner. C'est toujours bon et sympathique, mais on y a parfois un sentiment de déjà vu. Ouvert le midi seulement – la rue Sparks ressemblant à un no man's land en soirée –, le resto propose sandwichs et salades, bien sûr, mais aussi des plats plus élaborés et des soupes aux combinaisons étonnantes et généralement heureuses. Un gâteau au citron à faire fondre les plus endurcis est aussi un incontournable. Enfin, bien qu'elle ait perdu un peu de terrain au fil des ans, la boutique de moutardes et autres produits fins occupe toujours un petit coin du resto, pour ceux et celles qui auraient envie de jouer les chefs à la maison. (2007-06-15)

L'ARÔME

Hull
3, boulevard du Casino
819 790-6444

★★★ Cuisine
★★★★ Service
★★★★ Décor

 M**55**$ S**70**$

Le restaurant de l'hôtel Hilton, au complexe du Casino du Lac-Leamy, propose grillades et fruits de mer, dans une ambiance à la fois élégante et conviviale. Une grande salle à manger avec vue sur les escarpements rocheux et le bassin d'eau de la carrière, un décor sobre, une magnifique terrasse... chauffée jusqu'à la fin octobre! En cuisine, le chef Hector Diaz travaille viandes et fruits de mer avec classe. S'il peut sembler ardu de tirer son épingle du jeu alors que le casino voisin propose, outre une table 5 étoiles, nombre de casse-croûte et buffets à prix modiques, L'Arôme, en optant pour les grillades, a pris un virage qui plaira tout autant à la clientèle du chic hôtel qu'à un large public de gens d'affaires et de petites familles. Le tout, sans jamais lésiner sur la qualité! (2006-05-28)

LE BACCARA

Hull
1, boulevard du Casino
819 772-6210

★★★★★ Cuisine
★★★★★ Service
★★★★ Décor

 M— S**110**$

Depuis son ouverture, il y a maintenant 10 ans, une pluie d'étoiles et de diamants ne cesse de tomber sur le Baccara. Logée à une adresse qu'on aime détester – le Casino du Lac-Leamy –, la très belle salle à manger est largement ouverte sur le bassin de la carrière et ses falaises rocheuses: boiseries aux teintes chaudes, ameublement tout confort, cuisines partiellement ouvertes créent une atmosphère moderne ancrée dans le classicisme. Mais c'est surtout pour la somptueuse cuisine d'inspiration française qu'on se déplace. Un style assuré, fin, toujours irréprochable. Poissons et fruits de mer y sont apprêtés avec une délicatesse qui ne peut qu'attirer les louanges; les viandes sont tout bonnement parfaites. Un pur bonheur! (2006-09-05)

LE CAFÉ DU CNA

Ottawa/Centre-ville
266, rue Elgin
613 564-5348

★★★ Cuisine
★★★ Service
★★★ Décor

 M**40**$ S**90**$

A mari usque ad mare: le Café propose une table toute canadienne! On n'en attend pas moins d'un restaurant ayant élu domicile au sein même du Centre national des Arts, institution fédérale. On retrouve donc au menu canard du Lac Brome, bœuf de l'Alberta, saumon de la Colombie-Britannique, morue arctique, pétoncles de Grand Manan. L'intention est bonne, mais la prestation inégale, en cuisine comme en salle. Il faut dire que les soirs de spectacle, il n'y a pas que le théâtre qui fasse salle comble: la salle à manger au décor moderne – mais aux fauteuils fort encombrants! – et la magnifique terrasse bordant le canal Rideau offrent le spectacle de dîneurs souvent pressés et de serveurs débordés. Pour ceux qui peuvent attendre, une modeste table d'hôte – bœuf, saumon, poulet – est offerte après 20 h, pour un maigre 24,95 $. (2006-08-24)

LE TWIST

Hull
88, rue Montcalm
819 777-8886

★★ Cuisine
★★★ Service
★★★ Décor

 M**20$** S**30$**

En voie de devenir une véritable institution du secteur Hull, Le Twist garde le cap depuis plus de 20 ans. Un décor rétro tout ce qu'il y a de sympa où formica, vinyle et plafonniers fous se côtoient. L'été venu, l'immense terrasse est accueillante et chaleureuse. Côté bouffe, Le Twist peut se vanter d'offrir les meilleurs burgers en ville! Car si le menu s'est élargi au fil du temps, se garnissant de quelques plats de pâtes, de sandwichs et de mets végétariens, c'est pour les burgers qu'on fait le détour: frais, généreux, toujours constants pour satisfaire une envie aussi irrépressible que soudaine. Il est vrai qu'on peut aussi se pointer là pour les moules, très honnêtes et offertes à prix d'ami. Enfin, que dire des frites qui accompagnent tout cela: dorées et goûteuses. Le tout servi par un personnel jeune, dynamique et tout sourire. (2007-07-16)

LES FOUGÈRES

Chelsea
783, route 105
819 827-8942

★★★★ Cuisine
★★★★ Service
★★★ Décor

 M**55$** S**100$**

En voie de devenir une véritable institution dans la région de l'Outaouais, Les Fougères sait se renouveler au fil des ans. Une cuisine régionale tout en finesse et en fraîcheur, à laquelle un nouveau sous-chef d'origine asiatique vient ajouter une note d'exotisme. Avec nombre de produits issus de fermes et d'élevages locaux, sinon de leur propre jardin, Charles Part et Jennifer Warren-Part continuent à réinventer les délices qui ont fait leur réputation. Et avec les loyaux services de la très réputée sommelière Véronique Rivest, couronnée Femme du vin 2007, le plaisir se balade de l'assiette au verre. De quoi passer de très agréables moments, surtout si le temps doux est au rendez-vous et que l'on peut profiter de la magnifique terrasse – à l'épreuve des moustiques! – qui donne sur un jardin de fleurs, de fines herbes et de légumes, et sur la forêt environnante. Un plaisir à renouveler, encore et encore! (2007-07-15)

LOUNGE DE L'HÔTEL ARC

Ottawa/Centre-ville
140, rue Slater
613 238-2888

★★★ Cuisine
★★★ Service
★★★★ Décor

 M**55$** S**100$**

On l'a aimé. Beaucoup. Passionnément. On l'aime encore, mais avec de petits bémols. Le décor est toujours résolument moderne, dépouillé. Lounge et salle à manger se confondent pour une ambiance à la fois confortable et animée: banquettes douillettes, tables nappées de blanc, vaisselle et verrerie originales et élégantes. Le service pèche par excès de familiarité, mais demeure efficace et affable. Côté cuisine, on cherche parfois la touche de merveilleux qui rendait l'aventure transcendante. Mais qu'on se rassure: on offre toujours des plats qui allient une fraîcheur irréprochable à une maîtrise technique de haut niveau, dans des combinaisons souvent joyeuses. On continuera donc à suivre de près l'évolution de ce petit chouchou qui nous a fait vivre de si beaux moments! (2007-08-02)

LUXE BISTRO

Marché By
47, rue York
613 241-8805

★★★ Cuisine
★★★ Service
★★★★ Décor

 M**40 $** S**90 $**

Un décor flirtant avec le bistro français et le pub anglais: miroirs, zinc, boiseries chaudes, fauteuils de cuir et nappes blanches se font invitants. L'abondante fenestration crée un espace lumineux, ouvert sur l'incessante activité du marché By. Le service, jeune et beau, s'est peaufiné depuis notre dernière visite, sans pour autant offrir le professionnalisme auquel on serait en droit de s'attendre. Côté cuisine, on y va de toutes les inspirations, du steak frites à l'osso buco, en passant par le burger et le club sandwich... revus et corrigés, bien sûr! L'ensemble est plutôt réussi, peut-être pas transcendant, mais assurément maîtrisé. Et, avec une liste de plus de 400 vins, on a tout de suite envie d'y étirer la soirée... (2007-03-07)

MAISON MAXIME

Gatineau
187, boulevard Labrosse
819 669-0909

★★ Cuisine
★★★ Service
★★★ Décor

 M**40 $** S**75 $**

Pour qui habite Hull, Aylmer ou Ottawa, le boulevard Labrosse, aux confins de Gatineau, semble à des lieues. Au-delà d'une zone commerciale un peu triste, on est surpris de trouver une si charmante maison de brique habilement rénovée, avec verrières, terrasse et, vive la banlieue!!, stationnement. Mais depuis 16 ans, l'endroit s'est bâti une solide clientèle d'habitués qui ne craignent pas les quelques kilomètres de plus pour savourer la cuisine des chefs Martin Doucet et Jean-Pierre Bouchard, tout en profitant des très courus concerts de jazz, de blues ou de musique du monde qui font la marque de l'endroit. «Fine cuisine du marché» où se côtoient gibier, volaille et poissons, habilement exécutés mais sans grandes surprises: conservatisme de la clientèle? (2006-07-07)

PAR-FYUM

Gatineau
70, promenade du Portage
819 770-1908

★★★ Cuisine
★★★ Service
★★★★ Décor

M**40 $** S**85 $**

Nouveau-né du centre-ville de Hull, Par-fyum occupe l'espace du tristement défunt Bistro 1908. La grande salle aérée, vibrante, a été entièrement repeinte d'un blanc immaculé et décorée d'accents de rouge et d'orange, pour un effet moderne et lumineux. De l'atmosphère bistro, on est passé au glamour lounge des espaces new-yorkais. Petit frère du très beau Eighteen d'Ottawa, on sent que Par-fyum cherche un peu son identité du côté québécois de la rivière. Mais qu'à cela ne tienne, la cuisine, elle, s'est vite définie comme une expérience joyeuse, fine, pas toujours renversante, mais à coup sûr bien faite. Poissons et grillades impeccables, salades fraîches et généreuses, sauces au raffinement exquis. Une carte des vins généralement brillante permet de beaux mariages. (2006-06-09)

STONEFACE DOLLY'S ON PRESTON

Little Italy
416, rue Preston
613 564-2222

★★★ Cuisine
★★★ Service
★★★★ Décor

 M**35 $** S**60 $**

Porté par le grand succès de son premier resto de quartier, avenue Bronson, le sympathique chef-propriétaire Bob Russell s'est lancé dans l'aventure d'une deuxième adresse. La surprise est de taille pour qui apprécie la convivialité de «l'original»: au cœur de la Petite Italie, un resto aéré, un décor moderne et léché, une superficie multipliée par trois et pouvant accueillir deux fois plus de dîneurs! Mais rassurez-vous, le résultat est presque aussi sympathique... et les files d'attente pour le brunch, nettement moins décourageantes! On propose toujours une cuisine éclectique, débordante de saveurs. Et les desserts – Key lime pie en tête – continuent de faire des heureux. Une adresse réconfortante et, surtout, sans chichi. (2006-06-28)

SWEETGRASS ABORIGINAL BISTRO

Marché By
108, rue Murray
613 562-3683

★★★★ Cuisine
★★★★ Service
★★★ Décor

 M**35 $** S**80 $**

Elle, Phoebe, est crie, originaire de la Baie-James; lui, Warren, est jamaïcain. Et c'est au New England Culinary Institute du Vermont qu'ils se sont rencontrés: une histoire d'amour née parmi les casseroles... et qui se poursuit derrière les fourneaux de leur «bébé»! Les restos de cuisine autochtone ne sont pas légion; si la curiosité attire souvent les dîneurs, c'est la grande qualité de la cuisine, l'ambiance décontractée et le service toujours affable qui invitent à revenir. À la fois ancrés dans la tradition et la modernité, Phoebe et Warren proposent une cuisine qui emprunte autant aux Premières Nations du Canada qu'à celles du Sud des États-Unis: Cris, Pueblos, Navajos; ingrédients et secrets culinaires se mêlent dans des mariages étonnants. Beaucoup de gibier et de poisson, bien sûr, qu'on apprête avec une originalité et une maîtrise technique qui ne se démentent pas, année après année. (2007-08-14)

THE WHALESBONE OYSTER HOUSE

Ottawa/Centre-ville
430, rue Bank
613 231-8569

★★★ Cuisine
★★★ Service
★★★ Décor

N **😊** **🍺** M — S**100 $**

Les bons restos de poissons et fruits de mer ne sont pas légion à Ottawa. La mer est loin des yeux... et loin de l'assiette. Dans ce tableau où le fish'n'chips est trop souvent la norme, Whalesbone ouvre une brèche ô combien espérée. Une cuisine tout en produits de la mer où saumon, thon et morue se volent tour à tour la vedette sous les mains habiles du chef. Mais avant tout, l'endroit s'impose pour ses huîtres fraîches qui arrivent des deux côtes du pays et parfois aussi de France, d'Irlande et des États-Unis. Non seulement on en fait commerce dans la petite salle à manger aux airs de taverne des Maritimes, mais on les vend à de nombreux établissements de la région et même aux chefs du 24 Sussex et de Rideau Hall... Et si poissons et fruits de mer vous donnent de l'urticaire, un filet de bœuf assurément bien fait sera d'agréable compagnie. (2006-11-22)

URBAN PEAR

Glebe

151, 2e Avenue, unité C

613 569-9305

★★★★ Cuisine
★★★ Service
★★★ Décor

M**40$** S**75$**

Le midi, la salle est baignée de lumière naturelle; le soir, c'est le vert pomme des murs et la douceur du bois blond qui l'illumine. Un espace qui inspire jeunesse et fraîcheur: l'espace où Ben Baird et Summer Lichty, tous deux formés à la réputée Stratford Chefs School, s'abandonnent à leur art. Ils y travaillent les produits locaux, bios autant que possible, selon les arrivages. Folie et couleur sont toujours au rendez-vous d'un menu qui change quotidiennement, invitant le dîneur à s'aventurer encore et encore sur les chemins surprenants de l'imagination débridée des chefs. Mais c'est une créativité empreinte de rigueur et de savoir-faire qui nous est proposée, un équilibre fin et juste. (2006-08-03)

WELLINGTON GASTROPUB

Westboro

1325, avenue Wellington

613 729-1315

★★★ Cuisine
★★★ Service
★★★ Décor

M**40$** S**80$**

Gastropub. Le francophone en nous ne peut s'empêcher de lever le sourcil... Le terme est né en Angleterre, haut lieu des pubs de tout acabit: un chef voulait garder l'ambiance sans chichi de ces établissements, tout en offrant une nourriture inventive et abordable... La cuisine qu'on nous propose n'a donc rien d'indigeste! Elle se veut plutôt fraîche, colorée, toujours très inspirée et inspirante. Le menu se limite à une demi-douzaine de plats qui changent tous les jours, au gré des arrivages. Avec, bien sûr, une carte de vins et de bières tout aussi colorée. Le tout servi dans un décor à la fois léché et éclectique par une équipe sympathique et attentive. (2006-12-21)

WILFRID'S (HÔTEL CHÂTEAU LAURIER)

Ottawa/Centre-ville

1, rue Rideau

613 241-1414

★★★ Cuisine
★★★ Service
★★★★ Décor

M**45$** S**95$**

Judicieusement situé au bord du canal Rideau, avec une vue splendide sur le Parlement, Wilfrid's, le restaurant haut de gamme du Château Laurier, propose un décor en harmonie avec le luxe suranné du lieu: tentures de brocart, fauteuils confortables, moquette épaisse et plafonniers surdimensionnés. L'accueil, fort poli, est ralenti par un long rituel qui impose que l'hôtesse chargée d'accompagner les clients à leur table s'occupe aussi de déposer sur leurs genoux les serviettes de table. Pendant ce temps... on attend! Et quand la salle est bondée, l'attente se poursuit au service, vite débordé. En cuisine, on travaille généralement bien, mettant à l'honneur ce qui se fait de mieux au Canada: vins, viandes, légumes, fromages. Les mariages sont plutôt réussis, mais l'exécution pas toujours exacte, surtout en période de pointe. Une table inventive, belle ambassadrice du «terroir canadien», mais qui a peut-être du mal à gérer sa popularité... (2007-08-30)

Les vins d'Alsace **complices** de la **France**

France

La France propose un grand nombre de cuisines régionales qui allient, dans cette nouvelle ère de gastronomie française, plus de raffinement et de fraîcheur. Les vins alsaciens, ayant subi les mêmes transformations favorables, seront les incontestables favoris pour créer de nombreuses combinaisons gagnantes. Les mariages garants de succès respecteront les règles de base de la gastronomie française. Connaissant la grande popularité des vins alsaciens dans l'Hexagone et grâce à l'excellente variété disponible de ces derniers à la SAQ, il sera facile de dénicher les bons flacons pour créer l'harmonie recherchée.

Foie gras poêlé
Gewurztraminer ou pinot gris

Choucroute
Riesling, sylvaner ou gentil

Plateau de fruits de mer
Riesling, pinot blanc ou sylvaner

Tartes flambées
Sylvaner, riesling ou pinot blanc

Tarte Tatin
Vendanges tardives de pinot gris ou de riesling

Pour en connaître davantage sur les vins d'Alsace,
consultez notre lexique.

VINS
D'ALSACE

SAVEURS DE LA FRANCE

Avec la chef Andrée Dompierre de la *Maison La Crémaillère*
24, chemin de la Montagne à Messines
T 819 465-2202

Voir notre critique p. 299

Située dans une magnifique maison ancestrale, l'auberge, et restaurant, Maison La Crémaillère fait le bonheur des épicuriens depuis 1992. Andrée et André mènent les opérations avec brio, elle comme chef et lui comme maître d'hôtel et sommelier.

Quelles sont vos principales inspirations en cuisine?

«La tradition gastronomique française représente mon principal modèle. Mais je dirais que ma source d'inspiration première consiste en ma grande passion pour la cuisine. L'ambition de me dépasser et de toujours atteindre des sommets me permet d'offrir une table exceptionnelle de très haute qualité. Ainsi, un rêve ordinaire est devenu une réalité extraordinaire, celle de posséder mon propre restaurant, d'accueillir mes clients et de leur préparer des plats.»

Avec quels ingrédients aimez-vous travailler?

«Avec des produits du terroir local comme les petits fruits. L'utilisation de petits fruits, d'une fraîcheur exceptionnelle, me permet de réaliser des recettes à saveur unique. J'aime aussi travailler avec les produits qui sont souvent oubliés ou ne sont plus au menu des restaurateurs, comme la cervelle, les rognons et les ris de veau. J'affectionne particulièrement la création de sauces.»

Quelles sont vos adresses gourmandes de prédilection?

Dans la région, j'apprécie tout spécialement Le Tartuffe (133, rue Notre-Dame-de-l'Île à Hull, tél.: 819 776-6424), qui se spécialise dans la cuisine française. De par son origine, le chef Gérard Fisher apporte des saveurs de l'Alsace à ses plats.»

LA TABLE DE PIERRE DELAHAYE

★★★★ Cuisine
★★★★ Service
★★ Décor

Petite-Nation
247, rue Papineau
819 427-5027

 M 30$ S 70$

Nos 4 étoiles vont ici à la constance: voici plus de 20 ans que Jacqueline et Pierre Delahaye tiennent les rênes de cette table qui, si elle ne s'aventure pas trop dans les nouvelles modes, persiste à offrir une cuisine raffinée, une exécution irréprochable, un service policé. C'est dans sa maison que Madame nous accueille, avec tout le naturel d'une hôtesse d'expérience; ses conseils, souvent donnés sur le ton de celle qui en a vu d'autres, sont toujours justes. Et en cuisine, son cher mari s'applique, avec la rigueur de l'artisan, à travailler viandes et poissons avec doigté. Et que dire des sauces: il y a celles que l'on dirait typiquement vieille France, où crème et beurre se font gourmands, et celles, plus légères, qui allient jus de cuisson, petits fruits... et souvent calvados, péché mignon de ce colosse normand. Ne serait-ce que pour les ris de veau absolument fondants, il faut faire le détour au moins une fois. (2006-08-06)

L'ABSINTHE

★★★ Cuisine
★★★ Service
★★★ Décor

Westboro
1208, rue Wellington Ouest
613 761-1138

M 30$ S 45$

Absinthe: le mot évoque les poètes, la douce folie créatrice, le mystère et l'interdit. C'est sur ce thème que le chef-propriétaire Patrick Garland a bâti son restaurant. Relents de bistro français dans le décor dépouillé où le zinc côtoie les grands miroirs et les vitrines lumineuses. Éclairage tamisé en soirée, qui permet au passant d'observer le dîneur bien calé dans son fauteuil. La salle est petite, conviviale, chaleureuse. Le menu aussi courtise la France, mais la réinvente au goût du jour: soupe à l'oignon, steak frites et crème brûlée, mais aussi quelques plats inspirés de l'Italie et des fromages fins canadiens. Et un service qui s'efforce de parler un français parfois hésitant, mais toujours souriant. Bref, une petite table gentille et réjouissante. (2006-08-28)

L'ARGOÄT

★★★ Cuisine
★★★ Service
★★★ Décor

Hull
39A, rue Laval
819 771-6170

M 15$ S 40$

Dans son petit local haut perché, L'Argoät surplombe la rue Laval, au cœur du Vieux-Hull. Rien de tel, un soir d'hiver, que d'entrer s'y réchauffer avec une «Normandie», galette de sarrasin fourrée de camembert et de patates grelots, ou avec une délicieuse et combien simple crêpe au beurre et sucre! Il y a de ces cuisines qui savent réchauffer le cœur et le corps; celle de Christian Pressburger, Breton pure laine, est de celles-là! Pour ceux que la crêpe ne convaincrait pas, les salades sont belles, tout comme les poissons et les quelques plats de viande. Le décor est tout de boiseries rustiques et chaudes; le service, avenant et sans chichi, s'exécute au rythme de quelques chansonnettes bien françaises. (2006-01-12)

L'AUBERGINE

Hull
138, rue Wellington
819 777-3533

★★★ Cuisine
★★★ Service
★★★ Décor

Ⓝ 🍶 M**30$** S**70$**

Après la fermeture de l'Oncle Tom, la très belle maison de briques aux grands vitraux restait vide. Triste monument d'une cuisine française qui semblait s'essouffler dans la région. Mais voici que deux chefs-proprios se sont lancés dans l'aventure d'offrir une table de qualité à des prix tout à fait abordables, au grand bonheur des dîneurs. Cuisine française, toujours, mais dépoussiérée, remise au goût du jour, et de très belle façon. Des portions copieuses, présentées avec soin et créativité. De quoi plaire aux traditionalistes comme à ceux et celles qui recherchent plus de couleur, de légèreté et d'invention. Le service se veut attentif et convivial et le décor, mi-traditionnel, mi-moderne, fait le travail. Une table qui, on l'espère, se distinguera parmi les nombreux bistros et cafés du Vieux-Hull. (2007-04-01)

LE PANACHÉ

Hull
201, rue Eddy
819 777-7771

★★★★ Cuisine
★★★★ Service
★★★★ Décor

🍶 M**40$** S**90$**

Un resto niché dans un recoin un peu paumé du Vieux-Hull, mais qui défie, année après année, les probabilités de longévité. On s'est parfois demandé ce qui attirait les gens vers cette table qui offrait une cuisine inégale... Un petit rafraîchissement dans l'administration – le chef Jonathan Russell tient maintenant toutes les rênes – a fait le plus grand bien. La cuisine, qualifiée de «française innovatrice», est belle et fraîche, mariant les classiques comme le carré d'agneau à la farigoulette à l'exotique kangourou. L'exécution est irréprochable, les sauces, d'une grande finesse, la cuisson des viandes, impeccable. Et côté service, chaleur et enthousiasme vont de pair avec professionnalisme. Nous avons été longtemps sceptiques... nous voici confondus de joie! (2007-05-17)

LE SANS-PAREIL

Hull
71, boulevard Saint-Raymond
819 771-1471

★★★★ Cuisine
★★★★ Service
★★★ Décor

🍶 ☂ M**30$** S**75$**

Un des classiques de la région qui propose une cuisine belge et française de grande qualité. On y vient pour les moules, bien sûr, qui se déclinent à toutes les sauces; pour les frites, aussi, dorées et croustillantes. Mais il ne faudrait surtout pas négliger les viandes et poissons finement apprêtés... et les desserts chocolatés – ah, ces Belges!! Toujours sous l'habile supervision du chef-propriétaire Luc Gielen, les cuisines sont passées aux mains du jeune Alexandre Gonnot, qui ne fait pas déshonneur à la réputation de la maison. Le service y est toujours policé, mais sans faire empesé, tout comme le décor sobre, mais de bon goût. Une belle table classique, qui sait se tenir! (2006-08-26)

LE TARTUFFE

★★★★ Cuisine
★★★ Service
★★★ Décor

Hull

133, rue Notre-Dame-de-l'Île

819 776-6424

 M**40$** S**70$**

Une maison de brique élégante, une ambiance classique, une des plus belles terrasses du coin. C'est dans ce décor qu'œuvre le chef-propriétaire Gérard Fisher. Année après année, il sait allier les traditions de son Alsace natale aux produits de sa terre d'accueil et aux parfums des quatre coins du monde, pour offrir une cuisine soignée, inventive et colorée. Veau de Charlevoix, agneau, gibier, canard ont tous droit aux mêmes soins: cuisson irréprochable, sauces délectables. L'hiver apporte généralement sa saison des plats régionaux de France pour ceux et celles qui ont envie d'un rapide voyage dans la grande tradition culinaire; au rendez-vous: bouillabaisse, boudin blanc, moules, cassoulet... et, bien sûr, l'incontournable choucroute alsacienne! (2006-06-05)

L'ORÉE DU BOIS

★★★★ Cuisine
★★★ Service
★★★ Décor

Chelsea

15, chemin Kingsmere

819 827-0332

 M — S**70$**

Tradition et constance. Ce sont les deux qualificatifs qui nous viennent à l'esprit quand on pense à L'Orée du bois. Une belle table qui tient le cap depuis près de 30 ans; voilà tout un exploit qui témoigne de la passion du chef-propriétaire, Guy Blain, et de son épouse Manon. Formé dans la plus pure tradition française, le chef Blain s'est donné pour mission d'allier son expertise et son grand talent aux produits du terroir québécois... et à ceux de son jardin! C'est donc dans une jolie maison de ferme nichée dans les bois, en bordure du parc de la Gatineau, qu'il officie, soutenu en salle par une équipe professionnelle et chaleureuse. Si les viandes braisées et les sauces riches manquent de légèreté en été, l'hiver, on s'y réfugie comme dans les bras réconfortants d'une grand-mère. Une table que certains dîneurs branchés jugeront démodée, mais qui mérite le respect dans son effort pour préserver une tradition qui se perd au profit d'expérimentations fusion parfois maladroites. (2007-08-19)

MAISON LA CRÉMAILLÈRE

★★★★ Cuisine
★★★ Service
★★★★ Décor

Vallée-de-la-Gatineau

24, chemin de la Montagne, Messines

819 465-2202

 M — S**90$**

Niché dans la belle région de la Vallée-de-la-Gatineau, le village de Messines pourrait passer inaperçu, à quelques minutes de Maniwaki. Pourtant, on y trouve cette auberge du passant – restaurant qui fait courir les dîneurs de partout. Un petit bijou qui mérite largement que l'on fasse les 100 km qui le séparent de Gatineau-Ottawa! André et Andrée, couple de dynamiques retraités, se partagent le travail: lui est à l'accueil et au service; elle est en cuisine. Et tous deux méritent nos plus chaleureux éloges! On y est attentif aux petits détails, on aime le client heureux. La cuisine est belle, fraîche, soignée; viandes et poissons toujours bien faits et sauces d'une finesse irréprochable. Bref, on ne s'étonnera pas qu'il soit souvent difficile d'y réserver une table: même perdue à l'orée des bois, la maison fait salle comble les week-ends. (2006-10-15)

MÉTROPOLITAIN

Marché By
700, promenade Sussex

613 562-1160

★★ Cuisine
★★ Service
★★★★ Décor

 M**55**$ S**90**$

Petit déclin pour cette table qui se voulait pourtant prometteuse. Stratégiquement situé à l'intersection des très courues promenade Sussex et rue Wellington, à un jet de pierre du marché By et de la colline parlementaire, l'établissement a tout ce qu'il faut pour attirer le touriste comme le dîneur branché. L'espace est vaste, décoré dans la plus pure tradition de la brasserie française, avec zinc rutilant, miroirs, banquettes bourgogne. La carte est tout aussi classique: moules-frites, confit de canard, bouillabaisse, et met l'accent sur les fruits de mer avec ses grands plateaux qui rappellent les cafés parisiens. Mais les coins sont coupés un peu ronds: le coq-au-vin n'est que poulet sec nappé de sauce; le jarret d'agneau est d'une tristesse désarmante. On pourrait leur pardonner quelques écarts si le service savait rattraper les choses, mais c'est tout le contraire: négligence et amateurisme sont le dénominateur commun de tous les serveurs qui se succèdent à la table... et ils sont nombreux! (2007-06-16)

SIGNATURES

Côte de Sable
453, rue Laurier Est

613 236-2499

★★★★★ Cuisine
★★★★★ Service
★★★★ Décor

 M — S**155**$

La solennité de l'endroit nous enveloppe dès qu'on franchit la barrière menant à l'imposant manoir de style Tudor, joliment coloré de jaune beurre et de bleu. L'intérieur se fait tout aussi chic: boiseries et plâtres, hauts plafonds, tapis feutrés, salons privés et salle à manger aux fenêtres élégamment drapées et au mobilier classique – jusqu'au tabouret pour poser le sac de Madame! Le personnel y joue du flambé et de la cloche d'argent dans un bal attentif, discret, fleurant la bonne école. Et les cuisines, sous l'habile direction du chef Frédéric Filliodeau, font honneur à la réputation de l'École Cordon Bleu qui les abrite: un menu de tradition française, mais décliné au fil de saisons bien canadiennes, faisant la part belle aux produits locaux. Justesse de l'exécution et finesse de l'interprétation sont toujours au rendez-vous. (2006-08-22)

ST-ESTÈPHE

Hull
711, boulevard Saint-Joseph

819 777-5552

★★★ Cuisine
★★★ Service
★★★ Décor

M**30**$ S**60**$

La maison est imposante; presque trop! On se réjouira d'un intérieur plus chaleureux où les multiples salles et salons privés arrivent à créer une certaine intimité. Entre modernité et classicisme, le décor se prête tout autant au tête-à-tête qu'au souper de groupe. Même chose pour la carte, de tradition française, assez vaste pour satisfaire tous les goûts. D'inspiration bistro, la cuisine du chef-propriétaire Stéphane Paquet fait la part belle aux produits locaux, sans pour autant se targuer d'être une cuisine du terroir; on veut simplement le plus de fraîcheur possible, et la fraîcheur, c'est connu, n'aime pas les trop longs voyages! Les viandes sont bien faites, les sauces, classiques ou éclatées, mais l'ensemble peut manquer d'un peu de piquant; rien n'est fait ici pour décoiffer le dîneur peu aventureux! (2007-08-02)

légende

- coup de cœur cuisine et vins au verre
- (N) nouveauté
- terrasse
- carte des vins recherchée
- apportez votre vin

CUISINE

grande table	★★★★★
très bonne table, constante	★★★★
bonne table	★★★
petite table sympathique	★★
correcte mais inégale	★

SERVICE

traitement royal	★★★★★
professionnel	★★★★
vif et efficace	★★★
décontracté	★★
quel service?	★

DÉCOR

exceptionnel	★★★★★
très beau décor	★★★★
soigné	★★★
confortable	★★
presque inexistant	★

ET L'ADDITION, S'IL VOUS PLAÎT

Les prix indiqués — midi ou soir — sont pour deux personnes, excluant taxes, service et boissons. Il s'agit, bien évidemment, d'un prix moyen que le lecteur devra ajuster en fonction de son appétit, de sa soif et de sa générosité à l'endroit du personnel en salle. Dans tous les cas, les prix apparaissant ici sont le reflet de ce qu'ils étaient lors de notre visite.

Quant aux établissements ouverts ou fermés à midi ou en soirée, compte tenu du fait que nombre d'entre eux modifient leurs heures d'ouverture sans préavis, il nous est impossible de fournir cette information avec certitude. Les ouvertures, midi et soir, indiquées ici le sont donc au meilleur de notre connaissance au moment d'aller sous presse. Il est toujours préférable de téléphoner pour s'assurer des heures d'ouverture réelles.

www.guiderestos.com

Les vins d'Alsace **complices** des **Saveurs du monde**

Saveurs du monde

Étant donné l'hétérogénéité des styles de plats représentés dans cette section, il aurait été difficile de donner en quelques lignes des indications cohérentes et vraiment pratiques pour réussir vos combinaisons gourmandes. Nous vous suggérons plutôt de consulter la fiche dans la section Montréal correspondant le mieux au restaurant de votre choix. Couvrant un très large registre des cuisines du monde (Afrique, Amérique latine et Antilles, Chine, Espagne et Portugal, Europe de l'Est, Extrême-Orient, Grèce, Inde, Japon, Moyen-Orient, Thaïlande et Vietnam), ces petits modes d'emploi mets et vins vous permettront à coup sûr d'orienter vos choix lors de vos prochaines escapades en gastronomie étrangère.

VINS
D'ALSACE

Pour en connaître davantage sur les vins d'Alsace,
consultez notre lexique.

SAVEURS DU MONDE

Avec le chef Ryo du restaurant *Ichibei*
197, rue Bank
Ottawa
T 613 563-2375
Voir notre critique p. 311

Voir notre critique p. 311

Depuis plus de 10 ans, le restaurant Ichibei propose une cuisine japonaise exécutée dans les règles de l'art par le chef Ryo.

Quelles sont vos principales inspirations en cuisine?

«Je réside au Canada depuis 1997. J'ai appris les rudiments de la cuisine japonaise lorsque j'étais au Japon. J'aime respecter et perpétuer les traditions ancestrales, cela fait partie de ma culture. Donc, pour la confection de mes plats, je m'appuie principalement sur la cuisine traditionnelle. Il est très important pour moi de ne pas dénaturer les mets en leur ajoutant de nouveaux ingrédients.»

Avec quels ingrédients aimez-vous travailler?

«Puisque les sushis et les sashimis sont mes spécialités, les poissons sont mes ingrédients de base. J'aime le saumon et les poissons blancs, mais mon favori est le thon rouge qui a un goût très particulier lorsqu'il demeure cru.»

Est-il difficile de mettre la main sur des ingrédients assez frais pour la confection de sushis?

«Quand on commence en restauration, cela peut être long avant de trouver les bons fournisseurs qui nous procureront les ingrédients les plus frais et de la meilleure qualité. Il a fallu que je fasse beaucoup de recherches et que je parle à plusieurs personnes pour y parvenir, mais aujourd'hui j'obtiens toujours ce que je désire. Les distributeurs savent que je ne referai plus affaire avec eux s'ils me fournissent des aliments de mauvaise qualité!»

Afrique
CHEZ FATIMA

Hull
103, promenade du Portage
819 771-7568

★★★ Cuisine
★★★ Service
★★ Décor

M**15$** S**30$**

Il y a toujours quelque chose qui mijote chez Fatima. Quelque chose que vous n'aurez pas commandé, ayant sagement opté pour le buffet varié et abordable, mais qui se retrouvera sur votre table. Parce qu'ainsi vont les choses dans cette casbah de la bonne humeur. Le buffet du midi fait la joie des cols blancs du coin; le soir, la clientèle d'habitués côtoie le passant vite adopté par une proprio tout sourire. Et sachez qu'ici, les enfants sont traités en princes: plat accessible ou sucrerie s'ajouteront souvent, pour s'assurer que leur aventure soit heureuse. La pastilla est fine, les tajines goûteux et parfumés, les desserts miellés à souhait. La qualité abordable dans un décor simple mais chaleureux. (2006-02-22)

Afrique
EAST AFRICAN RESTAURANT

Côte de Sable
376, rue Rideau
613 789-7397

★★ Cuisine
★★ Service
★★ Décor

M**25$** S**25$**

Le quartier de la Côte de Sable est pour le moins bigarré: étudiants, professionnels, diplomates, immigrants et quelques sans-abri de passage. Le genre de quartier qui semble prédisposé à accueillir une foule de petits restos tout aussi diversifiés que leurs clients. Pas étonnant, donc, que la baraque à patates frites côtoie le roi du shawarma et... le bistro éthiopien. East Africa s'est refait une beauté il y a quelques années, passant de taverne douteuse à resto propret. Le service toujours avenant a parfois des lenteurs ensoleillées, mais on en profite pour se laisser bercer par les chutes d'eau qui coulent sur de grands miroirs, en fond de salle. Et puis arrive l'immense plateau qui contient une sélection bien dosée de ragoûts de toutes sortes: poulet, agneau, bœuf, légumes et lentilles. Attention, papilles sensibles: c'est parfois incendiaire. Et point de fourchettes ici; on mange en s'aidant d'injeras, ces grandes crêpes traditionnelles. Les enfants adorent... les grands aussi! (2006-03-30)

Afrique
LA GAZELLE

Hull
33B, rue Gamelin
819 777-3850

★★★ Cuisine
★★★ Service
★★★ Décor

 M**30$** S**55$**

Étrangement, les restaurants marocains se font plutôt rares dans l'Outaouais. Pourtant, avec ses arômes envoûtants, cette cuisine de l'Afrique du Nord a de quoi plaire. La Gazelle le sait et maintient le cap depuis de longues années, défiant toutes les probabilités: malgré son emplacement un peu excentré, près d'un boulevard triste et d'un centre commercial, les gens se déplacent! Et ils sont nombreux à succomber aux charmes de cette cuisine ensoleillée, dans un décor tout ce qu'il y a de typiquement maghrébin, toujours un peu chargé mais ô combien sympathique. Tous les classiques de la cuisine marocaine y sont, et généralement bien faits: brick au poulet, salade d'aubergines – un pur bonheur! –, merguez à l'agneau, tajines parfumés, grillades et généreux couscous. Le service est tout aussi chaleureux, professionnel, mais toujours un brin séducteur. (2007-04-22)

Amérique latine / Antilles

CALENDARIO AZTECA

★★ Cuisine
★★ Service
★★★ Décor

Marché By
41, rue William

613 241-6050

M**25 $** S**50 $**

Exit les tex-mex au goût cartonneux, Calendario Azteca propose une cuisine mexicaine plus authentique, plus fraîche, plus franche. Les plats traditionnels que sont les guacamoles, quesadillas et tacos sont de la partie, bien sûr, mais avec chips et tortillas maison. Pour le reste, crevettes, bœuf, poulet sont offerts en versions incendiaires ou plus discrètes. Et les assiettes sont copieuses et colorées. Si c'est encore parfois un peu rustre dans la finition, ça ne manque pas de goût. Et le décor, mi-moderne, mi-folklorique, est tout en chaleur. On remarquera un léger laisser-aller dans le service, au demeurant fort sympathique, mais quelque peu nonchalant. (2006-04-27)

Amérique latine / Antilles

MAMBO

★★★ Cuisine
★★★ Service
★★★★ Décor

Marché By
77, rue Clarence

613 562-2500

N **↑** M**60 $** S**100 $**

Nouveau venu sur la scène gastronomique très dynamique du marché By, Mambo vise à y ajouter une touche colorée. On a mis le paquet côté rénovations, créant une ambiance chaleureuse, en parfait accord avec la cuisine sud-américaine qu'on y pratique. Le service se fait parfois flagorneur, avec des accents machos typés! On y viendra surtout pour les tapas, généralement bien faits, inventives et fraîches, ou la très belle paella, qu'il fait bon manger sur la petite terrasse en sirotant un verre de rosé, au rythme d'une musique enlevante. Pour le reste, les portions sont copieuses, mais ne méritent généralement pas les prix épicés qui les accompagnent: aucune véritable surprise, rien de transcendant... Des ajustements sont à souhaiter, en cuisine comme en salle, afin que ce resto aux accents vibrants prenne un envol plus enthousiaste. (2007-06-13)

Chine

ROYAL TREASURE

★★★ Cuisine
★★★ Service
★ Décor

Chinatown
774, rue Somerset Ouest

613 237-8827

M**25 $** S**25 $**

Ils sont nombreux à se disputer la clientèle dans ce qu'on appelle de plus en plus le quartier «asiatique» d'Ottawa: japonais, vietnamiens, coréens se sont rapidement greffés à la multitude de petits restos chinois qui ont fait le Chinatown. Si la cuisine est réussie, le décor n'offre rien d'invitant: Royal Treasure n'échappe pas à cette règle!! Devanture de contreplaqué blanc, murs roses, fleurs en plastique se disputent la palme du mauvais goût. Les petites théières en inox n'ont rien de réjouissant non plus... Mais si on y vient – et l'achalandage le prouve! –, c'est pour une cuisine sûre, constante. Je ne le dirai jamais assez: la soupe hot & sour à elle seule vaut tous les détours!! Pour le reste, les traditions sichuanaise et cantonaise se partagent une vaste carte dans laquelle un service familial vous aidera à retrouver votre chemin. (2006-02-09)

Espagne / Portugal

222 LYON

Ottawa/Centre-ville
222, rue Lyon Nord

613 238-0222

★★★ Cuisine
★★★ Service
★★★ Décor

M**20$** S**45$**

222 Lyon: une adresse, un nom, un tout petit espace pour de tout petits plats! Cette charmante maison de brique, un peu à l'écart d'un centre-ville grouillant de restos de tout acabit, se spécialise dans les tapas. Les petites bouchées espagnoles, si populaires à l'apéro, deviennent repas que l'on partage entre amis, dans une atmosphère chaude et accueillante. Le nombre de places est restreint, mais le bar en U est invitant pour le tête-à-tête ou le repas en solitaire. Tous les classiques y sont – calmars, crevettes, chorizo, éperlans, tortillas –, bien faits, mais sans surprise; on demeure dans la tradition simple et efficace qui fait du chef un très bon exécutant... mais pas un artiste. Les vins espagnols sont bien sûr à l'honneur, sur la carte brève, et on propose un menu du jour, offert en table d'hôte, pour satisfaire les moins aventureux. (2006-05-22)

Extrême-Orient

ALIRANG

Côte de Sable
134, rue Nelson

613 789-2223

★★★ Cuisine
★★★ Service
★★ Décor

 M**30$** S**50$**

Influencée par ses voisins, le Japon et la Chine, la Corée a su se construire une identité culinaire, mais force est d'avouer qu'elle s'est moins fait connaître. Les choses changent tranquillement dans la région de la capitale fédérale où quelques bonnes petites tables coréennes font parler d'elles. Alirang est de celles-là: dans un décor qu'on qualifiera poliment d'inexistant, la petite maison est généralement bondée d'heureux dîneurs venus renouer avec leurs racines ou découvrir un nouvel exotisme asiatique. Pour ceux qui ont grandi avec le kimchi en guise de cornichons, l'endroit semble tout à fait à la hauteur de la cuisine de maman. Pour les autres, les serveurs attentifs et tout sourire sont bien armés pour conseiller les plats les plus typiques, les incontournables – comme le dolsot bibimbap – ou les moins déroutants. Une cuisine parfois bien relevée, haute en couleur et follement savoureuse. (2007-03-03)

Grèce

A'ROMA MEZE

Ottawa/Centre-ville
239, rue Nepean

613 232-1377

★★★ Cuisine
★★★★ Service
★★★ Décor

 M**40$** S**80$**

Ils sont beaux et ils sont bons. Le compliment sied tout autant aux merveilleux petits plats qu'au charmant personnel d'A'roma Meze! Nouveau venu sur la scène gastronomique outaouaise, l'équipe y transporte un peu de soleil de la Méditerranée. Le décor fait dans le rococo moderne, avec colonnes de faux marbre et ameublement élégant. Le service est charmant et charmeur – ah! ces Grecs! –, professionnel et sympathique. Le menu propose une multitude de petits plats que les Espagnols appellent tapas, mais qui deviennent meze ou mezedes chez les Grecs; petits plats que l'on partage entre amis, avec un verre de vin... ou deux... ou trois... et les heures passent, et on en fait finalement un repas! Des classiques feuilles de vigne aux dates farcies de foie gras et gorgonzola, le bal des fourchettes qui s'entrechoquent est inévitablement ponctué de gloussements de plaisir. (2006-08-04)

Inde
CEYLONTA

Ottawa/Centre-ville
403, rue Somerset Ouest

613 237-7812

★★★ Cuisine
★★★ Service
★★ Décor

M**20$** S**40$**

Ceylonta fait partie de ces tables réconfortantes qu'on retrouve toujours avec le même bonheur. La cuisine y est sûre, l'accueil et le service, affables et efficaces. Le décor n'a peut-être rien de mémorable, se contentant de quelques photos et pièces d'artisanat sri lankais pour donner une âme aux deux grandes salles à manger, mais la cuisine, elle, laisse une trace indélébile. Comme l'indique son nom, c'est la cuisine du Sri Lanka – anciennement appelé Ceylan – qui domine le menu; quelques plats du Sud de l'Inde, voisin à l'influence incontournable, complètent la carte. Currys et tandouris se partagent donc la table avec des kotu rotis bien relevés et des thalis qui se déclinent en version végétarienne, viande ou poisson. On ne laisse pas le néophyte se perdre trop longtemps; le service y va volontiers de recommandations judicieuses... et délicieuses! (2007-07-17)

Inde
COCONUT LAGOON

Ottawa Est
853, boulevard Saint-Laurent

613 742-4444

★★★ Cuisine
★★★ Service
★★ Décor

M**25$** S**50$**

Il faut parfois faire acte de foi pour découvrir des petits bijoux de restaurants... C'est le cas ici, où une maison presque anonyme, perdue au milieu de concessionnaires automobiles, recèle tous les trésors d'une cuisine brûlante de soleil. Originaire du Kerala, province du Sud-Ouest de l'Inde, le chef-propriétaire Joe Thottungal égaye la grisaille ambiante de la chaleur de sa terre natale. Une cuisine exubérante dominée par le lait de coco, la cardamome, le cumin, le gingembre; des parfums enivrants qui réveillent les papilles. Mais n'ayez crainte, le chef sait doser les choses et s'ajuster à la sensibilité de ses clients; d'incendiaires, les plats peuvent s'adoucir au besoin pour permettre aux estomacs plus tendres d'en profiter. La carte va à l'essentiel avec thalis, dosas et currys tous plus invitants les uns que les autres. Le service est avenant et les recommandations, judicieuses. Seul le décor manque un peu d'entrain, mais on l'oublie vite... (2007-06-28)

Inde
TAJ MAHAL

Glebe
925, rue Bank

613 234-1280

★★★ Cuisine
★★★ Service
★★ Décor

M**25$** S**40$**

Taj Mahal: le nom seul impose faste et respect. Un faste qu'on ne retrouvera peut-être pas dans le décor un peu lourd et suranné, mais qui explose en bouche! Une très belle cuisine indienne, celle du Nord, riche et modérément épicée, exécutée dans le respect de la tradition. Tous les classiques sont là, mais on ne saurait trop recommander le poulet tikka masala... Le nan est indécemment moelleux; le tandouri, servi grésillant sur une plaque de fonte, dégage des arômes enivrants. À la carte habituelle s'ajoutent quelques spécialités glanées dans les restos tendance de Delhi ou d'ailleurs au pays, question de rester branché sur la modernité indienne. On offre, les midis, un buffet à petit prix et un brunch les week-ends. Le tout est servi par un personnel affable qui n'hésite pas à y aller de recommandations justes. (2007-08-18)

Italie

AMBROSIA

Aylmer
100, rue Principale

819 682-5333

★★ Cuisine
★★★ Service
★★★ Décor

 M30$ S55$

Les italiens qui ne font pas dans la surabondance de mozzarella caoutchouteuse ne sont pas légion dans notre belle région. Et le secteur Aylmer n'a jamais fait parler pour ses grands restaurants. Voici donc un bel ajout au paysage gastronomique de l'Outaouais. Quelque part entre le resto chic et le bistro décontracté, Ambrosia propose une belle sélection de pâtes maison qui se déclinent à toutes les sauces, des classiques puttanesca et carbonara aux plus tendance. Quelques plats de viande s'ajoutent à une carte à la fois simple et colorée. Sans être transcendants, les plats sont exécutés avec entrain et respirent une fraîcheur essentielle à la cuisine de l'Italie. Un service efficace et sympathique gère la grande popularité de l'endroit. (2007-05-06)

Italie

CAFÉ SPIGA

Marché By
217, rue Dalhousie

613 241-4381

★★★ Cuisine
★★★★ Service
★★★ Décor

 M35$ S60$

L'enseigne est là depuis au moins 15 ans. D'abord resto italien branché, la table s'est modifiée sous les habiles coups de cuillère du chef Joao Botelho, pour offrir une fusion Italie-Portugal. Cette hybridation des cuisines, si elle nous inquiétait d'abord – laquelle sera à la remorque de l'autre? –, crée finalement un heureux mariage. Qu'on y aille pour les chorizo et bacahlau portugais ou pour des pâtes bien italiennes, on trépigne de satisfaction. Les traditions des deux pays sont respectées, les plats, savoureux... et copieux! Le décor d'inspiration Art déco donne une touche de classe à l'endroit, tout comme le service professionnel et convivial. (2007-01-11)

Italie

PIZ'ZA-ZA

Hull
36, rue Laval

819 771-0565

★★★ Cuisine
★★★ Service
★★★ Décor

 M40$ S40$

Un bistro joyeux, au cœur de l'action du Vieux-Hull. Piz'za-za est là depuis plus d'une décennie, mais n'a pas perdu un gramme de la fraîcheur qui en a fait un incontournable des amoureux de fines pizzas. Merguez, olives et confit de fenouil, crevettes, mangue et graines de sésame, escargots forestiers ou quatre fromages mariant provolone, chèvre, brie et parmesan: les combinaisons sont gagnantes à tout coup. Le service y est enthousiaste, professionnel, mais sans chichi. Et l'on ne saurait passer sous silence une cave à vin bien garnie qui ne lésine pas sur les importations privées et la sélection de vins au verre. On propose même une «Tournée des vignobles», soirées thématiques de dégustation de vins commentée et accompagnée d'un souper. (2006-12-05)

Italie

STELLA OSTERIA

★★★ Cuisine
★★★★ Service
★★★★ Décor

Marché By
81, rue Clarence

613 241-2200

 M**40**$ S**80**$

Troisième établissement du groupe Fireston à élire domicile dans le marché (avec les Blue Cactus et Luxe Bistro), ce nouveau venu se lance dans la «cuisine italienne moderne». Et on lui souhaite tout le succès que méritent ses débuts prometteurs! L'espace laissé vacant par le défunt Café Clair de lune semble tout droit sorti d'un épisode de *Transformation extrême*: tons chauds, mobilier moderne, murs de briques, miroirs. Le coup d'œil est saisissant. En salle, l'accueil et le service sont jeunes, enthousiastes et compétents, alors qu'en cuisine, les chefs Pritchard et Benitz tiennent la barre de mains de maîtres. Une cuisine enjouée, bien exécutée, «moderne», mais toujours ancrée dans la tradition: pâtes, pizzas, viandes et poissons réconfortent à coup sûr. (2006-08-24)

Italie

VENTUNO

★★★ Cuisine
★★★ Service
★★★ Décor

Westboro
1355, rue Wellington

613 729-9121

M**35**$ S**50**$

Ce resto-boutique amène, au cœur du quartier Westboro, un petit bout d'Italie. Une carte simplissime et très sympathique qui propose principalement pâtes et pizzas, en plus d'une panoplie d'entrées fraîches et bien faites. On ouvre le bal avec des éperlans frits, des calmars fondants, une salade de roquette et champignons sautés; on poursuit avec une pizza à la croûte maison légère et craquante ou des pâtes fraîches aux sauces goûteuses. S'ajoute au menu un sandwich du jour le midi, et un plat de viande, de poisson ou un risotto en soirée. Le tout dans un décor dépouillé et organique, ouvert sur une boutique de produits fins où vinaigres, huiles d'olive, fromages, charcuteries, pâtes et chocolats se bousculent... au risque de faire grimper l'addition!! Le café y est aussi excellent et les gelati, inspirants. (2007-06-21)

Italie

VITTORIA TRATTORIA

★★★ Cuisine
★★ Service
★★★ Décor

Marché By
35, rue William

613 789-8959

 M**25**$ S**60**$

Difficile, dans l'Outaouais, de trouver une cuisine italienne inventive, qui sorte des sentiers battus et rebattus d'une Italie américanisée... Mais ici, on peut au moins dire que la table est plus qu'honnête et la carte des vins, très invitante dans un décor où murs de pierre et modernité s'allient dans une ambiance décontractée. Pâtes classiques ou créatives – les cannellonis aux pommes de terre et champignons à l'huile de truffe et les tortellinis au gorgonzola et raisins frais sont des incontournables –, viandes et poissons généralement bien faits et fines pizzas sont au rendez-vous. Le service, parfois outrageusement familier, a le mérite d'être souvent bilingue... (2006-08-10)

Japon

GENJI

Ottawa/Centre-ville
175, rue Lisgar

613 236-2880

★★★ Cuisine
★★★ Service
★★★ Décor

 M**30**$ S**65**$

Les Japonais ont la cote, et pas seulement pour les sushis. Genji en est la preuve avec sa cuisine fine et savoureuse où teriyaki, tempura et nouilles font une très belle concurrence aux makis et autres sashimis. Tout y est frais, bien apprêté... et bien sûr présenté avec l'élégance à laquelle nous ont habitués nos amis nippons. Mais le sushi n'est pas en reste dans cette panoplie de petits plats alléchants: il est impeccablement frais et bien fait. Les menus dégustation ont fière allure et permettent au néophyte de s'initier à la polyvalence de la cuisine japonaise. Le tout est servi dans un décor d'une grande sobriété, par un personnel attentif, parfois même francophile, qui y va de recommandations judicieuses. (2006-11-08)

Japon

ICHIBEI

Ottawa/Centre-ville
197, rue Bank

613 563-2375

★★★ Cuisine
★★★★ Service
★★★ Décor

M**25**$ S**50**$

Une porte, une fenêtre ronde, une enseigne discrète. C'est tout ce que vous verrez de l'extérieur. Et l'intérieur est tout aussi simplissime: murs blancs, cloisons de bois blond, une dizaine de tables, un bar à sushis. De quoi nous couper du rythme effréné de la vie urbaine, surtout à l'heure du lunch, quand rues et trottoirs sont envahis par le bruit. Accueil et service sont dans la plus pure tradition japonaise: posés, affables, efficaces. Et le bonheur se poursuit dans l'assiette. Les sushis, d'une fraîcheur irréprochable, se tiennent à distance des combinaisons exotiques et parfois hérétiques qui pullulent ailleurs: sobriété et élégance sont ici de mise. Le reste du menu fait la part belle aux classiques de la cuisine japonaise, mais là où on jubile, c'est quand on s'attaque au menu «À la carte», qui désigne des petits plats, genre tapas: de véritables trésors d'exécution, désarmants de simplicité et de saveur. Mangez zen... mangez heureux! (2007-06-14)

Japon

KINKI

Marché By
41, rue York

613 789-7559

★★★ Cuisine
★★ Service
★★★ Décor

M**50**$ S**100**$

Dans un décor mariant la pureté des lignes et la rudesse de la pierre brute, ce resto branché du marché By continue sur sa lancée fusion. Le sushi règne toujours en roi et maître, dans des versions classiques ou inventives; il est beau, bon, frais et parfois complètement fou... ou frit! Le reste de la carte a été revu et emprunte à tous les coins de l'Asie, avec pad thaï, curry, tempura, beaucoup de poissons et des viandes aux parfums exotiques. C'est généralement bien fait, mais peut-être pas assez pour justifier les prix qu'on pratique. Surtout quand le service se fait trop souvent approximatif. On paie donc beaucoup pour l'ambiance, pour voir et être vu... et, avouons-le, pour la grande et magnifique terrasse qui invite au farniente avec ses immenses parasols et ses fauteuils confortables. (2007-07-11)

Moyen-orient

LE MEZZÉ

Marché By
76, rue Murray

613 241-1220

★★★ Cuisine
★★★ Service
★★★ Décor

M**25**$ S**45**$

La capitale regorge de comptoirs à shawarma aux néons aveuglants et aux chaises de plastique inconfortables. Ils sont donc peu à pouvoir se targuer d'offrir une fine cuisine libanaise digne de ce nom. En fait, avec la disparition récente de Fairouz, Le Mezzé navigue maintenant en solitaire dans cette catégorie. Occupant l'espace laissé vacant par une crêperie qui n'avait d'attrayant que ses murs de pierre et son emplacement enviable, au cœur du marché, on trouvera peut-être que le décor manque d'exotisme. Mais est-il essentiel de faire dans le folklore pour offrir une cuisine libanaise délicate et colorée? La réponse est dans l'assiette: les grillades traditionnelles sont réussies, mais on ne sortira jamais perdant en optant pour une belle collection d'entrées – les fameux mezzés –, qui sont ici incomparables. Et de grâce, sortez des sentiers battus et rebattus des houmous et taboulé: fromage halloum grillé, kibehs dodus et purée de poivrons rouges sont tout simplement divins. (2006-02-02)

Thaïlande

CHEZ LE THAÏ

Hull
39, rue Laval

819 770-7227

★★ Cuisine
★★ Service
★★★ Décor

☂ M**25**$ S**50**$

Comme son nom l'indique, Chez le Thaï... fait du thaï! Le petit resto est situé au cœur de l'action du Vieux-Hull, entouré de bars, de cafés et de grandes tours à bureaux qui déversent leurs flots de dîneurs, tous les midis. La salle n'est pas très grande, mais agréablement décorée et chaleureuse; deux terrasses doublent quasiment la superficie en été: l'une, minuscule, donne sur la rue; l'autre, à l'arrière, est fleurie et paisible. Le service, jeune et courtois, est parfois hésitant mais plein de bonne volonté. Côté cuisine, la tradition est au menu, généralement bien faite. Rien de transcendant – les restos thaïs s'étant multipliés dans la région ces dernières années, la concurrence se fait féroce et la comparaison facile! – mais on appréciera d'y retrouver tous les classiques en version carnivore ou végétarienne. (2007-07-31)

Thaïlande

KHAO THAÏ

Marché By
103, rue Murray

613 241-7276

★★★ Cuisine
★★★ Service
★★★★ Décor

M**25**$ S**40**$

Thaïlandais élégant, au cœur du marché By. Le décor, exotique juste ce qu'il faut, est à la fois chic et convivial. Petit espace lumineux à l'avant, salle plus vaste et tamisée à l'arrière. Le bon goût était au rendez-vous quand Par Borle, la propriétaire, et son mari Cyril se sont lancés dans la rénovation de ce vaste espace. Les teintes sont chaudes, l'ameublement, confortable et sobre. Côté cuisine, la chef Nitaya Suwanachit fait des merveilles. Sa salade de papaye verte, grand classique, est un pur bonheur par un cuisant soir d'été: fraîche, croquante, parfumée. Le menu est vaste, allant des traditionnels pad thaïs et currys à des plats moins connus... mais qui gagnent à l'être. Tout est frais, tout est beau... et tout est bilingue, à ne pas négliger au cœur de notre capitale fédérale! (2006-04-21)

Thaïlande

LA PAPAYE VERTE

★★★ Cuisine
★★ Service
★★★ Décor

Hull
69, rue Laurier
819 777-0404

N **↑** M**30$** S**40$**

Le dernier rejeton du restaurant thaïlandais Green Papaya d'Ottawa s'est installé dans la maison du défunt Café Henry Burger. Les propriétaires ont su tirer profit du très beau décor aux couleurs chaudes, y ajoutant simplement une touche exotique. Le service mérite d'être resserré, non qu'on s'attende à la rigueur parfois empesée du prédécesseur, mais un peu plus de diligence ne serait pas de refus. En cuisine, par contre, bien peu à redire. Les classiques de la Thaïlande sont exécutés avec doigté, les saveurs sont franches, les présentations, inspirées et inspirantes. (2006-12-14)

Vietnam

NEW PHO BO GA LA

★★ Cuisine
★★★ Service
★ Décor

Chinatown
763, rue Somerset Ouest
613 233-2222

M**20$** S**20$**

Au cœur d'un quartier chinois qu'il faudrait plus justement rebaptiser «Asiatown», les petits troquets se suivent et se ressemblent: absence de décor, service qui privilégie l'efficacité. New Pho Bo Ga La ne fait pas figure d'exception. L'ancienne pâtisserie déménagée au sous-sol a laissé la place à une grande salle lumineuse où se côtoient petites tables et banquettes, sous un éclairage trop vif. Mais devant son bol de pho fumant, le dîneur passera outre cette absence de décor et de décorum! Le menu y est tout en soupes: pho aux nouilles de riz – la version traditionnelle – ou aux nouilles aux œufs, en plus de quelques soupes à tendance thaïlandaise ou japonisante. Toutes sont copieuses, savoureuses, réconfortantes. Et qu'on se le tienne pour dit: le format moyen nourrit largement son homme!! (2006-07-15

RÉGIONS /

Meilleure nouvelle table en région

Le Bouchon

Ce sympathique resto français situé au cœur de Sherbrooke est rapidement devenu une de nos adresses préférées. Ouvert en 2006 par des anciens employés de l'Auberge Hatley (malheureusement rasée par un violent incendie), Le Bouchon s'est rapidement fait connaître grâce à sa très belle cave et à son ambiance de bistro simple et chic ainsi qu'à ses accords mets et vins recherchés. Côté cuisine, c'est Geneviève Filion qui régale, harmonisant produits régionaux et recettes classiques de la cuisine française dans des assiettes colorées. «J'aime mettre en valeur les produits de saison et le travail des producteurs régionaux: cuisse de canard, médaillon de cerf, gigot d'agneau, petits champignons frais… Pour moi, chaque détail compte: les légumes d'accompagnement sont toujours minutieusement choisis et travaillés pour leur goût mais aussi pour leurs formes et leurs couleurs; j'aime les mini-pâtissons, les betteraves de couleurs différentes, les petites feuilles de salade sélectionnées avec soin… Avec la chef pâtissière Claudia Carpentier et ma sous-chef, on est une gang de filles en cuisine… c'est peut-être pour ça qu'on soigne particulièrement le look de nos assiettes!» Son plat favori? «J'ai un faible pour la cuisine braisée ou l'osso buco et je suis particulièrement fière de mon "Tartare en trilogie," aux deux canards frais et fumé, au thon et au bœuf.»

Le Bouchon
107, rue Frontenac
Sherbrooke (Estrie)
T 819 566-0876
Voir notre critique p. 332

Bas-Saint-Laurent / Amérique du Nord

AUBERGE DU CHEMIN FAISANT

Cabano

12, Vieux-Chemin

418 854-9342

★★★★ Cuisine
★★★★ Service
★★★ Décor

  M— S**100$**

Le chef Hugues Massey et sa compagne, Liette Fortin, incarnent les Mia et Klaus de la gastronomie. Lui aux fourneaux et elle à la sommellerie, ils nous emportent dans un voyage de découvertes gustatives qui atteignent leur apogée lors des festivals de la mer (juin) et du gibier (novembre). Tels des équilibristes, ils osent, risquent, persistent et signent leurs aventures avec succès. N'essayez même pas d'imaginer une soupe froide de melon, yaourt et demi-glace de moules en écume de homard ou encore un pétoncle poêlé sur chutney de fraises et coulis de chocolat noir au gingembre, il faut goûter. Ayant compris que l'expérience sensorielle doit être complète, le chef n'hésite pas à troquer le tablier contre la partition de piano en fin de soirée. Sans doute l'un des secrets les mieux gardés de l'Est du Québec. (2006-06-09)

Bas-Saint-Laurent / Amérique du Nord

LE 360 DEGRÉS

Rimouski

150, rue de la Cathédrale

418 724-0360

★★★★ Cuisine
★★★ Service
★★★★ Décor

 M— S**80$**

À première vue, le qualificatif «cuisine infinie» inscrit sur le devant de l'établissement laisse perplexe. Mais lorsque l'on considère que le chef ayant fait la réputation du Mange-Grenouille, Richard Duchesneau, s'occupera de nos papilles gustatives, il y a de quoi se rassurer. Vous pouvez d'ailleurs lui en laisser la garde complète puisque, à l'inspiration, il décline la mer (pétoncles, crevettes, tilapia) ou la terre (cerf de Boileau, lièvre, pintade) de diverses et gastronomiques façons, et ce, souvent dans la même plantureuse assiette. Tant qu'il vous sera difficile de garder une petite place pour ses desserts honteusement divins. Tout ça dans une belle ambiance ton sur ton de bois et avec un service au rythme régional. Et le prix? Ténu et évolutif selon l'appétit. Ce serait bien dommage de s'en passer. (2007-06-01)

Gaspésie / Amérique du Nord

CAPITAINE HOMARD

Sainte-Flavie

180, route de la Mer

418 775-8046

★★ Cuisine
★★ Service
★★ Décor

M**25$** S**60$**

Il s'annonce sur l'autoroute 20 des centaines de kilomètres à l'avance pour vous faire saliver longtemps! À l'entrée de la Gaspésie, face au fleuve, cet établissement a le typique enraciné dans ses murs et son plafond décorés de bouées, cages, coquillages, bateaux miniatures... La mer est son domaine et le homard sa spécialité. On le sert bouilli et facturé à la livre, comme en bouillabaisse (farci de poisson et fruits de mer, dans un bouillon goûteux à la tomate et aux herbes), en club sandwich plantureux ou en salade très santé. On le mange une grande serviette autour du cou pour ne pas se faire asperger. En haute saison, arrivez tôt car le capitaine ne prend pas de réservations et restez à table jusqu'au soleil couchant! Magique côté fleuve! (2007-05-03)

Gaspésie / Amérique du Nord

LE BRISE-BISE

Gaspé

2, côte Carter / 135, rue de la Reine

418 368-1456

★★ Cuisine
★★★ Service
★★★ Décor

 M**35**$ S**70**$

Au centre-ville de Gaspé, avec son bar au rez-de-chaussée, ce «bistro qui étonne» a une vue superbe sur la rivière York tout en donnant sur la rue principale. Sympathique et non guindé, c'est le rendez-vous des artistes et des sportifs. Témoins ses murs, couverts de tableaux et de photos de la Grande Traversée de la Gaspésie en ski de fond, organisée sur place. Dans un décor chaleureux, on propose une table honnête, avec classiques français (bavette, entrecôte), italiens (pâtes, pizzas) et québécois (hamburger, cipaille...). La carte des desserts est aussi classique (crème brûlée, tarte au sucre, gâteau au fromage). À conseiller: la «quiaude à la morue», une solide soupe aux patates, les moules à la bière ou la brochette saumon-pesto de coriandre. (2007-05-07)

Gaspésie / Amérique du Nord

LE GÎTE DU MONT-ALBERT

Sainte-Anne-des-Monts

2001, route du Parc

418 763-2288

★★★ Cuisine
★★★ Service
★★★★ Décor

M**45**$ S**85**$

Figurant parmi les meilleurs établissements hôteliers gaspésiens, Le Gîte du Mont-Albert bénéficie en partie, côté restauration, de la clientèle «captive» du Parc national de la Gaspésie. L'auberge a néanmoins su garder ses propres fidèles, entre autres grâce à la constance de la fine cuisine qu'on y sert, dans une atmosphère feutrée et avec un service attentionné! Les menus changent trois fois par an en fonction des saisons. On marie allègrement les produits du terroir local, marins ou terriens. Soupe de poisson, fruits de mer et gibier, baies et champignons sauvages, pâtes traditionnelles voisinent avec quelques nouveautés bien choisies, comme ce doux agneau nourri aux algues. Tout est très bon sans soulever les passions. (2007-03-15)

Charlevoix / Amérique du Nord

AU PIERRE-NARCISSE

Baie-Saint-Paul

41, rue Ambroise-Fafard

418 435-2056

★★ Cuisine
★★ Service
★★ Décor

M**30**$ S**40**$

Bien placés en bordure d'une des rues principales de Baie-Saint-Paul, le restaurant et sa grande terrasse sont très animés (et très courus), particulièrement en été. Le menu de style bistro offre un méli-mélo québéco-italo-thaïlandais des plus variés: les pizzas minces côtoient pâtes, grillades, fondues, burgers et salades. Les moules-frites sont très en demande mais les plats sautés à la mode thaïlandaise, en version crevettes, langoustines, porc ou poulet, sont sans doute les plus originaux proposés par cet établissement «passe-partout» au service efficace. On s'y bouscule en terrasse l'été et il est conseillé de réserver si l'on ne veut pas attendre en file qu'une place se libère. (2007-08-05)

Charlevoix / Amérique du Nord

AUBERGE DES 3 CANARDS

La Malbaie
115, côte Bellevue, secteur Pointe-au-Pic

418 665-3761

★★★★ Cuisine
★★★★ Service
★★★★ Décor

 M — S**110$**

La réputation de cette table charlevoisienne s'étend bien au-delà des frontières régionales. Sans doute méritée, elle engendre également son lot d'attentes. En effet, la grande majorité des plats rivalisent de finesse, comme la poêlée de foie gras et son filo de canard confit, le risotto frôlant la perfection ou la sublime glace au caramel et beurre salé. Et la carte des vins vient appuyer le repas de belles alternatives. Par contre, de petits bémols agacent. Une carence d'épices au potage ici, un léger manque de fraîcheur aux crevettes ou de chaleur aux pétoncles là. Rien de majeur mais un ajustement nécessaire pour ce genre de gastronomie qui se jauge à la constance de ses artisans. Autrement, le personnel qualifié et attentionné évolue à merveille dans ce luxueux environnement centenaire avec, du haut de son promontoire, une vue somptueuse sur le Saint-Laurent. (2007-05-07)

Charlevoix / Amérique du Nord

AUBERGE DES PEUPLIERS

La Malbaie
381, rue Saint-Raphaël, secteur Cap-à-l'Aigle

418 665-4423

★★★★ Cuisine
★★★★ Service
★★★ Décor

M — S**110$**

Vingt-cinq ans au même fourneau, ce n'est pas rien. L'expérience et la fidélité du réputé chef Dominique Truchon transcendent les plats inspirés du terroir charlevoisien. Souligné par le prix Renaud-Cyr, l'attachement du chef aux produits locaux profite à sa clientèle. Et il y a de quoi faire: canard et foie gras de la Ferme basque, veau et émeu de Charlevoix, Migneron, le coin regorge de denrées inspirantes qu'il sait mettre en valeur. Que l'on pense au magret de canard avec risotto aux champignons sauvages, au mignon de veau accompagné d'un médaillon de homard ou encore à la crème brûlée des sous-bois, les cuissons et l'équilibre des saveurs évoquent des gestes souvent répétés et totalement maîtrisés. De l'apéro au digestif, le personnel suggère habilement le parfait complément fluide. (2007-05-07)

Charlevoix / Amérique du Nord

CAFÉ CHEZ NOUS

La Malbaie
1075, rue Richelieu

418 665-3080

★★ Cuisine
★★ Service
★★★ Décor

 M**20$** S**40$**

Les urbanistes devraient obliger chaque village à construire ce genre de petit café hautement sympathique. Dehors, quelques tables invitent déjà au farniente. À l'intérieur, sa fenestration et son énorme miroir baignent sa jeune faune, son décor rétro et ses étalages de produits biologiques d'une belle lumière naturelle. Le sourire du personnel aidant, on saisit rapidement la raison de son appellation. On y vient pour de gentils déjeuners et d'authentiques cafés, thés et chocolats chauds respectant les règles de l'art. Sans prétention, sa cuisine bistro, composée de potages, salades, pâtes, croque-monsieur et autres wraps, conforte l'âme. Quelques tables d'hôte agrémentent les soirées. On aimera s'y lover avec une boisson chaude et un bouquin pour rêver le monde. Ou encore avec un ami, pour le refaire tout en admirant le fleuve du bout du regard. (2007-05-06)

Charlevoix / Amérique du Nord

LE SAINT-PUB

★★ Cuisine
★★ Service
★★ Décor

Baie-Saint-Paul

2, rue Racine

418 240-2332

 M**35**$ S**50**$

Un trois pour un: Micro-brasserie de Charlevoix, pub et restaurant en plein cœur du village. Une partie de la salle à manger a vue sur les cuves où fermente la bière, tandis que l'on descend à l'entresol dans un vrai pub! L'été, la grande terrasse donnant sur la rue principale ne désemplit pas, midi et soir. Au pays de la «Vache folle» et de la «Dominus Vobiscum», la bière est omniprésente sur le menu, tout comme une belle brochette de produits de la Route des saveurs. Le croque-monsieur-migneron est ainsi servi avec une salade à la vinaigrette à la bière. Le cerf rouge et le smoked-meat sont aussi marinés à la bière. Même la traditionnelle tarte au sucre est revisitée à la bière! Une bonne halte routière, où l'on mange des mets simples mais bien préparés. (2007-06-11)

Charlevoix / Amérique du Nord

VICES VERSA

★★★★★ Cuisine
★★★★ Service
★★★★ Décor

La Malbaie

216, rue Saint-Étienne

418 665-6869

M — S**160**$

Dans le coin droit, Danielle Guay. Dans le gauche, Éric Bertrand. Les deux chefs-propriétaires et conjoints se livrent un combat amical et culinaire dont le vainqueur reste invariablement... le client. Il lance un foie gras chaud, elle esquive d'un pétoncle sauté. Elle tente une caille farcie au canard et sa salade d'épinards et lardons, il pare d'un filet mignon de cerf. Et vas-y que je te serve ça artistiquement dans une vaisselle raffinée. Fort d'un entraînement rigoureux, leur parfait jeu de jambes leur permet d'éviter tous les faux pas potentiels d'une gastronomie de haute voltige. La formule gastronomique risque de vous mettre K.-O. de satiété, mais résistez jusqu'au dernier round où un doux trio et son fondant de chocolat noir en pâte filo vous propulsera au huitième ciel, le septième étant déjà atteint. Subjugué par les savoureuses prouesses des protagonistes, vous risquez même d'en oublier d'apprécier le décor d'inspiration moderne, et même un chouïa industriel, dans son écrin de bois et de brique. (2007-05-05)

Charlevoix / France

AUBERGE DES FALAISES

★★★★ Cuisine
★★★★ Service
★★★ Décor

La Malbaie

250, chemin des Falaises

418 665-3731

M — S**100**$

Les «cailles en sarcophage» (au foie gras truffé et aux morilles), qui ont fait saliver tant de monde à la projection du *Festin de Babette*, figurent au menu de cette auberge. Le chef ne prétend certes pas reproduire la recette «originale», mais réalise un plat joliment présenté, appétissant et fort savoureux. Volaille, gibier, poissons et fruits de mer figurent au nombre de ses spécialités: duel de foies gras, côte de biche aux effluves de porto, tartare d'ému, mikado de crevettes... Et parce que la cave est ici généreuse et soignée, on opte volontiers pour un champagne (servi au verre) ou pour un vin jaune. Le personnel prend plaisir à vous accueillir et à vous servir. À l'extérieur, on dispose de deux magnifiques terrasses, dont l'une abritée. (2006-06-22)

Charlevoix / France

AUBERGE LA MUSE

★★★ Cuisine
★★ Service
★★★ Décor

Baie-Saint-Paul
39, rue Saint-Jean-Baptiste

418 435-6839

 M — S**95**$

À La Muse, c'est à la fois la cuisine et l'environnement qui séduisent... avec la simplicité en prime. La galerie autrefois aménagée en terrasse a été transformée en une vraie salle à manger, vitrée à souhait et aussi confortable que la principale. Quelques marches à descendre, et vous voilà sur une terrasse en partie couverte par une tonnelle. Au-delà, c'est la grande cour plantée d'arbres fruitiers et la petite fontaine sculptée où l'eau coule sans cesse. De plus en plus inspiré par les produits de Charlevoix, le chef s'emploie inlassablement à leur faire honneur. S'il excelle particulièrement dans la préparation des légumes, des poissons et des fruits de mer, on ne saurait manquer de signaler sa blanquette d'agneau à l'estragon: un must! (2006-06-26)

Charlevoix / France

AUBERGE LA PINSONNIÈRE

★★★★★ Cuisine
★★★★★ Service
★★★★ Décor

La Malbaie
124, rue Saint-Raphaël, secteur Cap-à-l'Aigle

418 665-4431

M — S**160**$

Un nouveau chef a pris en charge les cuisines en 2006 et s'emploie avec succès à maintenir la tradition d'excellence de cette table. Les produits de la région sont bien sûr à l'honneur: petits légumes, lapin, agneau, ris de veau, poissons, coquillages, crustacés... et la cave continue de faire le bonheur des épicuriens avec ses 12 000 bouteilles regroupées sous 725 étiquettes! Potages, sauces et desserts sont de véritables poèmes. (2006-06-23)

Charlevoix / France

HÔTEL CAP-AUX-PIERRES

★★ Cuisine
★★★ Service
★★ Décor

Isle-aux-Coudres
444, chemin La Baleine

418 438-2711

M — S**60**$

Outre une cuisine de type bistro (ravioli de lapereau, saumon fumé à la russe, entrecôte flambée au cognac, cuisse de canard à la façon du Périgord, etc.), on retrouve sur la carte des spécialités plus typiques de la région, notamment le gourmand «pâté croche» plein à craquer de viande hachée bien assaisonnée. L'établissement occupe une grande maison de campagne bordée en partie d'une galerie étroite qui s'élargit en terrasse. Pourvu d'une confortable verrière et d'une immense cour paysagère, il propose une foule d'activités pour toute la famille (piscine, tennis, etc.). Personnel gentil et, surtout, décontracté. (2006-06-24)

Charlevoix / France

LA MAISON D'AFFINAGE MAURICE DUFOUR

★★★★ Cuisine
★★★ Service
★★★ Décor

Baie-Saint-Paul
1339, boulevard Mgr-De Laval

418 435-5692

M — S**90**$

Sur la route 138, passé Baie-Saint-Paul, il faut virer entre deux colonnes pour pénétrer dans le domaine et filer jusqu'à la fromagerie pour voir le restaurant, à peine indiqué. Après quelque hésitation, c'est l'extase! Au pays du Migneron et du Ciel de Charlevoix, cette table au service attentionné vous convie, du début à la fin, à une expérience gastronomique, sur fond de montagnes. Les meilleurs produits de saison et du terroir sont traités avec soin. Après une délicate crème brûlée au foie gras, on peut se laisser tenter par le veau, l'agneau ou la truite, irréprochables, servis dans de grandes assiettes blanches où les garnitures valent à elles seules leur pesant de plaisir gustatif. Les desserts (trio glacé ou tarte aux pacanes et au Ciel de Charlevoix) sont à l'avenant, ne procurant que de bonnes surprises! (2007-06-10)

Charlevoix / France

LE MANOIR CHARLEVOIX

★★★ Cuisine
★★ Service
★★★ Décor

La Malbaie
1030, chemin du Golf

418 665-4413

M — S**70**$

La prise en main de la maison par ses nouveaux propriétaires en 2006 s'est traduite notamment par un changement de chef en ce qui concerne la cuisine. À vrai dire, Francine Trudel, sous-chef de l'établissement depuis plusieurs années, a déjà montré ce qu'elle savait faire des produits de la région: de bons plats aromatisés tels que les combinaisons de légumes, le «marmiton d'émeu et ris de veau», la pintade farcie à la chair d'agneau et autres. Rien n'a donc vraiment changé à cette table. De la terrasse planchéiée, on a une vue magnifique sur la baie et sur une partie de Cap-à-l'Aigle. Choix d'apéros et de vins. (2006-08-01)

Charlevoix / France

LE MARION GRIL – AUBERGE LA GRANDE MAISON

★★★★ Cuisine
★★★ Service
★★★★ Décor

Baie-Saint-Paul
160, rue Saint-Jean-Baptiste

418 435-5575

M — S**100**$

Un restaurant de grande classe dans une auberge de caractère, en plein cœur de Baie-Saint-Paul: Le Marion est l'une des meilleures adresses de Charlevoix. Sa salle à manger étonne avec ses allures de scène de théâtre, ses tentures et ses coins salon. On soupe dans une atmosphère intimiste, avec un service quasi irréprochable. La riche carte, aux saveurs résolument régionales, réserve de très belles surprises, comme une onctueuse crème brûlée de foie gras aux fines herbes, un canard confit à l'érable et sauce au migneron ou un jarret d'agneau et risotto. Seul bémol: un thon rouge un peu trop saisi. On peut opter pour la table d'hôte ou un 4 services à prix très raisonnable, compte tenu de la qualité. Carte des desserts et vins hors du commun. (2007-05-09)

Charlevoix / France

LES SAVEURS OUBLIÉES

Les Éboulements
350, rang Saint-Godefroy (route 362)

418 635-9888

★★ Cuisine
★★ Service
★★ Décor

M — S**100$**

Cette table champêtre fait la part belle aux produits du terroir, surtout ceux de la toute proche Ferme Éboulmontaise, réputée pour ses agneaux et ses légumes biologiques. L'agneau est de fait omniprésent au menu, du tartare en entrée au gigot comme plat de résistance. En table d'hôte (seule formule disponible, hormis pour une côte de bœuf Angus), les viandes dominent le tout. On s'étonne de n'y trouver aucun plat sans viande et de se voir offrir, pour un prix relativement élevé, une cuisine utilisant certes d'excellents produits mais sans grande touche originale au niveau du traitement. La soupe de poisson est particulièrement insipide! La salle à manger est conviviale, tout en étant assez bruyante les fins de semaine, et le service est plutôt lent. (2007-08-04)

Chaudière-Appalaches / Afrique

LE CASABLANCA

Saint-Antoine-de-Tilly
3882, chemin de Tilly

418 886-2926

★★★ Cuisine
★★★ Service
★★★ Décor

M — S**55$**

Quelle surprise que de trouver un coin du Maroc dans le très québécois village de Saint-Antoine-de-Tilly. *Choukran* à la copropriétaire Zahra, née à Casablanca, qui a transporté dans ses bagages les authentiques recettes de soupe harira, de pastilla et de couscous. Bien que les tajines donnent l'impression d'avoir été cuits sans le récipient dont ils tirent leur nom et que les entrées marocaines (salade d'aubergine, taboulé, houmous) gagneraient à fuir les trop encombrants condiments locaux, la cuisine y demeure généralement agréable et typée. Le service également d'ailleurs. Hautement sympathiques, les deux propriétaires cadrent à merveille dans ce décor des mille et une nuits et détails. Gilles, l'autre coloré propriétaire, prend grand plaisir à soigner l'ambiance musicale de l'endroit entre deux visites-éclairs à la table de ses convives afin de s'assurer de leur bien-être. *Salam!* (2007-05-11)

Chaudière-Appalaches / Amérique du Nord

AUBERGE-MOTEL BENEDICT ARNOLD

Saint-Georges de Beauce
18255, boulevard Lacroix

418 228-5558

★★★ Cuisine
★★★ Service
★★★ Décor

M — S**80$**

Installé au sous-sol de l'auberge, le restaurant L'Entrecôte profite d'un environnement de pierres grises massives, typique de ce genre d'établissement huppé du début du siècle dernier. Son menu respecte bien la clientèle régionale, amatrice de portions généreuses, mais courtise également les fines bouches. Les suprêmes de volaille et les côtes de bœuf y côtoient donc les médaillons de wapiti et les mousses de foie de canard. N'hésitez pas à commander poissons et fruits de mer qui, même s'ils viennent d'ailleurs, débordent de fraîcheur et profitent d'une impeccable cuisson. Le homard et le baramundie peuvent en témoigner. Le personnel courtois connaît bien l'offre et vous conseille judicieusement les mariages plats/vins. (2007-05-10)

Chaudière-Appalaches / Amérique du Nord

MANOIR DES ÉRABLES

★★★★★ Cuisine
★★★★ Service
★★★★★ Décor

Montmagny
220, boulevard Taché Est

418 248-0100

M**50$** S**120$**

Seuls lors de notre passage, le service ne pouvait être que personnalisé. Par contre, un léger manque d'expérience transparaissait. Il faut bien le mentionner puisque c'était le seul bémol de cette expérience culinaire. Soulignons que le chef, Martin Boucher, n'est pas un novice. Gagnant de plusieurs prix gastronomiques, ses leçons de maître se font sentir même en son absence. Charcuterie bien viandeuse à la compote légèrement acidulée, potage bien beurré, aiguillettes de canard à la cuisson parfaite, véritable mijoté (ce qui n'est pas toujours le cas), on frôle ici la perfection. Et que dire des décadents desserts et de la carte des vins à donner des bouffées de chaleur. Au-delà de la présentation et de l'alchimie des saveurs, le parfait amalgame des aliments (et des quantités) permet de sortir de table sans rouler. Et tout ça dans un décor seigneurial. Bref, tout à fait digne de sa réputation. (2007-01-03)

Chaudière-Appalaches / Amérique du Nord

POINT-VIRGULE

★★★★ Cuisine
★★★ Service
★★★★ Décor

Saint-Georges de Beauce
300, 118e Rue

418 227-3000

M**40$** S**90$**

Ce signe de ponctuation se situe entre les parenthèses du Georgesville, hôtel et centre de congrès bien connu des Beaucerons. Dès que l'on y met les pieds, son décor moderne et très loft urbain le transforme en point d'exclamation. L'endroit offre un côté bistro à la formule allégée, qui souligne la rencontre et l'échange, ainsi qu'une formule resto flattant le palais. Un chutney de mangue y relève à merveille un tartare de bison réussi, le boudin aux pommes comble les attentes et les légumes croquent de plaisir sous la dent. Paella aux crevettes et saucisses, magret de canard, ris de veau et saumon grillé viennent diversifier l'offre qui mériterait un choix de desserts plus exhaustif. Le jeune personnel démontre plein de bonne volonté et la carte des vins soutient la diversité des plats. Globalement, une belle découverte, point final. (2007-05-11)

Chaudière-Appalaches / Extrême-Orient

CAFÉ D'ORIENT

★★★ Cuisine
★★★ Service
★★★ Décor

Lévis
78, côte du Passage

418 833-6769

 M**20$** S**50$**

Le Café d'Orient n'a plus du tout l'allure du petit établissement qui, jadis, se lançait modestement dans la confection de sushis. Il en prépare encore, et de très bons, mais sa carte s'est considérablement enrichie des spécialités habituelles de la cuisine asiatique. Soupes, gyosas et rouleaux impériaux, bœuf koral, poulet teriyaki, crevettes kroeung ou tempura, tout cela vous est apprêté avec un réel souci de satisfaire le goût autant que l'odorat. Par beau temps, les premiers arrivés optent spontanément pour la petite terrasse de quelques tables longeant le trottoir qu'elle surplombe de peu. On découvre encore, à l'intérieur, le comptoir à sushis et la salle à manger décorée de quelques tableaux, d'où l'on a une vue partielle sur les cuisines. (2006-08-02)

Chaudière-Appalaches / France

AUBERGE DES GLACIS

★★★ Cuisine
★★★ Service
★★★ Décor

Saint-Eugène de l'Islet

46, route de la Tortue

418 247-7486

M — S**90$**

La réputation de cette auberge de charme, installée dans un ancien moulin sur une colline surplombant le fleuve, n'est plus à faire. Un changement de propriétaires en 2006, avec deux journalistes reconvertis en aubergistes, n'a pas changé la donne. Dans un cadre bucolique, avec rivière envoûtante et chambres soignées, on y propose une table gourmande de haute tenue, d'inspiration française à saveur québécoise. Presque tout a l'étiquette «local». Au menu, la quenelle lyonnaise, déclinée en trois versions, est particulièrement réussie, tout comme deux plats originaux: l'agneau, servi farci au caviar d'aubergine après une longue cuisson, et un délicat Parmentier de canard confit aux courges, accompagné de champignons et lardons de magret fumé. (2007-05-01)

Chaudière-Appalaches / France

DU CÔTÉ DE CHEZ SWANN

★★ Cuisine
★★ Service
★★ Décor

Saint-Antoine-de-Tilly

3897, chemin de Tilly

418 886-1313

M**20$** S**30$**

Il passe de plus en plus de monde Du côté de chez Swann, dans un petit village pittoresque où certains semblent encore surpris de tomber sur une authentique crêperie bretonne. Le peintre Jean-Luc Dehours y expose régulièrement quelques-unes de ses œuvres et, dans un coin boutique, on peut se procurer certains produits naturels, thés ou tisanes. Délicieuses et confectionnées dans les règles de l'art, les crêpes sont de sarrasin ou de blé entier, diversement garnies de fromage, de saumon fumé, de tomates fraîches, d'œufs ou d'agneau fumé. L'été, sur la petite galerie transformée en terrasse, l'«Assiette du terroir» résume pour les gourmets ce qui se fait de mieux dans la région: confit d'agneau, jambon fumé, magret de canard et le toutim. (2007-06-28)

Chaudière-Appalaches / France

LA TABLE DU PÈRE NATURE

★★★★ Cuisine
★★★★ Service
★★★★ Décor

Saint-Georges de Beauce

10735, 1re Avenue Est

418 227-0888

 M**30$** S**70$**

L'arrivée récente d'un nouveau chef n'a en rien modifié la vocation de ce restaurant de fine cuisine qui passe pour le joyau de la région. On y privilégie la fraîcheur et la qualité, comme son nom le laisse bien entendre. Dans une aile de l'édifice, on retrouve un marché (fruits frais, légumes, pains, charcuteries, huiles et vinaigres fins), en plus d'un petit café-bistro où l'on passe sa commande directement au comptoir. Dans la seconde partie, le restaurant comporte deux salles à manger, dont le «moulin» au plafond constitué de petits parasols disposés en rosace. Le personnel, compétent et stylé, vous renseigne judicieusement sur les spécialités de la maison (gibier, volaille, fruits de mer, poissons) et vous conseille les vins les plus appropriés. (2006-07-11)

Chaudière-Appalaches / France

LE ST-CLAIR

Sainte-Claire de Bellechasse
37, boulevard Bégin
418 883-1680

★★★★ Cuisine
★★★ Service
★★★ Décor

M**35**$ S**75**$

La carte élégante et sobre du St-Clair ne change que pour vous offrir le meilleur de chaque saison. Il a suffi au chef Franck Weissmuller de «tomber en amour» avec le village de Sainte-Claire et son talent a fait le reste. Le bouche à oreille aidant, ce restaurant est devenu en peu de temps un «incontournable» de la région, et certains clients viennent parfois de loin pour redécouvrir des victuailles qu'ils croyaient connaître. Produits frais, justesse des assaisonnements, équilibre des saveurs, présentation soignée des assiettes: tout cela serait peu de chose sans ce tour de main qui fait de chaque plat – viande, volaille ou poisson – une réussite unique en son genre. Le personnel est accueillant et assure un service irréprochable. (2007-06-21)

Chaudière-Appalaches / France

L'INTIMISTE

Lévis
35, avenue Bégin
418 838-2711

★★★★ Cuisine
★★★★ Service
★★★ Décor

🅱 🔼 M**45**$ S**85**$

Au terme de ses dix années d'existence, ce restaurant ouvert en 1997 se révèle une grande table. Complice d'une carte qui ne cesse d'évoluer, la cave s'est enrichie et diversifiée et fait aujourd'hui l'orgueil des proprios et du personnel qui vous présentent avec une fierté légitime leurs meilleurs crus, leurs trouvailles de toutes provenances, leurs nombreux vins d'importation privée – sans parler des cocktails, portos et autres alcools. Sur fond de musique classique, on savoure ici de succulents plats de viande, de volaille et de fruits de mer. Le Lounge attenant propose quant à lui un menu plus léger, allant des tartares de bœuf ou de saumon aux tortillas de poulet, burger de porc et crevettes tempura. Service professionnel et courtois. (2007-07-18)

Chaudière-Appalaches / France

MAISON VINOT

Saint-Georges de Beauce
11525, 2e Avenue
418 227-5909

★★★ Cuisine
★★★ Service
★★★ Décor

🅱 🔼 M**30**$ S**60**$

D'appétissants fumets vous racolent jusque sur les trottoirs. Une fois à l'intérieur, on se laisse gagner par le charme d'une grande et confortable maison de 1928, entièrement rénovée et aménagée en «Auberge et B&B». Côté resto, vous avez le choix entre deux salles à manger (type bistro et type lounge). La carte rappelle sans conteste l'objectif des proprios: mettre en valeur les produits de la région et vous rappeler qu'il fait bon vivre. Le chef réussit avec un égal bonheur ses plats de viande, de volaille ou de fruits de mer (osso buco, bison, steak de thon rouge, lapin, langouste et toutim). La carte des vins? Le joyau de la maison! Des humbles aux prestigieuses, presque toutes les bouteilles sont d'importation privée, avec parmi elles quelques «bios». (2006-07-12)

Chaudière-Appalaches / France

MANOIR DE TILLY

Saint-Antoine-de-Tilly
3854, chemin de Tilly

418 886-2407

★★★ Cuisine
★★ Service
★★★ Décor

 M 30 $ S 110 $

Cet ancien manoir de campagne, installé en plein centre du charmant village de Saint-Antoine-de-Tilly, abrite un établissement hôtelier et un centre de santé qui, comme le restaurant, jouissent d'une vue magnifique sur le fleuve Saint-Laurent, côté jardin. La terrasse n'est malheureusement ouverte que pour prendre un verre! Un beau piano trône dans la grande salle à manger à plusieurs niveaux. Le menu cinq services, avec des plats d'inspiration française à forte connotation locale, déçoit un peu quant au rapport qualité-prix. Les assiettes sont toujours très bien présentées mais leur «contenu» n'est pas toujours à la hauteur de la réputation de cette table régionale, notamment les potages et les sauces des plats principaux qui manquent parfois de finesse. Repas du midi en semaine seulement. (2007-08-03)

Chaudière-Appalaches / Italie

BISTRO DON CAMILLO

Saint-Simon-les-Mines
452, rang Chausse-Gros

418 774-3999

★★★ Cuisine
★★★ Service
★★★ Décor

 M — S 80 $

Où manger de la cuisine italienne authentique? Réponse: au fin fond de la Beauce! L'endroit est bucolique à souhait: un étang, une terrasse comme un cloître de couvent et une petite chapelle transformée en salle à manger. Le lieu vaut à lui seul le détour, et même si l'on y est un peu assis comme à l'église, les amateurs de fine cuisine italienne ne seront pas déçus. Fabio Filini Carlini et Cinzia Giacobbo sont venus de la Lombardie pour refaire leur vie et entreprendre une seconde carrière en restauration. Et avec quel brio! Il règne dans l'air une ambiance joviale et lorsqu'ils ont le temps, les proprios passent de table en table. En entrée, les moules tièdes au citron sont d'une délicieuse simplicité volontaire. Le sanglier et de belles assiettes de poisson rivalisent avec des pâtes fraîches, qui se déclinent en plusieurs attirantes variétés. (2007-06-08)

Estrie / Afrique

CLASSYCO CAFÉ

Sherbrooke
133, rue Frontenac

819 565-4148

★★★ Cuisine
★★★★ Service
★★★ Décor

 M 20 $ S 35 $

Trois jours avant notre passage, le patron, Toussaint Attiave, recevait par avion un cadeau: un cuisinier en second venu tout droit, comme lui, de l'île Maurice. Du renfort, c'était inespéré en ce premier vendredi soir de l'été où le cœur... et les voix des clients étaient à la fête. «Les cuisines»: un comptoir, quatre ronds électriques et un fourneau d'où partent de copieuses assiettes de poisson, calmars, crevettes, pétoncles, huîtres, pieuvre ou poulet, qu'on vous apprête au choix au coco seychellois, au poivre de Madagascar, à la créole, à l'indienne, à la cajun. Les entrées annoncent la couleur du dépaysement qui vous attend. Irrésistiblement sympathique et prix populaires. Seule terrasse à Sherbrooke où l'on puisse apporter son vin. (2007-06-22)

Estrie / Amérique du Nord

ANTIQUARIUS CAFÉ

Sherbrooke
182, rue Wellington Nord

819 562-1800

★★ Cuisine
★★★ Service
★★★ Décor

 M**45**$ S**60**$

Le centre-ville de Sherbrooke met de mieux en mieux à profit son potentiel culturel: festivals, spectacles intérieurs et extérieurs, cinémas, circuit de fresques murales. Pour lier le tout, il faut de bons restaurants. Comme l'Antiquarius Café, qui mène depuis près de dix ans une double vie de bistro et d'antiquaire: mobilier et décoration chargés d'histoire, service complice et un menu pour tous, avec une attention particulière pour les produits locaux autant dans sa portion bistro, dénommée «L'autre chose» – burger d'autruche, pavé de cerf rouge, bolognaise de bison –, que dans sa table d'hôte, variée, inventive et généreuse. Certaines entrées, tel le mijoté de ris de veau aux champignons et parfum d'érable, sont de véritables coups de génie. (2007-03-18)

Estrie / Amérique du Nord

AUBERGE GEORGEVILLE

Georgeville
71, chemin Chanel, RR6

819 843-8683

★★★ Cuisine
★★★★ Service
★★★★ Décor

 M — S**110**$

Cette auberge de 1889 est le plus ancien établissement hôtelier en activité au pays. Le style victorien Laura Ashley est partout: tapisserie, draperie, literie. Qu'on ait ou non passé une nuit dans les draps de cette belle du temps jadis, la lecture de son menu mettra l'imagination en éveil. Le terroir est à l'honneur mais sachez que le chef s'est affranchi des conventions: ici, les produits locaux font des alliances surprenantes. Un exemple? Filet de porcelet de Marieville fumé aux copeaux de cerisier et grillé à l'orange et chipotle. Un palais endormi ne le reste pas longtemps! Les desserts vous rapprocheront du monde connu. Attrait particulier: la cave, entièrement californienne, avec une quantité impressionnante d'exclusivités. (2007-07-29)

Estrie / Amérique du Nord

AUBERGE RIPPLECOVE

Ayer's Cliff
700, rue Ripplecove

819 838-4296

★★★★★ Cuisine
★★★★ Service
★★★★★ Décor

 M**70**$ S**140**$

Quand on savoure chaque plat, chaque bouchée, quand on goûte chaque instant, autant les yeux fermés qu'ouverts, alors il n'y a qu'une note parfaite qui convienne. Le Ripplecove est depuis longtemps l'une des meilleures enseignes des Cantons-de-l'Est. Par quoi est-on d'abord séduit? Par le site, sur une pointe à la tête du lac Massawippi? Ou par le décor au charme rangé de manoir victorien? Les points les plus forts sont assurément la quasi-perfection avec laquelle sont réalisées les promesses du menu, leur présentation impeccable, la diversité de la cave et ses quelque 400 étiquettes, la pertinence des détails qu'apporte le sommelier sur chacune des options. Des serveurs un peu moins condescendants et toutes les étoiles y seraient. (2007-06-23)

Estrie / Amérique du Nord

AUBERGE SAINTE-CATHERINE-DE-HATLEY

★★★★ Cuisine
★★★★ Service
★★★★ Décor

Sainte-Catherine-de-Hatley
2, Grand'Rue
819 868-1212

Ⓝ 🍽 🔺 M — S**65$**

Dans cette maison centenaire, sur une hauteur entre Magog et North Hatley, se cache à coup sûr tout ce qu'on attend du restaurant qui nous fera passer une soirée mémorable. De la salle à manger ou de la terrasse, votre vue s'envole vers un panorama d'une rare envergure. Mais parlons de ce qui sort des cuisines: Mélanie Gagnon élabore un menu sain et goûteux, axé sur les combinaisons alimentaires et où les épices et condiments n'ont qu'un rôle effacé, ce qui lui a valu plusieurs titres dont celui de Chef Santé 2007. Brésil, Suisse, Californie, toutes les cuisines du monde l'inspirent. Son frère Grégoire puisera pour vous dans une cave aux nombreuses importations privées et exclusivités. Faites vite! Le secret devient difficile à garder. (2007-05-25)

Estrie / Amérique du Nord

CAFÉ BLA-BLA

★★ Cuisine
★★★ Service
★★★ Décor

Sherbrooke
2, rue Wellington Sud
819 565-1366

🔺 M**25$** S**40$**

Qui veut sonder le cœur des Sherbrookoises et Sherbrookois doit s'arrêter ici. D'abord, vous êtes dans l'œil de la ville, où les rues Nord deviennent Sud, et où «la côte King» s'attendrit. D'où qu'ils viennent et où qu'ils aillent, les oiseaux de nuit transitent presque tous par cette intersection. En entrant, on pourrait se croire dans certains cafés d'Europe, avec ces banquettes et cet éclairage qui porte aux confidences; on ne s'appelle pas «Bla-Bla» pour rien! Combien de projets sont nés au-dessus de ces tables? Combien de bières, importées ou locales, y ont rafraîchi les soirées d'été? Surtout sur la vaste terrasse, victoire du besoin de relaxer sur le trafic urbain. Le menu de style bistro reste offert assez tard en soirée. (2007-06-20)

Estrie / Amérique du Nord

CAFÉ MASSAWIPPI

★★★★★ Cuisine
★★★★ Service
★★★★ Décor

North Hatley
3050, chemin Capelton
819 842-4528

 🍽 🔺 M — S**90$**

Vous pourriez être trompé par le mot «café», qui évoque davantage le bistro ou la brasserie. Corrigeons tout de suite: Dominic Tremblay a atteint un niveau de création et d'accueil qui l'élève parmi les incontournables de la région. Ses ingrédients de base: passion et patience. Tout jeune encore, il en sait aussi long que les plus grandes toques et crée en s'amusant et en défiant les règles. Audace additionnelle, pour nourrir les souvenirs de votre soirée, on vous propose un livre des recettes devenues des classiques de l'endroit, comme le tartare de cerf rouge. Risqué? Mais non, voyons: ici, la flamme créatrice n'est pas près de s'éteindre. (2007-06-16)

LA TABLÉE DU PONT COUVERT

Sherbrooke
5675, route 147, Milby

819 837-0014

★★★★ Cuisine
★★★★ Service
★★★ Décor

M — S**100$**

Le chef André La Palme aime parler de ce qu'il vous sert: truite d'East Hereford, cerf rouge de Stanstead, canard de Stoke, asperges de Compton, fromages de chèvre de Waterville... D'ici, vous survolez tout le terroir de l'Estrie. Les surprises ne manquent pas: connaissez-vous la truite «des Bobines»? Le canard des «Bontés divines»? Après un séjour au fumoir de l'amphitryon, ils deviennent mousse de truite fumée ou copeaux de magret fumé. Le cidre de glace du Domaine Félibre parfume un sabayon sur framboises locales, qu'on a couronné de Chantilly et orné d'une framboise jaune ou bleue. Le pain? Une recette amérindienne que le chef préserve jalousement. Attablez-vous en face du pont couvert de Milby et goûtez les Cantons-de-l'Est. (2007-06-29)

LES PÉCHÉS DE PINOCCHIO

Magog
50, rue Laurier

819 868-8808

★★★★ Cuisine
★★★★ Service
★★★ Décor

 M**25$** S**105$**

«Épicerie fine, resto, traiteur et surprises». L'enseigne dit la vérité. Donc, si le nez de Daniel Charbonneau et Mélanie Alain s'allonge, c'est que ce couple – dans la vie et dans la cuisine – a du pif. Il en fallait pour se lancer dans une restauration aussi jubilatoire: carpaccio de kangourou ou de pétoncles, tartare de canard et son fondant au foie gras, poisson fumé «en aquarium», smoked-meat de Highland... Choisissez trois ou quatre plats, ou laissez carte blanche au chef pour sept services. Le menu compte déjà quelques classiques et la flamme créatrice ne tiédit pas. Au comptoir, charcuteries et fromages de nos artisans et paniers pour pique-nique ou croisière. À l'extérieur, quelques tables se fondent entre sculptures et verdure. (2007-08-17)

L'OLIVE BLEUE

Sherbrooke
1175, rue King Ouest

819 347-3000

★★★ Cuisine
★★★ Service
★★★ Décor

 M**35$** S**80$**

Dans l'histoire récente, certains clochers tombent sous le pic des démolisseurs; d'autres trouvent une nouvelle vocation. À Sherbrooke, l'église Sainte-Thérèse rassemble maintenant de fervents amateurs d'art et de bonne chère. La nef abrite quelques ateliers d'artistes et une grande salle d'exposition. Le narthex a été converti en restaurant et le parvis en une vaste terrasse à deux niveaux, bordée de lavande. D'inspiration très méditerranéenne, le menu s'adapte aux saisons. La table d'hôte du midi est renouvelée chaque semaine. Bouillabaisses sur plusieurs tons, pizzas à croûte mince, poissons, grillades, plats végétariens. La chef-propriétaire Stéphanie Grenier donne vie à sa passion pour une cuisine saine et variée. Qu'elle en soit louée! (2007-08-22)

Estrie / Amérique du Nord
PILSEN RESTAURANT & PUB

North Hatley
55, rue Principale
819 842-2971

★★ Cuisine
★★ Service
★★★ Décor

M**30$** S**50$**

North Hatley: des cottages coquets et parfois cossus, dispersés dans un écrin de verdure jalousement protégé; très Nouvelle-Angleterre. Quelques commerces, gîtes, galeries d'art, et plusieurs très bonnes tables. Au cœur du village, là où finit le lac Massawippi et où commence la rivière du même nom, on ne peut pas manquer le Pilsen. Cette première microbrasserie au Québec réussit bien les choses simples: burgers, moules ou nachos. Et qui dit «Pilsen» dit «bière»: vous pourrez y goûter quelques fiertés locales. Une ombre: en semaine, faute de personnel, on vous entasse dans le pub où le bruit et la lenteur du service risquent de gâcher le plaisir. Si possible, réservez une table sur l'étroite terrasse tout au bord de l'eau. (2007-06-13)

Estrie / Amérique du Nord
PLAISIR GOURMAND

Hatley
2225, route 143
819 838-1061

★★★ Cuisine
★★★ Service
★★ Décor

M**—** S**100$**

Deux amoureux dans la vie et aux fourneaux, Éric Garand et Jenny Dufour, ont concrétisé leur rêve d'ouvrir un restaurant dans un coin déjà réputé pour ses bonnes adresses. La table d'hôte est une invitation à découvrir les merveilles du terroir, les producteurs locaux sont d'ailleurs cités sur le menu. En entrée, le fondant de lapin au bleu unit très habilement deux saveurs sans masquer l'une ou l'autre. La spécialité du chef, le jarret d'agneau braisé, est un modèle du genre et le trio de desserts témoigne du soin apporté à chaque plat. (2006-03-25)

Estrie / Amérique du Nord
RESTO-CLUB LA TOQUADE

Sherbrooke
196, rue Wellington Nord
819 569-9164

★★ Cuisine
★★★ Service
★★★ Décor

M**25$** S**45$**

Le soleil du midi inonde la terrasse. Descendus à pied de l'hôtel de ville, en face, quelques conseillers municipaux dînent avec des gens d'affaires. À la table suivante, de jeunes musiciens cassent la croûte avant de retourner préparer le spectacle de la soirée au théâtre voisin. Les nouveaux restaurateurs ont donné à ce vieil édifice du cœur historique de Sherbrooke une deuxième vie qui déborde jusque sur les trottoirs dès que fond la neige. La Toquade a brillamment relevé son pari: rallier tous les publics avec un menu varié, abordable, bien réalisé et servi sans prétention. Les inspirations sont multiples – Provence, Antilles, Mexique – et renouvelables: votre plat préféré ne sera pas nécessairement là à votre prochaine visite. (2007-06-19)

Estrie / France
À LA PAIMPOLAISE

Magog
2760, route 112
819 843-1502

★★★ Cuisine
★★★ Service
★★★ Décor

M — S80$

Bien que le service soit parfois un peu empressé et que l'attente entre les différents plats soit quasi inexistante, ce qui nous laisse à peine reprendre notre souffle entre chaque étape du repas, les moments passés dans cette chaleureuse demeure ancestrale s'avèrent bien agréables, surtout quand la température se fait clémente et permet de s'attabler sur la terrasse extérieure qui jouxte un petit ruisseau. Si la maison est reconnue depuis maintenant plus de 20 ans pour ses crêpes, desserts ou repas, qu'un jeune cuistot exécute à la vue de tous derrière des parois de verre, on propose aussi un menu varié qui s'érige autour des produits locaux et des disponibilités saisonnières. (2006-08-26)

Estrie / France
AU P'TIT SABOT

Sherbrooke
1410, rue King Ouest
819 563-0262

★★★ Cuisine
★★★ Service
★★★ Décor

M30$ S60$

En matière de restauration comme dans d'autres domaines, on a souvent besoin de valeurs sûres. Qu'il s'agisse de bien traiter un invité ou simplement de se faire plaisir, le restaurant Au P'tit Sabot fait partie de ces établissements dont la réputation s'appuie sur l'expérience, la constance et le maintien d'un niveau de qualité. Fondé en 1970, ce bastion estrien de la cuisine française défend la tradition plutôt que de pécher par excès de sophistication. La terrine de pintade et son confit d'oignons, le foie gras de canard cuit en torchon, l'aileron de raie aux câprons, beurre noisette, et pour conclure, la crème brûlée vraie de vraie. On s'y retrouve. La terrasse, orientée au sud, vous laisse admirer le lac et la montagne en pleine ville. (2007-06-20)

Estrie / France
AUBERGE LE SAINT-AMANT

North Hatley
33, chemin de l'Auberge
819 842-1211

★★★ Cuisine
★★★ Service
★★★ Décor

M — S70$

Il y a tout pour passer de belles heures, attablé dans cette auberge construite en 1892 à flanc de coteau, près de North Hatley. Originaire de Lyon, le chef Jean-Claude Danzel suggère sa version des classiques de la cuisine de chez lui: rognons à la moutarde ou ris de veau aux champignons sauvages. Il a aussi ses inspirations pour les fruits de mer et poissons d'ici, et il ajoute même un menu végétalien mettant en valeur les vertus du miso cultivé par une ferme voisine. Sous votre fenêtre, un bal incessant d'oiseaux et les rondes des agneaux qu'on élève sur place. (2007-06-25)

Estrie / France

BOULANGERIE-BISTRO OWL'S BREAD

Mansonville
299A, rue Principale
450 292-3088

★★★★ Cuisine
★★★ Service
★★★ Décor

M**25**$ S**60**$

Magnifique petit établissement où, côté pile, on trouve une sympathique boulangerie de village et, côté face, un rafraîchissant resto-bistro où l'on sert une cuisine de première qualité dans un décor sans prétention. Au menu: plusieurs spécialités du Sud de la France, un fondant au foie de canard pas piqué des vers, d'excellents sandwichs, salades et croûtes chaudes et, bien sûr, un choix complet de sucreries, gâteaux et scones qu'on vient à peine de sortir du four de la boulangerie voisine. Un petit bijou qui mérite amplement qu'on ajoute des kilomètres au compteur. (2006-01-14)

Estrie / France

LA DEVINIÈRE

Sherbrooke
17, rue Peel
819 822-4177

★★★ Cuisine
★★★ Service
★★★ Décor

 M**40**$ S**80**$

Astucieusement située sur une rue secondaire du centre-ville de Sherbrooke mais à deux pas de l'artère la plus passante, La Devinière compte parmi ses fidèles les bonnes fourchettes de la région. Portions généreuses, tables d'hôte renouvelées chaque semaine qui font une large place aux classiques d'inspiration française et aux produits régionaux, carte des vins sobre mais bien charpentée: on a élaboré avec le temps une formule qui rallie une clientèle assez large. La cuisine préfère l'assurance à l'extravagance. Le service demeure courtois même en période de fort achalandage. Si vous devez résister aux tentations, ne laissez pas votre regard se poser sur le présentoir à desserts: une meringue himalayenne pourrait vous faire loucher. (2007-06-28)

Estrie / France

LA TABLE DU CHEF

Sherbrooke
11, rue Victoria
819 562-2258

★★★★ Cuisine
★★★★★ Service
★★★★ Décor

N ♦ M**40**$ S**100**$

C'est le phénix né des cendres de deux très bonnes adresses des Cantons-de-l'Est. En 2006, un incendie rasait l'Auberge Hatley. Alain Labrie y avait été le mentor de plusieurs toques. Il a choisi de poursuivre sur sa lancée en donnant une deuxième vie à un autre grand brûlé: le restaurant L'Angélus. Les deux disparus peuvent être fiers de leur descendance: dès son ouverture, La Table du Chef s'impose comme l'une des plus chaudement recommandables pour les gastronomes de tous les horizons. Dans cet ancien presbytère, on se demande comment le ciel pourrait nous réserver des délices plus grandes. La verrière et, à l'étage, les salons privés offrent plus d'intimité que la terrasse qui domine l'artère la plus passante de Sherbrooke. (2007-07-27)

Estrie / France
LA TABLE TOURIGNY

Georgeville
4288, chemin Georgeville
819 868-2894

★★★★★ Cuisine
★★★★ Service
★★★★ Décor

 M — S**150$**

Pour quiconque cherche en sol québécois les dignes représentants de la restauration française, La Table Tourigny est à classer parmi les meilleures. Initié aux secrets des grands chefs, François Tourigny se plaît néanmoins à transgresser les règles pour offrir une expérience unique. En écrin autour du restaurant, les plates-bandes sont plus qu'un plaisir pour l'œil: les fleurs et les herbes qui y poussent se retrouveront dans votre assiette, tout comme plusieurs plantes indigènes et champignons des bois environnants. Le chef vous offre d'ailleurs quelques visites et cueillettes selon les saisons, de même que des ateliers culinaires où l'académique vient bon second derrière le ludique. Notez qu'on vous invite de nouveau à apporter votre vin. (2007-07-25)

Estrie / France
L'ARDOISE

Sherbrooke
2250, rue Galt Ouest
819 566-1618

★★ Cuisine
★★★ Service
★★ Décor

 M**40$** S**60$**

Tout le contraire du fast-food, sans pour autant que votre repas s'éternise indûment. L'Ardoise se définit comme un «éco-resto»; en plus de la cuisine du marché où trônent le bio et le terroir, on soigne l'environnement: serviettes de tissu, compostage des restes de table qui s'y prêtent, et pas de micro-ondes, bien sûr. S'il fallait un slogan, on serait tenté d'en paraphraser un autre: «Mangez vrai.» Délicieuse barquette gaspésienne – poissons, fruits de mer et saucisse de fruits de mer –, lapin de Stanstead ou plusieurs options végétariennes. Les parfums exotiques cadrent bien dans le quartier universitaire et cosmopolite où vous vous trouvez. Ouvert le midi en semaine, le soir du jeudi au samedi. (2007-01-30)

Estrie / France
LE BOUCHON

Sherbrooke
107, rue Frontenac
819 566-0876

★★★★ Cuisine
★★★★★ Service
★★★★ Décor

 M**50$** S**80$**

Chef, sommelière et maître d'hôtel du Bouchon sont d'anciens employés de la feue Auberge Hatley. Début 2006, ils ont pris les commandes de ce qui compte d'ores et déjà parmi les très bonnes adresses au Québec. Le décor intérieur frise le minimalisme, une fenestration généreuse laissant la vedette au site où le restaurant s'est implanté, au confluent des rivières Magog et Saint-François, là où Sherbrooke est née. Plusieurs îlots de tables répartis sur les trois étages créent une certaine intimité à laquelle contribue un service sans faille; on croirait être les seuls à recevoir autant d'attention. Côté cuisine, la jeune chef Geneviève Filion nous régale, harmonisant produits régionaux et recettes classiques de la cuisine française dans des assiettes colorées. La cave trône fièrement au rez-de-chaussée, dans une imposante verrière. Présentation des plats impeccable. Puissent ce talent et ces audaces durer toujours. (2007-06-22)

Estrie / France
LE CHOU DE BRUXELLES

Sherbrooke
1461, rue Galt Ouest
819 564-1848

★★ Cuisine
★★ Service
★★ Décor

M — S**60 $**

Une fois qu'on a accepté le service hésitant, la proximité des tables voisines, le bruit général à travers lequel se succèdent Haendel, Sting et Édith Piaf, le décor en accord avec le choix musical... on se félicite que la carte ait conservé son orientation des premières années, puisant dans les traditions culinaires de la Belgique et du Nord de la France: rissoles de ris de veau en feuilleté, rognons Sambre et Meuse, poêlée de lapin à la crème d'estragon, carré d'agneau braisé au beurre de basilic frais, médaillon de filet de bœuf brabançon et, trônant sur un vaste domaine dans ce menu, les moules à toutes les modes y compris celle de Zeebrugge. Pour choisir le vin que vous y apporterez, notez que les sauces sont riches et goûteuses. (2007-03-11)

Estrie / France
LE McHAFFY

Cowansville
351, rue Principale
450 266-7700

★★★ Cuisine
★★ Service
★★★★ Décor

M**40 $** S**70 $**

Sur le parcours des bonnes tables de la région, le McHaffy loge sans doute à une adresse privilégiée. Malheureusement, les espoirs que suscite cette belle demeure bourgeoise ne tiennent pas nécessairement la route. L'accueil est tiède, et le service a perdu de son vernis d'antan. Le chef-propriétaire Pierre Johnston décline un menu trois services pour deux personnes à 70 $ avant taxes, bouteille de vin incluse. Cette formule honnête – très populaire le week-end – ne pèche pas par excès d'originalité, mais a le mérite de ne pas égratigner le portefeuille. Les fins palais se rabattront sur le menu cinq services, qui se permet quelques exotismes du côté de la Nouvelle-Zélande ou du Japon. Ils regretteront tout de même que la carte des vins soit loin de se comparer à la qualité des plats. (2006-09-02)

Estrie / France
LE PETIT PARISIEN

Sherbrooke
243, rue Alexandre
819 822-4678

★★ Cuisine
★★★ Service
★★★ Décor

M — S**65 $**

Il y a la France du Sud, pays de l'huile d'olive, du rosé et des cigales. Et puis il y a le Nord, la crème, le beurre, la cuisine de gens qui, comme nous, ont survécu à l'hiver. Le Petit Parisien se porte à la défense de ces irréductibles. Jarret de sanglier confit sauce porto et figues, cuisse de pintade farcie aux saveurs médiévales, fondue de gibier et toutes ses sauces – le classique de la maison. L'abondance des saveurs qu'on a voulu marier pour chaque plat estompe souvent la finesse des ingrédients de base. Dommage. Les fromages? Parmi les meilleurs de la région. Mention spéciale à l'assiette découverte de desserts. Le vin à apporter devra convenir au gibier, à moins que vous n'optiez pour le seul poisson au menu. (2007-06-21)

Estrie / France

L'ŒUF

Mystic
229, chemin Mystic
450 248-7529

★★★★ Cuisine
★★★★ Service
★★★ Décor

 M**45**$ S**80**$

Pourquoi «L'œuf»? Pas de raison particulière, nous dit-on. J'en suggère une: la simplicité des meilleures choses. Par exemple, la commune coquille de fruits de mer. Ici, elle devient simplement ce qu'elle doit être: le mariage de délices de la mer dans un fumet qui met en valeur la finesse de tous leurs parfums. Autre choix simple: au dessert, glace maison pralines noisettes. Enfin, de vraies pralines! De la Route des vins, près de Dunham, la carte propose ici plusieurs crus locaux; entre autres, le blanc cuvée spéciale 2003 de Dietrich Jooss, au fruité tout proche des bons gewurztramineurs, une fête à chaque instant. Service sympathique, décor relax de maison vénérable. Puisse L'œuf être encore là dans 30 autres années! (2007-06-27)

Estrie / France

MANOIR HOVEY

North Hatley
575, chemin Hovey
819 842-2421

★★★★ Cuisine
★★★★ Service
★★★★ Décor

M**30**$ S**120**$

Dans un chic décor victorien, le Manoir Hovey propose une charmante expérience gastronomique qui attire surtout une clientèle anglophone, venue profiter des charmes du Massawippi. Le chef Roland Ménard sait faire preuve d'inventivité. Avec leurs présentations surprenantes, les entrées se sont révélées débordantes de fraîcheur et de saveurs savamment dosées: des pétoncles parfaitement cuits pour l'une et un heureux mélange d'agneau grillé, de coriandre, de pamplemousse et d'houmous pour l'autre. On avait hâte à la suite. Malgré les judicieux conseils du sommelier, elle nous a paru moins réussie, comme si les promesses de l'entrée n'avaient pas été remplies. (2007-07-18)

Estrie / France

RESTAURANT AUX TROIS CANARDS

Knowlton
78, rue Lakeside
450 242-5801

★★★ Cuisine
★★★ Service
★★★ Décor

 M**30**$ S**90**$

Situé au cœur du pittoresque village de Knowlton, dans une maison jaune soleil décorée de façon champêtre, Aux Trois Canards représente une valeur sûre. Comme son nom l'indique, l'établissement a fait de l'emblématique palmipède du Lac Brome sa spécialité culinaire. En salade, en terrine, en cassoulet ou en magret, le canard se décline ici sous toutes ses formes. Mais la chef Monique Lebeau concocte aussi une impressionnante variété d'autres mets – bœuf, agneau, fruits de mer et poissons – pour les non-adeptes de cette volaille. Le tout offert à fort bons prix et servi avec une gentillesse empreinte de simplicité. Une merveilleuse façon de conclure une virée chez les antiquaires et dans les boutiques du coin. (2007-07-07)

Estrie / France
RESTAURANT FAUCHEUX

★★★★ Cuisine
★★★★ Service
★★★ Décor

Granby
53-2, rue Dufferin
450 777-2320

M**50$** S**100$**

Avec ses cinq services, le copieux repas du soir préparé par le chef Jean-Marc Faucheux convient aux solides appétits. Dans une ambiance feutrée, le souper débute avec un trio de bouchées et se poursuit avec un potage parfaitement velouté. Grâce au service rapide, une entrée plus consistante vient prendre la relève: une «tarte feuilletée aux pétoncles, crème de gingembre, au fin équilibre de textures et de saveurs», suivie d'un granité à l'eau-de-vie pour se mettre en appétit avant le plat principal, un peu moins renversant que les services précédents. Après toute cette ripaille, on n'a pas osé se laisser tenter par la carte des desserts. (2007-07-06)

Estrie / Inde
SHALIMAR

★★★ Cuisine
★★ Service
★★ Décor

Sherbrooke
263, rue Queen
819 823-9683

Ⓝ 🍺 ⬆ M**25$** S**50$**

Soupe daal (lentilles), poulet au beurre, curry de crevettes, porc vindaloo, quenelles d'agneau massala, pakoras avec chutney maison, pain nan cuit sur les parois du tandour, ce four en terre où l'on fait aussi le poulet tandouri... Existe-t-il une cuisine plus relevée et variée que celle du Nord de l'Inde? On comprend qu'il y a cinq siècles, les navigateurs européens aient cherché la route des épices. Aujourd'hui, ils pourraient s'arrêter à Sherbrooke. Ce sympathique restaurant familial compte de nombreux adeptes; il est prudent de réserver. Menu à la carte et table d'hôte en tout temps; buffet le midi en semaine de même que les vendredis, samedis et dimanches soirs. Les bières importées ou de la microbrasserie locale sont dans le ton. (2007-02-18)

Estrie / Italie
L'EXPRESSO

★★ Cuisine
★★★ Service
★★★ Décor

Orford
1691, chemin du Parc
819 843-7320

🍺 M— S**70$**

Les établissements hôteliers se sont multipliés à Orford. Pour courtiser leur clientèle, L'Expresso a perdu un peu de son feu sacré. Bravo pour la mousse de foie de volaille en entrée, goûteuse et riche à souhait. Par contre: vichyssoise sans parfum; escalope de veau campagnola sans relief; légumes d'accompagnement sortis du congélateur... Tiens? Un osso buco d'agneau! Une trouvaille dont l'exécution et la présentation restent des plus sommaires. La cave contient quelques bouteilles à fort prix. Sinon, il reste les pizzas. En dix-huit ans, ce n'est peut-être qu'un creux de vague. Espérons-le. (2007-06-26)

Estrie / Italie

PIZZICATO

★★★ Cuisine
★★★ Service
★★ Décor

Sherbrooke
61, rue King Ouest

819 346-1515

M**20$** S**60$**

Le nom laisse croire que ce restaurant est le repaire des mélomanes; ce serait plutôt celui des cinéphiles. Voisin immédiat de la Maison du Cinéma et de ses seize salles, Pizzicato s'est surtout fait connaître pour ses nombreuses variations sur le thème de la pizza (à croûte mince): merguez et fromage de chèvre, pomme et brie, escargots et fleur d'ail, saumon fumé et câpres, pancetta et poivron grillé... Le choix de salades et de pâtes se décline avec autant d'imagination et de goût. Autre règle de la maison: service efficace et aimable, midi et soir, peu importe l'affluence. Histoire de terminer le dessert sans manquer le début du film, on vous donne même la possibilité d'acheter vos billets de cinéma en commandant le repas. (2007-01-04)

Estrie / Japon

SUSHI EXPRESS

★★★ Cuisine
★★ Service
★★ Décor

Sherbrooke
40, boulevard Jacques-Cartier Nord

819 823-2333

❶ M**25$** S**50$**

Le sushi est à l'ère de la mondialisation. Mais des sushis «texans»? Avec filet mignon, mangue, fromage de chèvre, thon et crevettes grillés, tomates séchées? Et ils deviennent «de l'Ouest» si vous remplacez le thon par du saumon, le chèvre par du Philadelphia... Un doute? Vous pouvez vous fier à ces jeunes restaurateurs et traiteurs sherbrookois; ils excellent aussi bien dans la tradition et la retenue que dans la création la plus exubérante. Si vous êtes de ceux que les sushis commençaient à blaser, faites-vous préparer quelques-uns de ces makis notés au menu comme «spécialités». Accompagnés de la mayonnaise épicée maison, ou d'huile au basilic. Au dessert: le sushi brownie. Allez! Osez! (2007-01-24)

Îles-de-la-Madeleine / Amérique du Nord

AUBERGE CHEZ DENIS À FRANÇOIS

★★★ Cuisine
★★★ Service
★★★ Décor

Havre-Aubert
404, chemin D'En-Haut

418 937-2371

Ⓝ ⬆ M **—** S**80$**

Peut-être la plus sous-estimée des tables de l'archipel, l'Auberge offre depuis des lustres une cuisine familiale bonifiée d'une longue expérience en restauration. L'accent est ici mis sur la fraîcheur des excellents produits locaux, comme les charcuteries des Cochons tout ronds ou le homard et les pétoncles, servis généreusement et avec l'unique souci de les magnifier discrètement au palais. Les amateurs de viande sauvage voudront goûter le ragoût de loup-marin (phoque), préparé selon les règles de l'art. Clientèle locale oblige, on peut également y trouver des plats plus exotiques, tel le couscous, reflet du goût des propriétaires pour les voyages. Les murs de cette demeure familiale s'égayent d'œuvres et de luminaires issus de l'imaginaire fertile des artistes insulaires. Une bonne adresse à retenir. (2007-07-07)

Îles-de-la-Madeleine / Amérique du Nord
CAFÉ DE LA GRAVE

★★★ Cuisine
★★★ Service
★★★★ Décor

Havre-Aubert
969, Route 199
418 937-5765

 M40$ S50$

Cet ancien magasin général fait partie des institutions aux Îles. Bien qu'il ait changé de vocation il y a bien des marées, il a gardé tout le charme boisé et la convivialité inhérente à ce genre de lieu de rassemblement maritime. Le menu offre quelques savoureuses originalités telles que la chaudrée de palourdes dans son bol en pain, la tortilla mista au hareng fumé, les buccins ou la terrine de loup-marin. On y va pour grignoter, prendre un bon café ou une bonne bière mais surtout pour l'ambiance. Le café a changé de mains en 2007, mais il a conservé le même cachet où la musique, jouée par la propriétaire (une accordéoniste chevronnée) ou des invités de passage, rythme agréablement les soirées. Puisque le café est, en quelque sorte, resté dans la famille, certaines recettes, comme les classiques gâteaux de l'oncle Claude, ont même élu domicile pour de bon. Pourquoi modifier une combinaison gagnante? (2007-07-20)

Îles-de-la-Madeleine / Amérique du Nord
CAFÉ LA CÔTE

★★★ Cuisine
★★★ Service
★★★ Décor

L'Étang-du-Nord
499, chemin Boisville Ouest
418 986-6412

M50$ S75$

Le Café La Côte, établi à demeure au port de L'Étang-du-Nord, profite de la proximité de l'animation qui s'y déroule à toutes les heures de la journée, qu'il s'agisse du va-et-vient des pêcheurs ou des nombreuses activités culturelles à l'agenda en saison estivale. La cuisine, originale et tout en fraîcheur, fait une belle place aux saveurs locales: la pizza à la morue salée ainsi que le hareng pomme à l'huile constituent maintenant des classiques de la maison. Les copieux petits-déjeuners servis jusqu'à l'heure du midi vous permettront de faire le plein d'énergie pour une randonnée de quelques heures le long du magnifique littoral qui jouxte le port de pêche en direction de la Belle-Anse. En soirée, la table d'hôte propose des plats de poissons et de crustacés cuisinés avec raffinement. (2006-08-15)

Îles-de-la-Madeleine / Amérique du Nord
LA PETITE BAIE

★★★ Cuisine
★★★ Service
★★★ Décor

Havre-aux-Maisons
187, route 199
418 937-8901

M— S75$

Sans tambour ni trompette mais toujours avec la même régularité, Luc et Réjeanne accueillent tous les soirs, dans leur belle maison centenaire, une clientèle fidèle au rendez-vous qui sait qu'elle pourra trouver ici une halte tranquille et une bonne cuisine à base de produits de la mer comme la morue homardine, les pétoncles à la crème ou, pour les plus audacieux, le bourguignon de loup-marin, par exemple. Au chapitre des entrées, laissez-vous tenter par les buccins et couteaux de mer sur feuilletage ou encore par la tartiflette de Pied-de-Vent (le fromage des Îles) et vous ne serez pas déçus. Pas de grande aventure du côté de la carte des vins, très courte, mais dans l'ensemble, de quoi passer une très agréable soirée. (2006-08-16)

Îles-de-la-Madeleine / Amérique du Nord

LA TABLE DES ROY

L'Étang-du-Nord
1188, chemin La Vernière
418 986-3004

★★★★★ Cuisine
★★★★ Service
★★★★ Décor

M — S110$

Depuis des lustres, l'établissement dicte les standards gastronomiques dans l'archipel. Il s'agit d'une cuisine régionale à l'inspiration et au calibre internationaux. Sashimis de pétoncles, dumplings de crevettes, foie gras poêlé ou carpaccio de veau, tout y est sublimement apprêté et présenté. Il y a de ces plats de résistance auxquels on ne peut résister, tel le ris de veau servi en ragoût au porto avec pétoncles, homard, champignons et cippolinis. Et que dire du thon à la fleur de sel et piment d'Espelette monté sur une jardinière de légumes croquants... La carte des vins accompagne cette expérience sensorielle de manière onirique. Ce rendez-vous avec le bon goût se love dans l'ancien domicile familial de la chef-propriétaire, Johanne Vigneault, qui l'a transformé en havre organoleptique qu'il fait bon revisiter. (2007-07-17)

Îles-de-la-Madeleine / Amérique du Nord

LE BISTRO DU BOUT DU MONDE

Havre-Aubert
951, route 199
418 937-2000

★★★★ Cuisine
★★★★ Service
★★★ Décor

M — S100$

Indéniablement inspiré par la fine cuisine italienne, le chef Luc Jomphe, bien appuyé par sa jeune équipe, met son imagination et son audace au profit des délices locaux. En entrée, les légumes bios et le goûteux maquereau, légèrement poêlé, marquent des points. Les amateurs d'exotisme verront leurs papilles assouvies par de belles pièces de loup-marin (phoque) que l'on ose servir saignantes. Très réussi. Les plus conservateurs trouveront, parmi la demi-douzaine de choix, un risotto (au homard ou autre fraîcheur régionale) mitonné avec doigté. Par contre, bien que les condiments y soient maniés avec soin, l'addition s'avère légèrement salée. Le service est convivial et professionnel et le décor, à la rusticité des cabanes de pêcheurs, est relevé d'œuvres d'artistes du coin. Par beau temps, le magnifique coucher de soleil maritime baigne l'endroit d'une aura magique. (2007-07-15)

Îles-de-la-Madeleine / Amérique du Nord

LE RÉFECTOIRE - DOMAINE DU VIEUX COUVENT

Havre-aux-Maisons
292, route 199
418 969-2233

★★★ Cuisine
★★★ Service
★★★★ Décor

M35$ S80$

La richesse de son histoire a fait de cet établissement un incontournable de la région. On y trouve aujourd'hui une table qui s'est raffinée avec les années. Son classique moules et frites ainsi que ses burgers Gaspard et de la mer côtoient maintenant l'osso buco, le sanglier et d'autres plats fins (requin mariné, chaudrée de palourdes) inspirés d'une tradition maritime garantissant le respect de la fraîcheur. D'autres produits locaux agrémentent l'assiette tels le réputé fromage Pied-de-Vent, les herbes aromatiques et les petits fruits parfumés aux embruns salins. Lové au bord de la mer, l'endroit, rénové avec un grand respect de l'architecture originale et offrant maintenant des chambres haut de gamme à l'étage, possède une vue romantique à souhait. Et son ambiance décontractée cadre à merveille dans l'univers madelinot. (2007-06-15)

Îles-de-la-Madeleine / Amérique du Nord

LES PAS PERDUS

★★★ Cuisine
★★★ Service
★★★ Décor

Cap-aux-Meules
169, chemin Principal

418 986-5151

 M**45**$ S**65**$

Depuis son ouverture à l'été 2000, cet établissement a réussi le double pari de concilier les formules auberge, café, restaurant et bar musical tout en intéressant visiteurs et gens des Îles, jeunes et moins jeunes. Au menu, toujours aussi éclectique, on retrouve la soupe thaïlandaise, les fajitas et le burger de requin mariné, mais le chef, un jeune Madelinot revenu dans ses Îles avec un bon bagage d'expériences culinaires acquises sur le continent, propose également en soirée une délicieuse poêlée de pétoncles à la japonaise cuits et assaisonnés juste comme il faut, ou encore un excellent risotto de homard bien garni et crémeux à souhait. À partir de 22 h 30, c'est place à la musique et aux nouveaux artistes de la scène musicale alternative de Montréal ou d'ailleurs. C'est ici que ça se passe, quoi! (2006-08-19)

Lanaudière / France

L'ÉTANG DES MOULINS

★★★ Cuisine
★★★ Service
★★★★ Décor

Terrebonne
888, rue Saint-Louis

450 471-4018

 M**55**$ S**100**$

Certains se souviennent peut-être du regretté Pickwick de la rue Drummond, où Jean Cayer (aux cuisines) et sa jeune fille (au service) régalaient la clientèle du centre-ville dans les années 70. Il y a 25 ans, las du brouhaha au cœur de Montréal, ils ont déménagé dans le paisible Vieux-Terrebonne, dans une demeure historique à l'ombre du moulin et d'un bras de la rivière des Mille-Îles où cohabitent carpes et canards. La clientèle a suivi et le restaurant s'est agrandi à plusieurs reprises. Il se déploie aujourd'hui sur deux étages et de nombreuses pièces décorées à l'ancienne. On y déguste une cuisine française de qualité où foie gras poêlé, canard confit et carré d'agneau se disputent la vedette. Le service y est (trop?) décontracté. (2007-06-29)

Laurentides / Amérique du Nord

AU P'TIT COCHON SANTÉ

★★★ Cuisine
★★★ Service
★★★ Décor

Rosemère
236, chemin Grande-Côte

450 971-4449

 M**30**$ S —

La surprise est grande de trouver, perdu au milieu des innombrables comptoirs de restauration rapide qui poussent dans le coin, ce petit établissement éminemment sympathique. Il règne en effet ici une belle ambiance conviviale et le client se sent le bienvenu dès qu'il pousse la porte le matin pour déjeuner ou à midi. La carte est sans prétentions autres que celle de proposer une cuisine santé et revigorante. Petits plats, salades et sandwichs, boissons naturelles et énergisantes, tout est soigné et présenté avec application. Le service prend ici tout son sens puisque sourire, bonne humeur et efficacité semblent être les mots d'ordre de tout le monde. Une belle découverte dans la catégorie «Mangeons détendus». (2006-05-18)

Laurentides / Amérique du Nord

CHEZ HIPPOLYTE

★★★★ Cuisine
★★★ Service
★★★ Décor

Saint-Hippolyte
42, rue de la Chaumine

450 563-5546

N 🍽 M — S70$

L'Auberge Morency a subi une métamorphose. Les changements sont visibles dans les chambres et le hall d'entrée, rénovés. Mais le changement le plus significatif se trouve dans les cuisines: c'est le chef Daniel St-Pierre (autrefois aux commandes de La Sapinière) qui dirige la brigade. Le savoir-faire du chef prend son sens dans les amalgames complexes mais réussis des saveurs, le raffinement des sauces, l'originalité des entrées. Le menu est maintenant à la hauteur de la généreuse carte des vins. L'auberge a également d'autres atouts, comme celui de posséder son fumoir maison et d'offrir, au sous-sol, une petite salle à manger intime, adjacente à la cave à vins, qui peut accueillir de six à huit personnes. La petite municipalité de Saint-Hippolyte peut maintenant se vanter d'abriter un des meilleurs restaurants des Laurentides. (2007-02-03)

Laurentides / Amérique du Nord

CIGALE CALIFORNIA

★★ Cuisine
★★★ Service
★★★ Décor

Sainte-Adèle
1141, chemin du Chanteclerc

450 229-1546

N 🔼 M — S55$

En retrait du cœur de Sainte-Adèle, avec un lac et une plage en prime juste devant, voici une charmante adresse dotée d'un drôle de nom, occupée auparavant par le resto Aux tourterelles. La maison offre toute une variété de plats: moules, pâtes, bavette, issus de différents types de cuisine. Les poissons sont cuits selon le choix du client, qui est roi (grillés ou crème et vin blanc, par exemple). Les desserts sont plus modestes et mériteraient l'ajout d'une touche de folie. La carte des vins est suffisamment diversifiée et abordable pour que chacun y trouve son compte. L'accueil très sympathique et le service avenant contribuent largement au moment de détente à partager en duo ou en plus grandes tablées. (2007-06-12)

Laurentides / Amérique du Nord

LE CAFÉ DES ARTISANS

★★ Cuisine
★★ Service
★★ Décor

Prévost
3029, boulevard Labelle

450 224-2337

 M25$ S25$

Une bonne petite «halte routière» que ce bistro en bordure de la passante route 117! Travailleurs locaux et clientèle de passage s'y côtoient le midi en semaine, et le service est alors rapide et efficace. Le soir et les week-ends, l'ambiance est plus détendue, même si la scène à spectacles a disparu du décor un peu kitsch. Près de la salle à manger, un coin cosy avec fauteuils bas permet de prendre l'apéro ou le café. Le menu a un léger accent italien. À moins de dix dollars le midi, avec une soupe (un peu tiède) et deux plats chauds, la table d'hôte est alléchante. La spécialité de l'endroit, le crostini (sorte de croque-monsieur), se décline en plusieurs versions (végé, bœuf, saumon...) bien goûteuses, et les salades comme les sandwichs sont de qualité supérieure. (2007-02-12)

Laurentides / Amérique du Nord

LE CHAT BOTTÉ

★★★ Cuisine
★★ Service
★★★ Décor

Saint-Sauveur
247, rue Principale
450 227-2924

M**30$** S**60$**

Situé sur la rue la plus passante et la plus touristique de Saint-Sauveur, ce restaurant et piano-bar (certains soirs) offre surtout des grillades de bœuf Angus et des moules à volonté, apprêtées d'une douzaine de façons. On y propose aussi quelques plats plus raffinés, notamment en table d'hôte. Gentille attention, une petite section du menu comporte des choix pour enfants. Même si la cuisine reste simple, on y mange bien et l'atmosphère générale, sur la terrasse comme à l'intérieur, est sympathique. Les desserts, à l'image du reste du menu, sont sans grand éclat, mais tout à fait corrects. La carte des vins offre une variété de valeurs sûres pouvant accompagner tout autant les viandes que les fruits de mer. (2007-07-25)

Laurentides / Amérique du Nord

LE REFUGE

★★★ Cuisine
★★★ Service
★★★ Décor

Morin-Heights
500, route 364
450 226-1796

N M**20$** S**60$**

La majorité des visiteurs y viennent pour leurs ablutions chaudes ou froides dans le jardin du spa. Mais le secret le mieux gardé, c'est le restaurant qui n'est pas à l'usage exclusif des clients amateurs d'eau et de massages. Une salle agréable et surtout une cuisine étonnante qui est le joyau du séjour ou de l'arrêt de passage. De la simplicité mais des produits frais bien choisis et surtout beaucoup de savoir-faire et de générosité. Le menu change souvent mais la salade, le gaspacho, le confit de canard aux lentilles du Puy, le carré d'agneau en croûte que nous avons dégustés étaient dignes de bien des grandes tables et l'addition, beaucoup moins salée. On souhaite sincèrement que le bruit se répande, il y a des secrets qu'on aime partager. (2007-06-11)

Laurentides / France

À L'EXPRESS GOURMAND

★★★ Cuisine
★★★ Service
★★★ Décor

Sainte-Adèle
31, rue Morin
450 229-1915

M **—** S**85$**

De la salade au café, on se lèche les babines dans ce restaurant à l'ambiance bistro décontractée mais à la cuisine inventive. À cette adresse discrète de Sainte-Adèle, ouverte dans une maison ancestrale rénovée avec goût, le chef-propriétaire Didier Galidraud s'en donne à cœur joie, lui qui a œuvré au Bistro à Champlain puis au service privé de Paul Desmarais Junior. Bourguignon d'origine et adepte de la cuisson lente, il propose une bonne cuisine du marché, avec viandes naturelles, produits québécois et surtout un souci du détail qui fait plaisir à voir et à manger... Les sauces sont fines, les viandes fondent en bouche, les légumes resplendissent de fraîcheur, tout comme les desserts maison. Le service convivial n'en est pas moins ultra-professionnel. (2007-08-15)

Laurentides / France

AUBERGE LAC DU PIN ROUGE

★★★ Cuisine
★★★ Service
★★★ Décor

Saint-Hippolyte
81, chemin Lac du Pin rouge

450 563-2790

 M — S**70**$

On l'aime surtout pour son cadre verdoyant. Adossée à la montagne et face à un lac typique des Laurentides où il fait bon se baigner l'été, la petite auberge vêtue de rouge est tout indiquée pour fuir la ville, l'espace d'un week-end... ou simplement pour souper. La terrasse est bien accueillante malgré ses chaises en plastique, surtout au coucher du soleil. Le menu se réduit à une table d'hôte au choix un peu limité mais comportant tout de même un assortiment intéressant dans la gamme des classiques de la cuisine française: escargots, crevettes-avocat, magret de canard, carré d'agneau, filet mignon, millefeuille, meringue glacée... Les assiettes sont joliment présentées et appétissantes. Tout est bon mais sans grande surprise. Sur réservation seulement. (2007-06-16)

Laurentides / France

AUX TRUFFES

★★★★★ Cuisine
★★★★ Service
★★★★ Décor

Mont-Tremblant
3035, chemin de la Chapelle

819 681-4544

 M**50**$ S**150**$

Martin Faucher, le chef de cette maison réputée, exécute avec brio des plats qui rendent heureux de l'entrée au dessert. Audacieux et doté de bien des talents, le chef marie les classiques français avec les merveilles du terroir québécois et parsème le tout de délicates saveurs orientales. Rien n'est banal ici. On frôle la perfection dans l'art de la présentation et de la cuisson des viandes, poissons et des légumes qui se révèlent bien plus qu'un accompagnement. Notons tout spécialement une sauce à l'hydromel réduite à un niveau de concentration qui fait redécouvrir ce produit sous un jour des plus radieux à nos palais conquis. (2006-08-12)

Laurentides / France

BISTRO À CHAMPLAIN

★★★ Cuisine
★★★★ Service
★★★★ Décor

Sainte-Marguerite-du-Lac-Masson
75, chemin Masson

450 228-4988

M — S**140**$

L'établissement renommé pour sa fabuleuse cave à vins et sa collection d'œuvres de Riopelle s'est doté d'un nouveau chef, Luc Gilbert, dont les origines gaspésiennes assurent aux clients l'arrivage de poissons et de crustacés frais en provenance de son coin de pays. Homard, crabe, morue et compagnie se retrouvent au menu, aux côtés de bêtes à plume et à poil, caribou, bœuf Angus, pintade et canard. Dans les assiettes, les créations sont de facture assez classique et sans esbroufe. On imagine que le chef a choisi de laisser toute la place à la vedette des lieux: le vin. Et la star sur le plancher est sans conteste le sommelier, Sean, un être exquis qui traite tous les convives sur un pied d'égalité, des fins connaisseurs aux simples quidams de passage. Les seuls pré-requis: la curiosité et un portefeuille bien garni. (2006-08-19)

Laurentides / France

HÔTEL SPA RESTAURANT L'EAU À LA BOUCHE

★★★★★ Cuisine
★★★★★ Service
★★★★ Décor

Sainte-Adèle

3003, boulevard Sainte-Adèle, route 117

450 229-2991

 M — S**180$**

Cette maison demeure une étape incontournable pour qui fait un circuit gastronomique dans l'Est du continent. En effet, cette cuisine irréprochable permet toujours de goûter les meilleurs produits de la région, cuisinés avec brio et une grande sensibilité, présentés au mieux de leurs possibilités. Anne Desjardins donne de plus en plus de place à son fiston aux fourneaux et celui-ci porte haut le flambeau que lui tendent les bras meurtris de la grande gouroute laurentienne. En salle, le service est toujours assuré avec justesse et cette carte des vins continue de susciter l'admiration. (2006-08-10)

Laurentides / France

LA CLÉ DES CHAMPS

★★★ Cuisine
★★★ Service
★★★★ Décor

Sainte-Adèle

875, chemin Pierre-Péladeau

450 229-2857

 M — S**100$**

Cela fait plusieurs décennies qu'Yvonne (en salle) et Jean-Louis (le chef) Massenavette ont ouvert cet endroit. La décoration a un charmant côté bourgeois et vieille France avec ses dentelles et ses meubles de chêne. Les plats se résument d'ailleurs aux classiques de la cuisine française, avec la particularité d'offrir des venaisons, des arrivages de saison (homard, gibier) et des produits régionaux. Les assiettes sont belles et simples: pas d'éclat ni d'accompagnement original ou inventif. On se sent un peu (et, somme toute, on y est) comme chez les cousins français un jour de repas de fête. La carte des vins présente une grande sélection pour toutes les bourses. Les desserts et mignardises, là encore plutôt traditionnels, n'en sont pas moins réussis. (2007-06-30)

Laurentides / France

LE RAPHAËL

★★★ Cuisine
★★★ Service
★★★ Décor

Prévost

3053, boulevard Curé-Labelle

450 224-4870

M — S**70$**

Les propriétaires, le couple Claudia et Raphaël, sont des hôtes attentifs fidèles à l'esprit chaleureux instauré avant eux par les parents de Raphaël, qui dirigeaient cette maison. La cuisine est d'inspiration essentiellement française, variant avec les saisons, bien que moules et frites belges soient la spécialité du mercredi soir. La présentation des plats, la cuisson souvent minute, l'assortiment de légumes et les sauces sont simples, sans être banals, et très plaisants. En comparaison, les desserts nous ont paru d'un calibre un tantinet plus faible (nous ne parlons pas du fameux nougat glacé maison). La carte des vins offre une bonne sélection capable d'accompagner aussi bien poissons et fruits de mer que les venaisons ou abats au menu. (2007-07-18)

Laurentides / France
L'ÉTAPE GOURMANDE

Sainte-Adèle

1400, boulevard Sainte-Adèle

450 229-8181

★★★★ Cuisine
★★★ Service
★★★ Décor

 M — S**85$**

Ce qui distingue réellement cet établissement des nombreux autres dans ce coin des Pays d'en haut, c'est le savoir-faire du chef-propriétaire Denis Genero. Les amateurs de magret, confit de canard, foie gras au torchon, poêlé, en terrine ou autre seront servis, la maison se faisant une spécialité de ce noble volatile. Juste cela vaudrait le détour, mais le chef a beaucoup d'autres talents et utilise les meilleurs produits, y compris ceux de la mer, au gré des saisons. On aime le saumon fumé maison et le fameux nougat. Nous avons affaire à un brillant maestro, un passionné! En plus, le chef est aussi pâtissier et les desserts sont exquis. Que rajouter? On envie ceux qui ont cette adresse à proximité. (2007-06-23)

Laurentides / France
SEB L'ARTISAN CULINAIRE

Mont-Tremblant

444, rue Saint-Georges

819 429-6991

★★★ Cuisine
★★★ Service
★★★ Décor

Ⓝ 🍷 ⬆ M**30$** S**100$**

À deux pas de la vibrante rue principale de Saint-Jovite, ce jeune établissement se classe parmi les meilleurs de sa catégorie, avec un excellent rapport qualité-prix. On aime le service attentionné mais non guindé, la musique d'ambiance lounge et surtout le cadre, tant dans les petits recoins d'une salle à manger joliment décorée qu'en terrasse. Couverte, celle-ci est une vraie oasis dans la chaleur estivale! La cuisine est à l'avenant, riche sans excès, avec des accents nettement expérimentaux. On passe allègrement de plats typiquement français (confit de canard) mais bien revisités à des saveurs très méditerranéennes (poissons et tapas). On ne saurait trop vous recommander le plateau de tapas à l'espagnole, parmi les meilleures goûtées au Québec... et en Espagne même! (2007-08-02)

Laval / Amérique du Nord
LE MITOYEN

Sainte-Dorothée

652, place Publique

450 689-2977

★★★★★ Cuisine
★★★★ Service
★★★★ Décor

🍷 ⬆ M — S**100$**

Audace tranquille, élégance émoustillante, précision et minimalisme. Voici une enseigne qui ne cherche pas son salut dans la flamboyance, mais qui séduit par la maîtrise incontestée de ses inventions. Mieux connu de la faune urbaine pour son chic bistro Leméac, le chef Richard Bastien dirige de main de maître cette cuisine cachée dans la banlieue lavalloise. Il y a déjà plus de 20 ans qu'il est installé dans cette vieille maison au toit rouge, l'une des plus jolies de Sainte-Dorothée. La proximité des élevages et des maraîchers se fait sentir dans l'assiette. Autre manifestation de l'amour qu'a le chef pour les beaux produits régionaux, des pièces de viande juteuses apprêtées avec noblesse. Si les friands d'ambiances champêtres seront comblés dans le décor un peu vieillot, on pourrait toutefois se demander s'il sied parfaitement à cette cuisine empreinte de modernité. (2007-04-20)

Laval / France

AU JARDIN BOUJO

★★★ Cuisine
★★★★ Service
★★★ Décor

Sainte-Rose
1, boulevard Sainte-Rose

450 625-1510

 M**50**$ S**90**$

Ce coquet resto est l'aboutissement d'un projet de retraite caressé par un chef et sa douce moitié. Après des décennies à bourlinguer à travers le monde d'une cuisine à une autre, le chef rêvait de poser ses pénates et d'ouvrir son propre resto. Avec allégresse, mais lucidité quant à l'ampleur de la tâche, le couple s'est tout bonnement exécuté. Sur le visage de la propriétaire, qui accueille les clients avec chaleur, on lit la fierté du rêve accompli. Pendant ce temps, le chef vaque aux fourneaux, concoctant des petits plats ensoleillés qui trahissent ses origines marocaines et son goût pour l'exotisme (pavé de cerf aux figues fraîches et fromage de chèvre, ris de veau caramélisés aux framboises, etc.). Une touche de légèreté égaye les saveurs et le soin apporté aux légumes d'accompagnement traduit le souci du détail de la maison. Cette adresse, ajoutée récemment au bottin des propositions gastronomiques de Sainte-Rose, se classe déjà parmi les bonnes tables du patelin. (2007-06-08)

Laval / France

DERRIÈRE LES FAGOTS

★★★★ Cuisine
★★★★ Service
★★★★ Décor

Sainte-Rose
166, boulevard Sainte-Rose

450 622-2522

 M — S**120**$

Table maintes fois couronnée, Derrière les fagots donne une touche contemporaine au paysage gastronomique lavallois. Depuis quelques années, c'est le chef Gilles Herzog qui appose sa signature à la carte de l'établissement. Dans l'assiette, un souci de l'esthétisme irréprochable, des présentations sculptées et de savants jeux de textures. On sent un raffinement calculé dans le foie gras au torchon «poivrésel» accompagné de son chutney de poires et d'ananas. Un pur délice! Le chef prend le parti de mettre à nu les ingrédients, ce qui est le plus souvent heureux. Dans certains plats toutefois, un peu moins de sobriété aurait davantage emballé nos sens. En finale, par contre, l'extase: un dessert à la fois glacé et croustillant, où les notes de mangue, de basilic et de glace de chèvre se conjuguent en une parfaite harmonie, et de délicates variations sur les thèmes de la poire et de l'érable. Pour les grandes occasions. (2007-08-28)

Laval / France

LA VIEILLE HISTOIRE

★★★ Cuisine
★★★ Service
★★ Décor

Sainte-Rose
284, boulevard Sainte-Rose Est

450 625-0379

 M — S**80**$

Pour les propriétaires, l'histoire a commencé il y a plus de 25 ans, alors qu'ils faisaient l'acquisition d'une maison patrimoniale de Sainte-Rose pour la transformer en restaurant. C'est aujourd'hui une des seules adresses du patelin où l'on peut apporter son vin. Constance et passion sont au rendez-vous, avec en prime un service chaleureux et une belle inventivité dans l'assiette. Du gravlax de saumon étagé avec lentilles du Puy et concassé de poivrons à la souris d'agneau braisée aux abricots, tous les plats sont cuisinés avec délicatesse (à part les légumes qui manquent un peu de mordant). Pour clore le repas, d'élégantes sucreries méritent qu'on leur laisse une petite place. Seule note négative, le décor un peu daté: luminaires des années 80, tapisserie défraîchie, nappes roses et plantes en plastique. Il s'en faudrait pourtant de peu pour redonner à cette vieille histoire une nouvelle tournure. (2007-06-12)

Laval / France

LE SAINT-CHRISTOPHE

★★★★ Cuisine
★★★★ Service
★★★★ Décor

Sainte-Rose

94, boulevard Sainte-Rose Est

450 622-7963

 M**40**$ S**100**$

Par-delà la grisaille des autoroutes lavalloises se cache le village de Sainte-Rose, véritable havre de paix. C'est là que la famille Jalby, venue du midi de la France, a déniché son joyau: une superbe maison presque centenaire. Il y a sept ans, ils l'ont transformée en une élégante salle à manger aux recoins intimes. L'harmonie règne dans la chaumière: papa voit aux plats, maman à l'accueil, et le fiston, Christophe, assure le service de main de maître. Au menu, on retrouve les classiques de la cuisine française, sans grande audace, mais soigneusement exécutés. Le ris de veau, trop souvent noyé dans une sauce qui masque son goût délicat, est ici exquis. En fin de repas, le chef sort de sa tanière pour saluer les clients, ce qui donne un surplus d'âme à l'endroit. Il faut le voir s'animer en parlant de son cassoulet toulousain, mitonné avec amour et respect de la tradition. Conquis par le luxe d'attentions, on reprend le chemin du retour, qui, du coup, ne paraît plus aussi terne. (2007-01-13)

Laval / France

LES MENUS PLAISIRS

★★★ Cuisine
★★★ Service
★★★ Décor

Sainte-Rose

244, boulevard Sainte-Rose Est

450 625-0976

 M**30**$ S**90**$

Ouvert depuis 1982, le restaurant autrefois intime compte aujourd'hui 140 places. Dans l'erre d'aller, on a aussi annexé une auberge, dans la résidence où est né le curé Labelle. À l'évidence, la maison a de l'ambition. Cela se reflète aussi à la lecture du menu qui propose, outre une douzaine de plats et une table d'hôte, une sélection de fondues chinoises. La carte des vins, où sont répertoriées les 6000 bouteilles en cave, est encore plus étoffée. Souligner l'embarras du choix tient presque de l'euphémisme. Si les nombreuses pièces de la maison préservent l'intimité en salle, le service empressé, lui, rappelle le roulement incessant en cuisine. Les plats sont honnêtes, la terrasse superbe, et la spécialité du chef, un carré d'agneau dans sa robe de chèvre agrémenté d'une sauce anisée, vaut bien le déplacement. Plus de précision dans les mariages de saveurs décuplerait toutefois les menus plaisirs que propose la maison. (2007-02-24)

Laval / Italie

AMATO

★★★ Cuisine
★★★ Service
★★★ Décor

Sainte-Rose

192, boulevard Sainte-Rose

450 624-1206

 M**35**$ S**65**$

Dans une maison patrimoniale comme il y en a de fort jolies à Sainte-Rose, Amato cache un intérieur chaleureux, décoré avec ce qu'il faut de raffinement. Par beau temps, une terrasse superbement aménagée accueille les convives côté jardin. Au fil du repas, on va de surprise en surprise. Après des entrées aux saveurs réconfortantes, les plats principaux nous convainquent d'être tombés en bonnes mains. Mignons de porc cuits à la perfection et nappés d'une sauce marsala, prise du jour escortée d'une sauce également bien dosée font le bonheur des papilles. Côté sucreries, le tiramisu, présenté dans un petit verre préalablement décoré de chocolat, flatte les amateurs de ce délice. Pendant ce temps, d'autres douceurs flambent sous le regard ébahi et gourmand des clients. Bref, une cuisine italienne où se devine l'amour des choses bien faites. Petite ombre au tableau: la carte des vins gagnerait à proposer plus de deux choix au verre. (2007-07-04)

Laval / Japon

TORII

★★★★ Cuisine
★★★ Service
★★★ Décor

Chomedey
2131, boulevard Le Carrefour

450 978-8848

Ⓝ M30$ S70$

En japonais, le mot *torii* désigne les portails installés près des temples et dont la fonction est de créer une séparation symbolique entre le réel et le monde spirituel. Étrangement, ce nom sied tout à fait à ce restaurant situé au milieu de méandres d'autoroutes et de centres commerciaux. La porte franchie, on devient aussitôt beaucoup plus zen. La salle à manger aérée, où l'on découvre un décor composé de sanctuaires japonais (oui, oui!), contribue à créer une ambiance apaisante, prolongée par le service discret et efficace. Quant au menu, il abonde en propositions alléchantes: soupe miso aux fruits de mer, festins teriyaki et les incontournables sushis. À elles seules, les spécialités de la maison valent le détour, en particulier «l'œil du dragon», un rouleau saisi dans la pâte tempura et nappé d'une sauce au sésame. (2007-05-22)

Laval / Moyen-Orient

KAROUN

★★★ Cuisine
★★ Service
★★ Décor

Chomedey
411, boulevard Curé-Labelle

450 682-6820

Ⓣ M20$ S40$

Le mont Ararat à Laval? Qui l'eût cru! En fait, il s'agit plutôt d'un établissement tout simple établi dans une modeste maisonnette en bordure d'un boulevard passant. On y sert des spécialités libanaises désormais archiconnues comme le shish taouk, auxquelles s'ajoutent des mets arméniens nettement moins convenus, comme un délicieux plat à base de kafta appelé hantaki. En gros, il s'agit de grillades, de sandwichs, de hors-d'œuvre (mezze) et de salades. Des plats humbles mais bien préparés et extrêmement savoureux qui vous font chanter les papilles. À déguster sur place (il y a quelques tables à l'intérieur et sur la terrasse) ou à emporter. On sert même l'arak, délicieux alcool anisé. De quoi vous détourner à jamais des restos minute. (2006-06-03)

Laval / Thaïlande

CHANCHHAYA

★★ Cuisine
★★★ Service
★★★ Décor

Chomedey
327, boulevard Saint-Martin Ouest

450 967-9466

M25$ S50$

Chanchhaya, c'est le nom d'un pavillon du Palais royal de Phnom Penh où sont présentés des spectacles de danse traditionnelle cambodgienne. Au lieu du Mékong, on a ici droit à un boulevard commercial passant. Pas le moindre sampan en vue. L'exotisme, on le trouvera dans le décor plutôt chic, presque bourgeois, et dans la carte, même si on sent très nettement que les plats proposés ont été adaptés aux délicats palais occidentaux et, pour tout dire, assagis et adoucis. Sauf exception, le piment se fait discret, comme d'ailleurs les aromates propres à la cuisine thaïlandaise, genre galanga. Le client a toujours raison, dit-on. Dans ce cas-ci, il a l'air très satisfait, d'autant plus qu'on l'accueille et qu'on le sert bien gentiment, avec le sourire. (2006-07-30)

Centre-du-Québec / Amérique du Nord
AUBERGE GODEFROY

★★★ Cuisine
★★★ Service
★★ Décor

Bécancour

17575, boulevard Bécancour,
secteur Saint-Grégoire

 M**50$** S**100$**

819 233-2200

À deux pas du pont Laviolette et à mi-chemin entre Montréal et Québec, sur la rive sud du Saint-Laurent, cette auberge imposante de 71 chambres et suites est aussi un haut lieu de réunion. Dans la salle à manger sobrement décorée, un pianiste accompagne souvent les dîneurs tandis que les serveurs papillonnent avec empressement. Le menu est d'une belle variété, tant dans sa version dégustation qu'en table d'hôte quatre services. Sans révolutionner le palais, tout dans cette cuisine à saveur régionale est préparé et présenté avec soin. On aime particulièrement les indications de «choix santé», les suggestions d'accords de vins et plats et l'accent résolument canadien (Québec, Niagara, vallée de l'Okanagan) de la carte des vins. (2007-08-17)

Mauricie / Amérique du Nord
LA POINTE À BERNARD

★★★ Cuisine
★★★ Service
★★★ Décor

Shawinigan

692, 4e Rue

 M**25$** S**65$**

819 537-5553

Des secrets qui contribuent à la survie d'un restaurant dans une petite ville, La Pointe à Bernard en connaît au moins trois. Tout d'abord, une carte sobre (pâtes, fines pizzas, moules, classiques d'inspiration française) à partir de laquelle le client peut bâtir sa petite ou sa grande table d'hôte. Ensuite, un menu gastronomique qui révèle l'audace du chef et le plaisir qu'il a de s'approprier saveurs et textures. Enfin, deux étages d'une sympathique ambiance bistro partagée midi et soir par de nombreux fidèles. L'incontournable bavette nous a, encore, conquis. Le steak de thon, rarement disponible dans la région, vaut qu'on se déplace. Vins et bières au verre. (2007-05-04)

Mauricie / Amérique du Nord
LE CASTEL DES PRÉS

★★★★ Cuisine
★★★★ Service
★★★★ Décor

Trois-Rivières

5800, boulevard Gene-H.-Kruger

   M**40$** S**70$**

819 375-4921

Ce restaurant quinquagénaire se divise en deux sections: le chic Chez Claude et le bistro L'Étiquette. Hautement diversifié, on y propose fruits de mer, carré d'agneau, pâtes, abats, steak, poissons et autres, en plus de deux tables d'hôte: on choisit finalement en se disant qu'il faudra revenir. En entrée, le brie frit est sympathique et les pétoncles, d'un fondant divin. La morue, réussie en tout point, s'accompagne de légumes colorés et d'un riz goûteux. Les portions à dimension humaine permettent de ne pas se priver de dessert... Les petits babas portent bien leur nom: le rhum n'a rien de virtuel! Grand choix de vins au verre ou en palette. (2007-08-13)

Mauricie / Amérique du Nord

LE GRAND HÉRON DE L'AUBERGE DU LAC SAINT-PIERRE

★★★★ Cuisine
★★★★ Service
★★★ Décor

10911, rue Notre-Dame Ouest, **Trois-Rivières**

819 377-5971

 M**40**$ S**100**$

Un service hors pair, une carte aux ressources quasi illimitées... Ce chic établissement au bord du grand lac Saint-Pierre offre un menu gastronomique qui vaut assurément le détour. L'atmosphère feutrée de la salle à manger, avec vue sur le jardin, invite au recueillement... même si sa décoration ne brille pas par son originalité. C'est dans l'assiette qu'il faut plonger! On a peine à composer son menu, même à partir de la table d'hôte en quatre ou cinq services, avec toutes les options offertes. L'escalope de foie gras de canard poêlée est cuite avec justesse et finesse, tout comme les viandes très tendres qu'agrémente un bel assortiment de légumes frais. Le poisson en sauce au cari et coriandre est, lui, on ne peut plus délicat. Et que dire des desserts savoureux, gâteaux, crèmes savantes ou sorbets, sinon qu'ils renouvellent l'envie de manger qu'on n'a pourtant plus, repu que l'on est déjà! (2006-06-02)

Mauricie / Amérique du Nord

LE LUPIN

★★★ Cuisine
★★★ Service
★★★ Décor

Trois-Rivières
376, rue Saint-Georges

819 370-4740

 M**25**$ S**90**$

Le vestibule du Lupin repousse les bruits de la ville et permet de se laisser doucement gagner par l'ambiance chaleureuse se dégageant des parquets de lattes foncées qui crissent juste ce qu'il faut. Les deux étages de tables agréablement montées laissent aussi présager une belle soirée, augure qui se vérifiera tout au long du repas dans la maison ancestrale. Intéressant pour ses crêpes à garnir au choix (repas ou dessert), ses moules (entrée ou repas) et la variété de ses tables d'hôte et de sa carte, il est un des rares lieux du genre où il est possible d'apporter son vin. Le médaillon de bison et le carré d'agneau étaient particulièrement réussis, accompagnés d'un gratin dauphinois bien ferme et de légumes sautés encore croquants. (2007-04-18)

Mauricie / Amérique du Nord

LE ROUGE VIN

★★★★ Cuisine
★★★★ Service
★★★★ Décor

Trois-Rivières
975, rue Hart

819 376-7774

M**35**$ S**90**$

Établi à l'Hôtel Gouverneur, Le Rouge Vin s'assure une clientèle variée. Le brunch du dimanche est une valeur sûre; quant au midi, en semaine, le choix se fait entre un menu bistro et un honnête buffet. Bien que la carte proposée par le chef Hugo Hamelin séduise, et que les plats qui défilent éveillent la curiosité, il est presque surhumain de résister, les vendredis et samedis en soirée, au buffet de fruits de mer. À la suite du classique cocktail de crevettes et du potage, servis à la table, l'abondance des pattes de crabe, des moules et des demi-homards frôle l'indécence... Qui s'en plaindrait? Une carte des vins soignée et un service courtois complètent la visite. Lors de notre passage, une pianiste feutrait agréablement l'ambiance. (2007-04-13)

Mauricie / Amérique du Nord

LE TROU DU DIABLE

Shawinigan
412, avenue Willow

819 537-9151

★★★ Cuisine
★★★ Service
★★★★ Décor

N ⚘ M**50$** S —

On entre dans cette brasserie artisanale avec la certitude de partager un rêve réussi: celui des cinq fondateurs de cette coop. Là, du fer forgé. Ici, des vitres qui laissent entrevoir les cuves en activité. Partout, du bois massif. Dehors, la superbe promenade du Saint-Maurice. Dans une ambiance de pub anglais, papilles novices et exercées se désaltèrent grâce à l'éventail varié de bières au verre, à la pinte ou en palette de dégustation. Des en-cas adaptés complètent l'apéro. Les côtes levées à la diable sont divines et les hamburgers, version bœuf ou agneau, savoureux. Vins, spiritueux et portos aussi offerts. (2007-05-09)

Mauricie / Amérique latine-Antilles

LA PIÑATA

Shawinigan
433, rue Willow

819 537-7806

★★ Cuisine
★★★ Service
★★★ Décor

N ⚘ M**25$** S**50$**

L'été, le site de La Piñata charme grâce à sa terrasse, avec vue sur la rivière Saint-Maurice, où il fait bon siroter une margarita glacée ou une flûte de bière. Le vaste intérieur est décoré de touches mexicaines de bon goût, sans extravagance. La carte mise sur la sobriété, privilégiant les traditionnelles fajitas. Les entrées, agréablement relevées, ont leurs attraits. Au plat principal, la déception vient du poulet, spongieux, dont la texture est malheureusement remarquée depuis plusieurs années. Il est sage d'opter pour les fajitas supremas qui contiennent certes du poulet, mais aussi des crevettes et du porc davantage satisfaisants. Vin au verre et classique crêpe à la crème glacée complètent le repas. Dîners avantageux. (2007-05-23)

Mauricie / France

AUBERGE LE BALUCHON

Saint-Paulin
3550, chemin des Trembles

819 268-2555

★★★ Cuisine
★★★ Service
★★★ Décor

⚘ M**30$** S**70$**

Ici, on fait tout pour vous garder et vous garder en forme! L'auberge est un vrai centre de villégiature axé sur les activités de plein air et de santé-détente. Le chef Patrick Gérôme officie en cuisine depuis ses tout débuts en 1990. Dans la grande salle à manger, le feu crépite dans la cheminée et l'ambiance est feutrée, avec de petits paravents préservant l'intimité de chacun. La carte est à l'image du lieu, orientée vers les produits du terroir, souvent bios, intégrés à un menu gastronomique classiquement français ou à trois menus très santé: végétarien, «mieux vivre» (avec gras réduits) et sans gluten. (2006-03-06)

Mauricie / France
AUBERGE LE BÔME
Grandes-Piles

720, 2ᵉ Avenue
819 538-2805

★★★★ Cuisine
★★★★ Service
★★★★ Décor

 M — S**100$**

La qualité de l'auberge ne se dément pas. La vieille maison pimpante, dominant le Saint-Maurice au cœur du village, est décorée d'antiquités et d'œuvres d'art. Elle a un charme fou pour qui aime le genre. Plusieurs chambres disposent de grands bains tourbillons où il fait bon prendre l'apéro à deux. L'atmosphère chaleureuse doit beaucoup aux maîtres des lieux, Jean-Claude et Matilde, qui a cédé sa place aux fourneaux à David, jeune chef français. Si le menu est court, il n'en est pas moins brillant. La cuisine d'inspiration française est inventive et authentique, du magret de canard au gingembre et à l'érable au caribou sauce brandy-poivre vert ou à la caille grillée au parfum d'Asie. Les légumes sont très choisis et les desserts n'ont d'orthodoxe que le nom. (2007-02-03)

Mauricie / France
LE FLORÈS
Grand-Mère

4291, 50ᵉ Avenue
819 538-9340

★★★★ Cuisine
★★★★ Service
★★★ Décor

 M**60$** S**120$**

L'auberge de campagne, qui abrite un centre de santé bien équipé, est surtout réputée pour sa table. Une grande bâtisse accueille les banquets à l'arrière mais le bâtiment principal compte lui-même plusieurs salles à manger, dont une en verrière, avec des murs couverts de photos du tournage de la saga familiale *Les Filles de Caleb*, réalisée dans la région. Malgré un décor un peu chargé de tentures, boiseries et fausses plantes, on se sent vite à l'aise et le service très affable ne fait que renforcer cette impression. La cuisine se veut régionale, avec des accents résolument français mais une fine touche du terroir (gibier, herbes, fleurs comestibles, bleuets...). Les entrées, plats principaux et desserts sont plutôt simples, préparés classiquement mais avec grand soin et offerts à des prix honnêtes. (2007-06-08)

Mauricie / Japon
SUSHI TAXI
Trois-Rivières

4240, boulevard des Forges
819 379-3838

★★★★ Cuisine
★★★ Service
★★★ Décor

N M**35$** S**80$**

On devient vite accro à ce restaurant qui offre le sushi sous des formes qui, avouons-le, s'éloignent parfois passablement du Japon. En entrée, le thon tataki fond en bouche et attise les papilles; la sushi pizza, même sans grande innovation, est réussie. Pour la suite, la carte regroupe une réjouissante sélection de nigiris, sashimis et makis. Les chefs proposent aussi des tables d'hôte complètes ou des assiettes composées selon l'inspiration du moment, disponibles en versions traditionnelle ou «flyée». Le décor de bon goût, les sauces créées et les présentations cajolent les sens. Un choix intéressant de petites bouchées sucrées et de thés complète le tout. Bières importées, saké et vin au verre ou à la bouteille s'offrent aux gourmets. (2007-04-23)

Montérégie / Amérique du Nord

BAZZ JAVA JAZZ

Saint-Lambert
591, avenue Notre-Dame

450 671-7222

★★★★ Cuisine
★★★★ Service
★★★★ Décor

 M — S**100$**

Une sympathique vieille maison respirant le confort bourgeois. Le décor est joli, sobre et de bon goût, sans ostentation. Bazz Java Jazz s'inscrit dans le courant des restos «apportez votre vin» aux visées ouvertement gastronomiques. Pari tenu, comme en témoignent des plats préparés avec soin qui, sans trop de recherche, misent sur des produits nobles et de qualité, et la présence des membres de la bonne société de Saint-Lambert, que n'arrêtent pas des prix tout de même un peu jazzés. Service très professionnel. Bref, le moment de sortir la petite bouteille des occasions spéciales. (2006-04-01)

Montérégie / Amérique du Nord

BISTRO DES BIÈRES BELGES

Saint-Hubert
2088, rue Montcalm

450 465-0669

★★ Cuisine
★★ Service
★★ Décor

 M**20$** S**50$**

Comme tout bistro belge qui se respecte, celui-ci offre un éventail impressionnant de grands crus houblonnés qu'on peut accompagner, comme il se doit, d'une montagne de frites, de moules ou encore d'une traditionnelle carbonade. L'ambiance est festive le midi, alors que les bureaux et les petites industries du coin déversent ici leur lot de travailleurs affamés, et un peu plus calme le soir, même si l'endroit reste en général très fréquenté, entre autres parce qu'il peut accueillir plus d'une centaine de clients sur deux étages et une terrasse. Les gaufres, ensevelies sous une montagne de crème glacée et de fruits, méritent toute votre attention. (2006-04-11)

Montérégie / Amérique du Nord

CAFÉ CAFKA

Vieux-Longueuil
345, rue Saint-Charles Ouest

450 646-7649

★★ Cuisine
★★ Service
★★ Décor

N M**20$** S**40$**

Le Cafka déroute par son décor se situant quelque part entre un tableau de Dali et le plateau d'un quiz télévisé. Puis, on s'habitue tranquillement aux effets stroboscopiques et à l'esthétique clinquante. Loin d'être le summum du raffinement, l'endroit dégage en retour une atmosphère de franche camaraderie. La jeunesse longueuilloise s'y amène en grappes pour profiter des nombreux spéciaux de la maison, dont le populaire duo nachos-sangria. Dans l'assiette, rien de transcendant: des pâtes, pizzas, burgers et sandwichs, livrés avec le sourire par des serveurs enthousiastes. Là où le Cafka marque un point, c'est par son aspect caméléonesque: peu d'endroits dans les environs peuvent se vanter d'offrir à la fois de copieux petits-déjeuners, des lunchs d'affaires express et des fiestas entre amis. (2007-05-25)

Montérégie / Amérique du Nord
CHEZ ÉMILE

★★★★ Cuisine
★★★★ Service
★★★★ Décor

Napierville
267, rue Saint-Jacques

450 245-7893

 M — S**80$**

C'est dans le décor d'époque de la maison d'Émile, premier avocat de Napierville, que le petit Émile, fils des propriétaires actuels, gambade depuis quelques années. Résolument prêt à jouer dans la cour des grands, ce restaurant, récipiendaire régional d'un des Grands Prix du tourisme québécois 2007, carbure à la passion. Ce noble sentiment se goûte à chaque bouchée et vous rappellera les parfums naturels des savoureuses herbes de Mère Nature qui vous exploseront en bouche. Normal puisque le choix des aliments (avec une prédilection pour le terroir) se porte vers le biologique, l'écologique et l'équitable. De plus, le chef les traite et vous les présente avec égard et inspiration. Côté service, un accueil professionnel et irréprochable avec juste ce qu'il faut de proximité pour se sentir plus qu'un client. (2007-04-29)

Montérégie / Amérique du Nord
FOURQUET FOURCHETTE

★★★★ Cuisine
★★★ Service
★★★★ Décor

Chambly
1887, rue Bourgogne

450 447-6370

M**25$** S**80$**

Au cœur du Vieux-Chambly, ce restaurant-brasserie offre un cadre magnifique en bordure de la rivière Richelieu... surtout si l'on prend place en terrasse durant l'été pour admirer le coucher du soleil sur le bassin de Chambly! L'accent a été mis sur l'ambiance Nouvelle-France, avec chanteurs-conteurs en habits d'époque, à l'extérieur comme à l'intérieur du restaurant, une bâtisse industrielle de 1920 au décor rustique-chic, joliment rénovée. Ici, on marie bière et bonne chère, y compris dans l'assiette. Au menu, le magret de canard local voisine avec la viande de gibier (bison notamment) bien mise en valeur par des sauces aux petits fruits et plantes sauvages. Une assiette «amérindienne» goûteuse à souhait apporte une belle touche d'originalité à la carte. Dommage que le service manque un peu de classe! (2006-06-19)

Montérégie / Amérique du Nord
L'ÉCHOPPE DES FROMAGES

★★★★ Cuisine
★★ Service
★★★ Décor

Saint-Lambert
12, rue Aberdeen

450 672-9701

M**30$** S**30$**

Cachée en retrait de la passante Victoria, cette minuscule boutique a le charme irrésistible d'une vieille épicerie européenne avec ses boiseries et son odeur bien corsée de fromage au lait cru. Dans le présentoir, une vaste sélection de charcuteries et de fromages (dont plusieurs québécois) fait saliver tout gourmet qui se respecte. Comment ne pas craquer pour une croûte chaude garnie de grison et de chèvre, servie avec de beaux fruits exotiques? Impossible, surtout lorsque la croûte en question provient de L'Amour du pain, une sublime boulangerie artisanale à Boucherville. Autres propositions émoustillantes: une limonade maison, sucrée selon notre goût avec du sirop de canne, et un gâteau au fromage délectable. Si la terrasse improvisée est agréable l'été, il s'agit aussi d'une enclave réconfortante par temps froid. Un must dans la région! (2007-07-17)

Montérégie / Amérique latine-Antilles

TAMALES

Saint-Lambert
652, avenue Victoria

450 671-9652

★★★ Cuisine
★★★ Service
★★★ Décor

M**30$** S**55$**

S'attabler dans ce resto de la Rive-Sud nous transporte un peu plus au sud, dans un Mexique en technicolor. Les couleurs vibrantes, l'ambiance animée et le joyeux bavardage en espagnol un peu partout en salle donnent l'impression d'être ailleurs. Difficile de résister à la fiesta! Ceux qui connaissent les spécialités mexicaines seront ravis de retrouver au menu un mole poblano, poulet dans une sauce chocolatée, ou encore une arrachera, tendre filet de bœuf particulièrement prisé au sud du Rio Grande. Les moins habitués à cette cuisine relevée et parfois aventureuse se laisseront guider par les explications de la carte, belle invitation à tester autre chose que les tacos. Les prix sont un brin élevés, mais les généreuses assiettes peuvent aisément être partagées. (2007-05-13)

Montérégie / Chine

JARDIN DU SUD

Brossard
8080, boulevard Taschereau, Greenfield Park

450 923-9233

★★ Cuisine
★★ Service
★★ Décor

M**20$** S**25$**

Dans un minuscule centre commercial en bordure de l'horrible boulevard Taschereau se cache cette petite adresse étonnante, qui accueille surtout des ressortissants chinois et se spécialise dans la nouille et la soupe vite faites, bien faites et toujours fraîches. L'espace est joyeusement habité, d'une agréable propreté, et les week-ends, des grappes d'ados chinois viennent y siroter d'étranges et exotiques boissons en feuilletant des revues inaccessibles au commun des mortels occidental. Décoiffant, sympathique et vraiment pas cher. (2006-01-03)

Montérégie / Espagne-Portugal

LE SAINT-SÉBASTIEN

Vieux-Longueuil
337, rue Saint-Charles Ouest

450 616-7645

★★ Cuisine
★★★ Service
★★★ Décor

N ⊕ M **—** S**50$**

Avec ce bar à tapas convivial, une fièvre toute latine semble s'être emparée du Vieux-Longueuil. L'ambiance chaleureuse à souhait, un brin exubérante, incite à la fiesta. Le soir de notre visite, des danseurs de salsa se déhanchaient avec grâce sur une piste de danse improvisée. La bonne humeur règne, sans doute attisée par le vaste choix de cocktails, la sangria déclinée en trois couleurs (rouge, rose ou blanche) ainsi que par les vins du pays de la corrida. Côté bouffe, champignons farcis, dattes au chèvre, pelures de pommes de terre au poireau et canard ou chorizo grillés trouvent leur place entre les cocktails et les conversations animées. Les tapas proposées sont simples et, dans l'ensemble, assez bien exécutées. Service sympa et très attentionné. Comme une fièvre, ça s'attrape, on sort de l'endroit le sourire béat et le pas leste. (2007-07-31)

Montérégie / Extrême-Orient
JOGOYA

Saint-Lambert
35, boulevard Desaulniers

450 923-9818

★★ Cuisine
★★★ Service
★★★ Décor

N M**30$** S**60$**

Reprendre le local d'un restaurant qui a déclaré faillite n'est pas une mince tâche. C'est le défi que se sont lancé les propriétaires du Jogoya en déménageant leurs pénates dans le décor japonisant de l'ancien Takara. Ils ont décidé de mettre à l'honneur des spécialités mi-thaïlandaises, mi-nippones. Résultat: il est difficile de savoir dans quelle direction mettre le cap, tant ces deux cuisines asiatiques ont peu en commun. D'un côté, le goût épuré et de l'autre, les saveurs qui se confondent dans des currys épicés. En entrée, on lorgne du côté des soupes tom yam, bien relevées et douces-amères, comme il se doit. Mais lorsqu'on se déplace vers le pays du soleil levant et ses sushis, le périple tombe à plat. Les futomakis présentés sont quelconques, retenus par une feuille d'algue à la consistance élastique. Le service courtois et le salon japonais convainquent tout de même d'y retourner pour goûter aux spécialités... thaïlandaises. (2007-07-11)

Montérégie / France
AU TOURNANT DE LA RIVIÈRE

Carignan
5070, rue Salaberry

450 658-7372

★★★★ Cuisine
★★★ Service
★★★ Décor

● M**—** S**115$**

Pas si fréquent d'être étonné culinairement, surtout des amuse-bouches jusqu'au dessert! Le chef Jacques Robert ne vous fera pas regretter le déplacement vers son ancienne grange au décor un peu vieillot, au bord de l'autoroute 10. On s'y enferme pour un recueillement pieux sur son assiette. En préambule, des rouleaux à l'agneau légèrement acidulés croustillent sous la dent. La soupe est réinventée, avec une délicate crème d'asperges aux escargots et un somptueux bavarois de chou-fleur au foie gras flottant dans une crème d'artichauts... Suivent, en divines entrées, un feuilleté bien beurré aux pétoncles et homard et un ris de veau poêlé aux morilles. En table d'hôte, le pavé de caribou voisine ensuite avec la dorade aux olives et le veau aux langoustines. Au temps des desserts (glorieux), la crème brûlée parfumée au pollen de fenouil et accompagnée d'une originale crème glacée à la coriandre aura raison des plus blasés. Aux amateurs de chocolat, on ne saurait trop conseiller le moelleux soufflé au chocolat coulant. (2006-08-10)

Montérégie / France
CHEZ JULIEN

La Prairie
130, chemin Saint-Jean

450 659-1678

★★★ Cuisine
★★★ Service
★★★ Décor

 M**30$** S**85$**

Dans ce repaire tranquille, le temps s'arrête, le temps d'un repas. Surtout lorsqu'il est dégusté sur la terrasse qui offre une vue imprenable sur les vieilles maisons de pierre et les amoureux se bécotant à l'ombre du clocher. Chez Julien, on sert une cuisine française, mais l'exotisme contenu dans chaque intitulé la fait tanguer vers des horizons plus vastes. Le tableau présente une carte changeante, où les viandes, gibiers et produits de la mer sont apprêtés avec des notes fruitées, d'eau de rose ou de chipotle. Ces ingrédients éclectiques pourraient jeter de la poudre aux yeux, mais ils se conjuguent ici avec élégance. La retenue de mise dans l'assiette s'allie à la générosité des portions, au bonheur des gourmets gourmands. Au rayon des douceurs, la plantureuse tarte au sucre d'érable est l'un des secrets les moins bien gardés du patelin. (2007-05-23)

Montérégie / France

CHEZ NOESER

Saint-Jean-sur-Richelieu

236, rue Champlain

450 346-0811

★★★★ Cuisine
★★★ Service
★★★ Décor

 M — S**110**$

Réunir cuisine française de qualité et ambiance familiale est un pari réussi depuis déjà 20 ans par le couple Noeser. Accompagnés de leurs deux filles (l'une aux fourneaux près de papa, l'autre en salle avec maman), ils présentent un menu renouvelé chaque premier vendredi du mois et décliné en table d'hôte ou en menu dégustation (le samedi). Le restaurant, sis au rez-de-chaussée de la maison ancestrale des Noeser, est constitué d'un chapelet de nombreuses pièces. Vêtues de blanc en été et de noir en hiver, les serveuses, un brin désinvoltes, amènent des plats bien présentés (pintade, canard, homard, foie gras). Aux amateurs de pétoncles: essayez de trouver pareille cuisson, équilibrée et fondante à souhait. (2007-06-30)

Montérégie / France

CHEZ PARRA

Vieux-Longueuil

181, rue Saint-Charles Ouest

450 677-3838

★★★ Cuisine
★★★ Service
★★★ Décor

 M**40**$ S**70**$

Après un grave incendie qui a littéralement rasé l'établissement en 2005, Chez Parra renaît de ses cendres à la même adresse mais dans un décor plus moderne, une salle deux fois plus vaste et avec un menu largement remanié. Les plus d'abord. Le grand dépoussiérage a considérablement rajeuni l'image et la clientèle, qui a rapidement adopté la longue salle lumineuse et dépouillée qui, durant la saison estivale, s'ouvre largement sur la très achalandée rue Saint-Charles. En salle, le patron est toujours aussi présent, souriant et en contrôle de la situation. Les bémols maintenant. En cuisine, où l'on nous avait habitués à un menu classique, solide, qui empruntait beaucoup au Sud-Ouest, on s'égare maintenant dans plusieurs directions, avec parfois plus ou moins de bonheur. Des tapas, vraiment? Et pourquoi pas un peu plus de choix de vins au verre? Cela dit, l'adresse reste parfaitement recommandable et on lui souhaite une longue vie et encore beaucoup de clients heureux. (2007-03-28)

Montérégie / France

LA CRÊPERIE DU VIEUX-BELŒIL

Belœil

940, rue Richelieu

450 464-1726

★★★ Cuisine
★★★ Service
★★★ Décor

 M**30**$ S**50**$

Sur les rives de la rivière Richelieu, en plein cœur du Vieux-Belœil, une odeur de crêpes embaume au moins un coin de rue à la ronde. Attiré par ces arômes réconfortants, on pénètre dans une maison d'époque au charme champêtre pour y découvrir la source de l'effluve: la fameuse grande plaque ronde où la pâte à crêpes crépite. La crêperie n'est pas une nouvelle venue: c'est lors de l'Expo 67 que Jacqueline Fougères a découvert les crêpes bretonnes. Depuis ce temps, elle plie soigneusement la pâte mince et croustillante de ses crêpes à la farine de sarrasin ou de froment. Dans ces carrés dorés, elle dissimule une multitude de garnitures dont l'incontournable jambon, fromage et béchamel, la classique pomme cheddar ou encore la très gourmande banane, caramel et pacanes flambées au rhum... Heureux ceux qui se gardent une petite place pour le dessert! (2007-08-07)

Montérégie / France

LE TIRE-BOUCHON

★★★★ Cuisine
★★★★ Service
★★★★ Décor

Boucherville

141-K, boulevard de Mortagne

450 449-6112

 M**40 $** S**100 $**

Oubliez le centre commercial. Garez-vous et poussez la porte. Déjà, vous vous sentirez mieux. On se sent toujours mieux quand c'est beau, élégant et sans prétention. Vous vous sentirez encore mieux quand vous verrez la délicatesse du service. Et vous vous sentirez vraiment très, très bien quand arriveront les assiettes. Le Tire-bouchon offre beaucoup à ce chapitre également. Une cuisine du marché préparée avec beaucoup de soin, beaucoup de goût et beaucoup de générosité. Des compositions classiques, tirées du répertoire français, et quelques plats d'origine maghrébine – couscous aux merguez mon frère (!) et tajine de jarret d'agneau. Belle carte des vins et un choix d'eaux très original. On aime beaucoup et on sait que vous aimerez. (2006-01-21)

Montérégie / France

LES CIGALES

★★★ Cuisine
★★★ Service
★★★ Décor

Saint-Lambert

585, rue Victoria

450 466-2197

M**35 $** S**70 $**

Cette halte gastronomique, établie à Saint-Lambert depuis presque 25 ans, ne manque pas de charme. Du dehors, la jolie devanture à colombages et la terrasse camouflée à travers la haie de cèdres attirent le regard. Puis, une fois à l'intérieur, la salle à manger à la fois aérée et intimiste, au fond de laquelle trône un foyer, met dans d'excellentes dispositions pour le repas. La maison est soucieuse des détails: amuse-bouche en guise de bienvenue, belle bouteille d'eau fraîche laissée sur la table, précautions contre les allergies... Dans l'assiette, on retrouve une cuisine bourgeoise – donc viandeuse et saucière – qui, sans réinventer la roue, tient ses promesses. Il suffirait de peu, un soupçon de finesse et de créativité, pour égayer davantage le chant des Cigales. (2007-04-30)

Montérégie / France

LES TROIS TILLEULS

★★★★ Cuisine
★★★★ Service
★★★ Décor

Saint-Marc-sur-Richelieu

290, rue Richelieu

450 584-2231

M**80 $** S**160 $**

Une des rares adresses Relais & Châteaux au Québec, Les Trois Tilleuls respecte à la lettre la tradition et l'esprit de ce type d'établissement. Tout est en place pour offrir à la clientèle une cuisine de belle qualité, un service impeccable, une maison bien ordonnée. En salle, la cuisine française est à l'honneur avec ses entrées élaborées (pigeonneau avec figue au miel d'acacia, caviar d'Abitibi), ses grands classiques (poissons grillés, côte de veau, carré d'agneau et autres suprêmes de volaille), une sélection de desserts dignes de mention et, bien sûr, une époustouflante carte des vins, autant sur le plan du choix que du prix. Située au bord de la paisible et bucolique rivière Richelieu, la maison attire surtout une clientèle de gens bien nantis, plus portés vers les conversations feutrées que les joyeuses libations. (2007-07-16)

Montérégie / France
LOU NISSART

★★★ Cuisine
★★★ Service
★★★ Décor

Longueuil
260, rue Saint-Jean
450 442-2499

 M**30 $** S**60 $**

Contre toute attente, la Provence et son légendaire art de vivre, éloquemment chantés par Peter Mayle et consorts, se portent bien... dans le Vieux-Longueuil. Lou Nissart propose en effet, dans un cadre aux couleurs du midi empreint d'une grande simplicité, des plats typiques de Nice ou de la région et d'autres plus «hexagonaux». Outre une table d'hôte à l'accent bien chantant, où figurent des spécialités sympathiques, on trouve des salades, des pizzas et des pâtes réussies. Et, pour ce qu'on mange, ce n'est pas trop cher, peuchère. Le cadre est charmant, l'ambiance agréable, le service avenant. Si le carafon de rosé bien frais ne vous suffit pas, la maison offre, en plus de sa carte, une douzaine de bouteilles en importation privée. (2006-06-10)

Montérégie / France
OLIVIER LE RESTAURANT

★★★ Cuisine
★★★ Service
★★★ Décor

Longueuil
679, rue Adoncour
450 646-3660

 M**30 $** S**80 $**

Charmant endroit que cet Olivier, établi dans un secteur isolé et verdoyant de Longueuil. La salle un peu passe-partout ne brille pas par son originalité, mais elle est aérée et on s'y sent bien. Même remarque pour le menu d'inspiration française, où figurent des plats, comme la soupe de poissons et le foie de veau, dont la seule évocation fait du bien. L'exécution en cuisine dénote une belle maîtrise. À noter, une imposante carte des vins, empreinte d'un réalisme réconfortant. Difficile par ailleurs de résister aux charmes des tartes maison (honni soit qui mal y pense) qui vous font de l'œil dès l'entrée. Comme quoi on peut clore son repas sur une note agréable et sucrée sans excès de recherche. Serveurs prévenants, mais pas envahissants. (2006-08-26)

Montérégie / France
RESTAURANT LAURENCE

★★★ Cuisine
★★★ Service
★★★ Décor

Boucherville
578, rue Saint-Charles
450 641-1564

M**40 $** S**85 $**

Dans cette petite maison traditionnelle du Vieux-Boucherville, les plafonds bas créent un climat d'intimité qui laisse présager un séjour confortable à table. On a tout de suite l'impression d'entrer dans le salon du propriétaire de l'établissement. Ce dernier, fort sympathique, prend le temps de décrire un à un les plats au menu. Démontrant une passion manifeste pour la bonne chère, il rend chaque intitulé alléchant. Dans l'assiette, des pétoncles fumés maison, dont le goût délicat est un peu masqué par une riche sauce à la moutarde, des filets de magret de canard, des abats en sauce, etc. On abuse des bonnes choses, comme de la crème et du beurre. Rien de décoiffant, mais la générosité des portions fait des heureux. Il ne faut pas être pressé lorsqu'on s'attable au Restaurant Laurence: le service suit son cours, comme le Saint-Laurent à quelques coins de rue de là. (2007-06-28)

Montérégie / Italie
HISTOIRE DE PÂTES
Saint-Lambert
458, rue Victoria
450 671-5200

★★★★ Cuisine
★★★ Service
★★★ Décor

M**20$** S**30$**

Si on vous disait que la Petite Italie montréalaise trouve son plus grand compétiteur en matière de pâtes fraîches sur la Rive-Sud, dans le patelin de Saint-Lambert, vous croiriez qu'on vous raconte des histoires. Eh bien non, puisqu'il y a Histoire de pâtes! Ce commerce pimpant, véritable catastrophe pour les Montignac de ce monde, donne une irrépressible envie de tout essayer. Ce n'est pas peu dire: la variété proposée est à en perdre son latin. On guide gentiment le néophyte à travers la quinzaine de sauces, les antipasti, osso buco et, évidemment, les pâtes fraîches courtes, longues ou farcies. Ces dernières, dans leurs versions inédites, fondant au poireau, fromage de chèvre, gibier ou gorgonzola, porto et noix, sont particulièrement affriolantes. La coutume est d'emporter le festin chez soi, mais quelques jolies tables sont là pour ceux qui ne peuvent attendre pour assouvir leur faim. (2007-03-23)

Montérégie / Italie
L'OLIVETO
Vieux-Longueuil
205, rue Saint-Jean
450 677-8743

★★★ Cuisine
★★★ Service
★★★ Décor

🍷🍴 M**35$** S**70$**

Contrairement à d'autres adresses situées dans le même quartier, celle-ci est d'une grande constance. Année après année, les patrons, qui servent en salle, offrent une cuisine italo-méditerranéenne assez sage mais savoureuse, faite avec des produits frais et d'une qualité égale d'un plat à l'autre. Au menu: viandes, poissons et pâtes, quelques jolies trouvailles en entrée et en conclusion et un excellent choix de vins au verre. La clientèle, surtout dans la quarantaine et plus, apprécie la sobriété des lieux ainsi que le service chaleureux, personnalisé et souriant. L'été, la terrasse offre un agréable îlot de fraîcheur. Un choix sûr. (2007-04-20)

Montérégie / Italie
MESSINA PASTA & GRILL
Vieux-Longueuil
329, rue Saint-Charles Ouest
450 651-3444

★★ Cuisine
★★★ Service
★★★★ Décor

Ⓝ🍷 M**35$** S**70$**

Il y a des adresses qu'on fréquente pour la cuisine, d'autres pour toutes sortes d'excellentes raisons... autres que la cuisine. Chez Messina, c'est le cas. En été, la terrasse en surplomb de la rue Saint-Charles et les grandes fenêtres ouvertes sur la spacieuse salle à manger en font l'un des endroits où il fait bon être – et être vu – dans le Vieux-Longueuil. Le décor dépouillé-chic sur fond de musique lounge fait également très branché, de même que le petit bar à cigares et la mezzanine où l'on peut deviser sur le monde et ses affaires avec vue en plongée sur tous ces gens beaux, jeunes et/ou riches. Et dans l'assiette, nous demanderez-vous? Disons que c'est bien sur papier, beau à regarder, plutôt fade au goût. (2007-02-15)

Montérégie / Italie
PRIMI PIATTI

★★★ Cuisine
★★★ Service
★★★ Décor

Saint-Lambert
47, rue Green
450 671-0080

M**40$** S**80$**

À Saint-Lambert, à quelques pas de la *Main*, se trouve ce restaurant italien qui lorgne du côté de la cuisine fusion. On y retrouve les incontournables: une belle variété de pâtes et des pizzas dont la croûte aromatique prouve un doigté certain. Ces classiques côtoient des inventions plus inhabituelles: moules frites au panko, salade de pommes de terre à la mayonnaise au chipotle, escalopes de veau marsala surmontées d'un morceau de fromage québécois. Le décor brasse aussi les influences, comme en témoigne le poisson d'aquarium situé juste à côté du four à pizza... Certains mariages étonnent, mais comme le tout est présenté avec le sourire, la méfiance s'envole un peu. Fait à considérer: ceux qui boudent la table d'hôte se retrouveront vite avec une note plutôt salée. (2007-04-11)

Montérégie / Italie
RESTAURANT LA MAGIA

★★ Cuisine
★★★ Service
★★★ Décor

Longueuil
361, rue Saint-Charles Ouest
450 670-7131

Ⓝ ⊕ M**30$** S**65$**

Le vendredi soir, le resto-bar La Magia est plein à craquer. Dans ce décor branché, l'ambiance est électrisante: de jeunes amoureux se susurrent des mots doux pendant qu'un groupe d'amis refait le monde à la table voisine. Dans ce joyeux brouhaha, les serveurs gardent un calme décontracté, habitués qu'ils sont à affronter les hordes de clients. L'achalandage ne tient pas de la magie: le menu offre de quoi satisfaire les clients allergiques aux nouveautés autant que les palais plus intrépides. Une pizza garnie de chorizo, figues, champignons, roquette, sauce tomate et moutarde figure au rayon des mixtures plus inusitées. L'audace de certains mariages se dénote aussi dans la présentation des entrées. Avec ses pâtes et ses pizzas, La Magia a l'avantage d'offrir une cuisine savoureuse, parfois punchée, dans un cadre très convivial. (2007-07-13)

Montérégie /Japon
KINJA

★★★ Cuisine
★★ Service
★★ Décor

Longueuil
326, rue Saint-Laurent Ouest
450 674-6722

M**25$** S**40$**

Le nouveau proprio de ce modeste mais sympathique restaurant du Vieux-Longueuil a choisi de poursuivre dans la voie de son prédécesseur. Même décor, même service discret et efficace et un plaisir très semblable dans l'assiette. La différence: le menu coréen s'est dégonflé et la portion japonaise a pris du coffre. Le chef vous présente donc l'essentiel des sushis classiques avec en prime quelques variations de son cru. Et tout ça dans la plus pure tradition nippone: fraîcheur, précision, saveur. (2006-05-11)

Montérégie / Japon

ZENDO

★★★ Cuisine
★★★ Service
★★★ Décor

Longueuil
165, rue Saint-Charles Ouest

450 670-8588

 M**40$** S**55$**

Le soin apporté à l'enseigne de l'établissement détonne avec le bâtiment dans lequel il se love. Tout reprend sa place à l'intérieur où la déco asiatique nouveau genre baigne dans une lumière bleutée et tamisée à souhait. Les snobinards ayant été rebutés par l'extérieur, les habitués y dégustent un florilège de sushis, makis et sashimis offert à un rapport qualité/prix défiant plusieurs tables plus prétentieuses. Plusieurs entrées, dumplings, soupes et salades, démontrent une belle inventivité. Courtisant une clientèle élargie, le chef propose également des grillades qu'il réussit avec une dextérité portugaise tout en les adoucissant d'une sauce dont seuls les Asiatiques possèdent le secret. N'y espérez pas un grand choix de vins mais pour un service rapide, discret et une cuisine sans aspérités, pas d'erreur. (2007-04-25)

Montérégie / Japon

ZEND'O

★★★ Cuisine
★★★ Service
★★★★ Décor

Boucherville
450, boulevard De Mortagne

450 641-8488

M**30$** S**70$**

Sise dans un petit centre commercial, en bordure d'un boulevard, cette maison au décor à la fois chic et confortable a de quoi séduire. Et pour cause... À la lecture du menu, où les sushis et autres plats d'origine nippone (gyozas, crevettes et légumes tempura, etc.) côtoient des spécialités thaïlandaises et même le désormais inévitable général Tao et son poulet, on sent la volonté de plaire au plus grand nombre. Les sushis sont bien exécutés, même si, en bouche, ils manquent un peu d'éclat. Même remarque pour le reste: on souhaiterait notamment que le pad thaï soit plus relevé, plus savoureux. À souligner, les jolis plats de service et, esthétique zen oblige, le soin apporté aux présentations. Service courtois et rapide, presque expéditif. (2006-08-28)

Montérégie / Moyen-Orient

SAMAR

★★ Cuisine
★★★ Service
★★ Décor

Longueuil
171, rue Saint-Charles Ouest

450 670-0289

M**25$** S**60$**

Seul resto du Moyen-Orient à des kilomètres à la ronde, Samar fait le bonheur des amateurs de douceurs libanaises du Vieux-Longueuil depuis de nombreuses années déjà. Au menu, la gamme complète des plats grillés, acidulés, relevés et épicés qui font la réputation de cette cuisine très typée et savoureuse. On accorde à la maison une excellente note pour la composition des plats, la fraîcheur des produits et le respect des recettes originales. Mais il faut bien le dire, l'addition est un peu corsée pour le produit qu'on offre. Service compétent et professionnel. (2006-01-20)

Saguenay–Lac-Saint-Jean / Amérique du Nord
CAFÉ DE LA POSTE

Sainte-Rose-du-Nord
308, rue du Quai
418 675-1053

★★ Cuisine
★★ Service
★★ Décor

M**50$** S**50$**

Votre séjour à Sainte-Rose-du-Nord ne serait pas complet sans une pause sur la magnifique terrasse de ce coquet café-restaurant. La vue sur le majestueux fjord du Saguenay, l'odeur de pain frais provenant de la boulangerie artisanale attenante et la simplicité d'un menu à saveur régionale auront tôt fait de vous séduire. Le service à la bonne franquette, pouvant parfois traîner en longueur, se prête toutefois bien à une clientèle touristique souhaitant justement ralentir la cadence... La carte, très succincte, mise sur des valeurs sûres: hambourgeois de bison, croque-monsieur, salades, saumon, spaghetti italien, quiches, etc. Souvent accompagnés d'une simple salade, les plats offerts sont savoureux et santé. Somme toute, un rapport qualité-prix plus que respectable pour un établissement essentiellement touristique. (2006-07-29)

Saguenay–Lac-Saint-Jean / Amérique du Nord
LA CUISINE

Chicoutimi
387, rue Racine
418 698-2822

★★★ Cuisine
★★ Service
★★★ Décor

M**25$** S**80$**

La Cuisine est située dans la partie la plus tourbillonnante de la rue Racine, en plein centre-ville de Chicoutimi. Elle présente une carte variée, des classiques français jusqu'aux essentiels de la cuisine asiatique, permettant ainsi de satisfaire les appétits les plus hétéroclites. Les plats offerts en table d'hôte ont généralement un petit côté santé avec leurs accompagnements de légumes craquants et leurs portions raisonnables. Malheureusement, La Cuisine a parfois quelques problèmes de constance au niveau du service et de la présentation dans les assiettes, surtout le midi, mais on le lui pardonnera vu ses prix abordables, ses vins nombreux, son ambiance à la fois contemporaine et chaleureuse ainsi que ses délicieux desserts, dont la fameuse tarte chaude aux poires, cuite au four sur commande. (2006-04-13)

Saguenay–Lac-Saint-Jean / Amérique du Nord
LE BERGERAC

Jonquière
3919, rue Saint-Jean
418 542-6263

★★★ Cuisine
★★★ Service
★★ Décor

M**35$** S**75$**

Camouflé dans une jolie maison ancestrale derrière la grouillante Saint-Do, Le Bergerac est l'un des secrets les mieux gardés du Royaume. Ouvert depuis une douzaine d'années, ce petit bistro au décor minimaliste s'est taillé une solide réputation de bouche à oreille auprès des fins gourmets de la région. Le chef-propriétaire, Michel Daigle, travaille les produits locaux avec une originalité rafraîchissante et sa fine cuisine dite créative intègre saveurs d'ici et d'ailleurs. Appétissants, les plats proposés en table d'hôte régulièrement renouvelée inspirent, et ce, au premier coup d'œil: bavette de veau de Charlevoix marinée et épicée, filet de doré rôti aux piments d'Espelette et romarin, saucisson de truite et langoustine au coulis d'agrumes et basilic; nos papilles surprises en redemandent. Service accueillant et courtois. (2007-01-12)

Saguenay–Lac-Saint-Jean / Amérique du Nord

OPIA

La Baie
865, rue Victoria

418 697-6742

★★★ Cuisine
★★★ Service
★★★ Décor

 M**25**$ S**80**$

Depuis son ouverture en 2005, l'Opia est rapidement devenu un incontournable petit bijou à La Baie. Offrant une cuisine évolutive qui s'inspire des bases de la tradition culinaire française, on y sert des plats simples, mais toujours originalement apprêtés et franchement savoureux. On remarque d'ailleurs le souci du détail des deux chefs de l'établissement, un couple de Québec venu s'installer au Saguenay et qui, de toute évidence, forme une excellente équipe. Confortablement attablé dans cette vieille maison restaurée et chaleureusement décorée, enveloppé par la musique d'un quatuor de jazz tous les jeudis et souvent les vendredis, on se croirait dans un bistro à la mode de n'importe quelle grande ville, facture salée en moins. Le service est chaleureux et attentionné, et la carte des vins s'avère succincte mais pour toutes les bourses. (2006-03-24)

Saguenay–Lac-Saint-Jean / Amérique du Nord

RESTO-BAR LE SOHA

Jonquière
2497, rue Saint-Dominique

418 695-5955

★★★ Cuisine
★★★ Service
★★★ Décor

 M**30**$ S**80**$

Le Soha est une adresse surprenante. Ne vous arrêtez pas au menu qui, avec son carton glacé et ses photos criardes, peut rappeler ceux de certaines chaînes populaires! En le lisant et en dégustant les plats qui le composent, les doutes se dissipent rapidement et on découvre le goût du chef pour les épices, les sauces divinement concoctées, les saveurs complexes d'ici et d'ailleurs, bref, pour une cuisine de très grande qualité inspirée des richesses de notre monde. Les tartares sont excellents, les poissons et les viandes, cuits à la perfection et les sauces, divines. Seule ombre au tableau: la carte des vins qui, pour le moment du moins, n'est pas à la hauteur du reste. (2007-07-06)

Saguenay–Lac-Saint-Jean / France

AUBERGE DES CÉVENNES

L'Anse-Saint-Jean
294, rue Saint-Jean-Baptiste

418 272-3180

★★★ Cuisine
★★★ Service
★★★ Décor

 M— S**60**$

À quelques pas du fjord du Saguenay et de la baie de L'Anse-Saint-Jean, membre de l'Association des plus beaux villages du Québec, l'Auberge des Cévennes ne dépare pas du tout le paysage. Bien au contraire! La maison patrimoniale a conservé simplicité et charme un peu vieillot tout en offrant à longueur d'année des chambres confortables donnant sur une longue galerie. À table, si l'on ne fait pas dans la grande dentelle, les plats d'inspiration française sont tout de même relevés de notes originales. Le gibier est à l'honneur avec de légères sauces fruitées, comme le steak de caribou sauce à la gelée de gabelles ou le chevreuil sauce aux bleuets locaux. Une adresse de choix pour une cuisine du terroir à prix vraiment doux. (2006-02-22)

Saguenay–Lac-Saint-Jean / France

AUBERGE VILLA PACHON

★★★★ Cuisine
★★★ Service
★★★★ Décor

Jonquière
1904, rue Perron
418 542-3568

 M— S**100$**

Le secret de cette institution réside en une cuisine de très grande qualité, une attention particulière aux ingrédients du terroir régional et une superbe carte des vins. Qu'on y vienne pour un événement spécial, un repas d'affaires ou un souper en tête à tête, l'ambiance feutrée, le calme proverbial régnant en salle et le service chaleureux mais discret donnent l'impression d'y être unique. La carte, qui se renouvelle au gré des saisons et des arrivages, fait saliver: exquis foie gras poêlé et poire pochée au vin rouge, filet de doré en sauce parfumée au piment d'Espelette, célèbre cassoulet de Carcassonne, tartare de bœuf et frites maison cuites en graisse d'oie et autres délicatesses du chef Daniel Pachon sauront non seulement satisfaire mais surprendre les gourmet les plus exigeants. La maison propose également, en menu dégustation, un heureux mariage de plats et de vins soigneusement harmonisés. (2007-08-25)

Saguenay–Lac-Saint-Jean / France

L'ABORDAGE -HÔTEL CHÂTEAU ROBERVAL

★★★ Cuisine
★★★ Service
★★ Décor

1225, boulevard Marcotte, **Roberval**
418 275-7511

M**25$** S**60$**

Dans ce restaurant d'hôtel d'apparence banale se cache une table intéressante où les spécialités et ingrédients régionaux tels que la ouananiche, le doré, le wapiti, la fameuse tourtière du Lac-Saint-Jean et les bleuets sont à l'honneur. Les mélanges culinaires proposés au menu sont heureux et originaux, comme, entre autres, l'excellent filet de ouananiche que l'on sert au gratin de cheddar Perron. En général, bien que les plats soient apprêtés avec soin, les accompagnements s'avèrent ordinaires. Le service, quant à lui, est diligent, familier et chaleureux, rappelant celui d'un restaurant de quartier. Il s'agit d'une adresse très fréquentée et reconnue dans la région pour le rapport qualité-prix honnête de sa table et son atmosphère très conviviale. (2006-08-24)

Saguenay–Lac-Saint-Jean / France

L'AUBERGE DES 21

★★★★ Cuisine
★★★ Service
★★★ Décor

La Baie
621, rue Mars
418 697-2121

 M**30$** S**100$**

Été comme hiver, on prend place dans la spacieuse salle à manger ou sur la terrasse de cet établissement avec vue imprenable sur la baie... de La Baie, s'ouvrant sur le fjord et ses falaises escarpées. Le chef-propriétaire Marcel Bouchard a l'air d'un bon vivant, ce qui est toujours rassurant. Sa réputation, qui dépasse les frontières du Saguenay, n'est pas surfaite... surtout lorsqu'il donne aux gibiers et poissons de sa région de singuliers accents autochtones. Sa prédilection marquée pour les champignons, herbes, légumes et fruits sauvages lui vaut une bonne note d'originalité et de finesse. Pour aller plus loin, on descend au sous-sol où l'homme se fait régulièrement «éducateur» lors de sympathiques démonstrations culinaires. (2006-02-21)

Saguenay–Lac-Saint-Jean / France
LE MARGOT

★★★★ Cuisine
★★★ Service
★★★★ Décor

Larouche
567, boulevard du Royaume
418 547-7007

 M**30$** S**100$**

Dans ce décor d'une blancheur virginale, mettant ainsi en valeur les magnifiques antiquités et œuvres d'art qui l'habillent, on se sent loin de l'autoroute au bord de laquelle Le Margot a pignon sur rue. Dans cet environnement très urbain, où la coutellerie, la vaisselle de très belle qualité et le menu gastronomique français élaboré sont de mise, les attentes s'avèrent vertigineuses. Les résultats dans l'assiette sont à la hauteur, hormis les accompagnements qui souffrent parfois de trivialité, malheureusement. Serait-ce le roulement des chefs qui essouffle les prétentions par ailleurs élitistes de cet établissement? Qu'importe, la place est bondée et demeure, somme toute, l'une des meilleures tables de la région. (2007-06-28)

Saguenay–Lac-Saint-Jean / France
LE PRIVILÈGE

★★★★ Cuisine
★★★ Service
★★★ Décor

Chicoutimi
1623, boulevard Saint-Jean-Baptiste
418 698-6262

 M — S**130$**

Le Privilège est un véritable joyau de la gastronomie régionale où chaque visite est une expérience unique. Diane Tremblay, chef-propriétaire de l'établissement, qui qualifie sa table de fine cuisine intuitive, prend en effet plaisir à innover et créer, offrant à sa fidèle clientèle des plats hors de l'ordinaire, tant au niveau des saveurs que de la présentation. Entrée de lasagne tiède de lapin ou mignon de cerf rouge, tout est d'une originalité et d'un raffinement rafraîchissants. La maison offre également, en plus d'une table d'hôte constamment renouvelée, un menu dégustation imposant, mettant en valeur plusieurs richesses du terroir local, le tout pouvant s'harmoniser avec un choix soigné de boissons non alcoolisées. Pour les amateurs de vin, il faut apporter le vôtre, alors n'hésitez pas à faire honneur à vos bonnes bouteilles. (2006-04-21)

Saguenay–Lac-Saint-Jean / Japon
TEMAKI SUSHI BAR

★★★ Cuisine
★★★ Service
★★★ Décor

Chicoutimi
449, rue Racine Est
418 543-4853

 M — S**90$**

C'est le sushi bar le plus couru en ville, et pour cause. Le chef-propriétaire Michaël Tremblay et sa brillante interprétation des classiques du genre font de ce petit restaurant le seul en région à offrir une expérience japonaise digne de ce nom. Avec son décor minimaliste et propret typiquement nippon et son personnel très sympathique, Temaki est un endroit agréable et sans prétention. Côté cuisine toutefois, constance, rigueur et raffinement sont au rendez-vous. La fraîcheur irréprochable du poisson, le délicat parfum du riz cuit à la perfection et une présentation impeccable sont les ingrédients de cette recette gagnante. Au chapitre des desserts, notons l'exquis trio de crèmes brûlées au thé vert, chocolat et gingembre. La maison propose plusieurs vins d'importation privée et tous sont offerts au verre. (2007-06-21)

Courez la chance de gagner
un voyage pour découvrir

LES VINS D'ALSACE

**Vol au départ de Montréal pour 2 personnes,
hébergement, visites de vignobles, location
d'une voiture et 1 000 $ d'argent de poche.**

Une valeur totale approximative de 5 000 $.

VINS
D'ALSACE

Participez au concours page 9

LES VINS D'ALSACE
Sept cépages pour mille arômes

En Alsace, les vins doivent principalement leur nom aux cépages et non aux terroirs. Cette originalité contribue sans doute à leur grande notoriété. Les cépages alsaciens font le bonheur des amateurs car tous les plaisirs des sens sont au rendez-vous : la bouteille élancée, reconnaissable entre toutes, les arômes fruités typiques et enfin le cortège des ravissements gustatifs. Cette gamme unique se déploie des vins les plus secs et légers aux plus opulents et corsés.

Les cépages

Le Sylvaner
Remarquablement frais et léger, avec un fruité discret, il est agréable et désaltérant et sait montrer une belle vivacité.

Le Pinot Blanc
Tendre, délicat, alliant fraîcheur et souplesse, il représente un juste milieu dans la gamme des vins d'Alsace.

Le Riesling
Sec, racé et délicatement fruité, il offre un bouquet d'une grande finesse avec des nuances parfois minérales ou florales, qui en font un excellent vin de garde. Reconnu comme l'un des meilleurs cépages blancs au monde, c'est un vin de gastronomie par excellence.

Le Muscat d'Alsace
Très aromatique et exprimant à merveille la saveur du fruit frais, il se distingue des muscats doux du Midi par son caractère sec.

Le Pinot Gris
Charpenté, rond et long en bouche, il présente des arômes de sous-bois parfois légèrement fumés. Il développe une opulence et une saveur très caractéristiques.

Le Gewurztraminer
Corsé et exubérant, puissant et séducteur, parfois légèrement moelleux, il est le plus célèbre des vins d'Alsace. Son bouquet intense développe de riches arômes de fruits (mangue, litchi), de fleurs (rose), ou d'épices (Gewurz = épicé).

Le Pinot Noir
Seul cépage en Alsace à produire un vin rouge ou rosé dont le goût fruité typique évoque la cerise, il peut être élevé en barriques de chêne, ce qui ajoute à ses arômes une structure plus charpentée et plus complexe.

LES VINS D'ALSACE
Une garantie d'authenticité

Les amateurs savent reconnaître les vins d'Alsace. Les Appellations d'Origine Contrôlées, attribuées par l'Institut National des Appellations d'Origine (INAO), attestent de leur provenance et de l'aire géographique de production. Plus qu'un label, ces marques de reconnaissance constituent une garantie d'authenticité. Et celle-ci est encore renforcée par l'obligation d'embouteiller les vins d'Alsace dans leur région.

Les appellations

L'A.O.C. Alsace
L'étiquette mentionne habituellement le nom du cépage concerné et peut également comporter un nom de marque ou la mention «Edelzwicker» ou «Gentil» pour un assemblage de plusieurs cépages blancs. Des indications géographiques complémentaires peuvent y figurer (lieux-dits, communes,…)

L'A.O.C. Alsace Grand Cru
Elle est attribuée à des vins répondant à de nombreux critères de qualité: délimitation stricte des terroirs, rendement plus limité, règles spécifiques de conduite de la vigne, richesse naturelle minimale, dégustation d'agrément…

L'étiquette mentionne toujours le cépage, le millésime et l'un des cinquante lieux-dits pouvant bénéficier de cette appellation. Parmi les cépages alsaciens, seuls sont admis le Riesling, le Gewurztraminer, le Pinot Gris et le Muscat.

L'appellation Alsace Grand Cru consacre des terroirs d'élection, qui apportent aux vins une force expressive et une authenticité particulières.

L'A.O.C. Crémant d'Alsace
Elle couronne les vins d'Alsace effervescents, vifs et délicats, élaborés selon la méthode traditionnelle, principalement à partir du Pinot Blanc, mais aussi du Pinot Gris, du Pinot Noir, du Riesling ou du Chardonnay. Ces vins sont aujourd'hui leaders des Crémants de France. Le Crémant rosé, plus rare, est issu du seul Pinot Noir.

Les mentions, puissance et richesse

Lors des meilleures années, certains Alsaces ou Alsaces Grands Crus peuvent être complétés par deux mentions: «Vendanges Tardives» ou «Sélection de Grains Nobles».

La richesse de ces vins moelleux et liquoreux est *exclusivement naturelle.*

Les Vendanges Tardives
Elles proviennent de cépages identiques à ceux admis dans les Grands Crus, récoltés en surmaturité, souvent plusieurs semaines après le début officiel des vendanges. Au caractère aromatique du cépage s'ajoute la puissance due au phénomène de concentration et au développement de la pourriture noble (Botrytis Cinerea).

Les Sélections de Grains Nobles
Elles sont obtenues par tries successives de grains atteints de pourriture noble. La concentration rend l'identité du cépage plus discrète, au bénéfice d'une puissance, d'une complexité et d'une longueur en bouche exceptionnelle. On atteint là de véritables chefs-d'œuvre.

VINS D'ALSACE

PRENEZ GOÛT
À NOS **CONSEILS**

SAQ

Le vin au verre, l'accord parfait pour chaque convive.

✕ MONTRÉAL

PRENEZ GOÛT
À NOS **CONSEILS**

SAQ

PRENEZ GOÛT
À NOS **CONSEILS**

SAQ

PRENEZ GOÛT
À NOS **CONSEILS**

SAQ

Le vin au verre, l'accord parfait pour chaque convive.

🍴 QUÉBEC

Le vin au verre, l'accord parfait pour chaque convive.

✕ OUTAOUAIS-OTTAWA

PRENEZ GOÛT
À NOS **CONSEILS**

SAQ

Le vin au verre, l'accord parfait pour chaque convive.

Le vin au verre, l'accord parfait pour chaque convive.

✕ ILES-DE-LA-MADELEINE

✕ LANAUDIÈRE / LAURENTIDES

PRENEZ GOÛT
À NOS **CONSEILS**

SAQ

Le vin au verre, l'accord parfait pour chaque convive.

✕ MONTÉRÉGIE

PRENEZ GOÛT
À NOS **CONSEILS**

SAQ

Le vin au verre,
l'accord parfait pour
chaque convive.

SAGUENAY / LAC-SAINT-JEAN

LÉGENDE /

✖ coups de cœur:
    cuisine & vins au verre

Ⓝ nouveauté

🍸 terrasse

🍷 carte des vins recherchée

🍶 apportez votre vin

www.guiderestos.com

Mis à jour régulièrement, le *Guide Restos Voir* en ligne est un
complément idéal à votre exemplaire papier.

TROIS BONNES RAISONS DE VOUS BRANCHER SUR
WWW.GUIDERESTOS.COM /

- Sélectionnez votre restaurant grâce à des moteurs de recherche
ciblés: Nom, Quartier, Région, Origine, Qualité de la cuisine, Prix,
Apportez votre vin.

- Devenez à votre tour critique gastronomique et inscrivez votre
propre évaluation des restaurants que vous visitez.

- Bénéficiez d'une mise à jour continue et des dernières infos sur
les nouvelles adresses ou les fermetures d'établissements.